# 江戸幕府財政史論

大野瑞男著

吉川弘文館

# 目次

目次

# 表目次

# 序説一　江戸幕府財政史研究の現状と課題

幕藩制国家史の研究は著しい進展をみせ、その構造的特質の解明が進められたが、その中で財政史研究は必ずしも十分な展開をみせていない。その理由は財政史料の堙滅による制約が大きいこと、江戸幕府や諸藩の財政状態の変遷つまり黒字か赤字かの論議に終始し、結論的には財政は逼迫していたので、財政窮乏論に陥ってしまっていたことなどである。

しかしながら、財政史研究は国家や社会・経済、領主から民衆に至る各層の再生産に関わる重要な課題であり、財政状態の変遷分析に矮小化してはならない。たとえば商工業者は領主階級の需要を満たすものとして編成され、あるいは領主階級に寄生を余儀なくされたので、市場関係における領主経済のもつ比重は非常に大きかった。

財政政策の方向は政治と密接に関わり、経済のあり方を規定もしたのであり、財政史は政治と経済の接点に成立するともいえる。江戸幕府財政史研究の視点は、このように政治史と経済史の総合というところにあるので、研究対象は極めて巨大かつ多様なものといえる。すなわち、政治史・経済史の分野にとどまらず、貨幣史・物価史・鉱山史・貿易史などにも関説し、老中や勘定頭・奉行・代官などに関する制度史や幕藩関係史、さらには地域史の成果も取り入れなければならないのである。

さて、江戸幕府の財政は、徳川氏の私財政が国家支配のための公儀の財政として成立することが条件であった。石高制・兵農分離制を成立させて社会的分業を編成し、他大名に卓越した領土（幕領）を保持し、全国の土地知行権を所有して改易・転封権を手中にしたことは、量的に最大の領主というだけでなく、国家君主として他の領主との質的な差違を表している。都市・港湾・貿易・鉱山・山林・原野・宿駅・街道・牧場などを直轄し、度量衡を統一し、交通運輸体系を整備して幕藩制的市場を編成し、そして貨幣鋳造発行権を独占したことは、幕府財政が国家財政としての特質を保持する基盤であった。このことは、幕府が大名に普請役のちには手伝金を賦課し、都市商工業者や貿易業者から運上・冥加や御用金を徴発し、貨幣改鋳益金をもって財政補塡にあて、原野を開発して幕領に編入したりしたことなどの源泉であった。

しかしながら、私領には年貢を賦課しないのが原則であるのに、一方では、全領主階級の再生産のための拝借金・貸付金などの出金、軍事・外交・海防のための軍役の発動と財政支出、河川の治水・利水や災害復旧・飢饉救済のための支出、皇室や公家を維持するための支出、城郭・役所や廟所・寺社の造営普請修復、そして全国的な交通運輸体系整備のための財政負担が強いられた。たとえば五街道など街道・宿駅を維持するための「御伝馬宿入用」は幕領のみが負担し、私領にはその負担がなかったのである。幕府財政はこのような矛盾を孕んでいたのである。国役金の創設は幕領負担を私領に拡大する手段であったが、部分的に留まったのである。

ところで、江戸幕府財政の史的研究は、幕府勘定所史料の多くが堙滅し、その残された主たる史料がすでに戦前に公刊されていることから、萩野由之『日本財政史』（博文館、一八九〇年）、本庄栄次郎『日本財政史』（改造社、一九二六年）がまとまったものであり、個別論文には土屋喬雄「徳川幕府の財政について」（『経済論叢』二三巻三号、一九二六年）、栗田元次「元禄以前に於ける江戸幕府の財政に就いて」（『史学雑誌』三八編一二号、一九二七年）、土屋喬雄「徳川幕府の財政状態の変遷」（『経済学論集』八巻二号、一九三〇年、のち『近世日本封建社会の史的分析』御茶の水書房、一九四九年）、同『日本経済史概要』（岩波書店、一九三四年）があり、それと竹越与三郎『日本経済史』全一二巻（平凡社、一九三五年）のなかに叙述されたものが、主なものである。財政史研究としては土屋喬雄氏の研究が代表的で、金沢藩・鹿児島藩・仙台藩など藩財政構造を知ることができるが、幕府財政に関する叙述は多くはない。

その後戦中戦後においても、この種の研究はしばらく公表されなかったが、一九六五年『日本経済史大系』が刊行され、とくにその近世の諸論文が古島敏雄氏によって編纂され、以下の論文が収載されたことにより、研究が大きく進展することになった。すなわち、古島敏雄「近世経済史総論」（古島敏雄編『日本経済史大系』3・近世上、東京大学出版会、一九六五年）、山口啓二「豊臣政権の成立と領主経済の構造」（同、のち山口啓二『幕藩制成立史の研究』校倉書房、一九七四年所収）、古島敏雄「幕府財政収入の動向と農民収奪の画期」（古島敏雄編『日本経済史大系』4・近世下、東京大学出版会、一九六五年）、竹内誠「幕府経済の変貌と金融政策の展開」（同）である。

このうちとくに古島敏雄「幕府財政収入の動向と農民収奪の画期」は「御取箇辻書付」と「御年貢米其他諸向納渡書付」「御年貢金其他諸向納渡書付」「御繰合」にあらわれる数字に、それらに一定の補正を加えるため『吹塵録』所収の「天保九年地方勘定帳」の一部を用いて、享保七年（一七二二）から天保六年（一八三五）に至る一一四年間の幕府財政収入の構成とその年次変化を五カ年単位で示し、農民収奪の画期を享保元年より元文元年（一七三六）、元文二年より明和元年（一七六四）、明和二年より天明六年（一七八六）、天明七年より文政二年（一八一九）、文政三年より天保末年までの五期に時期区分したのである。戦前からの既知の史料を使いながら、その数字の食い違いに一定の補正を加えることによって、年貢外収入などを推算して総合した古島氏の論稿は幕府財政研究を大きく進展させたが、主に収入面からの分析であり、収支構造全般の分析が要請されるのである。また竹内誠「幕府経済の変貌と金融政策の展開」は、幕府財政の安定にとって、田沼期に準備され、寛政期から化政期に整備展開した公金貸付の意義を明らかにした点で重要な論文である。

なお古島氏は『近世経済史の基礎過程―年貢収奪と共同体―』（岩波書店、一九七八年）を「幕府財政収入の動向と農民収奪の画期」など幾つかの論文を柱にまとめられたが、年貢収奪を起点とする経済の総括と、幕府に代表される領主の年貢収奪の時代的変化を追求した論が中心である。

古島氏が行わなかった支出構造を含めて財政収支の詳細な分析を行って注目される論稿は、大口勇次郎「天保期の幕府財政」（『お茶の水女子大学人文科学紀要』二二巻、一九六九年）である。これは『吹塵録』所収の天保十四年と弘化元年の金銀納払勘定帳、弘化元年の米大豆納払勘定帳の詳細な分析を行い、その前提として大河内家記録の享保十五年の御払方勘定帳との比較を試み、さらに井伊家史料から弘化・嘉永・安政期の展望を行ったものである。大野は「享保改革期の幕府勘定所史料大河内家記録」（『史学雑誌』八〇編一〜三号、一九七一年）において大河内家記録九冊・五枚の史料紹介を行い、ここに従来ほとんど知られていなかった享保改革期の幕府勘定所史料が公にされて、幕府財政史研究の史料的基礎が成立した。

大山敷太郎『幕末財政金融史論』（ミネルヴァ書房、一九六九年）は、幕府財政の紊乱の内容を、沿海防備、海軍創設・維持、製鉄所建設、償金支払、将軍上洛、長州征伐などの経費から明らかにし、財政窮乏切り抜け策としての田租の増徴、地方的な上納金、兵賦および兵賦金などの事情を述べたもので、幕末財政史にとって必読の文献である。同『幕末財政史研究』（思文閣、一九七四年）は幕府財政史上の諸問題、とくに荒地起返、貨幣改鋳策、勘定所御用達、江戸の御用金や札差町人の御用金を詳細に分析したものである。

中井信彦『転換期幕藩制の研究』（塙書房、一九七一年）は宝暦・天明期を転換期として諸政策の検討を行ったものであるが、幕府・諸藩の経済政策と商品流通との関わりを重視している。

吉川秀造『日本財政史概説』（清文堂、一九七二年）は古代の氏族時代から始めて維新後から太平洋戦争までの国民経済時代に至る概説の中で集権的封建時代として江戸時代を取り上げ、その中で幕府の財政状態について触れている。これは『大日本租税志』復刻のさい本庄栄次郎『日本財政史』および吉川秀造『日本財政史』を基礎に執筆されたものである。

その後、先の大河内家記録に次いで、大野が元禄十六年・宝永元年の大坂御金蔵金銀納払勘定帳を紹介し、この分析を中心に「元禄末期における幕府財政の一端」(『史料館研究紀要』四号、一九七一年—本書第六章収載)を発表した。また大野「浅草米蔵について—『浅草米廩旧例』の紹介—」(『史料館研究紀要』九号、一九七七年)は、三重県伊勢市神宮文庫所蔵『浅草米廩旧例』すなわち浅草米蔵の史料を紹介したものである。

以上の研究が主として中後期や幕末期を対象としたのに対し、大野「江戸幕府財政の成立」(北島正元編『幕藩制国家成立過程の研究—寛永期を中心に—』吉川弘文館、一九七八年—本書第一章収載)は、幕府財政機構の成立過程と慶安・承応期の浅草米蔵の勘定帳分析により幕藩制国家財政の成立を論じた。長野暹『幕藩制社会の財政構造』(大原新生社、一九八〇年)は佐賀藩財政分析に対馬藩のそれを加えたものであるが、序章分析視角において藩財政と幕府財政との関係を理論的に整理している。

大石学「大岡越前守支配代官と勘定所機構の改革」(『関東近世史研究』一一号、一九七九年)は、関東地方御用掛を兼ねた大岡忠相とその支配代官による享保改革について述べたもので、大野「享保以降の幕府勘定所機構改革」(『日本歴史』四二〇号、一九八三年—本書第七章収載)へとつながるものである。また大野「延享期の幕府財政史料酒井家記録」(『史学雑誌』八九編六・七号、一九八一年)は享保改革を幕府勘定所が総括した「御勝手方御用定」を紹介したもので、享保改革の基本史料となろう。

大口勇次郎「文久期の幕府財政」(『年報・近代日本研究』3幕末・維新の日本、山川出版社、一九八一年)は「天保期の

幕府財政」に続いて文久三年の勘定帳を全面的に分析したものであり、飯島千秋「文久改革期における幕府財政状況」(『徳川林政史研究所研究紀要』昭和五六年度、一九八二年)は徳川宗家の文久元年の勘定帳を紹介・分析した。同じく飯島千秋「元治期の幕府財政」(『横浜商大論集』二二巻一号、一九八八年)は元治元年の勘定帳を発見し、弘化元年・文久元年・同三年・元治元年の勘定帳を比較分析し幕末期の幕府財政を総括したものである。なお元治元年の勘定帳は、のちに大野「幕末期の幕府財政史料」(『東洋大学文学部紀要』四五集・史学科篇XⅦ、一九九二年)が全文の史料紹介を行っている。これらの論文によって幕末期の幕府財政史研究は大きく前進した。

また大口勇次郎「寛政―文化期の幕府財政―松平信明政権の性格―」(尾藤正英先生還暦記念会編『日本近世史論叢』下巻、吉川弘文館、一九八四年)は『向山誠斎雑記及雑綴』の「御繰合」によって松平信明政権の財政政策を明らかにした。さらに大口氏には「幕府の財政」(『日本経済史』二、岩波書店、一九八九年)がある。

大野「大坂城米について―その政治・財政上の意義―」(森杉夫先生退官記念論文集『政治経済の史的研究』巌南堂、一九八三年―本書第九章収載)は、諸国城詰米の中で大坂城米を性格付け、大阪府立中之島図書館「大阪御勘定方記録」を分析してその意義を明らかにした。大野「江戸幕府貯蓄金銀について」(『東洋大学文学部紀要』三七集・史学科篇Ⅸ、一九八四年―本書第八章収載)は、幕府貯蓄金銀の推移を述べるとともに常陸笠間牧野家文書の大坂金蔵史料を紹介・分析した。また大野「幕藩制的市場構造論」(歴史学研究会・日本史研究会編『講座日本歴史』5・近世一、東京大学出版会、一九八五年―本書補説一収載)は、一定の市場関係を前提に成立する幕藩制国家の分業・市場編成のあり方を幕府・諸藩の財政面から理論的に整理を試みた。大野「元禄期における幕府財政」(『東洋大学大学院紀要』二二集、一九八六年―本書第五章収載)は、藤田覚氏が紹介した近藤重蔵遺書の貞享・元禄期の幕府財政新史料(藤田覚「元禄期幕府財政の新史料」『史学雑誌』九〇編一〇号、一九八一年)などを中心に元禄期の幕府財政を包括的に分析したものである。

大野「大久保長安の『遺書』」(『日本歴史』四七二号、一九八七年)、大野「大久保長安の新史料—『戸田藤左衛門所蔵文書写』について—」(『東洋大学文学部紀要』四一集・史学科篇XⅢ、一九八八年)は大久保長安の新史料を紹介したもので、財政を牛耳った慶長十年代の長安の役割が判明する史料である。これは和泉清司「徳川幕府財政成立期における幕領(蔵入地)の年貢勘定と勘定所機能」(『日本歴史』四八七号、一九八八年、のち和泉『徳川幕府成立過程の基礎的研究』文献出版、一九九五年収載)、大野「江戸幕府勘定頭制の成立」(『東洋大学文学部紀要』四四集・史学科篇XⅥ、一九九一年—本書第二章収載)にも活かされ、幕府勘定頭制や勘定所の成立過程が次第に明らかになった。「江戸幕府勘定頭制の成立」は、大野「幕藩財政」(『中世史講座』6・中世の政治と戦争、学生社、一九九二年—本書補説二収載)の一部であり、大野「年貢勘定目録からみた江戸幕府勘定所—勘定頭・勘定所役人の成立過程の再検討—」(『東洋大学大学院紀要』三〇集、一九九四年—本書第三章収載)へと発展していく。年寄・勘定頭連署状や年貢勘定目録など同時代史料の分析は勘定頭制の成立過程を明らかにしたといえよう。また「幕藩財政」は藩財政の成立と幕藩関係を整理している。

大野「江戸幕府直轄領の性格—遠州初期幕領を中心に—」(田中健夫編『前近代の日本と東アジア』吉川弘文館、一九九五年—本書第四章収載)は遠州初期代官秋鹿家文書の年貢勘定目録を数量的に分析し、幕府直轄領の性格を解明しようとしたもので、同史料を使ったものに佐藤孝之「近世前期における代官の年貢勘定—遠州代官秋鹿氏を事例として—」(『静岡県史研究』一一号、一九九五年)がある。またこれより前の幕領の性格論としては、安藤正人「幕藩制国家初期の『公儀御料』」(『歴史学研究別冊・地域と民衆—国家支配の問題をめぐって—』一九八一年)が注目される。

最近では、藤田覚「江戸時代前期の幕領石高・年貢量に関する新史料」(『史学雑誌』一〇四編一〇号、一九九五年)が大河内家記録の慶安以降の「御取箇辻書付」を紹介し、今後の前期幕府財政研究に大きな基礎を提供し、また大野「寛政期の幕府財政史料」（『東洋大学文学部紀要』四九集・史学科篇二一、一九九六年）では、この大河内家記録のうち「御代官御預所書付」と寛政九年の代官預所物成勘定帳など財政史料の少ない寛政期の史料を紹介している。

以上、江戸幕府財政史研究の主なものをほぼ発表順に簡単に紹介した。残された課題はなお多く、今後を期さなければならない。課題の第一は、幕府財政史料の発掘である。既述のように、戦後発見紹介された史料は、徳川宗家のものを除くと、井伊家・大河内松平家・水野家・酒井家・牧野家など幕府の大老・老中あるいは大坂城代などを勤めた家の勤役中史料が質量ともに中心である。これからも譜代大名家文書の発掘が必要であろう。また散逸が著しい代官文書も、大名預所文書とともに発掘が望まれる。第二は、財政史料上での数字のデータ化とコンピュータ処理により、データを共通にして議論することである。第三は、これら豊富になったデータをもとに、理論的にも実証的にも優れた財政史を叙述していくことで、近世史を再構築していくことであろう。これらの課題解決のために本書が少しでも役立つことを期待したい。

# 序説二　江戸幕府財政史料論

## 一　江戸幕府財政史料の所在

江戸幕府の直轄領（御料・天領）を支配して貢租徴収・訴訟などを取扱い、幕府の財政経理を統轄する行政機構は勘定所である。享保以降は江戸城本丸の御殿勘定所と大手門内の下勘定所の二カ所に分かれていたが、それ以前から二カ所に分かれていたのかは明らかではない。勘定所の長官は勘定奉行（元禄ごろまでは勘定頭といった）であり、勘定組頭・勘定・支配勘定を従え、初期には二三〇～二四〇万石、延宝期に三〇〇万石を超し、元禄以降は四〇〇万石台に達する直轄領を、数十人の郡代・代官や遠国奉行に分割支配させ、一部は最寄り大名に預所として委託した。

享保六年（一七二一）閏七月、勘定所において勘定が公事方と勝手方に分けられ、それぞれの事務分担が定められ、翌七年八月勘定奉行も二人ずつ二組に分属せしめられた。勘定組頭・勘定の職務分掌は御殿詰においては御殿・御勝手方、下勘定所は取箇方・伺方・帳面調方の合わせて五つに分けられ、財政実務を担当する下勘定所の事務内容は、享保十三年九月・延享二年（一七四五）九月・天明五年（一七八五）九月・天保五年（一八三四）五月と改変・細分されたが、基本的分課は変わっていない。

幕府財政史料の大宗は当然この勘定所勝手方の文書・記録類であり、支配下の代官所・預所や他の役所から毎年提出される膨大な各種の勘定帳をはじめ、高帳・御成箇郷帳・取箇帳・大積明細帳・村鑑帳・勤方帳・勤方明細帳・納札帳・諸証文、それにこれらの付属書類が保管され、またこれらの書類に基づいて勘定所において作成した文書記録類あるいはその写控記録が所蔵されていた筈である。もちろん日常的に作成される多くの文書などはその意義を失うと直ちに反故として廃棄再生されてしまうこともあろう。

この膨大な文書記録類は、幕府の瓦解に当たってその多くは散逸し、また故意に焼却したとも伝えられる。僅かに大蔵省に引き継がれたものも関東大震災など二度の火災で焼滅し、現在は残っていない。

この間、大蔵省ではこれら引継史料の編集・修訳を行い、「徳川理財会要」(『日本経済叢書』巻三五・三六、同刊行会、一九一四〜一七年。のち『日本経済大典』第五三・五四、史談出版社・啓明社、一九二八〜三〇年に収録)を、ついでその原書を『日本財政経済史料』(一〇巻・編年目次・索引一巻、財政経済学会、一九二二〜二三年)と題して出版した。ほかに『大日本租税志』(三冊、朝陽会、一九二二〜二七年)を公刊したにとどまった。

国立国会図書館所蔵旧幕府引継書は江戸の町奉行書類を主とし、部分的に評定所・寺社奉行・作事奉行書類を含むが、勘定奉行書類はない。国立公文書館内閣文庫には、「御勝手方御用留」「司農府雑録」「看益集」「御勝手方御定書」「御勝手帳」や、「御代官所勤方書付」「御預所勤方書付」など勘定所の史料を多少含んでいるものの、基本的史料は少ない。また諸国の国絵図・郷帳を所蔵していて、正保・元禄の国絵図・郷帳は転写本で、全ての国のものがある訳ではないが、天保国絵図・郷帳は、将軍献上のものと勘定所提出のものの二鋪・二冊が揃っているものが多い。

従って幕府財政史料は、なんらかの機会に勘定所の文書記録が書写・抄録・編纂されたものを利用せざるをえない。とくに老中などの役職に就き財政に関与した譜代大名家の文書中には、勘定所の記録が控えられ写されていることがあり、また勘定所役人や代官の文書も局部的で少量ではあるが重要である。

以下に主要な幕府財政史料を掲げ、若干の説明を加えよう。

①勝海舟編「吹塵録」本文三五冊・首巻一冊、一八八七年、「吹塵余録」一〇冊、一八八九年

大蔵省編『吹塵録』二巻・『吹塵余録』(一八九〇年)所収

『海舟全集』第三・四巻「吹塵録」、第五巻「吹塵余録」(改造社、一九二七年)所収『勝海舟全集』6〜10、大口勇次郎解説・解題「吹塵録」Ⅰ〜Ⅴ・「吹塵余録抄」(勁草書房、一九七四〜七八年)所収

幕臣勝海舟が維新前から収集した経済史料を編集し、大蔵大臣松方正義に提出したもの。一九部に分かれるが、徳川氏之部・貨幣之部・鉱山之部・各地方之部などが詳細である。旧幕勘定奉行・組頭・勘定らが主な寄稿者である。これには、天保十一年十一月「天保九戌年(一八三八)御代官幷御預所御物成納払御勘定帳」・慶応三年七月「元治元子年(一八六四)地方御勘定帳摘要」・弘化元年十二月「天保十四卯年(一八四三)金銀納払御勘定帳」・弘化二年十二月「弘化元辰年(一八四四)米大豆納払御勘定帳」「弘化元辰年金銀納払御勘定帳」などが記載されている。

②「向山誠斎雑記」二七四冊(東京大学史料編纂所所蔵本は一七九冊が現存)、国立国会図書館・東京大学史料編纂所所蔵、天保九〜安政三年(一八三八〜五六)

「江戸実情誠斎雑記」(『江戸叢書』巻の八〜十一、同刊行会、一九一六〜一七年、所収)ただし江戸関係記事を一部抄録

勘定組頭向山源太夫誠斎が幕命により編述した戊戌(天保九年)から丙辰(安政三年)までの雑記・雑綴・剰綴。断片的記事が多いが、「癸卯雑記」四の「御取箇辻書付」は、享保元〜天保十二年(一七一六〜一八四一)の各年の幕領石高・取高・取米・取金額、一〇年平均石高・取高・免を、同じく「御年貢米其外諸向納渡書付」「御年貢

金其外諸向納渡書付」は、享保七～天保七年（一七二二～一八三六）の各年の納米・渡米、納金・渡金、一〇平均・差引を記したもので最も貴重である。ほかに「癸卯雑記」五の延享二年（一七四五）「御勘定所勤方」、「戊申雑綴」一の天明八年（一七八八）「御勝手方覚書」、「癸卯雑記」八の文化十三年（一八一六）の財政改革時に作成された「御繰合」、「戊申雑綴」二天保十四年（一八四三）作成の「御勝手御改正一件」、「戊申雑綴」九の寛政十一年（一七九九）十二月作成の「寛政九巳年御代官幷御預所御物成納払御勘定帳」などが有用である（後述）。なお辻達也・松本四郎「『御取箇辻書付』および『御年貢米・金其外諸向納渡書付』について」（『横浜市立大学論叢』一五巻・人文系列三号）参照。

③「貨幣秘録」

『日本経済大典』第四巻所収

水野忠邦が勘定所に命じて佐藤治左衛門に編述させたといわれる。天保三～十三年（一八三二～四二）の歳入・歳出・出目・余不足金額を記した記事もある。

④大田南畝「竹橋余筆」七冊・「竹橋蠹簡」五冊・「竹橋余筆別集」一二冊

『竹橋余筆』（国書刊行会、一九二〇年、一部抄録）所収

『竹橋余筆』（汲古書院、一九七七年、影印本）所収

村上直校訂『竹橋余筆別集』（近藤出版社、一九八八年）・同『竹橋蠹簡・竹橋余筆』（文献出版、一九九五年）所収

下勘定所帳面方支配勘定の大田覃南畝が竹橋門内勘定所書庫の記録整理中に珍しい史料を書写したもの。慶安・承応期の浅草御蔵勘定帳、寛永末年の大坂御城米勘定帳が写されているなど、初期の財政史料も含まれている。

⑤大田南畝「一話一言」四八巻・補遺九巻

『日本随筆大成別巻』二冊、吉川弘文館、一九二九〜三一年、新版六冊、吉川弘文館、一九七八〜七九年）所収

大田南畝が安永八年〜文化十二年（一七七九〜一八一五）に編纂した見分筆録。御天守金銀帳など財政史料が若干含まれている。

⑥「井伊家史料」

「幕府勘定所勝手方勘定帳抜書」一巻（『大日本維新史料』「井伊家史料」五、三五七〜三七三頁所収）

安政五年（一八五八）大老に就任した井伊直弼へ提出された報告書。安政末年の幕政改革の参考資料とされたものであろう。弘化四年（一八四七）から安政三年（一八五六）に至る一〇カ年の定式納渡・別口納渡・外納渡の金銀銭・米総額を記した納渡書付である。

⑦「大河内家記録」

大野瑞男「享保改革期の幕府勘定所史料大河内家記録」（『史学雑誌』八〇編一〜三号、一九七一年）所収

享保十五年（一七三〇）七月老中に就任した浜松藩主松平信祝が写し控えた勘定所史料。

享保十五年（一七三〇）二月「当戌（享保十五）年御遣方大積書付」・享保十五年四月「当年御遣方大積之内吟味仕減候書付」・享保十五年六月「江戸二条大坂御除金并御囲米書付」・享保十五年六月「御勝手方御用大立候儀申上候書付」・享保十六年二月「当年御遣方大積書付」・享保十六年二月「去戌（享保十五）年御取箇相極候帳」・享保十六年二月「享保十四酉年御代官并御預所御物成納払御勘定帳」・享保十六年五月「享保十四酉年御物成米金銀諸運上幷戌年諸向納金銀を以戌年御払方御勘定帳」・享保十九年五月「享保十七子年御代官幷御預り所御物成納払御勘定帳」九冊。ほかに綴紐に付けられた付属史料五枚、すなわち「御借書之目録」二枚・享保十五年二月

「五畿内近江播磨中国海道筋去酉年三分一米銀納直段相極候儀申上候書付」・享保十五年六月「御料国々置籾之帳抜書・江戸二条大坂御除金幷御囲米書付抜書」などがある。大河内信冬氏所蔵、国立史料館に寄託されている。

⑧「水野家文書」

村上直・大野瑞男「幕末における幕府勘定所史料」（『史学雑誌』八一編四号、一九七二年）所収

文久二年（一八六二）三月老中に就任した山形藩主水野忠精勤役中の史料。

元治元年十二月「文久三亥年（一八六三）金銀納払御勘定帳」「文久三亥年米大豆納払御勘定帳」二冊で、幕府勘定所作成の副本とみられる。東京都立大学付属図書館所蔵。

⑨「徳川宗家文書」

飯島千秋「文久改革期における幕府財政状況」（『徳川林政史研究所研究紀要』昭和五六年度、一九八二年）所収

文久二年十二月「文久元酉年（一八六一）金銀納払御勘定帳」「文久元酉年米大豆納払御勘定帳」二冊、幕府勘定所から将軍に上申されたもので、徳川林政史研究所が保管している。

⑩「酒井家記録」

大野瑞男「延享期の幕府財政史料酒井家記録」（『史学雑誌』八九編六・七号、一九八〇年）所収

兵庫県姫路市保管の延享二年（一七四五）七・八月「御勝手向御用定」一冊・寛延元年（一七四八）閏十月「延享三寅年御代官幷御預り所御物成納払御勘定帳」一冊。

延享元年（一七四四）老中に就任した上野前橋城主酒井忠恭が勤役中に幕府勘定所において作成もしくは写されたもの。「御勝手向御用定」は、江戸御金蔵有高以下、享保改革期の財政問題に関する記録が収載されている。後者は個別代官所・預所の物成収納高が省略されている。

⑪「近藤重蔵遺書」

藤田覚「元禄期幕府財政の新史料」（『史学雑誌』九〇編一〇号、一九八一年）所収

東京大学史料編纂所所蔵近藤重蔵遺書中の貞享四年四月「貞享三寅年（一六八六）御入用払高大積」・元禄七年（一六九六）九月「御蔵入高並御物成元払積書」二冊。前者は貞享三年の幕府金蔵支出の費目ごとの概算に前年増減を付札に記し留守居に報告した写、後者は元禄七年幕領総高を基準に近年と一〇年程前の平均的歳出を比較したもの。

⑫「維新史料引継本」東京大学史料編纂所所蔵、旧維新史料編纂事務局所蔵

飯島千秋「元治期の幕府財政」（『横浜商大論集』二二巻一号、一九八八年）所収

大野瑞男「幕末期の幕府財政史料」（『東洋大学文学部紀要』四五集・史学科篇XⅦ、一九九二年三月）

慶応元年十二月「元治元子年（一八六四）金銀納払御勘定帳」「元治元子年米大豆納払御勘定帳」二冊（出所は同編纂官であった藤井甚太郎氏、松元兼道氏が謄写）。文久三年十二月「文久元酉年（一八六一）御代官幷御預所御物成納払御勘定帳」一冊。

⑬「大河内家記録」

藤田覚「江戸時代前期の幕領石高・年貢量に関する新史料」（『史学雑誌』一〇四編一〇号、一九九五年十月）

「御取箇辻書付」―慶安四年（一六五一）～寛政十二年（一八〇〇）の毎年の幕領石高・年貢量・免・米金内訳。ほかに享保二十年（一七三五）～寛政四年および延宝三年（一六七五）～寛政十二年の「御取箇辻書付」。吉宗・家重・家治在職初五年・終五年、家斉在職初五年の石高・年貢量・免。「御代官御預所書付」。

享和年間に勘定奉行中川忠英が老中松平信明に提出したと思われる「御用箱ゟ出候書附」五点。藤田稿は最初

の「御取箇辻書付」の慶安四年から享保元年まで翻刻。

大河内信冬氏所蔵、愛知県豊橋市立美術博物館受託。

⑭「向山誠斎雑記」戊申雑綴九

大野瑞男「寛政期の幕府財政史料」(『東洋大学文学部紀要』四九集・史学科篇二一号、一九九六年三月)

寛政十一年十二月「寛政九巳年(一七九七)御代官幷御預所御物成納払御勘定帳」一冊。

大河内家記録(前掲)の寛政五年十月～六年五月「御代官御預所書付」一点。

ほかに部分的なものとして、大阪市立中央図書館所蔵「元禄十六未宝永元申弐ヶ年分大坂御金蔵金銀納方御勘定帳」一冊があるが、記載内容は大坂金蔵管轄地域である畿内以西の納方の金銀のみである。茨城県笠間市笠間稲荷保管常陸笠間牧野家文書のなかに、安永七年「両御金蔵御金銀有高」一冊、「新御金蔵内仕切御除金銀覚」一冊、「元御金蔵仮納銀覚」二通の四点があり、大坂金蔵の貯蓄金銀が知られる。なおこの史料を分析したものに大野瑞男「江戸幕府貯蓄金銀について─安永期大坂金蔵史料の紹介を兼ねて─」(『東洋大学文学部紀要』三七集・史学科篇IX)がある。また京都大学文学部博物館所蔵「長坂氏記録」は幕末の支配勘定の記録として貴重であり、大山敷太郎氏の『幕末財政金融史論』(ミネルヴァ書房・一九六九年)に利用されている。

数少ない郡代・代官文書としては、静岡県田方郡韮山町江川文庫所蔵韮山代官江川家文書、岐阜県歴史資料館所蔵飛騨郡代高山陣屋文書・美濃郡代笠松陣屋文書があり、東京大学史料編纂所所蔵備中倉敷代官田中家文書、長崎県立図書館所蔵長崎代官文書もある。ほかに、大分県佐伯市保管豊後佐伯毛利家文書、大阪市東住吉区末吉勘四郎氏所蔵河内代官末吉家文書、静岡県磐田市秋鹿成文氏所蔵遠州中泉代官秋鹿家文書、滋賀県立図書館採集佐治重宗氏所蔵小堀家文書・近江芦浦観音寺文書などが初期代官文書である。また大名文書のなかに預所文書が含まれていることもある。

# 二　財政史料の体系

## 1　年貢決定の史料

幕府領からの年貢収奪のために、田方検見終了後代官が取箇を決め勘定所に提出、経伺する帳面として取箇帳（実際は「御取箇目録」と記されている）がある。代官・預所の一郡限りに定免・検見・破免に区分し、田畑本途・反高・見取とも取米永に厘（年貢率）を付し、外納物は載せない。そして前年より一〇カ年以前までの毎年の取米永との差引増減を記して取箇の高下をみ、国限り・一支配所総計を付す。勘定所では取箇方において、前年より減少多ければ取箇増をつけるなど取箇吟味を行って代官に達し、代官は請書を出して、取箇帳に基づき割付や御成箇郷帳を作成する。この割付もしくは下組帳をもとに年貢割付状（免状）を村方に発行する。

取箇帳の下帳として下組帳があり、検見帳や仮仕出・皆無仕出などに基づき作帳される。一村限取箇帳（仕出帳）は取箇増減仕訳書、三拾三ヶ年取米永増減差引帳、その他の書付とともに、取箇帳の付属書類として勘定所に提出し、勘定吟味つまり取箇決定の参考に使用される。

勘定所における取箇決定の帳面としては、今のところ大河内家記録の享保十六年二月作成の「去戌年御取箇相極候帳」しかない。これは享保十五年における全国の個別代官所、大名・遠国奉行預所の各支配国名・高および取現米・取金、それに免（高免）ならびに取箇を付した高に基づく免（毛付免）が記され、併せて前年との増減が記載され、末尾に勘定奉行・吟味役・組頭の連署がある。

各代官所・預所から毎年勘定所に提出される取箇帳は多くの記載事項が定められているが、その支配所高と取米・取金合計、高免と毛付免および去年取箇との増減の部分の数字を抄記して、勘定所において一帳に仕立てたものが「御取箇相極候帳」であることを理解できよう。

この取米・取金は現実に納められた米金ではなく、原則としての現物賦課額であるが、取金は石代金納金ではなく、関東・陸奥・東海代官と長崎奉行附にのみ記されているから、これらの地域における永高や反高にかかる年貢金とみられる。

ところでこの史料はほかに同種の史料を見出すことはできない。享保改革期にのみ作成されたものとも考えられるが、大河内家記録「御勝手方御用筋大立候儀申上候書付」によれば、前々より御取箇極候帳面を一冊に認めるが、享保十二年からは勝手掛老中水野忠之に見せることが規定されている。また少なくとも貞享期から幕末まで取箇帳の作帳・提出が行われており、「御取箇相極候帳」の連年の数字が「御取箇辻書付」であろうと推定されるから、「御取箇相極候帳」は享保期から幕末まで毎年作成され、享保十五年のもののみ現存していると考えておきたい。

年貢などは取箇帳・割付・郷帳などに記載された米金どおりに納入されるのではなく、実際は石代納される額が多い。上方諸国は石代納にあたって三分一銀（金）納制をとるが、その際の石代値段の決定については御年貢石代値段付が作成される。石代値段は支配所の指定された幾つかの町場の上新米・上新大豆平均値段に、地域によっては増値段を加えて本途・見取・六尺給米の石代値段が、そしてさらに一定金額を加えて口米値段が、さらに皆金銀納の場合には石代値段より安値段で小物成・御伝馬宿入用・三分二石代値段が決められている。勘定所では各代官所・預所より申告の三分一銀納値段（石代値段）を再吟味し、増値段を付けて決定する。大河内家記録の「去酉年三分一米銀納値段相極候儀申上候書付」は、享保十四年の五畿内・近江・播磨・中国・海道筋における石代値段決定の書付で、前年三分一値段と比較再吟味され決定に至っていることが知られる。
このようにして取箇が決定・賦課され、石代値段が定まれば貢租納入が行われる。

## 2 年貢皆済・決算の史料

代官所・預所において年貢割付ののち、年貢その他の取立米金銀および村方渡米金銀の額が確定した時点で、年貢皆済の前に勘定所に提出する帳面に納払明細帳というものがある。これはその年に御蔵・御金蔵へ納めるべき一切の諸納物を組み入れ、村方に渡す米金銀もすべて払に立て支出勘定とし、地方勘定帳に組まない分は外書(ほかがき)として最後に記し、勘定仕上げすなわち収支決算の元払になす帳面である。これによって幕府の御蔵・御金蔵へ収納される米金銀の員数がほぼ確定し、勘定所収支の予算が立てられるのではあるまいか。納払大積明細帳という名がこれを示しているように思える。納払明細帳は勘定所御殿御勝手方へその年の十二月中に提出する。

大河内家記録には享保十五年・十六年各二月の「当年御遣方大積書付」があるが、これらは前年の物成(年貢米金銀)・小物成と囲米払代、当年収納の諸向納(運上・役金・返納・払代などの雑収入)をもってその年の支出に宛てる際に、いまだ収入額が確定していないので、予定収入額に基づいて立てた支出予算書といえる。ただし前年物成・小物成などは代官所・預所から十二月に提出された納払明細帳によって、決算額にかなり近い数字が得られていたわけである。「御遣方大積書付」は大河内家記録にのみあってほかにないので、享保期以外にも作成されたのかは明らかにできない。事によると、上米廃止可否の検討資料として作成された可能性もあるのである。

年貢皆済になると、代官所・預所では年貢米金皆済目録を作成して勘定所御殿皆済方に提出する。これは国郡訳や定免・検見訳をせず、村ごとに本途・見取・高掛物・小物成・口米永・諸運上分一に計立(はかりたて)を付け、そのほか払物代金まで御蔵・御金蔵へ納めるべき品を一口限り記し、石代納の分は内訳して代金を記し、元払勘定に合わせた帳面である。さて、代官役所より村方に対しては、通帳を押切り印形し、または小手形という請取書を発行し、皆済になると通帳に印形し小手形を回収して、皆済目録（一紙）が代官調印（元締手代などの場合もある）の上村方に交付される。米金銀はそれぞれ御蔵・御金蔵へ納めれば、御蔵奉行・御金奉行より納札が渡される。

納払明細帳に記載した分を御蔵・御金蔵へ上納・皆済すると勘定帳（勘定目録）の作成にかかる。勘定帳は決算帳簿であって、代官所・預所作成の勘定帳には地方勘定帳と御金蔵勘定帳の二種がある。地方勘定帳は年貢米金銀およびこれに付加する小物成・運上冥加・口米金その他の出納・皆済後の決算帳簿であり、御金蔵勘定帳は代官所が御金蔵より請取った金銀を元に立て、その払方（支出）を列記し、拝借返納などはすべて御金蔵納めとして出納・決算する帳面である。

ここで勘定仕上げすなわち決算の手続きについて簡単に触れよう。代官所では勘定帳の下帳を作成し、金銀納札帳と前年増減差引書付を添えて下勘定所帳面方組頭に提出する。代官手代が出頭し、帳面方で地方・御金蔵・預所など元払に仕訳けた当証文・置証文・置証文写と下帳との読み合わせを済ませ、調方掛・起印方掛でも証文合わせをし、ついで納札合わせを済ませると、清書した勘定帳本紙を提出する。そこで代官が呼び出され、下勘定所ついで御殿において地方惣勘定が行われる。老中が出席し、勘定奉行・吟味役・組頭が侍座して、代官が帳面奥の惣寄を読み上げ、勘定方が算盤をとって元払差引を行い、勘定奉行・吟味役・組頭が連名で代官宛の奥書をし、その奥に老中・勝手掛若年寄が奥印し、勝手掛老中の綴目印調印にて代官に下付される。ただし預所の分は老中奥印がなく、御金蔵勘定帳は勘定合わせの手続きを経ずに代官に下付される。

この代官所・預所の地方勘定帳を勘定所において整理・要約し、一冊の帳面に纏めたものに「御代官幷御預所御物成納払御勘定帳」がある。全国の個別代官所、大名・遠国奉行の預所について、郡代代官・大名・奉行ごとに支配国名・高および取立物成を記し、最後に取立都合、代官所・預所つまり現地での直接の諸入用払、そしてその引き残り蔵納分の数量を記した物成決算簿である。末尾に勘定奉行・吟味役全員が連署している。

この種の史料は、大河内家記録に享保十四年（一七二九）分・同十七年分、酒井家記録に延享三年（一七四六）分、『向山誠斎雑記及雑綴』「戊申雑綴」に寛政九年（一七九七）分、『吹塵録』に天保九年（一八三八）分、東京大学史料編纂所に文久元年（一八六一）分、竹越与三郎『日本経済史』第五巻・二四～五六頁に文久三年分、『吹塵録』に元治元年（一八六四）分があり、延享三年分と元治元年分は個別の代官所・預所の物成記載を省略し、文久三年分は現地入用払分と差引蔵納分の納払勘定記載が欠如している。またほかに『向山誠斎雑記及雑綴』「丙午雑記」の天保十二年地方勘定下組帳は、『日本財政経済史料』第十巻二六六～四三五頁収載「天保十二年書抜帳」の原本と推定されるが、これは現地入用払分が項目ごとに詳細に記されるほか差引蔵納分について納先の御蔵・御金蔵に分けて数量が記されている。

### 3　幕府総収支決算の史料

代官所・預所の地方勘定帳、これと一緒に提出される御金蔵勘定帳、それに幕府の各役所から提出される勘定帳を総計すれば、幕府総収支決算の帳面となる。このような史料として大河内家記録「戌年御払方御勘定帳」がある。これは享保十四年（一七二九）の地方物成代官所・預所納の物成取立都合から代官所・預所現地入用支払いを差し引き、さらに同十六年勘定仕上げ分・材木奉行勘定分および置籾米を除いたもので、蔵納めされかつ当戌年（享保十五年）勘定となるものである。従ってこの「御払方御勘定帳」は代官所・預所における現地収支を除いた幕府総収支決算書である。この勘定帳にみられる収入は、前年の物成・運上・囲米払代と、諸向納と称する当年の雑収入すなわち運上冥加・役金・拝借返納などである。この「戌年御払方御勘定帳」のうちの酉地方物成は「享保十四酉年御代官幷御預所御物成納払御勘定帳」を元にしており、その取立都合から代官所・預所現地入用支払いを差し引いた額と一致する。

「戌年御払方御勘定帳」と同類の勘定帳は、ほかに『吹塵録』所収の「天保十四卯年金銀納払御勘定帳」「弘化元辰年金銀納払御勘定帳」「弘化元辰年米大豆納払御勘定帳」、徳川林政史研究所保管徳川宗家文書「文久元酉年金銀納払御勘定帳」「文久元酉年米大豆納払御勘定帳」、東京都立大学所蔵水野家文書「文久三亥年金銀納払御勘定帳」「文久三亥年米大豆納払御勘定帳」、東京大学史料編纂所所蔵維新史料引継本「勘定奉行所書類」に写される「元治元子年金銀納払御勘定帳」「元治元子年米大豆納払御勘定帳」がある。これらは物成を含んだ定式納とその他の別口納に分化しており、別口納には貨幣改悪収入である金銀座益金銀納や御用金・上納金あるいは取替金返納など年貢外収入が大きい比重を占めるに至る。

ところで、享保十五年の「戌年御払方御勘定帳」の金銀（銀六〇匁金一両替にして金に加算）と米収支の総計額は『向山誠斎雑記及雑綴』「癸卯雑記」の「御年貢金其外諸向納渡書付」「御年貢米其外諸向納渡書付」の享保十五年納および渡の額に一致する。従って享保七年から天保七年に至る二つの書付の毎年の納・渡の数字は、代官所・預所における現地入用収支を除いた幕府総収支決算の数字であることが理解される。

同様な総収支決算の数字としては、井伊家史料のなかの弘化四年（一八四七）より安政三年（一八五六）に至る「幕府勘定所勝手方勘定帳抜書」がある。また『向山誠斎雑記及雑綴』「癸卯雑記」の「御繰合」に載せる寛政元年（一七八九）から文化十年（一八一三）までの毎年の収支金額や、「貨幣秘録」の天保三年（一八三二）から十三年までの収支金額は米収支を欠き、かつ「御年貢金其外諸向納渡書付」の金額との差があって、御用金納や貸付金を含んでいない数字を示したものと理解される。

## 4　幕府財政史料の成立

幕府財政史料は勘定所において日常的に収受・作成・記録される文書・帳面・証文類がその中心であろうが、前述したようにほとんど堙滅して現存していない。しかしなんらかの機会に勘定所文書を収集・書写・抄録・編纂したものがあり、それらが現在残されていて利用できるのである。部分的なものとしては、「竹橋余筆」「竹橋余筆別集」などに収載されたものがあり、大久保長安の「戸田藤左衛門所蔵文書写」など独特の史料もあるが、幕府財政全体を覆う数量的史料は初期には見当たらない。

従って、最初に幕府財政史料のうち最も古いものとして挙げられるのは、「近藤重蔵遺書」の「貞享三寅年御入用払高大積」「御蔵入高並御物成元払積書」二冊である。どちらも積書ではあるが、元禄八年（一六九五）の貨幣改鋳に当たって、元禄七年現在の幕府財政の状態と一〇年ほど前の貞享期の状態と比較するために作成されたものが写されたものと考えられる。

次に大河内家記録は、享保の財政改革担当者勝手掛老中水野忠之が享保十五年（一七三〇）六月に罷免されたのち、七月に老中に就任した松平信祝が写し控えた勘定所文書であり、信祝が勝手掛老中不在の時期にそれに代わる役割を務めたものとして写したものと思われる。

酒井家記録は延享元年（一七四四）老中に就任した酒井忠恭の勤役中に幕府勘定所が作成したもので、延享二年の「御勝手向御用定」は享保改革終焉期に財政改革を勘定所において総括したものであろう。また『向山誠斎雑記及雑綴』は、天保九年（一八三八）勘定組頭向山源太夫誠斎が幕命により編述したもので、「癸卯雑記」の延享二年「御勘定所勤方」は酒井家記録と同じく享保改革末期の勘定所分課・業務を記したものである。『向山誠斎雑記及雑綴』の「戊申雑綴」の天明八年（一七八八）「御勝手方覚書」は恐らく松平定信が老中首座となって始めた寛政改革の前提的な財政史料であろう。「癸卯雑記」の「御繰合」は文化十三年（一八一六）の財政改革時に作成されたものである。

天保改革に当たり、老中首座水野忠邦が勘定所に命じて佐藤治左衛門に編述させたといわれる「貨幣秘録」がある。これには天保三年（一八三二）から十三年までの歳入・歳出・出目・余不足金額を記した記事があり、御料所改革の基礎資料であろう。『向山誠斎雑記及雑綴』「癸卯雑記」の「御取箇辻書付」は天保十二年まで、「御年貢米其外諸向納渡書付」「御年貢金其外諸向納渡書付」は天保七年までの各年の数字が記され、これも天保改革の基礎的財政資料であろう。

水野忠邦罷免のち土井利位が老中首座に就任するが、『向山誠斎雑記及雑綴』「戊申雑綴」天保十四年作成の「御勝手御改正一件」は、土井に対する勘定奉行らの答申である。勝海舟編「吹塵録」に収載される弘化元年（一八四四）十二月「天保十四卯年金銀納払御勘定帳」・弘化二年十二月「弘化元辰年米大豆納払御勘定帳」「弘化元辰年金銀納払御勘定帳」は土井利位の財政改革時の実態を記録している。

井伊家史料「幕府勘定所勝手方勘定帳抜書」は、安政五年（一八五八）大老に就任した井伊直弼へ提出された報告書であり、弘化四年から安政三年に至る一〇カ年の財政収支額を記しており、安政末年の幕政改革の参考資料とされたものであろう。

幕末期にも幾つかの財政史料をみることができる。徳川宗家文書の文久二年（一八六二）十二月「文久元酉年金銀納払御勘定帳」「文久元酉年米大豆納払御勘定帳」、水野家文書の老中水野忠精勤役中の史料である元治元年十二月

「文久三亥年金銀納払御勘定帳」「文久三亥年米大豆納払御勘定帳」、竹越与三郎『日本経済史』第五巻所収の「文久三亥年御代官幷御預所御物成納払御勘定帳」、東京大学史料編纂所所蔵維新史料引継本の文久三年十二月「文久元酉年御代官幷御預所御物成納払御勘定帳」、慶応元年（一八六四）十二月「元治元子年（一八六四）金銀納払御勘定帳」「元治元子年米大豆納払御勘定帳」、「吹塵録」の慶応三年七月「元治元子年地方御勘定帳摘要」がある。

以上を総括すると、史料の残り易い幕末期を除くと、財政改革ないし財政上問題が生じたときに、その基礎的資料として老中（大老を含む）の諮問に応えて勘定所において作成したものが主であり、勘定所で日常的に生産される文書・帳面などは廃棄されてしまったのであろう。

## 三 勘定所文書と代官所・預所文書

幕府代官所・預所文書のうち地方文書（財政史料）の基本類型については、かつて「幕府勘定所勝手方記録の体系―幕府財政史料の類型論序説（その一～三）―」（『史料館研究紀要』五～七号・一九七七～七九年、のち引用史料を省略して『日本古文書学論集』近世Ⅰ・吉川弘文館・一九八七年に再録）に詳説したことがある。その後「幕府領貢租・財政史料の体系―大名預所財政史料の相互関係から―」（『史料館研究紀要』一〇号・一九八二年）として信濃松代真田家文書預所史料を中心に若干の追補を行った。

ここで取り上げた財政史料の基本類型は、取箇帳・年貢割付・納払明細帳・年貢米金皆済目録・勘定帳（地方・御金蔵）・御成箇郷帳・勤方帳・勤方明細帳・村鑑大概帳・高国郡訳帳・手附手代姓名帳・代官手附手代分限高書付である。そこでの結論は、創始年代の最も早いのは年貢割付と皆済目録であり、勘定帳は少なくとも寛永期には存在し、郷帳の創始は慶安二年（一六四九）といわれ、取箇帳は貞享四年（一六八七）にはあったことが確かめられる。これに対して勤方帳・勤方明細帳および村鑑大概帳は享保改革期の創始であると推定し、他の帳面については詳らかにしえなかった。年貢賦課・収納、会計収支決算、知行割などは幕藩体制の基礎をなすものであるから成立当初から何らかの帳面・文書が必要で、事実作成されたものと考えられるが、慶安期、ついで天和・貞享期の幕政の転換期にかかる帳面が相次いで整備され、享保改革期に本格的な財政帳簿組織の確立をみたと思われるとした。その後、酒井家記録「御勝手向御用定」の記事により、村鑑大概帳は享保六年、勤方帳は享保十八年に創始されたことが判明した。

しかしながら、慶長期から代官が年貢勘定目録を勘定所に提出していることから、勘定帳は慶長期に遡り、また代官が勘定所に提出した「郷帳」と称する帳面が元和期には存在することが明らかとなり、御成箇郷帳の慶安二年創始説は疑問視されるに至った。しかし、御成箇郷帳の慶安二年創始ということは、恐らくこの時期に御成箇郷帳の提出が制度化されたというように理解しておきたい。

# 総説　江戸幕府財政史

## はじめに

ここでは江戸幕府財政史を概述しようと思うが、幕府財政基盤の特質や財政状態の全般的な変遷については、すでに一九八一年に『国史大辞典』第二巻〝江戸幕府〈財政〉〟において述べ、ついで一九八四年に奥金蔵の非常用分銅ならびに除金銀の変遷を中心に「江戸幕府貯蓄金銀について」(1)において叙述し、また『中世史講座』6収載の「幕藩財政」(2)でも近世前期江戸幕府財政状態の変遷の項において慶安・承応期から享保期までのそれを記述したので、本章ではできるだけ重複を避け近世中後期の幕府財政に力点を置いて叙述する。

なお一九九五年になって、藤田覚氏が「大河内家記録」のうちに慶安四年(一六五一)より寛政十二年(一八〇〇)まで連年の「御取箇辻書付」を発見・紹介されたことにより、(3)江戸幕府財政史研究は新たな展開を迫られることになった。本書においてはその本格的分析は後の課題とし、とりあえず本章に幕領総石高と取箇の推移の節を設けて若干の解説を行うこととした。

# 一　豊臣政権の財政

江戸幕府財政の前提としての豊臣政権の財政について、主として山口啓二氏の研究に依拠して概括的に述べてみよう。

同氏の「豊臣政権の成立と領主経済の構造」(4)の第一節「豊臣氏の蔵入地の概観」において、『大日本租税志』所収の「慶長三年検地目録」ならびに「慶長三年蔵納目録」をもとに諸国検地高・豊臣氏蔵入地高を一覧表にし、「蔵納目録」の高には旗本領・寺社領・公家領等は含まれないと考え、全国検地高一八五〇万石余のうち、その一二・二%にあたる二二二万三六四一石余が豊臣氏の蔵入地であったとしている。この二二二万石余の豊臣氏蔵入地高の規模を江戸幕府の蔵入地のそれと比較し、江戸幕府の蔵入地が中期以降四〇〇万石を超える規模となり、全国総石高に占める割合も一六・五～一四%であったのと比べ、豊臣氏の蔵入地は、なお絶対的にも相対的にも小さい規模であったとされる。しかし、幕府の蔵入地は、初期においては豊臣氏のそれとは大差なかったものとされ、豊臣政権下の最大の大名徳川氏の関東における蔵入地一〇〇万石余に比較しても、豊臣氏の蔵入地は中央権力の蔵入地として格段の規模をもっていたとされる。

のち、慶長十年（一六〇五）の全国石高（同年国絵図・郷帳高）は二二一七万一六八九石余であり、幕領の石高二三〇～二四〇万石とみると、全国石高の一〇・四～一〇・八%、また元禄十年代（一六九七～一七〇三）の全国石高（同年代国絵図・郷帳高）は二五七八万六九二九石余で、幕領石高四〇〇万石とすると、一五・五%となることが明らかになり(5)、若干の修正がなされよう。

豊臣氏の蔵入地は中央政権のそれにふさわしく全国的に配置されているが、国別の蔵入高は畿内・近国と北九州における集中度が極めて高いという特徴的傾向を看取できる。山口氏は、A五畿内、B織豊両氏が全国統一事業の基礎を確立したところの勢・尾・濃・江、C徳川氏の旧版図東海五カ国、D北国筋・山陰筋への出口をおさえる諸国、E瀬戸内海路掌握のための蔵入地を配置した諸国、F朝鮮侵略戦争遂行の過程で蔵入地を設定した豊後・筑前両国を抽出し、グループごとに蔵入地の集中度・集積度を示された。そのうち、A地域は、蔵入地の集中度・集積度が高く、豊臣氏本城大坂の城廻りの城領としての位置を占め、京都・堺・奈良などの商工都市や自治都市・寺内町などの小都市を簇生させたところの、生産諸力の発展、社会的分業の展開によって蓄積された先進的諸条件を吸収したこと、すなわち中央権力としての政治的・経済的中枢の位置を占め、B地域は、蔵入地の集中度・集積度がA地域についで高く、小大名が集中的に配置され、織豊政権出現の歴史的事情を反映した軍略的根拠地の位置を占めているのに対し、C地域は、徳川氏関東移封後武将大名を加増転封して徳川氏の押さえとして配置したため蔵入地が少ない。D地域は、各街道筋への出口を扼する兵站基地、E地域は、瀬戸内水軍を養う兵站線で、朝鮮侵略基地北九州への補給ルートを支え、F地域は、朝鮮侵略戦争との関連で蔵入地の集中度・集積度がA地域と並んで格段に高く、豊臣政権の「五畿内同前」の掌握下に置かれたのである。

豊臣氏の蔵入地設定は、初期における畿内の軍事的制圧のもとで在地支配をめぐって設けられた軍政型をとり、統一戦遂行の過程で進攻路に設けられた番城の城廻りに蔵入地を置き、子飼武将が代官として管理する。ついで外様大名領内設置の二つのタイプ、すなわち領内最先進地域に設定されたもの、結果的に大名財政を確立させ、全国市場の形成過程に包摂する前提をつくったところの蔵入地が置かれた。さらに番城城廻型方式を受け継ぐ大名預け地型が、そして在地土豪や豪商の代官吏僚化による港津や特産の直轄支配の方式すなわち吏僚代官型が、豊臣政権の蔵入地の支配的なものとして成立した。子飼大名支配の蔵入地は直属吏僚代官型と同じ性格である。

豊臣政権の蔵入地は太閤検地の施行と兵農分離による集権体制の強化に結果する先進的諸条件を手中にしつつ拡大していったのである。

なお「慶長三年蔵納目録」には金銀山運上と諸役運上の目録が付属し、越後・佐渡・陸奥伊達領ほかの金山、但馬生野・因幡ほかの銀山の運上が、諸役運上としては、後藤判料・常是座の貨幣発行に伴う運上金銀、江州舟役料・大津駄別・大坂過書舟など運輸・流通に関わる運上金銀、堺地子分・堺諸座役料など都市にかかる運上銀が記され、江戸幕府の財政基盤に類似し、その先駆的形態を示しているといえよう。

また、森山恒雄『豊臣氏九州蔵入地の研究』(6)の要点を整理してみれば、豊臣氏蔵入地は全九州に設置されていたこと、朝鮮侵略中に設置された豊後国と再侵略基地として慶長三年設置の博多を含む筑前国の一国型と、海岸線に沿って設置したないし大名領内の平野高生産地帯で大名拠城周辺地域に設置した一郡的蔵入地に分けられること、海岸線に沿って設置された蔵入地は長崎を含め、中世水軍を抱えた良港地で、肥後高瀬、薩摩出水・加治木などは貿易港であり、私貿易権や海上支配権を豊臣政権のもとに吸収、独占的公貿易体制施行の政策に関連し、朝鮮侵略を契機に兵粮運輸体制をスムーズに展開することを目的とし、「五畿内同前」の蔵入地支配体制を創出したとされる。また蔵入地設置時期と代官の形態から、九州統一期以来の豊臣取立大名による代官形態と、朝鮮侵略開始による吏僚奉行支配の代官形態に二分され、「五畿内同前」体制的代官支配形態は後者に求められること、すなわち朝鮮侵略開始直後から「際限なき軍役」賦課と集権制の強力推進の必要から、文禄の太閤検地を経て、中央吏僚奉行層や秀吉直臣衆が代官に任命され、九州の豊臣蔵入地支配体制の中核的存在となった。蔵入地農民からの年貢徴収・納入が軍役として義務づけられ、蔵入米納入形態は年貢定納請負形態を取っている。そして豊臣秀次事件を契機に文禄四年（一五九五）

八月三日前田玄以・長束正家・増田長盛による算用奉行体制が確立したとされるのである。

## 二　江戸幕府初期の財政状態

さて、江戸幕府の財政の初期は、金銀山の採掘が盛んで、貿易の伸長もあって、極めて潤沢であった。徳川家康は慶長五年（一六〇〇）の関ケ原戦後、豊臣秀頼の摂河泉以外の豊臣蔵入地を直ちに接収し、豊臣政権の財政政策を基本的に踏襲した。江戸幕府の直轄領は、初期は二三〇〜二四〇万石と推定されるが、年貢収入を多めにみると年に米約一〇〇万石になり、当時の米相場金一両＝四石で計算し金に換算すれば二五万両となる。

年貢以外の収入では金銀山の収益が大きかった。家康は慶長九年一個五〇貫余の銀分銅八〇個（計四〇五〇貫目）を鋳造して非常用に備えた。同十二年駿府退隠の際、秀忠に金三万枚・銀一万三〇〇〇貫を与えている。元和二年（一六一六）家康死去の際の遺金・遺物は「久能御蔵金銀請取帳」「駿府御分物御道具帳」に詳記されている。このうち「久能御蔵金銀請取帳」は尾張徳川家に伝えられた冊子で、元和二年十一月二十一日の日付と紀伊・水戸・尾張三家の家臣六名の奥書がある。これは家康が自分の死後駿府城内に備蓄している金銀のうちから、尾張義直・駿河（のち紀伊）頼宣に金にして各四〇万両、水戸頼房に約二六万両を分与すると定め、死後の十一月二十一日に、それまで駿府城内の各所に保管されていた金銀を新築の久能金蔵に移管するのを機に、三家への分与金を含むことから、三家の家臣が立ち会って作成した冊子である。この合計は、金四六三箱、銀四九五二箱・五五包、金銀混入二箱であり、大判を含む金が九四万両余、銀五万貫余と金銀だけで一九四万両余にのぼる。なお「駿府御分物御道具帳」は尾張家本のほか水戸家本もあり、紀伊家本もあった筈であるが失われている。

「駿河土産」によれば、家康隠居後駿府城にあった金銀は一〇〇万両で、尾張・紀伊両家に三〇万両ずつ、水戸家へ一〇万両を配分、残り三〇万両を駿府城へ留め、やがて久能の蔵に納めた。その後さらに尾張家には焼失した江戸上屋敷の再建費として一〇万両、紀伊家には和歌山城普請料として一〇万両、水戸家にも三万両が貸与されたという。『南紀徳川史』巻之二には、元和七年和歌山城改修費として将軍より銀二〇〇〇貫を賜っているので、金に直せば四万両となり、尾張家上屋敷再建費も同額であったと類推される。また水戸家も元和八年三万四〇〇〇両余の追加分与を受けた。これら追加分与計一一万四〇〇〇両余は将軍家からの賜金であったと思われる。

元和二年四月二日の尾張宰相（義直）の「覚」によれば、小判一万二〇〇〇枚・後藤判四〇〇〇枚・甲州判二〇〇〇枚・ふんとう二〇〇〇枚、金合二万枚、はいふき九五三一貫五〇〇目・大こく五四六八貫五〇〇目、銀合一万五〇〇〇貫目、足銀はいふき三〇〇〇貫目で、小判に換算すると約四〇万両となる。紀伊家のものはないが、恐らく同額の金銀を受領する覚が作られたであろう。いっぽう元和八年十月十日中山備前守（忠吉）宛水戸家の「納金銀之事」では、小判六〇〇〇枚・後藤判三〇〇〇枚・ふんとう一〇〇〇枚、金合一万枚、灰吹五〇〇〇貫目・大黒五〇〇〇貫目、銀合一万貫目、足銀灰吹一四七〇貫目・大黒五三〇貫目、銀合二〇〇〇貫目、外銀銭五〇貫文となっており、小判に換算すると約二六万〇五〇〇両となり、水戸家ではこれを四度にわたって御蔵より出して納めている。尾張・紀伊の両家でも元和六年ごろまで数次にわたって久能御蔵より引き出し受領したであろう。この総額は約一〇六万両になり、三家への按分比率は五・五・三となる。家康の蓄財は豊臣氏の遺金も併せて膨大な額に達していたのである。

このように財政が豊かであった原因は、家康の倹約と財源の豊富なためであった。金銀山の利益をみると、慶長十八年から元和九年までの佐渡金銀山の産額は、銀三万五六五六貫五一六匁七分、筋金一七四貫〇二七匁三分、砂金二一四九枚五両三分と一七貫〇九九匁、小判一五万七七〇四両三分一朱であり、一年平均金八万三〇〇〇両余に当たる。

佐渡以外の金銀山の産額は不明であるが、後年の史料からほぼ佐渡と同額とみられるから、金銀山よりの収入は一年一六万両余となり、年貢収入に近い数字を得られる。

また外国貿易の利益も無視しえない。外国船に関税を課すことはしなかったが、家康自ら輸入荷物のうち有利な商品を先に買い占め、また海外渡航の日本船に投資を行った。前記の「駿府御分物御道具帳」にも、当時の輸入品である絹織物や白糸類を入れた箱が百数十に及び、麝香・人参・丁香などの薬種・香料、砂糖、葡萄酒、石鹼などが多数存する。

## 三　幕領総石高と取箇の推移

前述のように、江戸初期の幕領総石高は二三〇〜二四〇万石と推定されている。その後の幕領総石高と取箇を知ることのできる史料が新たに発見されたことにより、四代将軍家綱時代以降のそれが判るのである。すなわち、大河内家記録「御用箱6出候書附」のうちの慶安四年（一六五一）より寛政十二年（一八〇〇）までの「御取箇辻書付」の紹介によって(7)、享保以前の幕領石高を七〇年ほど遡って知ることができるようになった（巻末付表参照）。

これによれば、慶安四年より承応二年（一六五三）までは「関東分御勘定帳」がなく、明暦二年（一六五六）は「上方分御勘定帳」がない。この間承応三年・明暦元年は「御勘定帳」がなく、従って慶安四年より承応二年までは「上方分御勘定帳」のみ、明暦二年は「関東分御勘定帳」のみの数字であることが判る。すなわち幕府勘定所には各年の「上方分御勘定帳」と「関東分御勘定帳」があり、この両者が揃うと幕領全部の勘定帳となることが判明する。明暦三年はその最初の年であり、その石高合計は二九二万五四七〇石余となっている。万治三年（一六六〇）に三〇六万四七七〇石余と三〇〇万石を超すが、寛文期には二六六万石台から二九九万石台と三〇〇万石に達せず、延宝三年（一六七五）に至って三一三万六二七〇石余と三〇〇万石台を回復し、以後三〇〇万石を下回ることはない。以上家綱政権下では、万治三年の下総佐倉一一万石堀田正信の改易、寛文四年（一六六四）の出羽米沢三〇万石上杉綱勝の半知没収が幕領増大に預かる一方、慶安四年から寛文七年に至るまで二四万石余にのぼる加増もあって、顕著な増減はない。しかし延宝八年以降の綱吉政権期になると、翌天和元年（一六八一）越後高田松平光長二五万石を改易したことなど大名改易が増え、その改易石高は元禄五年（一六九二）までに一一〇万石を越した。この間天和元年堀田正俊に五万石を加増するなどしたが、加増石高は三三万石に過ぎなかったことから幕領石高の増加は著しく、元禄五年四〇一万三八四〇万石余と遂に四〇〇万石を突破する。翌六年と九年・十年も四〇〇万石台で、十年は四三四万六五〇〇石余と享保以前の最大を示すが、この増加は同年に美作津山一六万七八〇〇石森長成が改易され二万石を残して一四万七八〇〇石が没収されたことが一つの理由である。元禄六年以降の加増大名は二〇人を越すが、綱吉側用人柳沢吉保に四万石、家宣・家継側用人間部詮房に五万石の加増など、加増石高は二五万石余である。

さて「御蔵入高並御物成元払積書」(8)によると、元禄七年（一六九四）の幕領総石高は四一八万一〇〇〇石余とある。しかし「御取箇辻書付」では同年は三九五万五五六〇万石余とあり、二〇万石以上の懸隔がある。いずれにしても、このころから四〇〇万石を上回るようになった。けれども元禄十一年七月蔵米五〇〇俵以上の旗本五二三人に対する地方直しによって、三〇万八七二九石七斗六升三合三勺五才の本高が知行地として割り渡され(9)、また綱吉自身や生母桂昌院の願いによる寺社領寄進も多く、その分幕領石高も減少した。しかし元禄末年ないし宝永期には再び四〇〇万石を越えている。(10)

いっぽう『向山誠斎雑記及雑綴』に載せる「御取箇辻書付」は、享保元年（一七一五）から天保十二年（一八四一）

まで一二六カ年分の毎年の高・此取・内米金の数字が記され、一〇年ごとの高・此取と免の平均が注記される。このうちの高が幕領総石高であることは、大河内家記録「去戌（享保十五）年御取箇相極候帳」の高合の数値四四八万一〇五六石余と「御取箇辻書付」の享保十五年の高が一致するところから疑いないことである。次に此取の数値は此取（全て米で表している）から内米の数値を引き、それを内金の数値で割ると、金一両当たりほぼ二石五斗〜二石八斗までの範囲に入る。「去戌年御取箇相極候帳」の個別代官・預所大名などの記載をみると、此取現米と此取金の両方の記載があるのは、武蔵・相模・上総・下総・安房・上野・下野・常陸・伊豆・甲斐・駿河・遠江・信濃・越後・陸奥・肥前の一六カ国であるが、甲斐・信濃・越後単独の代官所・預所にはその記載がなく、結局関東八カ国と伊豆・駿河・遠江・陸奥・肥前の計一三カ国のみとなる。すなわちこれらの地域にある永高や反高など本来金納のものが此取金に当たるものと思われる。大河内家記録の「御取箇辻書付」では、「上方分御勘定帳」のみの年は此取の内米・内金の内訳がなく、「関東分御勘定帳」のみの年はその内訳が必ずあるところから、内金は石代金銀納ではなく、関東諸国のうちにある本来金納の年貢であるといえよう。このことは逆に永高を石高に換算する場合、金一両＝永一貫文＝高二石五斗であるから、此取金を石高に直し、此取現米に加算したものが「御取箇辻書付」の此取の数値であり、「去戌年御取箇相極候帳」は、代官所・預所が毎年勘定所に提出する「御取箇帳」に基づき作成され、「御取箇帳」によって各村に年貢割付状が発給されるから、全幕領の年貢割付状の集計と言ってよい。しかし実際の年貢納入は石代金銀納などがあって、この通り納入された訳ではなく、此取・内米金の数字は言わば架空の数値である。

さて、「御取箇辻書付」によって幕領総石高の推移をみれば（巻末付表参照）、享保元年は四〇八万八五三〇石余であり、享保七年まで四一〇万石を超すことはない。しかし享保八年四一一万二三九〇石と前年に比べ七万石近く増加した。これは享保七年十一月大和郡山一一万石本多忠村が無嗣断絶、弟忠烈に五万石を許され、六万石が収公されたことによる。その忠烈も翌八年十二月無嗣断絶、五万石が収公され、九年には一六万石が増えた。享保十年八万石以上も増えたのは、七月信濃松本七万石水野忠恒が刃傷に及び改易され弟忠穀に七〇〇〇石が与えられ、六万三〇〇〇石が収公されたことが大きい。十一年五万石減少したものの、十二年一〇万石余増加した。これも十一年九月但馬豊岡三万三〇〇〇石京極高寛の無嗣断絶により弟高永の一万五〇〇〇石相続で一万八〇〇〇石が、また十一月美作津山一〇万石松平浅五郎が無嗣断絶、一族長熙が五万石で相続を許され五万石が収公されたことによる。十四年に二万石増えたが、十五年に三万石余が増加したのは、十四年六月陸奥梁川三万石松平義真が無嗣断絶、収公されたことによるものであろう。

こうして享保十六年四五〇万石台に達し、寛保二年（一七四二）から延享三年（一七四六）までは四六〇万石台を維持する。うち延享元年は四六三万四〇七六石余と最高に達し、享保元年の石高より五五万石近く、一三・三四％も増加した。享保以前においてこの石高に達したことはなく、天保以後も四一〇万石台であるから、延享元年の幕領総石高は江戸時代最高の数字である。このような幕領総石高の増加は、前述した大名領収公三〇万石余に加えて、享保七年から本格化する財政改革および新田開発と新田検地の成果に他ならない。

延享二年老中松平乗邑が罷免、一万石を減じられ出羽山形に移され、嫡子乗佑が六万石で家督を許されたが、同三年の幕領五〇〇〇石増加はこのためであり、四六三万四〇六五石は延享元年に次いで二番目の石高となる。しかし延享四年の幕領総石高は四四一万五八二〇石と前年の四六三万四〇六五石より二一万八二四五石減じた。その理由は、吉宗二子田安宗武が、延享三年九月十五日家重より甲斐・武蔵・下総・摂津・和泉・播磨で一〇万石を、また吉宗四子一橋宗尹が、同日播磨・和泉・甲斐・武蔵・下総・下野で一〇万石を給されたからである。宝暦十二年（一七六二）の幕領石高四四五万八〇八三石が翌十三年四三七万五八三六石と八万二二四七石減じたのは、宝暦十二年五月十五日家重二子清水重好に一〇万石を割いたからである。

この間宝暦元年十月上総勝浦一万石植村恒朝の改易、同五年二月美濃加納六万五〇〇〇石安藤信尹が不行跡により改易され、嫡子信成が岩城平で五万石の相続を許され一万五〇〇〇石が収公、同八年十二月美濃八幡三万八七〇〇石金森頼錦が苛政に対する郡上一揆のため改易され、遠江相良一万石本多忠央がこれに連座して改易され、宝暦九年の幕領石高は前年より四万三〇〇〇石ほど増加している。以後寛政五年（一七九三）まで幕領石高が四三〇万石台で推移していることは、この三卿の成立を除外すれば、幕領が実質的には減少していないことを示している。すなわち、天明六年（一七八六）八月安房館山一万三〇〇〇石稲葉正明が上意違反で三〇〇〇石を没収、十月遠江相良五万七〇〇〇石田沼意次が二万石、ついで七年十月二万七〇〇〇石を没収され、同八年三月近江小室一万〇六三〇石小堀政方が改易されるなど、合わせて六万〇六三〇石が収公された。幕領石高がこの間五万四〇〇〇石ほど増加しているのはこれに理由があろう。

幕領石高は寛政六年四四〇万石を超し、翌七年には四五〇万四五一六石、八年四五〇万七二二六石と宝暦十三年以降では最高に達した。この間「御取箇辻書付」の高と比較できる史料としては、『向山誠斎雑記及雑綴』「丁未雑記」の宝暦七年十二月二十七日「御料高御代官幷御預所高書付」がある。これには個別代官・大名預り分の支配所・石高・懸りが記されるが、高合四四二万〇九〇〇石であり、「御取箇辻書付」の同年高四四二万〇五〇三石と大差ない。次に寛政十一年十二月作成の「寛政九巳年御代官幷御預所御物成納払御勘定帳」が『向山誠斎雑記及雑綴』「戊申雑綴」九にあり、その石高合計は四五〇万〇八六二石二斗三才となる。(11) しかし寛政十一年から徐々に減少に向かい四四〇万石台、文政元年（一八一八）からは四三〇万石台、同七年以降四二〇万石を前後し、天保九年（一八三八）四一〇万石台に落ちる。また「天保九戌年御代官幷御預所御物成納払御勘定帳」の集計石高は四一九万一九六八石六斗五升八合九勺九才で、「御取箇辻書付」の同年石高四一九万四二二〇石に二二四一石余足りない。また『向山誠斎雑記及雑綴』「丙午雑記」三四・三五所収「天保十二丑地方勘定下組帳」の集計石高は四一二万二〇四四石三斗八合九勺八才で、「御取箇辻書付」の同年石高四一六万七六一三石に四万五五六八石ほど不足する。ただし「天保九戌年御代官并御預所御物成納払御勘定帳」「天保十二丑地方勘定下組帳」ともに写本で誤写もあると思われるので、そう大きな差がないとしておこう。

天保十二年以降では、文久元年（一八六一）・文久三年の「御代官并御預所御物成納払御勘定帳」に個別代官所・預所の高が記され、これを集計すると、文久元年は四一〇万七五一〇石六斗六升三合四勺三才、文久三年は四一六万六七五一石二斗七升二合四才となり、幕末期にも最低四一〇万台を維持しているのである。

次に、取箇の推移を見てみよう。

「御取箇辻書付」の此取は全て米納として数値を出したものであることは既に述べた。幕府財政収入の動向としては、永高などの金納部分のほかに、三分一金銀納・田米畑永納・半石半永納・大小切納など地域によって方法の違いがあるものの石代納があって、実際には米納のうち少なからぬ部分を金銀納とする。そして石代値段によって年貢収納の金銀納量は変動する。しかし此取すなわち取箇は年貢収奪量を一定度反映しているものとして検討分析の対象となし得る。

取箇は享保元年に一三八万九五七〇石、年貢率（免）は三三・九九％であるが、いずれも享保初年には大きな変化はなく、享保九年から十二年にかけて増加・上昇に転ずる。これは勝手掛老中水野忠之のもとで享保七年から始まる財政改革の一定の成果と考えられる。大石慎三郎氏はこれを上米によるものと判断されているが[12]、取箇には上米は含まれていないので、純粋に年貢量が増えたとしてよい。水野忠之罷免の享保十五年から元文元年（一七三六）までは取箇も年貢率も大幅に減少・低下する。これは勝手掛老中を欠いた時期で、享保十七年の虫付による西国飢饉も影響しているであろう。

元文元年松平乗邑が勝手掛老中となり、翌二年勘定奉行に神尾春央が任ずると、有毛検見取法を導入し、露骨な収奪を開始する。この結果取箇は増加に転じ、寛保二年（一七四二）の大洪水で若干減少してもすぐに回復し、延享元年の取箇は一八〇万一八五五石となり最高を示す。また年貢率も三八・八八％と第二位に上昇する。享保元年に比較すると、量では二九・六七％の延び、年貢率では四・八九％の上昇となる。延享四年に前年より二〇万石以上も減少するのは、年貢率の低下もあるが、田安・一橋の両卿が分立したからである。宝暦二年には一七一万五六三〇石と第三位の量で、年貢率は三八・九一％と最高を示す。以後も宝暦期は一六〇万石台と安定した取箇を維持し、有毛検見取法による収奪が続いていることを示す。明和二年（一七六五）から一五〇万石台に落ち、以後一六〇万石台に回復することは遂にないが、明和八年一三五万三二八二石、三〇・九三％にを例外として安永八年（一七七九）まで一五〇万石台を維持している。天明期になると、三年・六年に飢饉の影響で激減し、天明六年は取箇も年貢率もこの時期の下から第二位を示す。しかし寛政期には回復・安定し、取箇も年貢率もやや上昇して文化初年まで続く。文化五年（一八〇八）までやや低落したものの、六年から文政初年までは中位安定をみせ、少しの変動を見せつつ天保三年（一八三二）に至る。天保四年と七年は天保飢饉により大幅に減少低下し、天保七年は取箇一〇三万九九七〇石、年貢率二四・七五％と最下位を示す。以後回復傾向を見せつつ天保十二年に至るのである。

## 四　享保改革と財政

享保改革において、吉宗は享保元年（一七一六）鷹狩を復活し、同三年江戸近郊の鷹場を再編強化した。すなわち代官配下の鳥見による幕領私領の統一的検察による支配体制の補強を図ったのである。

享保二年町奉行に登用された大岡忠相を、同七年関東地方御用掛の兼任を命じ、関東地方御用掛支配代官は独自の農政を展開して、勘定所支配の代官と競合した。

吉宗は享保七年老中水野忠之を勝手掛に任じて財政改革を行うとともに、上米の制を設け、幕領に年貢定免制を施行した。これは、奥金蔵の貯蓄金銀が一三万六六〇〇両となったことに象徴されるように、財政が急迫して、切米支給や商人への支払いが停滞しているのを解消しようとしたものである。

ほんらい諸大名の所領には安堵と引き換えに軍役や普請役を課し、年貢は賦課しないのが幕府の収奪体系の基本であったが、上米の制採用は、諸大名からの米・貨幣上納を恒常化する点で、同五年開始の関東・畿内主要河川普請に対する国役金制度が私領農村から賦課金を幕府勘定所へ徴収する途を開いたこととともに、幕藩関係の年貢搾取の原則に修正を加えたが、上米の制は同十六年に廃止し、国役金も部分的に留まった。

享保七年閏七月、勘定所を公事・訴訟を受け持つ公事方と、年貢・普請・出納・知行を受け持つ勝手方に分け、翌年五月老中水野忠之を財政専管の勝手掛老中に任じて財政改革に着手した。それまで御殿詰・上方・関東方に分かれていた勘定所機構を改め、御殿勘定所は御殿詰・勝手方、下勘定所は取箇方・伺方・帳面方に分け、以後の分課の基本が形成された(13)。

また不正代官を斥け、同十年代官所経費を別途支給して口米を収公し、新田開発を奨励するなど年貢増徴に努めた結果、同十四年には奥金蔵金銀も一〇〇万両に回復した。上米の制は財政が回復した享保十六年に廃止されたが、年貢増徴は米価低落を招いてその調節に苦しみ、享保飢饉と米価対策費の支出のために、享保末年には奥金蔵金銀は二一万両に減少した。元文元年(一七三六)享保金銀を改鋳して元文金銀を増発し、同二年勝手掛老中松平乗邑のもと神尾春央が勘定奉行に就任すると、有毛検見取法への転換による露骨な収奪強化によって年貢総量・賦課率とも飛躍的に増大し、延享元年(一七四四)の取箇は享保以後最大となり、宝暦九年(一七五九)ごろまで高度収奪が続く。この時期から大名御手伝金・御用金借上げが増加してくる。享保八年足高の制を定めるなど支出抑制策はあったが、頻発する江戸大火の際の諸大名・町人への拝借金貸付、類焼家屋再建時の瓦葺強制と塗屋・蠣殻葺奨励のための貸付、新田開発奨励に伴う治水工事費用など却って支出増大がみられた。しかし年貢増徴は財政収支を安定させ、寛保二年(一七四二)奥金蔵金銀は再び一〇〇万両に回復した。

ここで享保改革期唯一の幕府財政収支の総体が判る享保十五年の勘定帳の分析結果をみてみよう。

大河内家記録「享保十四酉年御物成米金銀諸運上幷戌年諸向納を以戌年御払方勘定帳」の検討を行った大口勇次郎氏は、その収支実態を次のように整理している(14)。

まずこの勘定帳は幕初以来の財政の原形を留めているというわけではないが、享保改革の成功の成果を十分に反映しており、基本的形態としての資格を備えているとし、ついで勘定帳の内容を整理し、享保十五年の幕府財政収支の実態とその特徴を次のように指摘する。

金方歳入は、年貢以下諸項目の合計が金五九万五一四四両余・銀一万二二一六貫余、金銀計金換算七八万八七五二両余に達し、歳出は金五六万五一五六両余・銀九九六〇貫余、金銀計金換算七三万一一六七両余であり、五万七五八

五両余の歳入超過となっている。米方歳入は米八五万四二四〇石余・大豆六八〇三石余であり、歳出は米五九万二九九八石余・大豆五一五七石余であって、米二六万一二四二石余・大豆一六四六石余の多額な黒字を残している。

この年の財政収支の状況は、『向山誠斎雑記及雑綴』の「御年貢米其外諸向納渡書付」「御年貢金其外諸向納渡書付」の享保十三年から十七年の前後五カ年間の財政収支の中で、金方歳入・歳出、米方歳出合計の三つの数値は、五カ年平均値との誤差が五％以内に留まり、米方歳入高は前後の年と大きな違いをみせるが、これは幕府の米価調節政策の結果であり、この点を留意すれば、享保十五年の財政収支はほぼ享保後半期に共通した財政事情を示している。

さて歳入についてみると、幕領からの年貢（地方物成）収入が圧倒的な比重を占め、金方では金換算五〇万八九八五両余（六三・七二％）、米方（荏大豆を含む）では四九万九六二〇石余（五八・〇二％）に及び、石高制に基づく年貢収奪を基本とする徳川氏蔵入地を祖型とする幕府財政の特質を示している。貿易収入は長崎会所よりの長崎運上金と俵物諸色買入金返納の名目で長崎奉行が金五万五〇〇〇両（金方収入の六・八九％）を納めているに過ぎない。貨幣鋳造に伴う後藤吹出目金納は僅か四〇〇両（〇・〇五％）に過ぎず、鉱山収入も十七世紀後半から衰退をみせ、この年は佐州焼金二一貫一〇〇匁、佐竹氏納めの秋田灰吹銀一貫五〇〇匁がみられるのみで、金換算五〇〇〇両前後に過ぎない額である。貿易収入と鉱山収入の比重低下が、享保期幕府財政における幕領年貢収入の占める役割を一層高めている。かかる収奪体系を主要な経済的基礎としたことが幕府権力の強さの源泉ともなったが、同時に一定の制約をもたらした。すなわち幕府が全国的な土地知行権を有して全国の土地支配を行い、財政的にも全国的な支出を要請されているにもかかわらず、年貢収奪の対象地が幕領に限られている点である。上米と河川普請のための国役金の制度は、この制約を克服するものとしての私領への課税の試みとみられる。享保十五年の国役金は二万一〇〇四両（金方収入の二・六三％）、上米は米方七万二六六一石（八・四四％）、上米金納分が二万九〇四〇両（三・六四％）に及んでいる。

次に歳出の項目では、旗本・御家人に対する三季切米・役料が金方計二四万六八七七両（歳入総額を一〇〇％とした場合の三〇・九一％、以下同）、米方計一五万一二六四石（一七・五七％）を占め、さらに金方で二条・大坂加番合力、甲府勤番切米金合わせて四万三六七四両（五・四七％）、米方では定扶持・役扶持や二条・大坂・大津・駿府・甲府在番加番合力、地役人切米・扶持方が一五万八七五六石（一八・三五％）あり、三季切米・役料にこれら旗本・御家人ら幕臣団に支給される米金を加えると、金方で三六・三八％、米方で三五・九二％を占めている。

幕府は享保十四年に始まる米価低落に対して同年暮から翌十五年にかけて積極的な米価政策を取った。浅草御蔵などで米穀の買い上げを行って米価維持を計ったのである。金方歳出には江戸・大坂買上米代七万九五三三両（九・九六％）とあり、米方歳出に十五年秋大名へ払米と二条・大坂・大津払米大豆計二〇万四六二〇石（二三・七六％、うち大豆一二九七石）、米方歳入に江戸・大坂買上米（荏大豆三五〇石を含む）二八万一六七六石（三二・七一％）があって、その量の大きさを知ることができる。この年の蔵米支給の特徴は、米支給分を減らし金給に代えたこと、張紙値段を前年の水準にとどめたことで、低米価による旗本・御家人の実質的減収を防ぎ、放出米を減じて米価引き上げを計ったのである。ただしこの米価調節政策は買上米代や切米・扶持の支出の負担が大きくなり、幕府財政そのものに圧力を加える結果になるのである。

歳出のうち、奥方合力金六万〇一三一両（七・五三％）、奥方合力・比丘尼・女中切米・扶持方一万一一七七石（一・三一％）など純粋な将軍家政経費は綱吉政権期より少ない。三季切米役料に次いで多い支出は幕府の行政経費ともいうべき役所費である。このうち元方・払方・西丸御納戸をはじめ作事方・小普請方・御賄方・材木方・細工方・畳方など江戸城内八カ所費用が八万三九七九両（一〇・五一％）であるが、御納戸・御賄方が大半を占め、将軍家の衣食・調度支出を多く含んでいる。将軍家政経費が公私分かちがたく一括されている。ほかに米方にも御賄方九八一三石

(一・一四%)がある。その他町奉行方・普請奉行方などの諸役所費用は一万九五〇四両(二・四四%)、江戸以外の遠国役所費は幕領に支出されており、その一部は新田検地御用・所々新田普請潰地地代幷家作料・武蔵下総国新田場出百姓家作料などが含まれ注目されるが、計一万八二七八両(二・二九%)である。役所費のうち代官所経費は三万三九四二両(四・二五%)、また米方歳出においても代官へ被下候入用米八三五六石(〇・九七%)がある。以上役所費すなわち行政経費は一五万五七〇三両(一九・四九%)を占める。

修復費は、寺社に対するものが四一七六両(〇・五二%)、役所や城郭に対するものが六五〇四両(〇・八一%)であるのに、橋や河川普請入用が五万七八〇八両(七・二四%)に達するのが、享保期の特徴をよく表している。

さて、酒井家記録「御勝手方御用定」の「新田畑流作場等取立候事」の記事(15)により、新田開発の様相をみてみよう。享保七年諸国の御料所と私領の入り交じりの場所でも新田になるべき地所は開発出願するよう触れられ、その節初めて新田掛として勘定奉行筧播磨守正鋪・勘定井沢弥惣兵衛為永が命じられ、同十二年筧正鋪が検地奉行を勤め、退役後勘定奉行松波筑後守正春・同石野筑前守範種が、そして延享二年(一七四五)現在は神尾若狭守春央が新田御用掛を勤めている。享保七年より延享二年までに開発された新田畑流作場等の総計は反別五万〇一〇〇町歩にのぼる。

その内訳は、享保七年より元文元年まで、筧正鋪・松波正春・石野範種・井沢為永掛りで開発された新田畑流作場等は、高七万七三〇〇石余と反別七二〇〇町歩余、この地代金は四万七〇〇〇両、地代金のうち三万五二〇〇両余は幕府へ上納済み、一万八〇〇〇両余は年延びで未納となっている。これに対し普請入用は五万〇八〇〇両余、そのうち拝借金分は一万〇九〇〇両余で、このうち八二〇〇両余が上納済み、二七〇〇両余が年延びで未納となっている。結局地代金の方が普請入用よりも三八〇〇両余少なく、さらに地代金の未納一万八〇〇〇両余、普請入用の未納二七〇〇両余を加えると、二万四五〇〇両余が延享二年現在支出超過となっている。

これに対し元文二年より延享二年まで、神尾春央掛りで開発されたのは、高二万〇一〇〇石余と反別二万三一〇〇町歩余であり、この地代金は三万両余、うち二万七〇〇〇両余は上納済み、三〇〇〇両余は年季中で延享四年までに上納になる。このうち高一万二六〇〇石余と反別一万二〇〇〇町歩余は神尾春央伺いの新田方組頭堀江荒四郎芳極支配にした部分で、この地代金は二万三一〇〇両余、うち二万一六〇〇両余は上納済み、一五〇〇両余が延享三年までに上納する分である。しかもこれら新田畑は流作場の取立てであるので、普請金・拝借金等の入用はいっさい掛かっていない。

南北武蔵野新田の開発は、享保十九年と元文元年の検地により、高一万二六〇〇石余と反別二一七〇町歩余が打ち出された。これは享保八年より町奉行大岡越前守忠相支配代官岩手藤左衛門信猶・荻原源八郎乗秀が見分吟味の上伺って、御料私領入会村々ならびに願人双方割り合い新田に仰せ付け、享保九年より鍬下年季三カ年のうちは役米を納め、享保十二年より年貢上納の筈であったが開発が進まず、新田出百姓も相続できかね、芝草を買うものもなく、願人の役米上納も差し支える状態であった。そこで享保十二年野村時右衛門・小林平六に武蔵野新田を預け、翌十三年より十六年まで新田出百姓家作料として金二三五〇両を下し、農具代を貸し渡して、取箇を吟味の上増したところ、三、四年の間未進が募り百姓が困窮した。これは両人の取扱いがよくないことから、享保十五年岩手藤左衛門・荻原源八郎に支配を命じ、未進金を免じ反取永を元のように引き下げた。

享保十七年武蔵野新田を上坂安左衛門政形の代官所とし、見分吟味の上百姓相続のため、開発料として金一五〇〇両を貸し付け、その利金一割を百姓に下した。同十七年伺いの上、堀井・呑水・用水堀・畑廻り風除木植え付け等の入用として金三二八両余を下したが、新田は不作続きで、別して百姓が難儀したので、元文四年春安左衛門は伺いの上、御救金として金八五〇両を下している。

元文四年川崎平右衛門定孝が新田世話役を命じられ、畑養料・御林植付苗木調えの入用として金四〇六〇両の貸し付けがなされ、その利金と同十七年貸し付けの一三〇〇両とを合わせて金五三六〇両の一割の利金五三六両ずつ、元文五年より延享二年まで六カ年下付する積りであった。しかしこれを下げ切りにすると、大勢の百姓が我先に出願し、百姓のゆるみにもなるとのことで、畑養料貸付にして出来作に応じ雑穀を取り集め、相続しかねる百姓らに種夫食などに渡し、収穫時に雑穀を取り集めて貯穀とし、年々種夫食を取り計らって、元金五三六〇両は貸し付けの年より五、六カ年過ぎてそれより一〇カ年賦に返納の積りに申し付けた。

元文二年より寛保二年までは、品々御普請ならびに栗林・竹藪仕立て入用、寛保元年から延享三年までは、芝地開発料をはじめ田方用水・呑水堀溜井・苗木植付等・潰百姓立返り品々御救金、窪地百姓引越拝借金が新田百姓に下されている。

芝地開発料は武蔵野新田のうちまだ芝地のままの地所を開発し、薏苡仁・稗・紫草を作らせ収納に応じて返納させ、または買い上げて夫食貯穀とする。芝地の鍬下年季三カ年は年貢を免じ、開発人足は夫食不足の百姓を組み合わせ、賃銭の代わりに夫食を渡して開発させるという方策であった。

以上、武蔵野新田は大岡忠相支配によって取り計らってきたが、延享二年五月川崎平右衛門が勘定奉行神尾春央支配になるに及び、以後は勘定所一統の支配となったのである。

なお酒井家記録「延享三寅年御代官并御預り所御物成納払御勘定帳」(16)は、享保改革終了後のもので、取立都合金銀は金換算三三万〇九八〇両二分余、代官預所入用払は一八〇九両三分余、残三二万九一七〇両二分余であり、この年の年貢は翌四年勘定の納になるので、延享四年「御年貢金其外諸向納渡書付」の納一四五万〇二二四両余すなわち代官預所入用払を除く全幕府収入金に対して二二・七％が年貢金であり、同じく米は八九万二四〇〇石三斗四升五合余、代官預所入用払九万四〇七一石四斗八升七合余、残七九万三八五九石三斗二升四合余であるので、「御年貢米其外諸向納渡書付」の納八七万一四四〇石余すなわち全幕府収入米の九一・一％が年貢米の割合である。

## 五　田沼期から寛政〜文化期の財政

奥金蔵金銀は宝暦三年（一七五三）一二六万三二七〇両、ついで明和七年（一七七〇）一七一万七五二九両と増加し、除金を加えた貯蓄金銀は三〇〇万両に達した。しかし宝暦九年以降は取箇も漸減傾向を示し、田沼時代には財政収入の重点を年貢外収入に移していった。すなわち五匁銀、南鐐二朱判など定位貨幣を新鋳し、明和三年大坂に銅座を設けて産銅を独占し、棹銅・俵物・諸色（海産物）輸出を増やし、朝鮮人参・明礬・竜脳などの専売政策を行い、株仲間に運上・冥加を課した。さらに印旛沼・手賀沼干拓、蝦夷地開発を企てたが、天明の飢饉による年貢収入の減少と、収奪強化によって再生産が困難になった農民の一揆による抵抗、将軍家葬祭・社参費用、新田開発土木事業、飢饉・災害救済など臨時出費の増加により、奥金蔵金銀は天明八年（一七八八）までに一三〇万両も激減した。なお宝永元年（一七〇四）初発の幕府諸役所・奥向経費節減令は、寛延三年（一七五〇）・宝暦五年と定額が示されたが、この時期明和八年さらに厳しい定額となって倹約が令せられている。

天明六年八月二十七日田沼意次が辞職し、閏十月五日加恩二万石の地と居城ならびに大坂蔵屋敷を収公され、七年六月十九日、代わって松平定信が老中首座に就任し、寛政改革を開始する。寛政の改革に当たっては倹約令を頻発したが、年貢収入はあまり増加せず、禁裏・日光・聖堂・上野・西丸の修復、米買上げ、治水事業、それに蝦夷地入用が加わって支出増となる。年貢外収入の主体は大名御手伝金と国役金であるが、公金貸付返納と利子が経常的収入として固定してくる。公金貸付策は荒地起返・小児養育手当など幕領本百姓経営維持資金を捻出するために、大名領・旗本領など私領の農民を対象にした顕わな財政補塡策であったが、未返済元金・延滞利金の回収困難から、利子率引き下げ、長年賦返済などの措置に迫られて積極性を失っていく。

定信は寛政五年（一七九三）七月二十三日に辞職し、その跡を継いで天明八年四月四日から老中であった松平信明が老中首座になった。信明は享和三年（一八〇三）十二月二十二日に一旦老中を退いたが、文化三年（一八〇六）五月二十五日再び老中首座に返り咲き、文化十四年八月二十九日没するまでその職にあった。

この間の財政史料として向山源大夫の『向山誠斎雑記及雑綴』の「癸卯雑記」八所収の「御繰合之儀ニ付取調候趣申上候書付」（以下「御繰合」と略す）がある。「御繰合」は文化十四年十月勘定奉行服部伊賀守貞勝・同古川山城守氏清の両名が提出したものであるが、宛先は明記されておらず、老中おそらくは実質的に財政を担当していた老中格水野出羽守忠成に宛てられたものと推定される。まず最初に述べていることは、寛政末より享和・文化に至っては定式・臨時とも支出が増加したので、文化九年より十三年まで五カ年間倹約令を発し、多少の除金もできたが、十二年以来臨時支出が増加したとしている。支出が差し支え除金を支出に廻したが、以後も臨時支出が増加すれば財政困難になるので、これまでの実態をもって以後の財政を勘考するために、まず明和七年・天明八年・寛政十年・文化十三年の四年度について、奥・蓮池・大坂三カ所の御金蔵に納められている合計金銀を書き上げ、この各期間における御金蔵出入のおおよその財政支出費目を書き出している。ついで寛政元年より文化十二年に至る二七年間の毎年の収納高・入用高・差引（余不足）・臨時収支の費目と金額を記している。末尾には先の四年度の十二月晦日現在の御金蔵有高について、奥御金蔵有高・蓮池ならびに大坂御金蔵定式遣方有高・蓮池ならびに大坂御金蔵別口除金口々有高・大坂御金蔵内仕切有高の四口の内訳と合計が記されている。

この「御繰合」に基づき、特に松平信明政権が直面した財政経済上の問題を具体的に明らかにし、これに対処した財政政策を検討したものとして、大口勇次郎氏の詳細な研究があり、(17) また古島敏雄氏の「幕府財政収入の動向と農民収奪の画期」(18) でもその第四期として分析されており、以下の叙述はこれに依拠している。

まず、明和七年に三〇〇万両余（うち貯蓄金銀は二九七万両余）あった幕府金銀は、天明八年に一挙に八一万両余（うち貯蓄金銀は六三万両余）に減少したが、その後寛政改革の成果によって一旦は寛政十年に一〇七万両余（うち貯蓄金銀は九八万両余）に回復したものの、また支出増加によって文化十三年には六五万両余（うち貯蓄金銀は六一万両余）に減少した。

次に寛政元年から文化十二年までの収納高・入用高の数値については、『向山誠斎雑記及雑綴』の「癸卯雑記」四所収の「御年貢金其外諸向納渡書付」の同期間の数値と比較すると、「御繰合」の数値は奥・蓮池・大坂三カ所の御金蔵金銀有高と密接な関連を持っており、御用金とその返戻金はこの数字には入れていないということであり、これらの数値を記帳している「金銀納払勘定帳」とは異なり、さらに「金銀納払勘定帳」に基づく「御年貢金其外諸向納渡書付」の数値とも異なるものである。

「御繰合」の数値によれば、寛政元年～十年は、寛政改革が開始され、経常費の収支の差額が各年黒字で（収納高・入用高の差引金額が赤字の三カ年は臨時納と臨時出方の差引の赤字による）、その額は年平均三万両に及ぶ。臨時出方は寛政元年の禁裏御所向普請と寛政六年以降継続的に支出された日光東照宮の修復費用が大きく、他に米価調節のための買上米代金がある。この間の黒字累計は二万六〇〇〇両余となり、この分が御金蔵へ貯蓄され御金蔵有高の増加として表れている。松平定信の倹約を旨とする幕政改革が支出抑制策として実現されていったのである。

寛政十一年から文化二年までは、財政事情が悪化し、経常費は辛うじて黒字となっているがその幅は僅かであり、臨時費を含む収支は七カ年中四カ年が赤字となり、平均すると年三万両の支出超過となっている。臨時出方の主なものは河川修復費と蝦夷地入用であり、莫大な河川普請費用に見合う金額を農村からの国役金や大名からの上納金として取り立てているが、寛政十一年東蝦夷地の直轄に伴い支出を余儀なくされた蝦夷地入用金はそのまま幕府の財政負担となっている。

文化三年〜八年は、支出が膨張し財政悪化が一層進行した。これまで何とか平衡を保ってきた経常費の収支も赤字の年が生まれ、年平均二〇〇〇両のマイナスとなり、臨時費も前期と同様脹れ上がり、河川普請費用・買上米代金の支出が大きい。文化八年の朝鮮通信使来聘入用は諸国の国役で賄っている。臨時費を含む収支では文化六年を除いて赤字であり、年平均六万八〇〇〇両に及んでいる。この時期は米価の低落によって年貢金納部分が低く抑えられ、幕府の米価引き上げ策とくに大坂・江戸の豪商に対して米穀買入れのための多額な御用金賦課によって金融事情は極端に悪化した。幕府は河川堤防の破壊、蝦夷地問題の発生、米価低落など新たに生起した問題に十分に財政的に対応できず、赤字の増大と御金蔵貯蓄金銀に頼る状況であった。このような財政危機を乗り切るために、再び伝統的な倹約令に依拠することになる。

文化八年勝手掛老中牧野忠精の主導によって徹底した倹約政策が立案された。そして同九年から向こう五カ年間の倹約令を発した。その中核は、①役所経費の削減、②役人の整理と扶持合力米の削減、③貸付の引き締め、④普請工事の中止もしくは延期である。

文化九年から十二年までは、倹約令の成果がまず文化九年の収支に表れる。この年の経常支出は文化七年に比較すると一八・七％減の九八万七五〇〇両余となっており、倹約目標の二割減をほぼ達成している。経常費の収支差額は一〇万五〇〇〇両を超し寛政元年以来最大の黒字を残している。臨時出方は河川普請入用三万両のみで、倹約政策が成功したことを示している。この傾向は文化十・十一年も維持しており、経常費は文化七年に比し一三％減、収支差額も黒字を続けている。しかし文化十二年になると倹約令期間にもかかわらず、支出高は経常・臨時とも上昇し、寛政元年以降では最大級の数値を示している。その結果経常費で六万七六〇〇両余、総額で一四万二六〇〇両余不足の赤字財政に戻っている。臨時費には日光法会入用・河川普請国役取替金などの高額支出があり、いずれ国役金として諸国農村に負担を転嫁するものであるから、次年度の収支をみないと直ちに赤字と決めることはできないが、経常支出額が倹約令以前の水準を超えていることは、倹約令の限界が露呈したものといえる。

ここで「御繰合」に記載される寛政元年より文化十二年までの臨時納（総額二七四万九千両）を費目別に集計すると、普請入用大名出金が五一・九一％（一四二万七千両）で過半を占め、ついで払米代金一八・五九％（五一万一千両）、国役金一三・〇二％（三五万八千両）、唐金銀吹立納五・二〇％（一四万三千両）、松前箱館収納金四・三七％（一二万両）の順となる。またこの間の臨時出方（総額三五三万三千両）の費目別集計では、普請入用が五七・八三％（二〇四万三千両）で、うち河川三三・八五％（一一九万六千両）・建物一九・五三％（六九万両）・材木買上代四・四四％（一五万七千両）、ついで買上米代一二・二八％（四三万四千両）、蝦夷地入用九・四三％（三三万三千両）、朝鮮信使来聘入用五・四一％（一九万一千両）、大名拝借金五・三五％（一八万九千両）、日光法会道中入用四・六一％（一六万三千両）、荒地起返手当貸附三・四二％（一二万一千両）の順になる。

普請入用のうちまず河川普請についてみると、寛政年間は大名の請負工事や大名の上納金、農村からの国役金、あるいは幕府経常費による直轄工事など、年によって異なるが、大名請負のケースが多い。次に享和元年（一八〇一）から文化二年までは寛政期と異なり、毎年のように東海地方で河川普請を行っているが、四年間は多くの大名助役を仰いでいる。これら助役は大名上納金として幕府金蔵に納入され、のち幕府直轄普請として行われている。文化五年以降は関東中心に河川普請が続いているが、このうち大名助役をとるのは文化六・十年の二年で、あとは国役普請が主流を占める。建物については、寛政元年の支出に禁裏普請入用一四万五千両があるが、前年天明八年正月に炎上した禁裏・仙洞の造営普請入用の一部である。薩摩・熊本藩などに手伝金を課すとともに、五万石以上の大名に一万石当たり金五一両二分の割合で上納を命じ、この結果寛政元・二年にわたり計二八万六千両の大名上金が献納された。その後しばらく大名助役による建物普請は途絶えたが、寛政八年江戸城西丸普請に富山・岡山など四藩が助役を命じられてから、享和三年までの間ほぼ毎年のように諸大名に上納金が課せられ、日光・聖堂・加茂社・久能などの修復が行われた。文化七年までは大名助役による普請はみられなくなるが、文化八年からは毎年のように江州坂本宮・石清水八幡宮・日光・紅葉山・上野本坊など大名助役による普請が行われている。

寛政十一年幕府は従来松前藩領であった東蝦夷地を幕領に編入し、文化四年松前を含む西蝦夷地も幕領化した。このことに対応して「御繰合」に寛政十一年から享和三年まで蝦夷地入用が計二四万八千両計上されている。以後入用がなくなったが、文化四年と五年は西蝦夷地直轄による入用が八万五千両掛かり、計三三万三千両となった。翌六年以降は蝦夷地入用はなくなるが、文化九年からは毎年松前箱館収納金として蝦夷地からの収益金計一二万両が出て来る。ただしこれは直接的な投資と収益であり、蝦夷地直轄は開発と防衛のために莫大な人的・財政的負担を強いることになるのである。

朝鮮信使来聘入用は文化三年から八年までの六カ年にわたって計一九万一千両支出されている。十一代家斉の将軍襲職は天明七年であったが、折からの飢饉のため延期され、のち対馬における易地聘礼が文化八年に実現した。その費用として大名に高役金、農民に惣国役を課すこととし、御料私領村々高一〇〇石につき金一両の割合で文化五年から五カ年賦に上納させることとした。「御繰合」には朝鮮信使来聘入用高役国役金が文化五年から十二年まで毎年記されており、その合計は三一万両に達する。支出金額との差一二万両は幕庫に納められ、流用されたであろう。

日光法会入用は文化十二年四月家康二百回忌として挙行されたものであり、買上米代金は米価引き上げ策の一環として行われたものである。大名拝借金等は一八万九千両になるが、寛政六年琉球使節来日費用として薩摩藩に二万両、文化四年朝鮮使節接待費として対馬藩に三万両、同十年蝦夷地警衛のために南部藩に一万両と、外交・軍事を分担させる代償として貸与している。これに対して尾張藩には淑姫入輿、水戸藩にも峯姫入輿など将軍家家産的理由による貸付となっており、他の大名には文化三年の江戸屋敷類焼の薩摩藩に一万両を貸与しているのが唯一の災害貸付である。

これら臨時費の膨張に対して経常的収入から捻出できる余地は限られており、これとは別に農民・町人・大名らに使途を限定した上で臨時の徴収を行わざるをえなかった。国役金は当初は河川普請・宿駅助成など広義の受益者負担の意味があったが、次第にその性格は薄れ、朝鮮信使来聘入用のように惣国役となれば年貢の追加徴収と変わりなく、私領農村から直接収奪の途を開いたのである。大坂・江戸の有力町人には米価引き上げ策の一環として御用金を賦課し、大名相手の金融事情を悪化させて領主財政の危機を進行させた。大名は軍役・普請役のほか、米価調節への出金協力、将軍家慶事への献上など様々な奉仕を求められ、領地への国役金賦課、大名金融の悪化のほか、この時期大名助役や出金、奥向慶事が重なったことにより大名財政の蒙った影響は計り知れない。

松平信明の片腕として財政改革を推進してきた勝手掛老中牧野忠精は、文化十三年九月病気を理由に勝手掛を免ぜられ、翌十月老中を辞した。ついで翌十四年八月に松平信明が病没し、水野忠成が老中格となった。翌文政元年（一八一八）八月水野忠成が老中に昇進、老中首座・勝手掛として一七年間幕政を牛耳るのである。彼の諮問に応えて新任の勘定奉行服部貞勝・古川氏清が提出した「御繰合」によって松平信明政権の財政を記録整理し、その緊縮政策を批判し、文政二年に始まる貨幣改鋳に踏み切る途を開いたのである。

## 六　天保期の財政

文政二年（一八一九）の貨幣改悪以降は改鋳益金が財政収入上少なからぬ比重をもつようになるが、同時に大坂・江戸などの町人に対する御用金および地方的な上納金が財政不足補塡に重要な位置を占めるようになる。「御年貢金其外諸向納渡書付」によると、天保期には歳出は毎年二〇〇万両を超し、六年は三〇〇万両を超過しているのに、歳入が伴わず、二年・四年・六年は赤字である。黒字の年も貨幣改鋳益金を除くと収支が償う年は一年もない。「貨幣秘録」[19]は天保三年（一八三二）から十三年までの金方収支の数字を載せている。その納出の金額は「御年貢金其外諸向納渡書付」の納渡の金額よりかなり少ないが、それはともあれ、出目（改鋳益金）が「貨幣秘録」の納金額の二〇％台から三〇％台もあり、十一年は四一・二％、十二年は五一・四％に達している。それでも五年・六年は不足、十三年も赤字であり、天保期は改鋳益金によって不足を補うという財政構造になっている。

天保改革において天保十四年御料所改革がなされ、検地は行わないものの全耕地と収穫量の再把握を意図し、本田畑の検見・立毛見分を加えて、寛政期以降の土地・年貢政策を継承し強力に実施しようとしたが、農民の嘆願運動が起こって中止に追い込んだ。[20]

天保十四年水野忠邦の天保改革の失敗後、経費節減を目標とする老中土井利位の財政改革が実施された。この時期の財政史料としては、『吹塵録』所収の「天保十四卯年金銀納払御勘定帳」「弘化元辰年金銀納払御勘定帳」「弘化元辰年米大豆納払御勘定帳」があり、天保十四年分は米方を欠いている。

天保十四年の金方歳入は定式・別口合わせて金五二三万一八八二両三分三朱・銀三万九五〇七貫二五一匁四分一厘、計金換算五八九万〇三三七両永一二八文、このうち貨幣改鋳納金は金換算四三四万七三四〇両、これを除く純歳入は一五四万二九九七両余である。貨幣改鋳益金は金換算三九万四三七〇両で貨幣改鋳納金を除く純歳入の二五・五％に当たる。歳出は同じく金五三〇万九三八二両・銀二万九〇〇七貫九六六匁六分八厘六毛、計金換算五七九万二八四八両永一一一文で、九万七四八九両永一七文の黒字である。うち貨幣改鋳渡金は金換算四三四万七三四〇両で、これを除く純歳出は金換算一四四万五五〇八両余である。弘化元年の金方歳入は金三九四万一八九三両二分・銀二万八六六五八貫八〇六匁二分六厘九毛、計金換算四四一万九五四〇両永二四一文、うち貨幣改鋳納金は金換算一八四万四〇一〇両余、これを除く純歳入は二五七万五五三〇両余で、このうち貨幣改鋳益金は金換算八五万六四〇〇両で純歳入の三三・三％に当たる。歳出は金三七九万一九六一両三分三朱・銀一万〇八七七貫六九八匁五分七厘二毛、計金換算三九七万三二五六両永九一四文となり、四四万六二八三両永三二七文の黒字である。うち貨幣改鋳渡金は金換算一八四万四〇一〇両余、これを除く純歳出は金換算二一九万九二四六両余となり、天保十四年より七五万二七三八両余で五四・九％の増加となる。

弘化元年の米方歳入は米六一万五〇三五石四斗七合三勺五才・大豆二六六七石六斗二升六合五勺・菜種二〇四石九斗六升四合、歳出は米六五万六八七一石二斗二升三合三勺三才・大豆二九五二石九斗二升五合・菜種二一四石八斗二升五合で、米四万八一九七石三斗八合四勺八才・大豆二八五石二斗九升八合五勺・菜種九石八斗六升一合が不足となっている。

この史料の詳細な分析は大口勇次郎氏が行っているので[21]、分析結果はそれに譲り、その結論部分について関説しよう。

第一に改革が目標とした経費の削減の点では部分的に成功したといいうる。すなわち八カ所や諸役所入用という江戸城を中心とした行政支出は削減が貫徹し、御三家御三卿手当金・旗本御家人拝借金は当初の目標通りに削減され、この限りにおいて倹約令はそれなりに有効であったといってよい。第二に倹約令施行にもかかわらず支出を増大した費目に三季切米金と廻米運賃がある。年貢収入から切米扶持に至るメカニズムは幕府の恣意的な倹約令の下では調節は不可能となっていたことを示す。第三に改革は総体的にみたら完全に失敗したといえる。弘化元年の江戸城本丸炎上と幕府の再建優先の方針により、本丸普請入用金四五万七七二九両余・銀一五五六貫三八六匁余、材木買上代金二〇万六二二六両・銀一貫七四三匁余、炎上跡取片付品々入用金七二二八両・銀三貫〇三一匁余、奥表道具新規出来入用金四万二三二七両・銀二八貫九四四匁余、焼金銀引替渡・吹分諸入用金六万〇七六〇両余・銀三〇貫七八六匁余、臨時被下向・買上物代金二万二一五九両余・銀六〇九貫一五六匁余、西丸二丸逗留中品々入用金二二七一両余・銀一二貫七二九匁余、総計八三万六〇八〇両余（貨幣改鋳渡金を除く歳出総額の三九・三％）の再建費用を支出したことなどで歳出は一挙に計画の五割増にはね上がり、倹約計画は挫折して失敗し、幕府は支出膨張を補う財源として改鋳益金に依存する態勢が固定化していくのである。

## 七　幕末期の財政

幕末期の幕府財政史料はかなり豊富になったといってよい。

まず弘化四年（一八四七）から安政三年（一八五六）までの安政四年十二月作成「幕府勘定所勝手方勘定帳抜書」(22)

は、これも大口勇次郎氏が前掲「天保期の幕府財政」で、天保末年の財政構造が幕末期にかけてどのように維持・変容したのかという観点から展望の対象として扱っている。この史料は安政末年に幕府が行った財政改革の準備段階で作成したと思われ、一〇カ年にわたって金方・米方の歳入出額と差引を記し、とくに金方については定式・別口・他(臨時)納渡の区別と金銀座益納の額を、また他納渡については主要な費目を摘記している。

財政収支の様相については弘化四年から嘉永五年(一八五二)までの六カ年と嘉永六年以後の四カ年とやや異なる。前六カ年の歳入出は天保十四年(一八四三)の規模の枠内か二〇%増の範囲にとどまっていて、定式・別口の支出も天保十四年に準じ、他渡(臨時支出)の内訳も日光・増上寺・大坂城の修復費用が主要な費目となっている。嘉永三年から大筒鋳立、同五年に台場築造などがみられるが、金額はまだ少なく、幕府財政に影響を与えるほどのものではない。歳入では嘉永五年に奥金蔵から五〇万両を引き出した以外はいずれも天保十四年の水準より下がっている。金銀座益納(貨幣改鋳益金)も弘化四年を別にすれば、その額は減少している。他納(臨時収入)は江戸城普請上納金と日光・増上寺修復手伝金に限られ、名目通りの普請修復に支出されたとみなされる。嘉永六年からは歳出が急激に膨張し、弘化元年の規模に準ずるようになった。定式・別口・他渡の金額も弘化元年の場合に近似し、他渡の費目として江戸城西丸普請があげられているのも同様である。注目されるのは、嘉永六年に内海台場・大筒鋳立・大船製造などの比重が高くなり、以後の他渡の膨張は内海台場・大船製造・大筒鋳立など海防費用の増大によるところが大きい。歳入では安政元年から支出増に対応した収入増加を実現したが、その要因はもっぱら貨幣改鋳益金の増大と他納(臨時収入)である。他納の内訳としては従来の江戸城・日光などの普請に対する大名手伝金のほかに、百姓町人上納金・寺院町人冥加上納金などの費目が新たに加わり、この限りで弘化元年の収入増加策に似た対応をとっているといえよう。以上から、開港直前段階までは幕府財政の基本的構造は天保末年のそれを維持継承しており、ただ嘉永六年以降の支出増大の要因が、列国の開港要求に対応するための海防費にあるといえるのである。

文久・元治期になると幕府財政の基本的な勘定帳が比較的揃っている。すなわち文久元年（一八六一）・文久三年・元治元年（一八六四）の金銀および米大豆の勘定帳が完備している。(23)

このうち最初に紹介されたのは文久三年の勘定帳であるが、すでに森田武氏が分析を加えている。(24)氏は幕末期をもって幕府が公儀権を喪失して私的強化に転じていく過程と把握し、幕末の財政において大名手伝金依存と貨幣改鋳策の行き詰まりに対して、産業統制政策を積極的に評価する。大口勇次郎氏は「文久期の幕府財政」(25)と題する論考を発表して、安政二年以降数度にわたって国産統制政策が立案されるが、実行に移されることなく、実施されてもすぐに撤回せざるをえなかった。大名課役と貨幣改鋳が現実的な財源であったのに対し、国産統制実施には現実的根拠に欠けるとして批判を加えている。大口氏の「文久期の幕府財政」は、先の「天保期の幕府財政」の分析に文久三年の勘定帳を加えた包括的な論考である。その前に飯島千秋氏は文久元年の勘定帳を紹介し、(26)さらに元治元年の勘定帳を発見して「元治期の幕府財政」(27)において、弘化元年・文久元年・同三年・元治元年の勘定帳を通して幕末期の幕府財政を総括している。本章では幕末期の幕府財政の詳細については以上の論考に譲り、ここではとくに飯島氏の「元治期の幕府財政」の所説に依拠して整理・叙述していこう。

まず米方歳入は年貢米が最大で五〇万石台を確保しており、天保期に比して代官所段階での年貢が米金とも増加しているが、幕府御蔵段階では減少傾向がみられる。これは幕府の荒地起返による年貢増徴や勧農政策と、上洛や征長、囲米、諸大名への手当支給方法の変更などにより年貢米金の移動態様が変化したことによる。また臨時買上米・買戻米などの別口納も急増し、そのための支出は文久元年は一万二〇〇〇両であるが、同三年は二一万八四〇〇両余、元治元年は一九万五三〇〇両余にのぼる。

米方歳出では三季切米・役料はほぼ文久元年の水準を維持するが、米方歳出全体にしめる比率は元治元年に低下する。弘化元年にはみられなかった禁裏や親王方への被進米・取替米が文久元年からみられ、文久三年以降に京都守護職・政事総裁職・将軍後見職などとなった松平容保・松平慶永・一橋慶喜らに多量の手当米・被下米・拝借米が支給されている。こうした下げ米は幕末に向かうほど増加し元治元年には七万石を超す。定式支出はあまり変化がみられないが、長崎・箱館をはじめ遠国へ派遣される幕府役人に支給される合力米・扶持米が増加するのは、海防・開国・上洛などの影響である。

金方歳入のうち年貢金銀はいずれの年も九〇万両台で弘化元年の六五万両余より増えている。幕府御蔵納高の割合低下は米の場合と同じであるが、金より銀の低下が大きく、上洛や征長の影響と考えられる。運上・冥加金では元治元年から府内酒問屋取締りを名目に鑑札を交付、一樽につき銀六匁の酒問屋冥加金上納が開始され、一万九七四八両の収入を得た。諸役所上納金は元治元年に激減するが、最大の理由は佐渡からの灰吹銀・吹金の納入悪化である。次に、弘化元年五月と安政六年十月の江戸城本丸炎上に伴う普請上納金・御手伝金が弘化元年の一八万四一五〇両に対して文久元年三四万三九六四両余もある。大名・旗本のほか幕領農民からの納入があるが、安政六年の炎上のさいには大名一三三家・旗本五一家から計四〇万三〇〇〇両余の献金申し出があった。しかし大名からの上納金は延納されることが多かった。江戸城は文久三年六月に西丸、十一月に本丸・二丸を焼失した。しかし幕府は大名・旗本には上納金を命じることはなかった。その後本丸に先立ち西丸を再建することになり、元治元年七月仮御殿を竣工し、その費用として西丸普請入用一九万三六〇〇両余、二丸普請入用五万四八〇〇両余が計上されている。その他の大名上納金・御手伝金は延納が認められる傾向が多く、普請上納金から海岸警備さらに上洛供奉や長州征伐、京地警衛、留守中江戸警衛、常野州・和州賊徒追討などへと忠勤対象が変化したことを示している。金銀座冥加上納金は貨幣吹き立てのさいの灰土混入の微塵物を座方の者が通用金に吹き立て、幕府はこれを買い上げていたが、元治元年勘定所はこれを冥加として上納するよう説得し座方もこれに応じ三五万七八〇〇両を上納、慶応元年末までに六一万両に達したといわれる。町人御用金の納入が文久・元治期にはみられないが、元治元年長州征伐軍費調達のため大坂町人に御用金を課し、一〇四人が銀二万六〇九五貫目（金約四三万両）を引き受けたとされ、慶応元年には大坂・江戸町人に、二年には大坂・兵庫・西宮町人に計約二七〇万両に達する御用金を賦課した。そして納入済み分の一括返済と未納分の免除を申し渡したが、新たに賦課された御用金と相殺され、より過重な御用金賦課のための形式措置である。開港後は関税収入が加わり、文久元年は六五万三一一三両、三年は一三七万四六八三両余、元治元年は一七四万〇〇二四両余と増加するが、それぞれ歳入の一五%～一八%余に過ぎない。なお文久三年には奥金蔵より三〇万両の出金の臨時収入があったが、これで奥金蔵の貯蓄金銀は取り崩されたものと思われる。

金方歳出についてみると、文久・元治期の三季切米・役料渡は弘化元年の二倍近くに増加しているが、米穀小売値段も二倍に値上がりしているので、増加割合は同じである。合力金・手当金は文久元年には小笠原島派遣手当が五万三四〇八両あるが、この年から外国派遣の者手当が見え、元治元年には横浜鎖港使節として外国奉行池田長発らが欧州に派遣されたこともあって一七万六二一四両に増加し、合計でも二八万両を超す。奥向経費は定式部分は減少するが、和宮下向などで全体としては弘化元年を上回る。役所費は変化が少ないが、開港に伴い箱館・神奈川関係支出が多額にのぼり、臨時に遠国派遣者の宿代・被下金の増加が著しい。修復費は日光のほか山陵・上下賀茂社などは朝幕関係を意識したもので、修復費のうち役所を対象としたのは、外国人旅宿所・騎兵大砲組当番所などのほか、横浜新田埋立・役宅向普請修復等入用などこの時期特有のものがある。河川等の修復費には文久元年和宮下向に伴う中山道往還道橋や臨時川々普請入用が目立つ。江戸城再建や台場築造用の材木買上代は文久元年には四四万三七八七両と巨額で、同三年・元治元年も一三～一四万両の規模である。

このほか文久・元治期を特徴づける費目として、上洛と長州征伐費、軍事関係費、朝廷関係費、大名手当金・貸付金、常野州騒擾対策費、貨幣改鋳関係費がある。まず上洛と長州征伐費は、勘定帳では上洛費用は文久三年九七万二七一二両、元治元年六七万九〇六六両であるが、「外交余勢」「開国起源」によると二カ年で後述の額となり金換算約一二〇万両となる。長州征伐は慶安軍役令に基づき一万石に一五〇人扶持支給と触れながら、元治元年十二月支給しないとした。勘定帳では長州征伐（進発）費二三万九〇二八両があるが第一次征伐に関わるものであろう。

元治元年勘定帳の軍事関係費のうち海軍・船舶関係支出についてみれば、外国船舶購入・船舶新造・乗組員手当・軍艦操練所・海軍所入用・石炭買上代で計二〇万一二二〇両、陸軍・銃砲関係支出は、陸軍入用・講武所入用・騎兵大砲組当番所修復・越中島調練場修復・目黒砲薬製所入用・千駄ケ谷塩硝蔵普請・臨時武器新調修復・大筒鋳立小筒張立車台製作・玉薬製作・硝石買上代・石灰蠣殼買上代・錫銑鉄買上代・内海台場普請海岸砲台築立で計三三万三〇一五両にのぼる。外国船舶購入・船舶新造や大筒鋳立小筒張立等の支出は文久期も多額な支出がある。

朝廷関係の支出は禁裏・御所入用で小堀数馬に渡したものが、弘化元年は二万三七〇〇両であるが、文久元年から臨時入用が加わって一二万〇六七両、三年二八万七二六六両、元治元年四〇万五〇〇〇両と増加し、禁裏へ被進米石代渡が文久三年九万七一一二両、元治元年一三万〇四〇五両、和宮下向につき進献が文久元年四万三四八五両などが主なものである。公武合体や尊攘運動が展開するなかで、和宮降嫁、家茂上洛、孝明天皇賀茂・石清水行幸と攘夷祈願、八月十八日の政変、さらに禁門の変と長州征伐など朝幕関係にとって重要な事件が頻発した。朝廷関係費支出はこれらの動きに対応したものであるが、上洛経費も加わって大坂金蔵金銀は底をついた。

大名手当金・貸付金は弘化元年の二万両余から元治元年の三五万両余へと激増する。とりわけ上京した将軍後見職一橋慶喜に文久三年八万五一七三両、元治元年二〇万〇七七四両、京都守護職松平容保に両年で五万八九五五両、政事総裁職松平慶永・同松平直克にも多額の下げ金があった。また対馬兵備の宗義達に両年で六万四〇〇一両が支給されている。手当金・下げ金の直接支給の方法ではなく、間接的に大名・旗本を救済しようとしたものに、馬喰町貸付下げ金や浅草札差下げ金がある。前者は弘化元年八万両、文久元年一万五〇〇〇両、文久三年一二万両、元治元年三五万両、後者は弘化元年二万両、文久三年四万三〇〇〇両、元治元年一万両を支出している。文久二年馬喰町貸付役所の仕法改革が行われ、翌年幕府は救済の対象を大名にまで拡大した。この時期大名の負担が増え貸付金返納猶予願いが頻繁に出された。返納金減少に対応し、貸付資金の援助という性格をもち、文久三年の馬喰町貸付役所の下げ金はほとんど大名貸付金に当てられた。大名・旗本拝借金は文久三年三六万七四七九両から元治元年一五万一四四九両と半減している。幕府は大名からの財政援助を馬喰町貸付金制度の活用によって対処しようとしたのである。ところで文久元年には一〇〇俵以下の者に被進金七万一五三五両、三〇〇石以下の者に拝借金一〇万八三五三両を支出している。

常野州騒擾対策費は元治元年に起こった水戸天狗党の筑波山挙兵に対してその追討入用であり、三〇万三九二四両にのぼる。

貨幣改鋳関係費では、貨幣改鋳益金が次第に増大していることが明らかである。すでにみたように、弘化元年のそれが八五万六四〇〇両で金方歳入四五三万一一〇五両の一八・五%を占めるのに対し、文久元年は一八二万二二五一両で金方歳入四三二万八四四九両の四二・一%、文久三年は三六六万五〇四八両で金方歳入一〇五一万六〇〇三両の三四・八%、元治元年は四四三万九八四三両で金方歳入一〇七六万六八一両の四一・二%となる。この間先述の井伊家史料にみえる、弘化四年から安政三年までの各年の総歳入に占める貨幣改鋳益金の比率で最も高いのは、安政元年の二五・三％、ついで同三年二五・一％であるから、文久・元治期の比率増大は明らかであろう。さらに貨幣改鋳納金を除く純歳入からみると、弘化元年は三三・三％、文久元年は四九・六％、文久三年は五二・三％、元治元年は七〇・三％にも達するのである。なお文久三年の勘定帳において、「洋銀引替金」が支出され、洋銀が金銀座で貨幣改鋳として利用されている。慶応二年（一八六六）七月ごろまでは洋銀流通相場が通商条約で規定の標準値を下回っていたから、輸出超過で流入した洋銀は自然相場で金銀座に渡り改鋳に使用され、幕府はこれによって相当の利益を得たと思われるが、洋銀相場の高騰はこうした収益方法は確保できなくなる。つまり貨幣改鋳益金による収支均衡は慶応二年ごろまでは維持しえたといえる。

しかしながら幕末期の財政は崩壊前夜の様相を示し、軍事費や償金が財政を脅かす莫大な支出を迫っていた。そこで貨幣改鋳が限界に達し、原料貨幣を必要としない資金調達手段として、外国からの借款や国内商人の信用に基づく金札の発行を日程にのぼせなければならなくなったのである。

かかる幕末期から維新期に至る幕府財政については、大山敷太郎氏の『幕末財政金融史論』『幕末財政史研究』の二つの著書を得ている(28)。まず『幕末財政金融史論』では、幕府財政紊乱の原因としての新経費について述べ、嘉永六年勘定奉行川路聖謨・勘定吟味格代官江川英龍の江戸湾砲台築造計画は、台場九カ所で金一四九九万〇三一二両余であったが、結局七五万両余に縮小したことをはじめ、海軍創設費は幕府が外国から購入した軍艦の代価は少なくとも三三三万六〇〇〇ドルに及び、維持費も莫大である。長崎・横須賀の製鉄（造船）所は一五八万ドル、横浜造船所・横須賀製鉄所建設費約二四〇万ドル、対外事件償金支払いのうち生麦事件償金一一万ポンド（四四万ドル）、下関事件償金三〇〇万ドル、二度の将軍上洛費大判五七三枚・金一〇七万六一九六両余・銀六八〇九貫目余、長州征伐費四三七万七〇〇〇余両など巨額であったことを明らかにした。このため荒地起返や免直による田租の増徴、御用金や地方的上納金を課し、壮丁を徴発する兵賦をはじめ旗本・御家人に課徴し、間もなく兵賦金と称して金納を命じ幕領・譜代大名領に拡大した。また『幕末財政史研究』は貨幣改鋳策、江戸の御用金や札差町人の御用金について述べている。

幕府は前述の如く数度にわたる御用金を課し、歳入の五〇％を超す貨幣改悪益金を繰り入れ、ついにフランスなど外国からの借款に頼るなど破局的状態は、幕府の財政的崩壊を招いた。維新の変革に伴い明治政府は旧幕府外国債および外国償金代償を引き継いだ。幕末にフランスとオランダの商社から購入した兵器その他を未払いのまま幕府が倒壊したため、政府は明治元年（一八六八）・二年の両度五八万八〇〇〇余円を支払い、外国人が殺傷されあるいは商品が没収・略奪されたことに対し、新政府が賠償義務を負担し、計一七二万八〇〇〇余円を支払ったが、中でも明治七年に支払った下関事件償金は洋銀一五〇万ドルに達したのである(29)。

注

（1）『東洋大学文学部紀要』三七集・史学科篇IX、一九八四年、本書第八章収載。
（2）『中世史講座』6・中世の政治と戦争、学生社、一九九二年、本書補論二収載。
（3）藤田覚「江戸時代初期の幕領石高・年貢量に関する新史料」（『史学雑誌』一〇四編一〇号、一九九五年）。
（4）古島敏雄編『日本経済史大系』3・近世上所収、一九六五年、東京大学出版会、のち山口『幕藩制成立史の研究』所収、一九七四年、校倉書房。
（5）大野瑞男「国絵図・郷帳の国郡石高」（『白山史学』二三号、一九八七年）。
（6）森山恒雄『豊臣氏九州蔵入地の研究』（吉川弘文館、一九八三年）。
（7）藤田覚前掲「江戸時代初期の幕領石高・年貢量に関する新史料」。
（8）藤田覚「元禄期幕府財政の新史料」（『史学雑誌』九〇編一〇号所載・東京大学史料編纂所所蔵「近藤重蔵遺書」）。

(9)『竹橋余筆別集』巻三、影印本四三一〜四五三頁。
(10)大野瑞男「元禄末期における幕府財政の一端」(『史料館研究紀要』四号、一九七一年、本書第六章収載)。
(11)大野瑞男「寛政期の幕府財政史料」(『東洋大学文学部紀要』四九集、史学科篇二一号、一九九六年)。
(12)大石慎三郎「享保改革」(旧岩波講座『日本歴史』一一、近世3、一九六三年)二九三頁。
(13)大野瑞男「享保以降の幕府勘定所機構改革」(『日本歴史』四二〇号、一九八三年—本書第七章収載)。
(14)大口勇次郎「天保期の幕府財政」(『お茶の水女子大学人文科学紀要』二二巻、一九六九年)。なお本章引用に当たっては、数字は計算をし直している。
(15)大野瑞男「延享期の幕府財政史料酒井家記録(二)」(『史学雑誌』八九編七号、一九八〇年)。
(16)大野瑞男同右稿。
(17)大口勇次郎「寛政—文化期の幕府財政—松平信明政権の性格—」(尾藤正英先生還暦記念会編『日本近世史論叢』下巻、吉川弘文館、一九七四年)。
(18)古島敏雄「幕府財政収入の動向と農民収奪の画期」(『日本経済史大系』4・近世下、東京大学出版会、一九六五年)。
(19)『日本経済大典』四五巻。
(20)藤田覚『幕藩制国家の政治史的研究—天保期の秩序・軍事・外交』(校倉書房、一九八七年)九〇〜一三四頁。
(21)大口勇次郎前掲「天保期の幕府財政」。
(22)『大日本維新史料・井伊家史料』五巻三五七〜三七三頁。
(23)徳川宗家文書・文久二年十二月「文久元酉年金銀納払御勘定帳」「文久元酉年米大豆納払御勘定帳」(飯島千秋「文久改革期における幕府財政状況」『徳川林政史研究所研究紀要』昭和五十六年度、一九八二年所収)、水野家文書、元治元年十二月「文久三亥年金銀納払御勘定帳」「文久三亥年米大豆納払御勘定帳」(村上直・大野瑞男「幕末における幕府勘定所史料」『史学雑誌』八一編四号・一九七二年所収)、慶応元年十二月「元治元子年金銀納払御勘定帳」「元治元子年米大豆納払御勘定帳」(飯島千秋「元治期の幕府財政」『横浜商大論集』二二巻一号、一九八八年所収)および大野瑞男「幕末期の幕府財政史料」(『東洋大学文学部紀要』四五集・史学科篇XVII・一九九二年)。

(24) 森田武「幕末期における幕府の財政・経済政策と幕藩関係」(『歴史学研究』四三〇号・一九七六年)。
(25) 大口勇次郎「文久期の幕府財政」(『年報・近代日本研究』三、幕末・維新の日本、山川出版社、一九八一年)。
(26) 飯島千秋前掲「文久改革期における幕府財政状況」。
(27) 飯島千秋前掲「元治期の幕府財政」。
(28) 大山敷太郎『幕末財政金融史論』(ミネルヴァ書房、一九六九年)、同『幕末財政史研究』(思文閣、一九七四年)。
(29) 吉川秀造『日本財政史概説』(清文堂、一九七二年)二一〇～二一三頁。

# 第一章　江戸幕府財政の成立

## はしがき

江戸幕府財政の成立というとき、これを幕藩制国家が小農体制を成立・維持しつつ全剰余労働搾取の機構を体制的に成立せしめ、幕藩領主が分業と市場の編成を行って自ら再生産しうる体制を確立することと考えれば、その成立時期を今すぐいつに決定するかは困難が伴う。すなわち、幕藩制国家はその存立のために高度で精緻な制度・機構を整備拡大していき、解体過程に入ればその矛盾克服のための対応策としてさらに機構が改革強化される。また下部構造すなわち小農体制成立の時期とそのあり方をも含めて全構造的に分析しなければ本当の意味で財政成立を論じられないといえる。けれども筆者は幕府財政の成立時期を一応寛永末ないし慶安期に置く考えを持っていることを予め断って、叙述を進めたい。

周知のように、勘定所史料の湮滅によって幕府財政史料は極めて少なく、とくに元禄以前の史料は皆無に等しい。従って幕藩制成立ないし確立期の幕府財政研究の成果も乏しいのであるが、その中では北島正元氏の権力構造論と佐々木潤之介氏の慶安の幕政改革に焦点を据えた研究(2)は最も総合的なものである。(1)また天領・代官制度から接近する村上直氏の業績(3)があり、地域を限ったものとしては、佐々木氏の河内代官末吉氏の元和～貞享期の年貢機能分析(4)、朝尾直弘氏の畿内幕領における研究(5)、大口勇次郎・古川貞雄・峯岸賢太郎の諸氏の信濃の石代納と払米に関する諸論文(6)が目につくものである。

幕府財政と密接に関連する代官制度の展開について村上直氏は、①代官頭消滅の慶長末期、②地方支配機構整備、代官的豪商の吏僚化の寛永期、③陣屋廃止、代官江戸定府促進の元禄・宝永期、④代官所経費改定の享保十年以降、の転換期を設定されている(7)。佐々木氏は慶安期の幕政改革をもって幕府財政成立をみておられるが、幕領支配と幕府財政の関連を時期設定を含めて総括的に検討する必要があろう。

そこで本論はこれら諸研究に導かれつつ、幕府財政機構の形成過程を幕領支配の成立および慶安幕政改革との関係を含めて検討するとともに、具体的に慶安・承応期の浅草米蔵収支決算の分析から米蔵の機能を考察することによって課題に迫ることとしたい。

## 一　幕府財政機構の形成過程

### 1　勘定頭制と勘定所機構の成立

幕府直轄領の貢租徴収・訴訟等を取扱い、幕府財政経理を統轄する行政機構は勘定所であり、その長官は勘定奉行であることはいうまでもないが、その成立の経緯は必ずしも明らかではない。幕府成立当初は老中がこれを兼務し、実質は大久保長安や伊奈忠次がこれに近い役割を果たしていたと考えられる。その後慶長十四年に松平正綱が会計の総括を命ぜられ、ついで元和元年秋元泰朝・板倉重昌とともに奉書連署・諸士支配を命ぜられたとき、正綱は勘定奉行を兼務されている。[8] ところで彼らは家康の近習出頭人であって、駿府政権の消滅とともにその役も実質的意味を失ったのではないかと思われる。

勘定奉行は元禄ごろまでは勘定頭と称せられた。曽根吉次は寛永七年「関東勘定頭」となり諸国を巡視しており、[9] 同十三年「惣勘定頭」となって[10] 寛文元年の辞職まで終始勘定頭であった。

寛永十二年十一月十日、幕府は評定所式日およびのちの年寄（老中）・若年寄・留守居・寺社奉行・町奉行・勘定奉行・作事奉行・大目付の職掌に当たる有司の管掌事項を制定したが、「大猷院殿御実紀」の記すところでは「関東公料の地并に農民の訴訟は松平右衛門大夫正綱。伊丹播磨守康勝。伊奈半十郎忠治。大河内金兵衛久綱。曽根源左衛門吉次。五人一月づゝ二番にして勤むべし（いまの勘定奉行の職掌）。[11]」とある。大石慎三郎氏はこれらは地方奉行といわれていたと想定されている。[12] ついで同月二十七日、小出大隅守三尹と市橋下総守長政を国郡奉行に命じ、三河より西は市橋、東は小出と分けて幕領のことを司らせ、[13] 関東幕領は正綱ら五人、三河以東幕領（関東を除く）は小出、三河以西幕領は市橋の支配体制が成立した。

勘定頭制の成立は寛永十九年であり、八月十六日に酒井和泉守忠吉・杉浦内蔵允正友が「国用の事査検」、曽根源左衛門吉次・酒井忠吉・杉浦正友・伊丹康勝入道順斎の四人が「租税財穀出入の事」を司るよう、またそれまで「国用の事」にあずかった伊奈半十郎忠治がそれをゆるされ、「関東諸代官の得失を糺し、堤防修築の事」を勾当するよう命じられた。[14] これによると伊奈忠治も勘定頭を勤めていたが、それは先述の寛永十二年以来のことであろうか。この時点で農政部門と財政経理部門が合一して勘定頭制が成立し、また関東郡代制の創始となった。

勘定所は江戸城本丸の御殿勘定所と大手門内の下勘定所の二カ所に分かれていたが、前期においても二つに分かれていたか明らかでない。勘定所の役人は勘定組頭・勘定・支配勘定である。勘定は寛永十五年十二月五日上方・関東・

作事方各四人で計一二人が初めて置かれたとされるが、[15] これは各会計担当者が決められたということで、それ以前に勘定が置かれていたと思われる。勘定組頭の新置は遅れて寛文四年六月十一日で、御殿詰・上方組頭・関東方組頭に分かれていた（後述）。支配勘定が置かれたのは万治二年である。

次に、勘定所支配で米金の出納を行う米蔵・金蔵役人の創置について『吏徴別録』（『続々群書類従』第七）などで記そう。畿内では元和三年に淀御蔵奉行、同四年伏見御蔵奉行の存在が確認され、同七年大坂御蔵奉行の新置とともにこれに吸収された。[16] 二条御蔵奉行は寛永二年に創置されたが、大津御蔵奉行の創置年代は不明である。初期には蔵米と城米は明確に区別され、御蔵奉行と城米奉行が置かれていた。浅草の御蔵奉行は寛永十三年五月一日に初めて三人が置かれ、同十九年五月二十六日六人、同八月十八日大番・小十人より一二人、寛文五年八人、延宝二年一〇人と変り、貞享四年十月に半数五人が初めて勘定から命ぜられた。切米手形書替割印を行う御切米手形改役（書替奉行）は寛永十九年八月十八日初めて二人が置かれ、一人は定役、一人は大番出役であった。このように御蔵奉行・御切米手形改役が大番の出役であることは、米蔵が軍事体制下の兵糧米貯蔵所の機能を本来的に持ち、幕藩制確立に伴って財政経済的機能を濃くするとともに、勘定出身者が任命されるようになったのである。なお浅草御蔵奉行配下の手代・小揚は寛文五年新置とするが、寛永期に遡ることができる。[17]

金蔵の出納を司る御金奉行は正保三年一月二十二日初めて四人が、御金同心は同二月十六日に置かれたとするが、これも元和四年松風権右衛門が任ぜられていて時代は上る筈である。また大坂御金奉行の初任は寛永二年といわれる。

以上要するに、まず寛永十年代に勘定所において勘定頭―勘定という単純な構成が、また米蔵では御蔵奉行―手代―小揚という組織が成立した。ついで同十九年八月に四人の勘定頭と御切米手形改役二人が置かれて、地方支配機構と財政経理機構が合一し、勘定所機構が成立整備された。そして勘定頭―勘定組頭―勘定―支配勘定という精緻な組織は万治・寛文期に確立したのである。

ところで勘定所の業務はその対象地域を上方と関東方に二分し、上方組頭・関東方組頭あるいは上方御勘定・関東方御勘定というように人員が振り分けられていた(18)。また前述のように御蔵奉行・御金奉行も上方が関東よりも早期に成立していた。このような上方と関東の跛行的関係、二元的支配機構はつとに先学により指摘されていたことであり(19)、ここでは省略するが、勘定所における二元的な代官統制が一元化され、勘定奉行による関東・上方代官の統一的な把握が実現されるのは享保改革期に下るのである(20)。

## 2　幕領支配の確立と慶安幕政改革

近世初期の幕領は、慶長末年で約二三〇〜二四〇万石といわれる。最大の財政基盤関東では、伊奈忠次・大久保長安・彦坂元正・長谷川長綱ら代官頭が圧倒的な支配力をもって下代を従属させていた。しかし慶長末年までにかれらは死去するか処罰され、伊奈氏の武蔵支配地を除いては、大久保長安配下の関東十八代官などの下代が相代官制を残しつつ独立して代官となった。

上方では伊勢・美濃から西は備中まで幕領の所在する一一カ国には国奉行がいて、その職掌の一つとして幕領が預かり年貢を収取していた(郡代)(21)。しかしかれらはその機能を中央に吸収され、寛永中期までには国郡奉行・国廻り役などにその任務を継承されていった(22)。また畿内などの初期豪商代官はその豪商的機能が不要となったとき吏僚代官に変化するかまたは代官から排除されていったのである。

九州においては関ケ原の役後長崎が直轄となり、慶長十一年長谷川藤広が長崎奉行となった。一方、寛永十年から中津藩・杵築藩預所であった豊後日田は、寛永十六年永山布政所が設置されて代官支配地となり、土豪代官ないし給人代官が排除されて関東下りの官僚代官小川正長・小川氏行が代官となった。肥後天草は島原の乱後同十八年幕領に編入されて代官鈴木重成が入り、ここに九州幕領が成立した。(23)

このような幕領の拡大成立に対して、慶長十六年幕府は諸国の年貢を江戸城へ納入させ、美濃・伊勢・近江（うち一三万石）を駿府、駿河・遠江・尾張は義直・義宣の蔵入とし、駿府政権を分立し、将軍財政の成立をはかり、翌年八月慶長五年以来の収支を安藤重信が査検して財政実態を把握した。これは豊臣政権への対決の意味があったが、十四年に松平正綱がそれまで乱雑であった会計を整理したものをさらに検討を加えたものであった。(24)元和二年七月の関東欠米口米口銭の制定は代官所経費の確定であるが（上方は寛永二十一年）、代官勘定の統轄は急務であった。同五年三月十日に代官・地頭の年貢皆済期を明春までと定めた。(25)

寛永期に入ると、同七年曽根吉次の関東勘定頭任命のさい、年内皆済を延ばして翌春皆済とし、(26)十一年三月三日天下大小の政務を分掌させたさい、代官御用・金銀納方（年貢）・大分遣（国用）などは酒井忠世・土井利勝・酒井忠勝すなわち老中の職掌となった。(27)また秀忠死後の同九年十一月九日久能金銀を江戸へ移し、(28)同十二年五月二十二日勘定頭伊丹康勝に佐渡金山を掌握させ、(29)家光政権の財政的基礎を固めた。

ここで初期幕領の年貢納入形態について触れると、畿内では慶長〜寛永初期において、農民から現物納された年貢米は村段階で大津・長浜・堺・平野等「小領主的商品流通網」の上にのって換銀化され、代官に銀納されていた。これは幕府の貨幣獲得手段としての地払強制であったが、農民は幕府と狭隘な米穀市場との二重の搾取を受けていたのであり、当然農民の疲弊を招いた。そのため幕府は寛永五年蔵米の百姓払いを停止し、御蔵奉行を定め、納切りとした。(30)この法令は畿内を中心としたものであるが、寛永初年には大坂が幕藩制的中央市場としての機能を体制的に確立し、幕府が貨幣収取の手段としての蔵米の百姓払を必要としなくなったことによるのである。[31]いっぽう信濃では現物形態での年貢納入を前提とした地払――公儀値段・石代値段に規定された市場での換金化――が行われていた。北信では寛永八〜十年に一般化したが、佐久郡では同十四年を境に甲府など他国商人への地払が消滅して百姓払に変り、地代官の介在が消えて地払の責任は村に一元化され、元禄期には石代金納および江戸廻米・松井田払米が主要形態となって百姓払が減少した。[32]

このような年貢負担の状況下の農民とくに小百姓（小農）は、村を支配し夫役負担である初期本百姓（名田地主）からの年貢夫役転嫁によって貧窮化は一層進んだ。ここに寛永十年代に至っていわゆる初期幕藩制国家が内包する矛盾が露呈され、「荒廃」が表面化し、十九年の大飢饉となって爆発した。この矛盾克服のため、鎖国制を完成して幕藩制的市場関係を編制し、小農維持政策に転換して小農の再生をはかった。

寛永末から慶安二年に至る幕政改革については佐々木氏の研究[33]に依拠してここでは詳細を省くが、氏の整理によれば、寛永十九〜二十年の政策は、①農村その他の情況調査、②勘定頭・書替奉行・東西国郡奉行設置など行政上の対策、③財用方の粛正、④田畑永代売禁令に至る頻発された郷村に対する法令、⑤旗本対策、⑥譜代大名参勤交代制の確定である。そして幕府は将軍財政に旗本財政を包摂した幕府財政の成立のために、旗本の切米取りの地方直しを実施し、関東・上方の農村支配を強めた。また江戸および江戸への物資供給地としての大坂の地位確定を急速に進め、慶安二年幕府財政の確立とともに一連の農政を最終的に確定した。この年は、①幕領の取箇郷帳の作成、②慶安触書の発布、③検地条目の発布があり、さらに、④正保国絵図・郷帳の作成など大名に対する政策、⑤倹約令、新番組の増設、旗本増員政策と新規加増による旗本対策、そして⑥慶安の軍役改定＝均等化政策がそれである。

慶安幕政改革は幕府財政成立のための政策展開であるが、とりわけ直接の財政政策をとり出してみよう。まず寛永飢饉に対応して同十九年八月「年貢等勘定以下、代官庄屋ニ小百姓立合可相極候、毎年其帳面ニ相違無之との判形為致置可申」と、年貢納入における代官庄屋の不正禁止を強化し、同月勘定頭および書替奉行制を成立せしめた。これと並んで御城米奉行・御蔵奉行・手代・代官・勘定ら財用方の不正に対する大量処罰が実施された。(35)ついで寛永二十一年正月代官の種夫食貸など私の借物と商売ならびに手作を禁止し、下知なしに代官が年貢米所払することを禁じ、そして関東・上方の口米・口銭を公定した。(36)さらに三月代官所ごとに人数帳を作らせ、勘定頭伊丹康勝・曽根吉次に提出させたが、(37)夫役の定量化を目的とする勘定所による人別の直接的な把握であり、代官に対する勘定所の統制は強化された。

正保三年十一月十二日幕府は大名の江戸での米買入禁止に続いて大名の江戸廻米を禁じ、国元払にとどめさせ、(38)またこの年幕府米蔵において二つの条目が勘定頭より申し渡され、(39)上方よりの廻米や勘定制度などを含む作法が整備されて江戸の米需要に対応することとなった。そして慶安二年取箇郷帳作成(40)によって、代官に委ねられていた年貢収奪方法は勘定所によって統一的に掌握されるようになったのである。なおかかる農政転換の背景には小農の代官・手代の非分に対する主体的な動き（抵抗や欠落などの闘争）があったことを付言しておきたい。(41)

## 二　慶安・承応期の浅草米蔵

### 1　浅草米蔵収支決算の分析

#### イ　納勘定

ここに分析の対象とする史料は、太田覃（南畝）『竹橋余筆』（国立公文書館内閣文庫所蔵、汲古書院から影印本により出版）巻七に収載される「正保三年戌亥慶安元年子丑寅卯承応元年辰浅草御蔵御勘定帳」[42]であるが、明暦三年十二月に浅草方大番広戸三郎衛門正俊・紅林甚左衛門吉永・森本助右衛門敬武・山本又右衛門正茂・須田儀左衛門盛広・田辺惣十郎良栄が勘定所に提出した帳簿を、寛政十二年九月二十七日に南畝が写したものである。実はこの帳簿ははじめ承応三年に提出したが、明暦三年の大火で焼失し、浅草方の留帳に基づき再提出したものである。内容は、卯辰巳すなわち慶安四～承応二年の浅草米蔵米荏大豆の納払吟味勘定皆済目録つまり収支決算簿であり、三カ年の渡勘定に立てた米・荏・大豆について、正保三～承応元年の七カ年の年次別そして納人ごとに納米・荏・大豆量が記されている。納と渡の総計は当然一致するが、決算上のことであって、未決算の米が浅草米蔵に収納されていることはいうまでもない。

右のうち納についてのみ表示したものが表1であるが、慶安四～承応二年浅草米蔵納勘定について、表1―Aは一一の国または地方ごとに納年次を示したもので納勘定の総体であり、表1―Bは関東以外、表1―Cは関東に分けて、納人ごとに示した内訳である。表1―A・Bの史料記載合計と計算合計は一致するが、表1―Cは若干の誤差があり下欄にそれを記したが、いずれも無視しうる数字であり、本稿の考察には支障ない。

まず表1―A・B・Cを通して読み取れる特徴点を箇条書にしよう。

①七カ年の納年次のうち承応元年納は関東のみ。また関東で正保三～慶安元年、関東以外では正保三～慶安二年の納勘定は、関東米・大坂米・播州米の如く国・地方で一括されていて納人名が記されていない。それ以後はすべて納人名が記されていて、大坂米が大坂御蔵奉行、小豆嶋米が大坂町奉行と大坂御船手が納人になっている以外は、郡代・代官が納人であり、従って納米・荏・大豆の大部分は年貢とみてよい。ただし慶安二・三年関東米・荏・

大豆納には大番より請取ったものが相当量含まれている。

②納米・荏・大豆の範囲は、伊豆を含む関東が主で、総量の六四・九六%を占める。西は備中・小豆嶋に及ぶが、関東以外の納米比率はかなり小さく、慶安三年で二五・九九%、同四年で三六・六七%に過ぎない。このことは関東以外の納米がすべて浅草米蔵になされているわけではないことを物語っている。

③この期に幕府直轄領の所在する国のうち、出羽・佐渡・越後・越前・信濃・近江・山城・大和・摂津・河内・和泉・丹波・但馬・石見・伊予・肥前・肥後・豊後などの諸国の納勘定がこの表に記載されていない(43)。これら納勘定の欠如している諸国の幕領年貢は、畿内では二条・大坂・大津をはじめ高槻・枚方・堺などの諸米蔵、西国（九州）は長崎米蔵、佐渡は佐州米蔵というように、在地の郡代・代官・奉行らの米蔵に納められ、そこで渡勘定されたり地払勘定されているか、或いは石代納の場合もあろう。大和・但馬・信濃は廻米をせず皆金銀納の可能性が濃い(44)。

④正保三～慶安元年の納米は少量で、ほぼ虫喰灰米払米の量に見合う（表2参照）。納米・荏・大豆の中心は最も量の多い慶安三・四年納であって、年間一七万石前後になるが、後述の寛永末～正保期の大坂城米量に比し絶対的に多い量とはいえない。

⑤荏・大豆納は関東の特徴であるが、必ずしも関東の納人（郡代・代官）全員がしているのではなく、また同一

（単位＝石）

| 同　4卯年 | 承応元辰年 | 計 | 比率 |
|---|---|---|---|
| 22,458.9485 | | 53,029.5696 | 10.51% |
| 17,790.867 | | 43,659.4169 | 8.65 |
| 10,030.842 | | 10,030.842 | 1.99 |
| 4,052.434 | | 4,052.434 | 0.80 |
| 1,052.114 | | 1,954.423 | 0.39 |
| 3,866.704 | | 9,584.05 | 1.90 |
| | | 3,570 | 0.71 |
| 1,232.482 | | 2,424.339 | 0.48 |
| 1,314.24 | | 1,314.24 | 0.26 |
| 2,331.74 | | 2,331.74 | 0.46 |
| 110,753.761 | 59,707.598 | 321,658.2233 | 63.73 |
| (内返納米398.96) | | *44,932.064 | 8.90 |
| 174,884.1325 | 59,707.598 | 498,541.3418 | 98.77 |
| 686.214 | 564.95 | 1,782.828 | 0.35 |
| 1,676.564 | 1,214.653 | 4,433.143 | 0.88 |
| 35.12% | 12.18% | 504,757.3128 | 100.00 |

表1-A　慶安〜承応2年浅草米蔵納勘定

| | 正保3戌年 | 同　4亥年 | 慶安元子年 | 同　2丑年 | 同　3寅年 |
|---|---|---|---|---|---|
| 大坂米 | *1,241.24 | | | 2,509.9231 | 26,819.458 |
| 播州米 | 1,027.299 | | 1,511.1105 | 8,958.9684 | 14,371.172 |
| 備中米 | | | | | |
| 美濃米 | | | | | |
| 小豆嶋米 | | | | | 902.309 |
| 伊勢米 | 1,531.358 | 1,284.78 | 1,418.956 | 1,478.352 | 3.9 |
| 甲州米 | 620.55 | 1,768.9 | | 1,180.55 | |
| 駿州米 | | | | | 1,191.857 |
| 遠州米 | | | | | |
| 三州米 | | | | | |
| 関東米 | 6,924.043 | 5,041.577 | 1,709.932 | 14,176.658 | 123,292.1543<br>(外散米 52.5) |
| 計　米 | 11,344.49 | 8,095.257 | 4,639.9985 | 28,304.4515 | 166,580.8503 |
| 計　荏 | | | | | 531.668 |
| 計　大豆 | | 8.343 | | 44.95 | 1,488.633 |
| 比率 | 2.25% | 1.61% | 0.92% | 5.62% | 33.40% |

（注）＊印　承応元年切米の内金子渡払，金子は御金奉行より請取

の納人でも年次によって荏・大豆納を伴わない年もある。

⑥代官の支配所では、小川藤左衛門正長が播州と備中を兼ね、佐野長十都正勝が伊勢と関東、一色忠次郎直為が駿州と関東の代官を兼管している。このほか中村杢右衛門之重は摂津多田銀山と播州、山口但馬守弘隆は近江水口城番で預所支配のほか伊勢を併せて支配していることがこの史料から判明する。

次に表1―Cについて整理してみよう。

関東代官の数は、慶安二年に一〇人、同三年二九人（支配所数は三〇）、四年三〇人（同三一）、承応元年二六人を数えることができる。従来、代官数が判明する最古の『武鑑』延宝元年のものによると、七五支配所のうち代官頭伊奈半十郎を含め代官六九人、兼任代官二人、遠国奉行三人、兼任嶋奉行一人であり、この中で関東代官は二〇人である。(45) 従ってこの期の関東代官数はこれに比して多い。

続いて、この期の武蔵代官名が記載されている史料である「武蔵田園簿」(46)と比較を試みる。

「武蔵田園簿」には、武蔵代官は伊奈半十郎を含めて一

九人、ほかに二人代官持二支配所、江戸町年寄支配所一の二二支配所が記されている。因みに、武蔵御領総石高は四八万四八一四石一斗一合五勺五才で、武蔵一国高寄九八万二三三七石九斗六升五合八勺の四九・四％に当たる。武蔵代官一九人のうち一四人は表1―Cにその名が見える（小泉次大夫は表では平三郎となっているが同一人）。また、高室喜三郎（昌成）の子四郎左衛門昌久は慶安三年十二月十一日、間宮権三郎（正信）の弟＝養子熊之助正次は同四年十二月十一日、曽根与五左衛門（吉重）の子五郎左衛門吉広は同二年十二月十四日にそれぞれ遺跡を継いで代官となり、この表に現れている。従って「武蔵田園簿」に記載があってこの表にない代官名は近山与左衛門（永嘉、八王子代官）、天野彦八郎（忠詣、忍近郷代官・忍鴻巣鷹場支配）の二人および江戸町年寄（三人連名）である。また、窪田・深谷両代官所、松木・小泉代官所についても同様に記載がない。逆に表1―Cに記載があって「武蔵田園簿」に見えない関東代官は伊賀衆を除いて一二名であり、彼らの支配所が武蔵にないか、(47)「武蔵田園簿」成立以後に武蔵代官になった者とみてよい。

以上の検討から「武蔵田園簿」の成立は慶安二年十二月十四日以前とすることができ、川越藩領のあり方から正保四年七月七日以後とみられるから、(48)成立年次はこの間に縮めることが可能である。

それはさておき、「武蔵田園簿」と表1―Cの両方に記載される遺跡を含む人名合致の代官一七人について、表1―Cの納米・荏・大豆を各人の武蔵国内支配高で割った比率をみると、相模代官成瀬五左衛門を例外として、最も納米・荏・大豆量の多い慶安四年でも、一〇％以下五人、一〇％台九人、二〇％台二人で、ただ一人諸星庄兵衛が五六・二％である。各人の武蔵以外の支配高は不明であるが、これを加えると更に比率が下るのはいうまでもない。二〇％以下が大部分であって、これを年貢率と即断することはできない。すなわち後述のように、この納勘定の元となる代官勘定が「中勘定」である可能性をここからも読み取れるのである。

表１-B　慶安３・４年浅草米蔵納米（除関東米）

（単位＝石）

| 納　　　　　人 | 慶安３寅年納 | | 同　４卯年納 | |
|---|---|---|---|---|
| 松平長右衛門（昌舎），竹内源右衛門（吉勝），間宮庄五郎（正勝），万年弥三郎（正頼）（以上大坂御蔵奉行） | 26,819.458 | 大坂米 | 22,458.9485 | 大坂米 |
| 小野長左衛門（貞正，代官）<br>豊嶋十左衛門（勝直，代官）<br>小川藤左衛門（正長，代官）<br>中村杢右衛門（之重，摂津多田銀山代官）<br>藤林市兵衛（雅良，代官）<br>猪飼次郎兵衛（光重カ，代官） | 3,677.04<br>2,330<br>1,193.472<br>3,962.16<br>3,208.5 | 播州米<br>14,371.172 | 5,332.286<br>1,385<br>1,243.35<br>2,154.315<br>2,766.806<br>4,909.11 | 播州米<br>17,790.867 |
| 小川藤左衛門<br>彦坂　平九郎（吉成，代官） | | | 7,893.436<br>2,137.406 | 備中米<br>10,030.842 |
| 松平隼人（大坂町奉行），小浜民部（嘉隆，大坂御船手），曽我丹波（古祐，大坂町奉行） | 902.309 | 小豆嶋米 | 1,052.114 | 小豆嶋米 |
| 山口但馬（守）（弘隆，近江水口城番預所），佐野長十郎（正勝，関東代官兼代官），河合助左衛門（忠次，代官） | 3.9 | 伊勢米 | 613.25<br>3,006.454<br>247 | 伊勢米<br>3,866.704 |
| 岡田将監（義政，美濃奉行兼山田奉行，左近将監） | | | 4,052.434 | 美濃米 |
| 一色忠次郎（直為，関東代官兼代官） | 1,191.857 | 駿州米 | 1,232.482 | 駿州米 |
| 秋鹿内匠（朝正，遠江中泉代官・船明山榑木奉行） | | | 1,314.24 | 遠州米 |
| 鳥山　牛之助（精明，三河代官） | | | 2,331.74 | 三州米 |
| 総　　　計 | 43,288.696 | | 64,130.3715 | |

（単位＝石）

| 寅年納 | | 同4卯年 | | | 承応元辰年納 | | |
|---|---|---|---|---|---|---|---|
| 荏 | 大豆 | 米 | 荏 | 大豆 | 米 | 荏 | 大豆 |
| 347.38 | 930.175 | | | | | | |
| | | 38,023.311 | 359.45 | 727.65 | 32,380.34 | 314.655 | 594.054 |
| | | 14,826.305 | | | 1,248.417 | | |
| | | 3,323.833 | | | 3,356.844 | | |
| 15.829 | 22.683 | 2,002.775 | 10.31 | 19.562 | 1,102.193 | | 3.5 |
| | 111.792 | 7,695.366 | | 70 | | | |
| | 90.508 | 792.178 | 88.2 | 158.342 | 2,392.184 | 88.2 | 137.465 |
| | | 1,333.165 | | | 1,884.116 | | |
| | | 665.277 | | | 49 | | |
| | | 2,329.997 | | | 636.3 | | |
| 20.868 | 94.495 | 767.396 | 15.75 | 58.254 | 10.029 | 1.75 | 17.446 |
| | 15.776 | 1,034.535 | | 15.75 | 6.65 | | |
| | 90.167 | 4,076.169 | | 60.829 | 219.724 | | |
| | | 5,157.516 | | | 19.585 | | |
| | | 1,186.6 | | | 8.7 | | |
| 34.257 | 17.89 | 2,733.94 | 44.63 | 66.5 | | 1.901 | |
| 31.77 | 39.257 | 1,256.365 | 17.404 | 26.767 | 903.105 | 14.369 | 12.491 |
| | | 467.893 | 11.565 | 16.582 | 289.427 | 11.559 | 16.582 |
| 3.5 | 10.5 | 442.924 | | | 263.85 | | |
| | | 161.35 | | | 136.156 | | |
| 11.55 | 12.482 | 1,286.387 | 11.55 | 16.665 | 1,545.515 | 11.55 | 16.668 |
| | | 1,418.546 | | | 107.128 | | |
| .35 | | 2,999.466 | 19.95 | 108.15 | 2,585.407 | 19.95 | 108.15 |
| 5.885 | 19.95 | 1.068.063 | | | 392.965 | | |
| .965 | 2.299 | 914.366 | 1.473 | 9.8 | 36.727 | 7.35 | 9.715 |
| | | 1,615.685 | 35.539 | 57.759 | 1,510.661 | 35.478 | 53.55 |
| 49.9 | | 8.22 | | | | | |
| 1.75 | | 2,633.412 | 11.55 | 93.1 | 2,463.397 | 11.55 | 93.1 |
| .7 | .473 | 2,358.685 | 15.75 | 79.625 | 1,765.603 | 16.1 | 86.275 |
| | | 791.509 | | | | | |
| | | 18.73 | | | | | |
| | | 906.036 | | | 611.961 | | |
| | | 93.271 | | | 556.177 | | |
| | | 398.96 | | | | | |
| 174.324<br>9.96<br>184.284 | 528.272<br>30.186<br>558.458 | 104,788.637<br>5,965.124<br>110,753.761 | 649.121<br>37.093<br>686.214 | 1,585.938<br>90.628<br>1,676.564 | 56,480.161<br>3,227.437<br>59,707.598 | 534.412<br>30.538<br>564.95 | 1,148.996<br>65.657<br>1,214.653 |
| 531.668 | 1,488.633 | | | | | | |
| 0 | 0 | − .406 | −6 | −.603 | +2 | 0 | 0 |

表１-C　慶安２～承応元年浅草米蔵納関東米・荏・大豆

| 納人 | 慶安２丑年納 | | | 同３ |
|---|---|---|---|---|
| | 米 | 荏 | 大豆 | 米 |
| 名取半左衛門(長知),駒井孫左衛門(長保)<br>渡辺兵左衛門(吉長),芝山権左衛門(正和)より請取<br>藤川孫十郎(重房),小長谷伝十郎(正則)(以上大番) | 11,176.658 | | | 59,163.0258 |
| 伊奈　半十郎（忠治，代官頭・郡代） | | | | 2,939.17 |
| 伊奈　兵蔵（忠公，代官） | | | | 15,848.881 |
| 伊奈半左衛門（忠勝，代官） | 45 | | | 3,420.927 |
| 野村　彦太夫（為重，代官） | | | | 498.058 |
| 熊沢彦兵衛・高室四郎左衛門 | 21.404 | | | 7,525.418 |
| 高室四郎左衛門（昌久，代官） | 32.73 | | | 237.234 |
| 熊沢　彦兵衛（忠徳，代官） | | | | 663.637 |
| 一色　忠次郎（直為，代官） | 1.755 | | | 1,115.013 |
| 阿部次郎兵衛（安部正成，相州三崎奉行） | 8.376 | | | 1,524.024 |
| 岡登甚右衛門（岡上景親，代官） | 10.789 | | 10.259 | 931.536 |
| 坪井次左衛門（壺井良重，代官） | 1,418.158 | | | 1,685.321 |
| 成瀬五左衛門（重治，代官） | 470.886 | | 32.291 | 3,537.194 |
| 関口作左衛門（某，代官） | 123.55 | | | 5,188.939 |
| 朝岡　八太夫（勝宗，相州走水奉行兼三浦三崎代官，又は相州走水御番） | 1.892 | | | 3,005.903 |
| 諸星　庄兵衛（政長，関東代官） | | | | 2,782.336 |
| 設楽　権兵衛（能真，代官） | | | | 930.283 |
| 久保田喜左衛門（窪田正治，代官） | | | | 19.884 |
| 佐野　長十郎（正勝，代官，平十郎カ） | | | | 759.232 |
| 松木市左衛門（野田勝成，代官） | | | | 320.25 |
| 深谷喜左衛門（吉政，代官） | | | | 582.67 |
| 間宮　熊之助（政次，武蔵本牧領代官） | | | | 638.065 |
| 南条金左衛門（則門，武蔵忍羽生領代官） | | | | 1,240.968 |
| 八木次郎左衛門（重糸，武蔵金沢代官） | | | | 1,892.668 |
| 天羽七右衛門（景慶または景安，代官） | | | | 860.237 |
| 今井八郎左衛門（忠昌，代官） | | | | 309.416 |
| 福村長右衛門（某，代官） | | | | 19.336 |
| 曽根五郎左衛門（吉広，代官） | | | | 238.001 |
| 小泉　平三郎（吉綱，武蔵羽生忍代官） | | | | 816.948 |
| 江川太郎左衛門（英利，伊豆韮山代官） | | | | 742.538 |
| 市川孫右衛門（定吉カ，代官） | | | | 304.456 |
| 松下　八太夫（不明） | | | | |
| 伊賀衆納 | | | | 84.165 |
| 返納米（９口） | | | | |
| 小計 | 2,135.427 | | 42.52 | 60,662.691 |
| 外２升出目 | 122.026 | | 2.43 | 3,466.4375 |
| 計 | 2,257.453 | | 44.95 | 64,129.1285 |
| 総計 | 14,176.658 | | | 123,292.1543 |
| 小計の計算誤差　＋は集計が過，－は不足 | －　.887 | | ＋.03 | ＋　.04 |

## ロ　渡勘定

既述のように、正保三〜承応元年納米・荏・大豆が慶安四〜承応二年の渡勘定に立てられているのであるが、表2は渡勘定を支出項目ごとに整理したものである。

渡勘定において過半を占めるのは切米渡であり、第三位の扶持方渡と合わせて三分の二を占める。浅草米蔵の最大の機能が幕臣団への俸給支給であることはこれでも実証できよう。第二位の大番渡（これのみは項目名が記載されていない）の意義は明らかでない。ただ軍事体制を担う大番が何らかの意味をもっているのではないかと考えられるので



（単位＝石）

| 渡 | |
|---|---|
| 御金奉行 | 朝岡久兵衛（泰直），須田伝左衛門（盛森）<br>梶川七之丞（忠久），高木甚兵衛（清吉） |
| 御金奉行 | 須田伝左衛門，梶川七之丞 |
| 大番 | 三浦彦兵衛（直賢），寛五郎太夫（正近）<br>太田仁左衛門（重元），瀬名小左衛門（貞利）<br>遠山半助（直政），久保田又六郎（正次） |
| 御金奉行 | 疋田喜右衛門（正則），加々美金右衛門（正吉），浅井次右衛門（忠安） |
| 御台所賄頭 | 有賀半左衛門（種親）<br>岩手佐五右衛門（一信） |
| 油奉行 | 久保田吉左衛門（吉久），守屋八兵衛（成信） |
| 御馬預 | 諏訪部源次郎（定矩） |
| 御切米手形改<br>大番 | 由比平兵衛（光運）<br>間宮孫兵衛（盛重） |
| 同上 | |
| 酒井讃岐守（忠勝）内手形 | |
| 〔諸大名公家衆合力米〕 | |
| 槇田惣左衛門 | |
| 御勘定裏判 | |
| 獄屋奉行　石出帯刀手形 | |
| | |
| | |
| | |
| | |

ま，年次内訳計の米には小上ケ賃米・欠米を含まず，荏には御台所

表2　慶安4～承応2年浅草米蔵渡勘定

| 項目 | 渡合計 | 構成比 | 慶安4卯年 | 承応元辰年 | 同2巳年 |
|---|---|---|---|---|---|
| 虫喰灰米入札払米 | 20,443.89 | %<br>4.05 | 13,644.167 | 6,799.723 | |
| 返納米 | 15.2174 | 0.00 | | 15.2174 | |
| (大番渡) 米 | 92,638.918 | 18.87 | 35,327.738 | 57,313.18 | |
| 荏 | 592.538 | | 21.588 | 564.95 | |
| 大豆 | 2,026.159 | | 1,040.536 | 985.623 | |
| 御作事渡米 | 19,657.793 | 3.89 | 12,952.714 | 5,565.832 | 1,139.24 |
| 御台所渡 米 | 15,598.474 | 3.23 | 6,319.19 | 7,610.584 | 1,668.7 |
| 荏 | 2.59 | | | | |
| 大豆 | 725.512 | | 440.982 | 284.53 | |
| 油奉行渡荏 | 1,187.7 | 0.24 | 695.6 | 492.1 | |
| 御馬飼料渡 米 | 650.748 | 0.47 | 309.782 | 253.417 | 87.549 |
| 大豆 | 1,728.016 | | 619.569 | 760.105 | 348.342 |
| 御切米渡米 | 282,362.642 | 55.93 | 137,390.021 | 140,480.651 | 4,491.97 |
| 御扶持方渡米 | 51,996.087 | 10.30 | 23,289.725 | 21,546 | 7,160.362 |
| 御膳米上 | 6 | 0.00 | 6 | | |
| 御合力米渡 | 3,990 | 0.79 | 1,575 | 2,345 | 70 |
| 御革屋指物方渡米 | 2.18 | 0.00 | 寅卯　2.18 | | |
| 船頭扶持方渡米 | 14.445 | 0.00 | 14.445 | | |
| 籠舎扶持渡米 | 633.8047 | 0.13 | 200 | 433.8047 | |
| 小上ケ賃渡米 | 260.8133 | 0.05 | | | |
| 欠米 | 10,270.3194 | 2.03 | | | |
| 計 米 | 498,541.3418 | 98.76 | 231,030.964 | 242,363.4091 | 14,617.821 |
| 荏 | 1,782.828 | 0.35 | 717.188 | 1,057.05 | |
| 大豆 | 4,479.687 | 0.89 | 2,101.087 | 2,030.258 | 348.342 |
| 総計 | 504,803.8568 | 100.00 | 233,849.239<br>(46.32%) | 245,450.7171<br>(48.62%) | 14,966.163<br>(2.96%) |

(注)　各年の計算集計では（大番渡）米2石過，同荏6石不足，御作事渡7合不足であるが原記載のま
渡を含まない。

ある。第四位の虫喰灰米入札払米は、慶安四年渡が正保三・四年納分で、代金三九〇四両銀一六匁三分で江戸町中入札払いをしている。金一両＝三石四斗九升四合七勺になる。承応元年渡は正保三～慶安元年納内で代金一四四三両銀一四匁四分、金一両＝四石七斗一升一合五勺となり、いずれも低廉であるが、四～六年前の古米であるから当然であろう。以下、作事渡・台所渡の順で、他は問題にならない少量である。

さて、切米は慶安四年が春・冬切米、承応元年は夏・冬切米、同二年は夏切米が渡勘定に出てくる。まずこの時期に二季渡になっていることが判明する。その比率は、慶安四年春三九・五％・冬六〇・五％、承応元年夏二七・五％・冬七二・五％で両年の間に差がある。次に、承応元年切米では夏切米三万八六〇〇石四斗一升のうち一万一五七八石五斗九合が金渡り、この金五九七四両で三五石につき金一八両の値段、残は米渡りであり、冬切米一〇万一八八〇石二斗四升一合のうち三万三三三八石三斗七合六勺が金渡り、この金二万〇一〇八両で三五石につき金二三両の値段、残は米渡りになっていることも記されている。この承応元年の切米金渡り値段は従来知られている『吹塵録』記載の張紙値段(49)とまさに一致し、慶安四年にはこの記載が全くないことから、張紙値段承応元年創始説を裏づけるものである。なお小林儀右衛門返納米も一〇〇俵（三五石）につき二三両の冬張紙値段で御金奉行渡となり、金渡り分合計米四万四九三二石六合四勺が金二万七八九二両で金渡りとなっている。かくして承応元年切米のうち三一・九七％（夏三〇・〇％、冬三二・七％）が金渡りとなっているのである。

張紙値段が創始された理由は、農民の石代納要求と畿内・東海道における三分一金銀納制の確立に対応するものであり、幕府の手による蔵米売払と米価決定の主導権確保の意味を持つものであろうと推測し、批判をまちたい。

## 八　大坂城米納渡勘定

次に、浅草米蔵との比較のために、やや時期は上るが寛永十八～正保二年の「大坂御城米巳午未申酉納幷渡方御勘定目録」(50)を表3に示したのでこの検討に移ろう。これは大坂御蔵奉行万年弥三郎正頼・竹内源右衛門吉勝・松平長右衛門昌舎が提出したものの写であるが、残念ながら渡方は大部分が省略され、銀以外の納も計算が合わない。以下にこの表から読み取れることを記そう。

第一に、この納渡勘定は大坂御蔵奉行の手でなされている。前述の浅草米蔵納渡勘定が大番によってなされていたことに比すと、城米の管理出納が大坂御蔵奉行の手にあり、大坂御蔵奉行制の早期成立が判る。

第二に、大坂城米納勘定は年間一〇～一四万石余、ほかに年間三五〇〇～一万石の大豆であり、慶安三・四年の浅草米蔵納勘定一七万石前後と比べたとき、この期の大坂の経済的地位の高さ、幕領年貢米の集中の状況が読み取れる。ただし大坂城米渡の内容について、その大部分が江戸廻米されると佐々木潤之介氏は推測されているが(51)、表1―Aの大坂米が慶安三年で二万六八〇〇石余であることからすると、直ちにそう断言することはできない。上方幕領年貢米は大坂米蔵に蔵詰し、そのある部分はさらに江戸廻米し、残りは大坂で売払われたと想定しておこう。

第三は、大豆納量は米・大豆納合の四・七％であって必ずしも「十分一大豆納」には当たらない。銀納も、仮に買米値段の一石＝銀三三匁三分三厘で計算すると五カ年総計で米四万九五六〇石余であって、「三分一銀納」制を反映した数字とはいえず、三分一銀納制確立は佐々木氏の指摘するように慶安末年であろう。

最後に興味を惹く事実として指摘できるのは、寛永二十年の買米四万石余である。欠年七月八日付松平信綱・阿部忠秋・阿部重次連署書状(52)によれば、「八木下直」につき大坂・大津米蔵に秘かに三万石か五万石の買米をするよう令しているが、表3の買米は恐らくこれに相当するものであろう。

これに対して渡方はごく一部しか判らず、廻米・払米量なども知ることができない。最初の御扶持方は、寛永十九

表3　大坂御城米納渡勘定

| | 米 | 大　豆 | 銀 |
|---|---|---|---|
| | 石 | 石 | 貫　匁 |
| 寛永18巳年納 | 129,252.255 | 7,659.146 | 379.332.6 |
| 〃　19午年〃 | 114,004.788? | 4,196.597 | 585.613.35 |
| 〃　20未年〃 | 109,179.461 | 10,127.523 | 195.011.5 |
| 正保元申年〃 | 141,507.645 | 3,588.82 | 344.321.6 |
| 〃　2酉年〃 | 140,191.128 | 5,454.476 | 147.569.7 |
| 寛永20未年買米 | 40,003.47 | | |
| 年々出目大豆 | | 334.788 | |
| 納　　合 | 768,784.681 | 37,702.53 | 1,651.848.7（ママ） |
| 渡都合 | 611,412.767 | 33,048.939 | 1,651.848.7 |
| 負 | 157,371.914 | 4,653.591 | |

（注）買米代銀1,333貫423匁39，渡内容は米2,703石127のみ記載。
計算集計は米674,144石747・大豆31,361石35で合わない。

右渡方之内史料記載米2,703石127の内訳

| | |
|---|---|
| 石 | |
| 355.79 | 御扶持方〔裏判A〕 |
| | 午年大坂飢人御救１日１人１升 |
| 2,430.347 | 高力摂津守（忠房，嶋原城主）〔裏判B〕 |
| | 午年嶋原領巳之物成足米渡（竹橋蠹簡４にて補） |
| 4.55 | 大坂ざこば太兵衛〔裏判C〕 |
| | 未年朝鮮国日光進上撞鐘大坂ゟ江戸廻加子７人扶持 |
| 1.42 | 小浜民部丞（嘉隆，大坂御船手）同上宰領扶持〔裏判C〕 |
| .42 | 〃〔裏判C〕 |
| | 未年鈴木三郎九郎（重成，天草大寒）天草渡海加子２人扶持 |
| .6 | 〃　　申年同上〔裏判C〕 |

裏判A　曽我　丹波守（古祐，大坂町奉行）
久貝　因幡守（正俊，大坂町奉行）
石河三右衛門（利政，堺奉行）
五味金右衛門（豊直，丹波郡代・河内代官）
小堀　遠江守（政一，伏見奉行）
永井　日向守（直清，勝竜寺城主）
永井　信濃守（尚政，老中・淀城主）
板倉　周防守（重宗，所司代）
裏判B　松平　伊豆守（信綱，老中）
阿部　豊後守（忠秋，老中）
曽根源左衛門（吉次，勘定頭）
裏判C　阿部　備中守（正次，大坂定番）
稲垣　摂津守（重綱，大坂定番）
久貝　因幡守（正俊，大坂町奉行）

年大飢饉の大坂飢人御救米渡で、裏判は上方幕領支配担当の所司代以下八人衆[53]となっていることを特記しておく。このほか、島原の乱後入封の島原城主高力高房への補助米が老中・勘定頭の裏判、他は大坂定番・町奉行裏判渡であるが、乱後幕領に編入された天草への代官鈴木重成の渡海費用渡などがある。

## 2　幕府直轄蔵体制の成立と浅草米蔵の機能

慶安四〜承応二年浅草御蔵勘定渡のうち最大の比率を占めるものは、表2に記したように、御切米渡であり、御扶持方渡も含めてほぼ三分の二に当たる。米蔵支出の中核はいうまでもなく切米・扶持米であり、いまこれと比較のために、この前後の年次で知りうる切米・扶持方・馬飼料等の数量とを併せて記したものが表4である。(54) 慶安三年・寛文五年・同九年分は『竹橋余筆』巻二、同二年分は同書巻六収載の史料によるが(55)、各史料の差出人が御切米手形改役＝書替奉行であり(56)、勘定所への報告であることから、右の各年の数字は幕府支出切米等の総額である。

表4に示したように、慶安三年を基準にとると、同四年・承応元年の浅草米蔵渡のおのおのの指数は四〇ないし五〇となる。つまり浅草米蔵の幕臣団俸給総支出（米のみ）のうちこの二カ年の比率は約半分ということになる。

このことから、第一に慶安四年・承応元年の浅草米蔵渡の切米等は、果たしてこの年次の切米等の約半分であろうか。そうであれば元文元年以降の浅草・本所米蔵が幕府切米等支出の大部分を担っていたのと違い、浅草米蔵の役割は傑出して高くはなく、幕府直轄蔵体制は確立していないといえる。このことに関連して、第二に幕府の他の米蔵との係わり方をも検討して浅草米蔵の位置づけをしなければならない。

第一の点については、この浅草米蔵納渡勘定は「中勘定」に基づく数字の可能性が濃厚であるので、年次決算の総量を示していないと思われる。代官勘定は元禄ごろまでは去年を「中勘定」、去々年を「皆済勘定」仕上げとし、中間決算をするのが一般であった。(57) 中勘定を廃止し、去年分を皆済勘定仕上げとしたのは享保の財政改革期もしくは遡っても正徳ごろである。また元禄以前では、二年以上にわたる収支決算が一度になされることが多かった。従って慶安〜承応期のこの勘定も、代官納米・荏・大豆勘定がもう一度なされたと推測したと同様に、渡勘定ももう一度以上

表4　切米・扶持方・馬飼料等の年次比較

| | 慶安3年 | 同　4年 | 承応元年 | 寛文2年 | 同　5年 | 同　9年 |
|---|---|---|---|---|---|---|
| 計　(俵) | 906,618 | | | | 1,169,651.306 | 1,487,156 |
| 切　米 (俵) | 764,509 | | | 974,433 | 1,036,894.156 | 1,141,520 |
| (石) | 267,578.15 | 137,390.021 | 140,480.651 | 341,051.55 | 362,913.056 | 399,532 |
| (指数) | (100) | (51.3) | (52.5) | (127.5) | (135.6) | (149.3) |
| 扶持方 (俵) | 142,109 | | | | | 166,607 |
| (石) | 49,783.15 | 23,289.021 | 21,546 | | | 58,313.45 |
| (指数) | (100) | (46.8) | (43.3) | | | (117.2) |
| 役　料 (俵) | | | | | 118,832 | 179,029 |
| (石) | | | | | 41,591.2 | 62,660.15 |
| 直　渡 (俵) | | | | | 13,925.15 | |
| (石) | | | | | 4,873.65 | |
| 御馬飼料大豆 (石) | 1,206.77 | 619.569 | 760.105 | | | 2,470.8 |

(注)　慶安3，寛文各年の石は1俵＝3斗5升で換算。

なされた可能性があり、そうであれば慶安四年・承応元年の数字も若干増えると思われる。

第二の点では、江戸以外の米蔵、浅草以外の江戸諸米蔵と浅草米蔵との関係について考察する。

江戸以外の米蔵では、元和五年大坂直轄以降における大坂・京都など畿内米蔵の相対的比重の高さを指摘できるであろう。時期は降るが元禄ごろの畿内米蔵の状況についてみると、まず二条米蔵が一四棟三二戸前あり、詰米四万七〇〇〇石の容量がある。[58]大坂米蔵は元禄六年改で三七棟八八戸前、一九万四九〇〇石の詰米容量があり、[59]また大津米蔵は元禄十三年までは二〇棟あったのを、同年一四棟取払い、残りは六棟八戸前で一万五八〇〇石の容量があった。[60]従って、元禄ごろは畿内三米蔵で二八、九万石の詰米容量があったのである。前述のように、寛永十八～正保二年の大坂城米は年に一〇万ないし一四万石であったことと考え合わせると、寛永末ないし慶安・承応期の畿内米蔵詰米容量は、元禄ころと大差なく二〇万石は越していたと推測してよいであろう。

いっぽう、江戸の米蔵についてみると、慶長三年ごろとみられる「慶長江戸図」[61]には、一の蔵地(和田倉)、二の蔵地(のちの大手外）、三の蔵地（平川門外）が所在し、同十三年ごろの「慶長江戸絵図」[62]では、和田蔵、伊奈備前・大久保石見・彦坂小刑部の御蔵（二の蔵地に相当）、青山播磨御蔵など一一カ所の蔵（三の蔵地に相当するか。竹橋外）を認めることができる（関東総奉行・所司代・使番・御金奉行および二、三の代官の御蔵）。ところが「正保元年江戸図」[63]では和田倉は阿部豊後屋敷に替り、浅草のほか代官町・清水門外の米蔵が認められ（紅葉山下にも米蔵があったと思われる）、伊奈ら代官頭・有力奉行の米蔵が払拭されている。以下、個別の米蔵の推移を概観しよう。

浅草米蔵は元和六年鳥越丘を崩して隅田川右岸を埋め立て、石垣を築いて土留めとし、船入りのために八本の堀割を設け、それぞれに水門を設けて完成した。[64]その規模は文化十三年で、上東角より北角まで五八間、下南角より西角まで一三一間、大川通り三四四間、町通り三〇六間、坪数三万六六四八坪三合、棟数は天明年中までは五一棟二五八戸前であり、[65]梁まで満積のさい約三〇万石余の詰米が可能であった。本所米蔵は享保十九年冬に完成、元文元年から使用されたが、棟数一二棟八八戸前であり、浅草米蔵に付属された。[66]

和田倉の米蔵は創建が古く、正保期にはなくなっているので浅草米蔵は和田倉の移設ともみられる。和田倉は明暦大火後再置され、天和三年に壊された。北の丸も創建不明で元禄十一年解体し代官町に移建したといわれる。谷の蔵（矢倉）は正保二年に起工、慶安四年までに二五棟一二五戸前、惣坪数二万七六九二坪のところに建て揃ったが、明暦大火に二三棟が焼失、それを寛文二年から延宝七年までに再建した。その後天和二年に罹災し貞享元年に復興したが、元禄十一年より翌年にかけて解体された。雉子橋米蔵は谷の蔵以前の建設と伝えるが、これも元禄十六年に解体された。このほか代官町米蔵の代わりに宝永五年創設された竹橋米蔵（籾蔵）・紅葉山・鉄炮洲・浜の米蔵の存在が知られる。[67]

以上のことから、代官頭ないし奉行らが江戸城外廓に個別に米蔵を預かり支配していた代官頭・奉行預蔵体制が、慶長末期の代官頭の死去もしくは処罰によってその巨大な在地支配力が消滅するとともに解体し、寛永末〜慶安期に至って浅草米蔵を中核とする幕府直轄蔵体制の成立をみたと考えることができよう。しかし、これは浅草および谷の蔵が中心となって成立しつつある過程でもあり、寛文期においても北の丸・和田蔵の米蔵の持つ役割を全く無視することもできない。ただこれらの米蔵と元禄ごろまでには解体され、享保末期までに浅草・本所に集中されたのである。(68)いっぽう、畿内米蔵の比重は、その生産力的水準の高さの故にまだ相対的に大きく、地方米蔵も独自の機能を果たしていたと思われるが、これらが江戸なかんずく浅草米蔵に最終的に集中するには、寛文末期の東西海運の成立による廻米体制の整備を待たなければならない。なお、ついでにいえば、享保期には幕府米蔵は江戸・大坂・二条・大津・駿府・甲府・佐渡の米蔵、長崎御用蔵・美濃・熱田などの籾蔵だけとなり、(69)天保期には江戸・大坂・二条・大津・駿府・清水・甲府・佐渡のほか、米蔵は清水の増設がみられるが、幕領物成米総量の七五・一％もの江戸米蔵集中が確認されるのである。(70)

## 三　幕藩制国家財政の成立

幕府成立当初においては家康が数年間の年貢皆済状を自ら発行する例(71)があったことに象徴されるように、公儀の財政としては確立しえなかった。すなわち家康・秀忠死後の三家等への遺金分配(72)は財政的余裕を示してもいるが、徳川宗家としての私財政の性格を持っていたといえよう。慶長十六年の駿府財政と将軍財政の分離は、一面からみれば二重政権の矛盾でもあった。寛永末期の「荒廃」は旗本・大名財政の窮乏となって現れ、小農経営の危機をもたらした。幕府は農政転換の中で寛永十九年勘定所制度を成立させ、鎖国の完成に伴う大坂・江戸を中心とした経済体制を編成し、畿内の米需要は諸大名の年貢米で賄い、江戸のそれは幕領関東米を中核として畿内・東海の廻米によって賄う体制を成立せしめた。このことは米蔵についてみれば幕府直轄蔵体制の整備であり、幕領支配についてみれば勘定所から代官に至る年貢の統一的掌握が基礎であった。幕府は貿易を掌握し、鉱山を直属し、貨幣を統一することによってその財政を確立した。

慶安元年納戸役制度が確定し、同三年九月十八日納戸方・細工方・台所方などの奥方御用についての御役方御条目(73)が制定され、狭義の将軍財政(私財政)と公的な幕府財政の関係が決められた。そして大名財政・旗本財政・給人財政は幕府の大坂廻米強制によって畿内に結合され、その自立的個別的性格を喪失して幕府財政に従属し、国家的流通編成の中に組み込まれることによって、幕藩制国家財政が確立するのである。(74)その時期は幕府財政の成立より遅れ、東西海運成立以後の寛文・延宝ないし元禄期となるであろう。

注

(1) 北島正元『江戸幕府の権力構造』。
(2) 佐々木潤之介『幕藩権力の基礎構造』5慶安の幕政改革。なお北島正元編『政治史II』(体系日本史叢書)の佐々木執筆分参照。
(3) 村上直『天領』・『江戸幕府の代官』。
(4) 佐々木前掲書1幕藩制第一段階の規定(個別分析A)一七世紀における年貢の機能。
(5) 朝尾直弘『近世封建社会の基礎構造』第五章畿内における幕藩制支配。
(6) 大口勇次郎「北信幕領における石代納」(『日本社会経済史研究』近世編)、古川貞雄「信州佐久郡初期幕領の地方支配方式と石代納仕法」(『信濃』二三巻七・九号)、峯岸賢太郎「幕藩制前期における年貢百姓払制」(『人文学報』八九号）。

（7）村上直「江戸幕府代官の民政に関する一考察」（徳川林政史研究所『研究紀要』昭和四五年度）。

（8）『徳川実紀』「台徳院殿御実紀」（『新訂増補国史大系』第三九巻八〇頁）。

（9）『徳川実紀』「大猷院殿御実紀」（同右五〇〇頁）。

（10）同右（『新訂増補国史大系』第四〇巻四六頁）。

（11）同右（『新訂増補国史大系』第三九巻六九三頁）。

（12）大石慎三郎「封建官僚機構の成立」（『歴史公論』一九七六年四月号）。寛永十五年十一月五日大河内久綱は地方奉行をゆるされているのでそう考えてもよいであろう。

（13）『徳川実紀』「大猷院殿御実紀」（『新訂増補国史大系』第三九巻六九五頁）。

（14）同右（『新訂増補国史大系』第四〇巻二八四頁）。

（15）同右一一九頁。

（16）佐々木前掲書八六頁。なお同書八七頁の表によれば元和五年大坂直轄とともに大坂御蔵奉行が置かれたとも理解される。

（17）寛永十九年七月八日城米方手代六人・蔵方手代三人が城米蔵奉行三人・浅草蔵奉行四人ほかと斬罪に処せられている（『徳川実紀』「大猷院殿御実紀」（『新訂増補国史大系』第四〇巻二八〇頁）。また正保三年「倉稟制」では「小揚を日雇にして守らし」めているし（同四六九頁）、後述の「御勘定帳」にも「小上ヶ」の記載がある。

（18）「組頭は御殿詰、上方組頭、関東方組頭など丶言ふこと、箱根、碓井の関を隔て国郡を分、御用の掛り別々也といへり」（「吏徴別録」（『日本財政経済史料』第四巻七五頁）。

（19）朝尾前掲書第五章。

（20）享保八年七月御勘定所勤方之儀御書付（『徳川禁令考』前集第三、一四四三号）では、組頭・御勘定につき分課し、「右ハ上方関東と人数相分候儀ハ相止」とある。さらに同十九年八月、京都町奉行支配代官小堀・鈴木の地方用務を町奉行指揮からはずし、勘定奉行に直結させている（同前集第二、八四二号）。なお竹内誠「江戸幕府職制史研究のすすめ」

（『神奈川県史だより』資料編八）参照。
(21) 高木昭作「幕藩制初期の国奉行制について」（『歴史学研究』四三一号）。
(22) 西田真樹「美濃国旗本領における農民闘争と国奉行」（『歴史学研究別冊特集——世界史の新局面と歴史像の再検討』）。
(23) 藤野保「近世前期における九州天領の支配形態」（『九州文化史研究所紀要』一七、杉本勲編『九州天領の研究』に収録、一九六～一九七頁）。
(24) 北島前掲書三四七頁。
(25) 『徳川実紀』「台徳院殿御実紀」（『新訂増補国史大系』第三九巻一六二頁）。
(26) 『徳川十五代史』（人物往来社版）第一巻五〇八頁。
(27) 同右第二巻五七四頁。『徳川実紀』「大猷院殿御実紀」（『新訂増補国史大系』第三九巻六二五頁）。
(28) 『徳川実紀』「大猷院殿御実紀」（同右五七三頁）。
(29) 同右（同右六七九頁）。
(30) 『日本財政経済史料』第八巻五五四頁。
(31) 朝尾前掲書二六六～二八三頁。
(32) 峰岸・古川・大口各前掲稿。
(33) 佐々木前掲書5慶安の幕政改革。
(34) 『徳川禁令考』前集第五、二七八四号。
(35) 注(17)参照。
(36) 『徳川禁令考』前集第四、二一〇五号。
(37) 同右二一〇六号。
(38) 『徳川実紀』「大猷院殿御実紀」（『新訂増補国史大系』第四〇巻四六二頁）。
(39) 御蔵衆江被遣条目覚（『条令拾遺』七三～七五頁）・覚（同七五～七八頁）。なお上方よりの廻米について規定されているのは承応元年十二月の御蔵万作法之覚書（同七八〜八三頁）であるが、これによれば寛永十九年にも条目書が渡されている。

(40)『日本財政経済史料』第五巻二頁。『地方凡例録』（大石慎三郎校訂）下巻六五〜六六頁。

(41)伊藤忠士「一七世紀中葉における農政と農民」（『名古屋大学教養部紀要』人文科学・社会科学一二輯）。

(42)『竹橋余筆』三三〇〜三四三頁。

(43)陸奥は寛文四年、丹後は同六年、日向は元禄三年、飛驒は同五年、美作は同十一年と、いずれもこの期以後に直轄領の設置をみているので（村上直『天領』）、当然のことながらこの表には記載がない。

(44)延享三年九月付書付（『日本財政経済史料』第一巻五八頁）によれば、皆金納場所は但馬・飛驒・信濃・隠岐・日向・大和・伊予の七カ国である。また京都大学国史研究室所蔵『長坂氏記録』一六の金銀米納方では、大和・但馬・信濃が「古来ゟ津出無之国」、飛驒が「津出不相成国、国中買請」、日向・隠岐が「皆銀納」、伊予が「別子立川銅山買請」、佐渡が「所払」、陸奥会津領が「津出無之皆金納」であり、廻米しない国である。

(45)村上直「江戸幕府直轄領に関する一考察」（徳川林政史研究所『研究紀要』昭和四四年度）。

(46)『東京市史稿』市街編第六附録所収。

(47)坪井次左衛門・成瀬五左衛門は相模中原代官であり（『神奈川県史』資料編6近世(3)の解題）、阿部次郎兵衛・朝岡八太夫は相州三崎奉行ないし三崎代官、江川太郎左衛門は伊豆韮山代官であって、武蔵代官ではない。

(48)拙稿「近世前期川越藩政の基調」（『地方史研究』一〇六）。

(49)「三季張紙値段」（『勝海舟全集』9、大口勇次郎編「吹塵録」Ⅳ三七五頁以下）。

(50)「竹橋余筆」巻七（『竹橋余筆』三四五〜三四六頁）所収。なお渡方の一部は「竹橋蠹簡」巻四（同八一〜八二頁）により補記。

(51)佐々木前掲書九二頁・三七二頁。

(52)「竹橋蠹簡」巻四（『竹橋余筆』九八—九九頁）。左に全文を掲げる。

以　上

一筆令申候、諸国在之所〻今程八木下直候間於大坂大津八木御蔵へ調置可然候、若大成様ニ取沙汰於有之は俄ニ八木高直ニ成候事もあるへく候、左様之所前廉之相考無之様に被仕右両所御蔵へ都合八木三万石歟五万石ほと可被買調候、代銀之儀は立合候御蔵衆御代官衆手形ニ各三人以裏判大坂金奉行衆ゟ請取之重而勘定候様ニ尤候、委曲従酒井和泉守（忠吉、勘定頭）・伊丹播磨入順斎（康勝、同）・杉浦内蔵允（正友、同）・曽根源左衛門（吉次、同）可相達候、恐〻謹言

七月八日

阿部対馬守（老中）　重次（花押）

阿部豊後守（老中）　忠秋（花押）

松平伊豆守（老中）　信綱（花押）

久貝（正俊、大坂町奉行）因幡守殿

曽我（古祐、大坂町奉行）丹波守殿

五味（豊直、丹波郡代・河内代官）金右衛門殿

右は人名とその役職からみて寛永十九～正保四年の間であり、大坂米価は飢饉の寛永十九年一石銀六〇匁が翌二十年銀三〇～四〇匁と下落していることからみて、寛永二十年とみてよいであろう。

(53) 朝尾前掲書三〇九頁。

(54) 承応二年分は夏切米のみであるためこれを省いた。

(55) 慶安三年分は戌二月八日付（明暦四年か）石津九兵衛・大久保平兵衛の御切米等書上（『竹橋余筆』一六七頁）、寛文二年分は同年八月十三日山高宇右衛門・石津九兵衛の御切米可渡大積覚（同一八八～一九〇頁）、同五年分は同七年十一月十六日付当番石津九兵衛・河内太左衛門作成の寛文五巳年御切米帳（同一六八頁）、同九年分は大久保平兵衛・石津九兵衛の寛文九酉歳御切米御役料御扶持方相渡覚（同一六七～一六八頁）の数字。いずれも勘定所宛のもの。

(56)　石津九兵衛某は万治三年十月十五日より寛文六年六月十七日の死まで御切米手形加判の役（『寛政重修諸家譜』第二一、三五四頁）。大久保平兵衛某は寛文八年三月十日より延宝五年六月二十一日御賄頭転任まで御切米手形書替の役（同第二一、三五九頁）。山高宇右衛門信澄は万治二年二月十一日より寛文四年正月八日御賄頭転任まで御切米手形裏書の役（同第三、二三三頁）。河内太左衛門胤勝は寛文三年三月より八年解任まで書替奉行（同第一〇、二八頁）を勤めている。

(57)　慶安五年正月御代官衆心得之条々に「毎年三月五日より御勘定始、去年分は被致中勘定、其余ハ皆済尤ニ候、……」とあり（『徳川禁令考』前集第四、二二〇八号）、また貞享四年十一月「御勘定組頭幷御代官可心得御書付」に「御代官御勘定、去々年を皆済、去年を中勘定に可仕、勿論去年共ニ皆済可成分ハ、弥其通ニ可仕、……」（同前集第三、一四四〇号、同前集第四、二二一二号）とある。なお拙稿「幕府勘定所勝手方記録の体系」（『史料館研究紀要』五～七号）参照。

(58)　『京都御役所向大概覚書』上一七〇～一七二頁。

(59)　同右下四〇一～四〇七頁。

(60)　同右下三四二～三四三頁。

(61)(62)　都立中央図書館所蔵、『東京市史稿』皇城編附図。

(63)　東京都公文書館所蔵、『東京市史稿』市街編附図第一。

(64)　石津三次郎『浅草蔵前史』一三九～一四〇頁。

(65)(66)　一橋大学附属図書館所蔵、文化十三年写「御蔵之始末」。三田村鳶魚「札差考」（『三田村鳶魚全集』第六巻）二四四頁。

(67)　拙稿「浅草米蔵について」（『史料館研究紀要』九号）参照。

(68)　この時期存在の江戸米蔵はこのほかに浜米蔵・竹橋籾蔵である。なお右の拙稿参照。

(69)　拙稿「享保改革期の幕府勘定所史料大河内家記録」（『史学雑誌』八〇編一～三号）による。

(70)　拙稿「元禄末期における幕府財政の一端」（『史料館研究紀要』四号）表24－A参照〔本書第五章収載〕。

(71) 高柳光寿「徳川家康自筆の年貢皆済状と宿割書」(『史学雑誌』三三編五号、『高柳光寿史学論文集』上、七三六~七四七頁に収録)によれば、文禄三年から慶長十九年までの年貢皆済状八通は、二、三年から七ないし九年にわたる代官宛一括皆済状である。

(72) 家光の遺金分配は前二代に比し少額で三家には分与されていない。

(73) 『日本財政経済史料』第八巻五五八~五五九頁。

(74) 佐々木潤之介「序説幕藩制国家論」(『大系日本国家史』3近世)七一~七二頁。

**〔後記〕** 本論文は、未熟で誤りもあり、筆者の考えはその後執筆した「幕藩制的市場構造論」(歴史学研究会・日本史学研究会編『講座日本歴史』5・近世一、東京大学出版会、一九八五年)〈本書補論一収載〉、大久保長安や伊丹康勝の性格・意義を検討した「江戸幕府勘定頭制の成立」(『東洋大学文学部紀要』四四号史学科篇XVI・一九九一年)〈本書第二章収載〉、「幕藩財政」(『中世史講座』6・中世の政治と戦争、学生社、一九九二年)〈本書補論二収載〉、および「年貢勘定目録からみた江戸幕府勘定所―勘定頭・勘定所役人の成立過程の再検討―」(『東洋大学大学院紀要』三〇集、一九九四年)〈本書第三章収載〉を参照されたい。

また本所米蔵については東北大学図書館所蔵狩野文庫に「本所御米蔵絵」が二鋪あり、この記事によると、享保十八年二月十四日作事方が米蔵建設の命を受け、十五日元本所材木蔵の地を見分し、翌十九年五月四日老中松平乗邑より作事奉行小菅正親に一〇万石ほど入る米蔵建設が命じられた。六月七日鍬初め削り、九月二十日に建て始めて十二月二日に完成、十八日御蔵奉行に引き渡された。敷地総坪数は四万四〇〇〇坪(うち二万〇四〇〇坪ほどが入堀の坪数)、棟数一二棟八八戸前で、建坪は二二七五坪、詰米二七万三〇〇〇俵、この石高は一〇万一〇〇〇石余であった。元文元年より買米を入れて使用開始され、寛政年中一五〇戸前に増築された。次に「雉子橋御蔵米大豆焼申覚帳」(『竹橋余筆別集』巻一〇、六四四~六四五頁)によれば、雉子橋米蔵は明暦の大火に九戸前が焼失した。焼失蔵戸前番号に「五拾五番」があるので、少なくとも五五戸前はあったと思われる。焼失米はいずれも関東米で四八五五石七斗九升二合、ほかに餅米一九八俵一斗二升五合・大豆七〇〇俵であった。なお雉子橋米蔵も浅草方手代大番の管理するところである。

# 第二章　江戸幕府勘定頭制の成立

## はじめに

江戸幕府直轄領の貢租徴収・訴訟などを取扱い、幕府財政経理を統轄する職制の長官は勘定奉行であり、その役所が勘定所であることはいうまでもない。勘定奉行は元禄ごろまでは勘定頭の称呼で呼ばれているが、その成立の経緯は必ずしも明らかではない。

筆者はかつて「江戸幕府財政の成立」（北島正元編『幕藩制国家成立過程の研究』吉川弘文館、一九七八年）（本書第一章収載）と題する論文の「幕府財政機構の形成過程」の項において、勘定頭制および勘定頭支配の諸役人の成立過程についても述べたことがあるが、最近の研究状況からすれば不十分で誤りもあり、修正の必要を感じていた。その後の筆者の研究を踏まえて「幕藩制的市場構造論」（歴史学研究会・日本史研究会編『講座日本歴史』5・近世1、東京大学出版会、一九八五年）（本書補論一収載）においてその一部を叙述したことがあるが、続いて私が発見紹介した大久保長安の新史料の分析の成果を取り入れて、「幕藩財政」（『中世史講座』6、学生社、一九九二年）（本書補論二収載）を執筆した。しかし、これは今に至るまで公刊されることがなく、その後、「幕藩財政」において執筆した勘定所機構の成立の部分について、和泉清司の勘定所及び勘定頭制の成立と蔵入地支配という類似の視覚からの論文「徳川幕府財政成立期における幕領（蔵入地）の年貢勘定と勘定所機能」（『日本歴史』四八七号、一九八八年十二月）が発表され、また林基「奥州・江戸間内陸舟運路の初期段階―今村仁兵衛の巴川通路を中心に―（一）～（七）」（『専修史学』一六～二二号、一九八四～一九九〇年、未完）の中にも、大久保長安と伊丹康勝についての新しい視角からの研究が発表された。従ってこれらに対して私の研究を世に問う必要から、本紀要の紙面を借りて『中世史講座』「幕藩財政」のうちの勘定頭制の成立過程についての部分を発表することにした。この点『中世史講座』の編集委員および学生社の了解を得たい。またかかる性格の論文であるので、旧稿の一部改変にとどまり、また「江戸幕府財政の成立」と重複する部分があることを了承されたい。

## 一　大久保長安について

勘定頭の職務は、関東入部から幕府の成立までは「年寄」（のちの老中）とりわけ本多正信らの職務の中に含まれ、実質は大久保長安や伊奈忠次ら代官頭が地方奉行として勘定頭に近い役割を果たしていたと考えられる。

慶長八年（一六〇三）の江戸幕府の成立後は、やはり大久保長安や伊奈忠次ら代官頭が引き続き財政実務を担当したが、これを「吏徴別録」上巻では、「慶長八年癸卯十二月大久保石見守長安為二所務奉行一、是今御勘定奉行也」[1]とし、慶長八年代官頭である大久保長安を勘定頭の最初とする。さらに『明良帯録』では、勘定奉行は慶長十四年「松平右衛門大夫正綱始て勤む」とあり、[2]『柳営補任』も就任の年月日を記していないが、正綱をもって最初としている。[3]このように勘定頭の起源については各書の記述による相違があって定かではない。

勘定所の成立についても明らかでない点が多いが、その史料的初見は、慶長十年五月二十三日毛利伊勢守高政から

「御勘定所」に宛てた慶長六年分の「豊後国之内御蔵入納本帳」[4]、ついで慶長十一年八月二十七日の近江蒲生郡年貢免状で、林伝右衛門から「御勘定所」宛に行ったものである。[5]勘定所は恐らく慶長八年の江戸幕府成立後間もなく江戸に設置されたと思われる。

慶長八年大久保長安がいわゆる「所務奉行」に任ぜられていて、勘定頭的役割を果たしていたと推察されるが、この勘定所は慶長十二年の二元政治成立以後は、各々駿府と江戸に置かれていたと考えられる。駿府で慶長十四年までに勘定頭に任命されたのが松平正綱であり、江戸政権では慶長十六年伊丹康勝が勘定頭に任命されたといえよう。二元政権下での駿府政権は全国の蔵入地を実質的に支配しており、松平正綱がその下で会計経理の実務を担当していたとみられる。

例えば慶長十二年二月二十一日「遠州伊谷筋卯辰巳御勘定之事」によれば、遠江井伊谷代官飯田助右衛門は慶長八・九・十年分の年貢勘定目録[6]を、慶長十一年十二月十三日木曽代官山村甚兵衛良勝も、慶長七年より同十一年までの年貢勘定書である「木曽御勘定幷方々ヨリ請取渡帳」[7]を、いずれも駿府勘定所へ提出している。

豊後の毛利高政は慶長六年豊後日田から豊後佐伯一万九〇〇〇石へ転じた。彼は日田において豊臣秀吉の蔵入地代官をしていたが、これをそのまま引き継いだ豊後玖珠郡・日田郡の徳川蔵入地の代官となった。この地域のこれ以前の代官は片桐且元であり、慶長六年九月二十六日の「予州替地幷豊後国内御知行方目録」[8]に彼が毛利民部大輔（高政）宛に「当座之御蔵入」として二万七九五三石一斗五升を預けたことが記される。毛利高政はこの蔵入地の年貢勘定を慶長六年九月二十六日と七年六月九日の二度にわたって、伏見にいる片桐且元に提出している。ただし七年六月九日の「豊後国日田郡玖珠郡御預米帳」[9]においても未進があることを記している。慶長十年五月二十三日付の宛所は前述のように「御勘定所」すなわち江戸勘定所と考えられる。そして以後も豊後のこの徳川蔵入地は二万三〇〇〇石ないし二万八〇〇〇石の規模を保っている。また慶長十八年八月二十日の「将軍様御蔵本へ納米之覚帳」は同十七年三月十九日から四月十四日分の年貢勘定であり、江戸に提出され、同日の「慶長拾七年壬子八月ゟ癸丑八月迄分買米御蔵本へ納申覚帳[10]」では、日田からの上米勘定のうち戌年分すなわち慶長十五年分は「駿府にて御勘定ニ未進」とされており、慶長十五ないし十七年までは駿府政権が全国の幕領支配を行い、以後江戸政権がこれを引き継いだことを裏付けている。

さて大久保長安は、もと甲斐の武田遺臣で、天正十年（一五八二）家康に付属し、その側近として鉱山開発をはじめ財政経済に極めて大きな業績を挙げ、「天下の総代官」と呼ばれた。彼は関ケ原の戦いにおいて、木曽路を攻め上った秀忠軍の先鋒として木曽遺臣の山村良勝・千村良重らの起用を進言し、自ら秀忠の幕僚として木曽衆を指揮して木曽攻略を成功に導いた。戦後彼が異例の抜擢を受けるのはこのことが家康に高く評価されたからであろう。すなわち美濃代官として美濃一国の欠所を支配、山村道佑良候を木曽代官に推挙し、飛驒川・木曽川の支配を委ね、これによって木曽の森林資源と運材河川の利権を確保することになった。慶長六年正月彦坂光正とともに東海道・中山道の伝馬制を定め、ついで伊奈忠次と関東諸国の検地を奉行し、甲州総代官・大津町奉行を承り、伏見銀座の開設に関与し、更に石見・佐渡両鉱山の増産に実績を挙げた。また駿府城再建工事をはじめ、丹波篠山城・亀山城などの普請に関わり、建築用材輸送と内陸舟運路の開発に尽力していたとみられる[11]。

以上のような長安の事績をみると、関ケ原戦直後はまだ勘定頭制は成立しておらず、彼が事実上の勘定頭の職務を果たしていたとみてよいであろう。さてその支配領域であるが、慶長十八年四月二十一日の大久保長安「覚書[12]」によれば、彼が支配する石見・佐渡・伊豆の金銀山とその地方は慶長十四年と同十七年に勘定仕上げを行って皆済となり、残りのこのほか大和・近江・美濃の代官所（家康の支配とみられる）と甲州の御蔵入の勘定は慶長十四年まで仕上げ、残りの慶長十五年から十七年までの分の仕上げは、家康・秀忠支配分ともに「物主」が行うよう準備していると述べている。この点からは、彼が大和・近江・美濃三カ国の代官所・将軍領の支配管理をしていたとみられる。彼は慶長十年代に大和・美濃の国奉行を兼ねており、両国の代官所勘定が国奉行の権限に基づいてなされたものと思われるが、近江については、以下に述べるように慶長十六年より駿府へ納めることとなった一三万石分の代官所も彼の管轄するところとなっている。関東の代官所は毎年勘定仕上げを行っており、木曽の地方・土居・榑についても彼が支配し勘定させている。このように、全国にわたる家康蔵入地ついで秀忠に引き継がれた金銀山を含む代官所を一手に支配していた彼の強大な勢力のあり方が判る。これは、松平正綱が慶長十四年会計の総括を命じられ、同十七年八月二日安藤重信が駿府において慶長五年以来十余年の収支を査検して財政実態を把握したという「駿府記」の記事と照応するものである。(13)

ところで、慶長十六年二月二十八日付の家康自筆の年貢皆済状が知られている。すなわち、伊勢代官笹山資俊は同五年から、大和・近江代官楢村監物・中坊秀政、大和代官藤林政勝、丹波代官山口直友は慶長六年から、近江代官猪飼光治は同八年から、いずれも同十四年までのものである。(14)これらは松平正綱が会計総括をした結果、家康が年貢皆済状を発行したとみてよいであろう。正綱は次の「駿府記」の記事のように、(15)一万九〇〇〇両の金を駿府城に納めたのである。

　慶長十六年

　　十月

　三日、所々御代官、為レ納米之代一金一万九千両松平右衛門佐納ニ之殿守御庫一、

このことは、長安のような奉行・代官の不正の横行があり、これらに対する措置として会計の検査を実施したとみ

るのが適当であろう。そしてこれは次に述べるように、秀忠の江戸将軍政権の財政基盤を強化し、豊臣秀頼政権に対決する政策の一環として行われたものとみられる。

「当代記」巻七(16)に次のような記事がある。

慶長十七壬午年正月大、（中略）

廿三日雨、（中略）

従二去年一、諸国多分江戸将軍江被二相納一、但美濃伊勢両国は駿府江納、駿河遠江尾州是三ヶ国は、右兵衛主常陸主分国也、於二近江一十三万石駿府へ同納、

右によれば、慶長十六年より全国の蔵入地のうち美濃・伊勢および近江のうち一三万石は「駿府」（家康）、尾張は「右兵衛主」（徳川義直）、駿河・遠江は「常陸主」（徳川頼宣）分国とし、残りは全て「江戸将軍」（秀忠）へ納めることとしたのである。しかし前述の長安の覚書によれば、佐渡は慶長十五年、石見は同十七年に将軍に引き渡しているので、「当代記」の記事とずれがあるのである。「当代記」巻五の慶長十五年九月二十九日の条によれば、家康の命により上方の知行は同年に秀忠に移されることになったが、同じ十月三日の条に上方諸代官の年貢弁納などについての抵抗があり、江戸納めが実現したのは十六年以降のことであることが知られる(17)。従って佐渡は慶長十五年、上方をはじめ諸国は同十六年、石見は遅れて同十七年に江戸将軍＝秀忠の支配するところとなったと考えられる。いずれにしても、それ以前は蔵入地の支配を駿府が一手に行っていたとみられる。そして美濃と近江一三万石が家康代官所として残り、伊勢と近江の残りは慶長十六年前後に秀忠領となり、どちらも長安の管理するところであったと思われる。彼の権限が自己の所領である武蔵八王子周辺だけでなく、関東や甲斐の蔵入地、石見・佐渡・伊豆の銀山とその地方、国奉行として支配した大和・美濃の諸国、そして近江や木曽山林に至る一二〇万石ともいわれる広範囲の地域に及び、

その権勢が強大であったことが、死後の処罰に繫がったといえよう。

## 二　松平正綱と伊丹康勝

元和二年（一六一六）四月十七日の家康の死去により駿府政権が解体し、江戸の秀忠政権に統一されると、勘定所機構も江戸に一元化される。駿府政権の勘定頭松平正綱は江戸に移り、伊丹康勝とともに江戸政権の勘定頭となった。後掲表5にあるように、元和二年五月十一日の撰銭および金銭売買定の連署者は、駿府家康付であった本多正信・板倉重昌・秋元泰朝・松平正綱の四人、江戸秀忠付の土井利勝・酒井忠利・安藤重信・伊丹康勝の四人で、家康死後一つになった幕府権力の勘定頭として二人の名があるのである。

松平正綱は家康の近習出頭人であるが、駿府で勘定頭を兼ね、慶長十四年（一六〇九）会計総括を命じられ、翌十五年十月十四日三河国幡豆郡で三〇〇〇石の知行を与えられている。元和元年秋元泰朝・板倉重昌とともに奉書連署（年寄就任）・諸士支配を命じられたとき、彼は引き続き勘定頭を兼任している。寛永二年（一六二五）七月二十五日相模国甘縄二万二一〇〇石余の城主となり大名に列した(18)。

正綱は、慶長十一年七月二十九日の千村平右衛門良重宛の遠山加兵衛知行地跡の処理に関する書状に伊丹康勝とともに連署している(19)。次に、慶長十四年九月三十日の「中井大和守金銀請取状控」(20)によれば、大工頭中井正清が駿府浅間・京都東山知恩院・江戸増上寺山門普請の代金請取を松平正綱宛にしており、同文書二一二の中井大和宛の書状は松平正綱・伊丹康勝の二人が連署、二一六の松平正綱書状は伊丹康勝が不在のため加判しない旨の追而書がある。二一二は年未詳八月十八日の日付であるが、内容は二条城の材木と薄（箔）入札に関するものであり、二一六は年未詳七月二十四日のもので、二条城の作事に関するものである。これらが二条城造営についてのものとすれば慶長八年となるが、中井正清の大和守叙任が慶長十一年七月（『寛政重修諸家譜』では慶長十三年）であるから、それ以降の慶長十年代である。彼は慶長十九年十二月十五日、大坂の陣に際して大坂城惣堀水切貫を命じられた諸国金掘のうち、手柄のあった石州銀山の渡辺備後に日本国中の金銀銅山を見立て次第開発許可の命を伝えている。(21)

伊丹康勝は、『寛政重修諸家譜』によれば、父康勝は摂津伊丹より伊勢に逃がれ、上野を経て駿河の今川義元に仕え、氏真没落ののち武田信玄、武田滅亡ののち家康に仕えて代官、ついで駿河清水の御船奉行になったという。康勝は天正十四年（一五八六）秀忠に近侍し納戸頭を兼ね、のち相模国大住郡・武蔵国多摩郡のうちで采地五〇〇石を賜った。関ケ原の戦に当たって秀忠の上田城攻撃に供奉し、その直後代官を兼務、のち勘定奉行に進み、慶長十九・元和元年の大坂の役では諸軍の兵糧を運送している。(22) ところで、天正十六年（一五八八）康勝は甲州で大久保長安の配下の代官になっているので、(23) 彼と家康・長安との関係も見逃がすことはできない。

康勝は寛永元年（一六二四）二月家光に付属し、(24) 同五年下総国相馬郡で九〇〇〇石に加増、同十年二月三日甲斐国山梨郡徳実一万二〇〇〇石の大名に取り立てられた。そして同十二年五月二十二日佐渡奉行を兼務している。すなわち彼の勘定頭就任の年代は『寛政重修諸家譜』の記事によれば、慶長五年以降寛永元年以前であって特定できない。『徳川実紀』によれば、慶長十九年九月二十日、康勝は鎮目惟明とともに会計上申のために江戸より駿府へ参上している。これは「駿府記」では、「従二江戸一伊丹喜之助康勝、鎮目市左衛門参府、是者当時御代官所為二御勘定一也」とある。(25) 同年十月伯耆の代官賦税を家康に納めているが、これも「駿府記」では、「十四日、（中略）伯耆国代官伊丹・山田出二御前一、伯州丑年（慶長十八年）物成銀百五十貫目持参云々」とある。(26) 同年十二月三日、平野御殿を阿部備中守正次が普請したところ、小壺一箇を掘り出し、壺の中に黄金三〇両、金具九塊、南鐐一〇〇両があり、伊丹喜之助康勝が持参し、金は正次に賜ったとある。[27] また二十九日、伊丹康勝が岡山より来て、兵粮扶持のことを仰せ付けられたとある。[28] 元和元年閏六月九日信濃松本山中の鉱山銀鉛産出の注進に松平正綱と査検しているが、これも「駿府記」に同様の記事がある。[29]

康勝は慶長十六年六月二十二日の千村良重らに対する千石夫徴収に関する奉書を酒井忠利・土井利勝・安藤重信らの年寄とともに連署している。[30] また翌十七年九月十三日の「石見国銀山幷地方御仕置覚」[31]によれば、酒井忠世・酒井忠利・土井利勝・安藤重信・伊丹康勝・鎮目惟明の連署で、竹村丹後守・山田清太夫に宛て、石見国銀山と地方仕置について書き上させ、覚書としている。鎮目は当時大番頭であり、元和三年佐渡の代官となっているが、連署者の前四人は年寄であり、伊丹も勘定頭として連署しているとみられる。次に元和元年の「下野国安蘇郡春日岡惣宗寺領渡下知状」[32]においては、酒井忠世・土井利勝・酒井忠利・安藤重信・大久保忠尚・鎮目惟明の末筆で連署している。大久保六吉衛門忠尚は、大坂の陣に井上正就組に列して供奉し、陣後から寛永三年（一六二六）までの間のうちに勘定奉行を勤めたとあるが、[33] これ以外勘定頭に就任したことを証する史料はないので、ここでは否定しておく。

伊丹康勝は以後秀忠親政期の年寄等連署奉書の表（康勝が連署したものに限ってある）に整理したように、元和二年五月から八年十二月までの二一通の奉書に連署している例をみると、扶持米手形、知行渡下知、物成・切米・種貸渡下知、材木・石工供出下知・畳替・猿楽配当米賦課などの年寄奉書に末座で連署しており、これ以外では元和二年五月の撰銭および金銭売買の定に連署するのみである。

寛永三年閏四月二十四日の浅井朝正宛の遠江三カ村千石の引き渡しに関する覚[34]でも、土井利勝・井上正就・永井尚政・松平正綱・伊丹康勝の年寄・勘定頭が連署しており、知行渡下知には年寄を補佐して命令を下しているのである。寛永八年十一月十一日の九条大将祝言入用手形には酒井忠世・酒井忠勝・内藤忠重とともに連署している。[35] また年末詳六月九日の中井大和守宛の書状に土井利勝・安藤重信とともに連署している。[36] 従って慶長十年代から寛永元年までの康勝は、財政にのみ関与する秀忠付の「年寄並」の権限をもつ職すなわち勘定頭であり、そして秀忠退隠後年寄酒井忠世とともに家光に付属され、家光政権のもとでの勘定頭になったといえよう。

ところで、慶長十九年二月十四日の「公事裁許役人起請文前書」[37]の血判連署人は、江戸年寄衆・江戸老中・町奉行・留守居であって、勘定頭としての松平正綱・伊丹康勝の連署はない。従って彼等は評定所出座の資格はなかったとみえる。

元和九年七月二十二日秀忠は退隠し、将軍職を家光に譲って江戸城西丸に入り、ここに本丸（将軍家光）、西丸（大御所秀忠）の二元政治が展開する。「部分御旧記」御書附幷御書部六[38]に載せる元和九年十月十六日の書状によれば、この時秀忠から家光に譲られたのは、金五〇枚、五畿内全部、関東二〇〇万石、金銀山全部、それに大番衆を少しと記されている。これに対し、秀忠は忍で一〇万石、大坂で一〇万石、伊豆・駿河・遠江・三河のうち五〇万石余が「御蔵入」として残された。今この記事を立証する他の史料が見当たらないので、直ちに事実とはいい難いが、本丸・西丸の二元政治においても、将軍・大御所のそれぞれの財政基盤があった可能性がある。

## 三　勘定頭制の成立

寛永九年（一六三二）正月大御所秀忠が没し、本丸・西丸の二元政治は解消した。ここに家光の親政期が始まる。これより前の寛永七年曽根吉次は「関東の勘定頭」となり、同九年七月二十六日関東の諸国を巡視しており、[39] 十三年になって「惣勘定頭」となり、寛永元年（一六六一）十一月十九日の辞職まで終始勘定頭であった。吉次の曽祖父定次は武田信虎ついで今川義元に仕え、祖父長次は武田家に属し、のち家康の麾下の士となり、天正十八年関東入部に際し伊豆国代官のち駿河国山西代官となった。父家次も伊豆国代官を務めている。[40] なお、吉次は寛永十年三月二十七日下嶋市兵衛・井出十三良宛の駿河国由井（由比）宿伝馬人足飛脚御用米下付の連署状に、井上新左衛門・曽根源左衛門吉次・武藤理兵衛安信（駿府勘定方）・杉田九郎兵衛忠次（勘定組頭）の名があるので、[41] 寛永十三年以前にも関東のみの御用に留まらなかったのであろう。

寛永十一年三月三日、次に示すように「老中職務定則」と「若年寄職務定則」[42] が定められた。

「老中職務定則」

定

一禁中方并公家門跡衆之事

一国持衆惣大名壱万石以上御用并訴訟之事

一同奉書判形之事

一御蔵入代官方之御用之事

一金銀納方并大分之御遣方之事

一大造之御普請并御作事堂塔御建立之事

一知行割之事

一寺社方之事

一異国方之事

一諸国絵図之事

右之条々御用之儀幷訴訟之事、承届可致言上者也

寛永十一年戌三月三日

酒井雅楽頭（忠世）とのへ
土井大炊頭（利勝）とのへ
酒井讃岐守（忠勝）とのへ

「若年寄職務定則」

定

一御旗本相詰候輩、万事御用幷御訴訟之事
一諸職人御目見幷御暇之事
一医師方御用之事
一常々御普請幷御作事方之事
一常々被下物之事
一京大坂駿河其外所々御番衆幷諸役人御用之事
一壱万石以下組はつれ之者御用幷御訴訟之事
右之条々、承届可致言上者也

寛永十一年三月三日

松平伊豆守（信綱）とのへ
阿部豊後守（忠秋）とのへ
堀田加賀守（正盛）とのへ

三浦志摩守（正次）との へ
阿部対馬守（重次）との へ
太田備中守（資宗）との へ

これによると、酒井忠世・土井利勝・酒井忠勝の三人の年寄衆だけでは職務が停滞するので、職務を年寄と松平信綱・阿部忠秋・堀田正盛・三浦正次・阿部重次・太田資宗の六人衆と町奉行に分割し、「御蔵入代官方之御用」、「金銀納方幷大分遣方」、「知行割」などののちの勘定奉行の職務に属するものが三人の年寄の職務の中に規定された。翌十二年十一月十四日「老中幷諸役人月番ノ始及分職庶務取扱日定則」(43)が次に示すように定められた。これは評定所式日およびのちの年寄（老中）・若年寄・留守居・寺社奉行・町奉行・勘定奉行・作事奉行・大目付の職掌に当たる有司の管掌事項を制定したものである。

覚

一国持大名御用幷訴訟之事
　土井大炊、酒井讃岐、松平伊豆、阿部豊後、堀田加賀、五人して一月番ニ致可承候
一御旗本、諸奉公人御用幷訴訟之事
　土井遠江、備後、志摩、備中、対馬、五人として一月ツヽ、可致候事
一金銀納方、雅楽頭、大隅、内匠、和泉、内蔵丞、右五人可致候事
一証人御用幷訴訟、雅楽頭、紀伊守、大隅守、内匠、和泉、内蔵丞、右六人可致事
一寺社方御用幷遠国訴訟之事
　右京、出雲、市正、右三人一月宛可致番事

一町方御用并訴訟人之事
　民部、式部一月宛、番被致可承事
一関東中御代官方并百姓等御用訴訟、右衛門大夫、播磨、半十郎、金兵衛、源左衛門、右五人一月宛、弐番ニ致
可承事
一御作事方ニ付、御用并御訴訟、将監、因幡、内記三人ニ一月ツヽ、番ニ可致事
一万事訴人、河内、但馬、修理、筑後、右四人可承事
一目安裏判之儀、其役々可仕事
一御普請奉行、小普請奉行、道奉行御用之儀者、松平伊豆、阿部豊後、堀田加賀可承之、但、大造之御普請并大
成屋敷割之儀者、土井大炊、讃岐可致相談事
一国持大名御用并訴訟承候日
　三日　九日　十八日
一御旗本、諸奉公人御用并訴訟承日
一町方公事承候日
一関東中御代官并百姓御用訴訟承候日
　九日　十八日　廿七日
一寄合日
　二日　十二日　廿二日
右之日罷出輩之事

松平伊豆、阿部豊後、堀田加賀、此三人者壱人ツ丶、致番可罷出事
安藤右京、松平出雲、堀市正、此三人ハ壱人ツ丶致番可罷出、但、被仰付御役之儀、公事有之時者、不残可罷出事
水野河内、柳生但馬、井上筑後、秋山修理、此四人者壱ツ丶、致番可罷出事
松平右衛門大夫、伊奈半十郎、伊丹播磨、大河内金兵衛、曽根源左衛門、此次第ニ弐番ニ致可罷出、曽根源左衛門者、右之内江相加可罷出事
佐久間将監、酒井因幡、神尾内記、此三人者壱人ツ丶、致番可罷出事
道春、永喜、右同断
内藤庄兵衛、野々山新兵衛、右同断
建部右衛門、久保吉右衛門
右両人之内壱人、其外之者壱人、相加可罷出事
民部、堀式部
右両人者、毎度可罷出事

（以下「関東中御代官方、百姓等御用訴訟之事」略）

すなわち、「金銀納方」は酒井忠世・松平重則・牧野信成・酒井忠吉・杉浦正友の五人の留守居の職務、「証人御用幷訴訟」はこの五人と松平家信の六人の留守居の職務、「関東中御代官方百姓等御用訴訟」は松平正綱・伊丹康勝・伊奈忠治・大河内久綱・曽根吉次の五人の勘定頭の職務と規定された。(44)これはこの年の十二月十一日伝奏屋敷で寄合が行われて規定された評定所の審理規則との関係で捉えるべき内容で、職務の一端を示しているに過ぎない。

酒井忠世は家光付の本丸筆頭年寄であり、秀忠死後も全年寄の最上位にあった。しかし寛永九年五月七日以降の時点で西丸留守居を命じられ、二十二日西丸に移徙した。そして八月からほぼ一カ年中風のため奉書加判から離脱していたが、年寄に復帰している。同十一年六月二十日家光は上洛のため江戸を出発した。留守の間の江戸城指揮は忠世が当たっていたが、閏七月二十三日の夜西丸から出火し、忠世は八月三日上野寛永寺に入寺し十二月二十六日まで謹慎した。(45) すなわち年寄を免職されたのであるが、寛永十二年五月二十二日の再召出しによって留守居首座に復職とともに、失脚前の年寄の職務であった「金銀納方」が留守居の職務とされたと推測される。

松平正綱と伊丹康勝は秀忠の死後、寛永十年九月家光の折檻を受け出仕を差し止められていたが、その理由は藤井譲治の研究によると、松平真次の知行割付に関わること、正綱の大名への貸金、康勝の佐渡支配問題にあったと推定されている。翌十一年五月に漸く天海の執り成しで赦免されたが、失脚前年寄並の権勢を誇っていた両人の地位は大きく変化し、その権限の多くは伊奈忠治・大河内久綱・曽根吉次が掌握することとなった。両人は幕政から全く排除されていないが、家光はこの一件を契機に自由に動かしうる勘定頭を創出しようとしたと考えられる。(46)

かくして酒井忠世の年寄として担当していた財政の職務が留守居に分離し、勘定頭の職務と権限も変化したのであろう。なお康勝は十六年勘定頭兼任のまま留守居に任じられている。(47)

ついで寛永十二年十一月二十七日、幕府は小出大隅守三尹と市橋下総守長政を国郡奉行に任じ、三河より西は市橋、東は小出と分けて幕領のことを司らせ、(48) 関東幕領は正綱ら五人、関東を除く三河以東の幕領は小出、三河以西の幕領は市橋の支配が成立した。

『徳川実紀』によれば、寛永十四年「勘定頭曽根源左衛門吉次は評定の席に列り、衆訴をきかしめらる。(49)」とあり、勘定頭曽根吉次の評定所へ出席が認められ、地位が向上したことが判る。

さらに寛永十五年十二月五日、幕府は上方を小姓組武藤理兵衛安信・勘定組頭諸星清左衛門盛政・代官下島市兵衛政真・勘定能勢四郎右衛門頼安の四名、関東方を井上新左衛門某・井上宇右衛門某・糸原甚左衛門重正・壺井金大夫永重の四名にそれぞれ分け、各々に会計を司ることを命じ、勘定所職掌を上方と関東方に分課している(50)。「江戸幕府日記」(姫路酒井家本)寛永十九年八月十六日条に、

一酒井和泉守・杉浦内蔵允儀、昨今迄奥方御番之事被成御許、兼日被仰付諸色入用之儀可致吟味之旨被　仰出之也

一曽根源左衛門、和泉守・順斎・内藤允相加、御代官方其外諸色御勘定之儀、右四人致吟味仕之旨被　仰出之

一伊奈半十郎事、昨今迄御勘定方承候事御免、関東御代官衆善悪之儀幷堤川除普請可入念之旨被　仰付之

すなわち、酒井忠吉・杉浦正友は「諸色入用之儀」吟味(『徳川実紀』では、「留守居酒井和泉忠吉・杉浦内蔵允正友後閣宿直を免され、国用の事査検すべしと命ぜられ」とある)、曽根吉次・酒井忠吉・杉浦正友・伊丹康勝の四人は「御代官其外諸色御勘定之儀」吟味(同じく「曽根源左衛門吉次も和泉守忠吉、内蔵允正友幷伊丹康勝入道斎と共に、租税財穀出入の事を司らしめられ」とある)を命じられ、伊奈忠治は勘定頭を免除されて(同じく「関東諸代官の得失を糺し、堤防修築の事」を勾当)、後の関東郡代の職に就いた(51)。大河内久綱は十五年十二月五日「地方奉行(勘定頭)」を免ぜられているので(52)、正綱を別格として、曽根に対して伊丹を含む三人の留守居とともに租税財穀出納すなわち勘定頭の職務を命じたものであり、この時点で農政部門と財政経理部門が合一して勘定頭制が成立したのである。

## 四　勘定所諸役人の成立

勘定所は江戸城本丸の御殿勘定所と大手門内の下勘定所の二カ所に分かれていたが、前期においても二つに分かれていたか明らかではない。ただ下勘定所の建物が享保七年（一七二二）の勘定所公事方・勝手方分課以前は上方役所・関東方役所であり、恐らく寛文ごろからは大手門内にも勘定所が存在したものと考えられる。[53]

勘定所の役人は勘定頭のもと、勘定組頭・勘定・支配勘定およびその下役がいる。

勘定は、寛永十五年（一九三八）十二月五日上方・関東・作事方各四人で計一二人が初めて置かれたとされるが、[54]慶長十八年（一九一三）には明らかにその存在が知られるので、[55]これは各会計担当者が決められたということになる。なお勘定は元禄三年（一六九〇）六月十一日新規に二〇人が召し出され、享保八年（一七二三）定員一三〇人、同十八年一八六人となった。[56]勘定組頭の新置は寛文四年（一六六四）六月十一日で、六人が御殿詰・上方組頭・関東方組頭に分かれていたというが、[57]『柳営補任』では寛永年中に能勢四郎右衛門、寛永二十年ごろ下嶋市郎兵衛・杉田九郎兵衛が勘定組頭に任じられており、[58]寛文四年より遡ることは明らかである。支配勘定が置かれたのは万治二年（一六五九）である。

次に、勘定所支配で米金の出納を行う米蔵・金蔵役人の創置について記そう。

まず畿内の御蔵奉行についてみると、元和三年（一六一七）に淀御蔵奉行、同四年伏見御蔵奉行の存在が確認され、同七年大坂御蔵奉行の新置とともにこれに吸収されたとするが、[59]大坂御蔵奉行の新置は元和五年とみたほうがよい。二条御蔵奉行は寛永二年に創置され三人であったが、元禄十一年（一六九八）大津御蔵奉行が廃止されるに従い一人が増員された。大津御蔵奉行の創置年代は不明である。

江戸では、元和六年浅草御蔵が創設されたが、初期には蔵米と城米の区別があり、御蔵奉行と城米奉行が置かれていた。「吏徵別録」(60)下巻によれば、浅草の御蔵奉行は寛永十三年五月一日に初めて三人が置かれたとするが、頭注に「慶長十五年十月十一日の古券に松風助右衛門紅林弥右衛門の名みゆ」とあってこれより遡る可能性がある。寛永十九年五月二十二日六人、同八月十八日大番より二人、小十人組より四人ずつが、浅草方御蔵奉行と城米方御蔵奉行に任命され合わせて一二人となり、寛文五年八人、延宝二年(一六七四)一〇人と変わり、貞享四年(一六八七)十月に半数五人が初めて勘定から命じられた。享保九年八人、元文四年(一七三九)十月二十二日一〇人、宝暦四年(一七五四)一二人、同六年一〇人、同七年十一月一二人、寛政三年(一七九一)一〇人、文化九年(一八一二)四月四日九人と人員が増減した。「江戸幕府日記」(姫路酒井家本)寛永十九年八月十八日条によれば、この日大番より二人(柴田四郎左衛門・名取半左衛門)、小十人組より四人(浅野次右衛門、美濃部三郎左衛門・竹内六郎左衛門・小西九左衛門)が浅草方御蔵奉行に、大番より二人(鈴木久兵衛・疋田長兵衛)、小十人組より四人(多賀又左衛門・多門甚右衛門・猪股助右衛門・山本九兵衛)が城米方御蔵奉行に任命されている。

浅草米蔵役人は本所米蔵が創設されるとこれをも管轄した。勘定奉行支配下の御蔵奉行の下に、御蔵手代・助手代などの手代、御門番、御蔵番、小揚頭・杖突・平小揚などの小揚が所属し、三季切米渡方など米穀支出を掌る。

御蔵手代は寛文五年初めて二四人が置かれ、同九年三二人、延宝二年四八人、貞享四年五六人、元禄三年(一六九〇)三四人、宝永二年(一七〇五)五四人となった、御蔵手代組頭は元禄二年初めて四人、宝暦四年(一七五四)七人と増えたが、いずれも手代定員の中である。助手代は享保十年初めて五人を置き、同十六年一〇人、元文五年一九人、宝暦十三年二一人と増員された。また文政四年(一八二一)には手代見習六人が置かれたとある。しかし、「江戸幕府日記」（姫路酒井家本）寛永十九年七月八日条や、『徳川実紀』同日項に、[61]私曲によって斬罪された御蔵奉行らとともに、浅草御城米手代六人・浅草御蔵方手代三人の名があり、御蔵手代の成立ももっと遡るのである。

手代の分課は、神宮文庫所蔵「浅草米廩旧例」（内題「御蔵旧例書」）によると、御蔵借・書上掛・小買物掛・御普請方掛・御勘定懸・御廻米掛・手本米掛・手形掛となっている。[62]

御蔵御門番同心は享保十年初めて一五人が置かれ、明和三年（一七六六）十二月十四日新規に頭取三人が命ぜられた。同心は寛政三年九月に二人増し一七人となった。文化五年同心見習二人が置かれ、天保十年（一八三九）四人に増えた。

御蔵番は前々より一〇人が置かれていたが、元禄十一年一三人、同十六年一七人、享保二年二三人と増員、同十九年三人増えてのち一人減り二五人、明和五年三〇人となった。

御蔵小揚は、寛文五年に小揚頭一〇人・杖突二〇人・平小揚二八〇人で合計三一〇人、元禄二年は計二五〇人、寛政二年は小揚頭一八人・杖突二七人・平小揚一九九人、計二四四人となった。

このように御蔵手代・小揚は寛文五年新置とするが、他の史料によって寛永期に遡ることができる。[63]

承応三年（一六五五）作成、明暦三年（一六五七）十二月再提出の「正保三年戌亥慶安元年子丑寅卯承応元年辰浅草御蔵御勘定帳」[64]の差出人六人はいずれも「浅草方大番」であり、また明暦四年二月作成の前年の大火焼失米の報告書「雉子橋御蔵米大豆焼申覚帳」[65]の差出人一八人は「浅草方手代」と記されているが、そのうち曲渕市太夫明信ら六人は明らかに大番であり、浅草米蔵を管轄する奉行がまだ大番であることを示している。御蔵奉行創置以来貞享四年まで御蔵奉行は大番の出役であったことは、米蔵の本来的機能が兵糧米の貯蔵であって軍事的性格が強いことを意味し、当然番方が支配管轄するところであった。幕藩制確立に伴って財政経済的機能を濃くするとともに、貞享以後は勘定出身者が任命されるなど役方が進出し、財政経済的性格が濃くなる。

勘定頭制が成立した寛永十九年八月十八日には、切米手形案文の押切割印検査を行う切米手形改役（書替奉行）二人の新置をみた。一人は定役で、勘定油井平兵衛、一人は大番出役の竹本猪右衛門で、(66)役料二〇〇俵、所属の手代は九人である。しかし寛永十九年七月八日斬罪された御蔵奉行らの中に、「手形裏書之役人」として高野喜三郎の名があり、あるいはこれも時期が遡るとも思える。(67)切米手形改役は、延宝二年一〇人、宝永二年六人ずつ一二人、正徳四年（一七一四）九人ずつ一八人となった。切米手形改役も一人は大番出役であるところから、御蔵奉行と同様の傾向をみてとれる。(68)

金蔵の出納を司る御金奉行は正保三年（一六四六）正月二十二日に初めて四人が、御金同心は同二月十五日に置かれたとするが、(69)これも元和四年松風権右衛門が任ぜられていて、創置の時代は遡る筈である。また大坂御金奉行の初任は寛永二年二一人、あるいは同十六年三月七日三人が置かれたといわれる。(70)

以上、要するに、まず慶長十年代に駿府と江戸の勘定所において勘定頭―勘定という単純な構成が成立し、元和二年の二元政治の解消とともに将軍秀忠のもと江戸の勘定所に統一された。また米蔵では寛永十年代に御蔵奉行―手代―小揚という組織が成立し、ついで同十九年八月に四人の勘定頭と御切米手形改役二人が置かれた。金蔵における御金奉行等は寛永十年代から正保三年までには成立している。かくして地方支配機構と財政経理機構が合一し、勘定所機構が成立整備された。そして勘定頭―勘定組頭―勘定―支配勘定という精緻な組織は万治・寛文期に確立したのである。

このような勘定頭制および勘定所機構の成立は、進行する寛永飢饉、勘定方役人や代官・庄屋の不正への対応として、財政経理を統轄し、幕領を統一的に支配する体制を整備する必要に迫られたからである。こうした体制は、すでに金銀出納に携わり、寛永十六年には勘定頭とともに「庖所費用」の査検や節倹の指揮を勤めた経験をもつ留守居の参画なくしては成立しえなかったのである(71)。

寛永十九年の幕府財政機構の成立以後も留守居の財政関与は続く。貞享四年（一六八七）払方金奉行が金蔵支出報告書を留守居に提出しており(72)、また銀座も留守居支配であった。金奉行と銀座が勘定頭の支配に変わるのは元禄二年（一六八九）であり、この時に至って、幕府財政機構は勘定頭によって全面的に掌握されることになったのである。

ところで勘定所の業務は、その対象地域を上方と関東方に二分し、上方組頭・関東方組頭あるいは上方御勘定・関東御勘定というように人員が振り分けられていた。また前述のように御蔵奉行・御金奉行なども、上方が関東よりも早期に成立していた。このような上方と関東の跛行的な関係、二元的支配機構はつとに先学により指摘されていたことであり(73)、詳細は筆者の別稿を参照されたいが、勘定所における二元的な代官統制が一元化され、勘定奉行による関東・上方代官の統一的な把握が実現されるのは享保改革期に下がるのである(74)。

注

（1）「吏徴別録」上巻、六六頁（『続々群書類従』第七、国書刊行会、一九〇六〜〇九年）。
（2）「明良帯録」（『改定史籍集覧』第一一、近藤出版部、一八八二〜一九〇三年）。
（3）大日本近世史料『柳営補任』二、東京大学出版会、一九六三年、三九頁。
（4）大分県中世文書研究会編「佐伯藩史料」（『大分県史料』三七巻・第二部補遺（9）大分県教育委員会、一九八四年、二六八〜二八九頁）。
（5）仲村研編『今堀日吉神社文書集成』雄山閣、一九八三年、六一〇頁・村田惣吉氏文書九五六。なお、この文書は年貢免状ではなく、年貢勘定書である。林伝右衛門は林伝右衛門春芳が『寛政重修諸家譜』第二一、三四一頁にあるが、別人であろうか。

（6）飯田文書二（『静岡県史料』静岡県、一九三二～八六年、第五輯・遠州古文書、一八二～一八四頁）。

（7）所三男『近世林業史の研究』吉川弘文館、一九八〇年、五六〇～五六一頁。慶長十一年十二月十三日山村甚兵衛（良勝）より「御勘定所」（駿府）に宛てた慶長七年以降の「木曽御勘定并方々ヨリ請取渡帳」。同書引用の史料は『信濃史料』一九巻、四五四～四六〇頁・五六一～五六五頁。二〇巻、五〇～五六頁・一五八～一六三頁・二一五～二二三頁に分載されている。しかしこの段階で勘定所が駿府に置かれていたとは特定できない。また慶長十七・十八年分の「木曽土井・榑御勘定目録」を代官山村七郎右衛門（良安）が元和二年九月二十一日に「御勘定所」（駿府）に提出している（同書七七九～七八一頁）。

（8）『大分県史料』三七巻・第二部補遺、二二六～二二八頁。

（9）同右、二三一～二四五頁。

（10）佐伯毛利家文書（未刊）。

（11）所三男前掲書五二四～五三六頁。林基「奥州・江戸間内陸舟運路の初期段階（四）」（『専修史学』一九号、一九八七年）によれば、矢作川・大堰川・富士川・天竜川などの通船計画は家康が指示し、長安が関与していたことを示唆している。また長安については最近曽根勇二が「片桐且元と大久保長安系の代官について―『初期徳川政権』の実態把握の試みとして―」（『日本歴史』五〇七号、一九九〇年）を執筆している。

（12）大野瑞男「大久保長安の『遺書』」（『日本歴史』四七二号、一九七八年）。および同「大久保長安の新史料」（『東洋大学文学部紀要』四一集・史学科篇XIII、一九八八年）所収国立史料館所蔵紀伊国古文書「戸田藤左衛門所蔵文書写」。

（13）「駿府記」（『史籍雑纂』第二、国書刊行会、一九一一年）に次のような記事がある。

慶長十七年

七月

廿三日、安藤対馬守此間為二勘定紏明一在府、（『史籍雑纂』第二、二三六頁）

八月

（中略）

二日、有㆓御勘定之紏明㆒被㆓改正㆒子年（慶長五年）以来十余年之間、今日大方可㆑相㆓済之㆒有㆓仰出㆒云々、（『史籍雑纂』第二、二三七頁）

なお、北島正元『江戸幕府の権力構造』岩波書店、一九六四年、三四六頁参照。

(14) 中村孝也『家康の政治経済臣僚』雄山閣出版、一九七八年、一〇八〜一〇九頁。慶長十五年三月十九日三河代官松平清蔵（親重）は米津親勝の命により代官所勘定を命ぜられ（『竹橋余筆別集』巻七）、慶長十四・五年と思われる五月十四日朝日近次に対して駿府年寄衆から信濃伊那郡朝日寿永代官所慶長七・八年勘定を命ぜられている（『信濃史料』一九巻、五二三〜五二四頁・日輪寺文書）。なお同文書は年代比定を慶長七年としているが、連署者からみて慶長十四・十五年とみられる。

(15)「駿府記」（『史籍雑纂』第二、二一九頁）。

(16)「当代記」巻七（『史籍雑纂』第二、一七八頁）。

(17)「当代記」巻五（『史籍雑纂』第二、一六九頁）。

(18)『新訂寛政重修諸家譜』第四、続群書類従刊行会、一九六四〜六六年、三九四〜三九六頁。

(19)『信濃史料』二〇巻、同刊行会、一九七三年、一九七〜一九八頁。

(20) 高橋正彦編『大工頭中井家文書』慶応通信、一九八三年、八一号。

(21)『譜牒余録』下、国立公文書館内閣文庫、一九七五年、八八三頁。

(22)『新訂寛政重修諸家譜』第五、一二〇〜一二二頁。

(23) 村上直「近世初期甲州系代官の系譜について—武田蔵前衆を中心に—」（豊田武博士古稀記念『日本近世の政治と社会』吉川弘文館、一九八〇年）、和泉清司「徳川政権成立過程における代官頭の歴史的役割—代官頭発給文書の分析を通して—」（『古文書研究』二五号、一九八六年）。

(24)『寛政重修諸家譜』による。『徳川実紀』（『新訂増補国史大系』三九巻二四八頁）によれば、元和九年二月「是月酒井雅楽頭忠世。幷伊丹喜之介康勝、大納言殿（家光）御方につけらる。」とあり、家光付は元和九年二月となる。

(25)『徳川実紀』第一篇（『新訂増補国史大系』三八、吉川弘文館、一九六四年、六八二頁）、『史籍雑纂』第二、二七二頁。

(26)『徳川実紀』第一篇（『新訂増補国史大系』三八、六九六頁）、『史籍雑纂』第二、二七六頁。

(27)『史籍雑纂』第二、二八五頁。

慶長十九年十二月

三日、（中略）後藤少三郎申云、今度平野御殿阿部備中守正次致二普請一処、小壺一箇掘二出之、壺中黄金三十両、金具九塊、南鐐百両有レ之、伊丹喜之助康勝持来云々、件金五六十年以前埋レ之歟之由云々、則賜二備中守一云々、

(28)『史籍雑纂』第二、二九三頁。

廿九日、

（中略）

伊丹喜之助自二岡山一来、兵粮扶持之儀被二仰付一

(29)『徳川実紀』第二篇（『新訂増補国史大系』三九、四九頁）、『史籍雑纂』第二、三〇六頁。

信州松本山初出二銀及鉛一之由註進、則言上之処、其守護人可レ令レ掘由被二仰出一、松平右衛門佐、伊丹喜之助奉レ之云々、

(30)『信濃史料』二二巻、六九～七〇頁。

(31)村上直・田中圭一・江面龍雄共編『江戸幕府石見銀山史料』雄山閣、一九七八年、吉岡家文書二九号。

(32)「栃木県庁採集文書」（『大日本史料』第一二編之二三）。

(33)『寛政重修諸家譜』第一一、三五六頁。

(34)日本歴史学会編『演習古文書選』近世編、吉川弘文館、一九七一年、六号文書、一九頁。

(35)『竹橋蠹簡』巻四（『竹橋余筆』汲古書院影印本、八三頁）。

(36)前掲『大工頭中井家文書』一二五号。

(37)『御当家令条』五一七号。

(38)『部分御旧記』御書附并御書部六（『熊本県史料』近世篇第一、熊本県、一九六五年、四〇六～七頁）。左に紹介して

おく。

（尚々書略）

態以飛脚致言上候、昨晩江戸ゟ飛脚差下候

一大御所様（秀忠）ゟ将軍様（家光）へなけ頭巾・ゑくがう乃墨跡・金五十万枚、五畿内不残、関東ニて弐百万石、金山銀山不残、大番衆丁与被成御譲候、御祝儀ニ何も使者可被下之由申来候、拙者儀者女とも供ニ参候者の内にて御祝儀申させ候ハん由、知音衆ゟ被申越候事

（一条略）

一大御所様ハおし（忍）にて十万石、大坂ニて十万石、伊豆・駿河・遠州・三河之間ニて五十万石余、此分御蔵入と申候、大炊殿（土井利勝）へ弐万石御加増、酒井阿波殿（忠行）へ弐万石御知行被下候由、此等之趣可有披露候、恐々謹言

十月十六日（元和九年）

魚住伝左衛門殿

(39)『徳川実紀』第二篇（『新訂増補国史大系』第三九巻五〇〇頁）。

(40)同第三篇（同第四〇巻四六頁）。

(41)『静岡県資料』第二輯六六八～六六九頁。

(42)『徳川禁令考』前集第二、七七一号・七七三号。なお『徳川禁令考』には誤りがあるので、兵庫県篠山町青山会所蔵青山家旧蔵文書「従公儀被仰出御条目」などにより修正を加えてある。

(43)同右、七五二号。

(44)杉浦正友は寛永十二年十一月九日、牧野信成・酒井忠吉並の職務を命じられているので、この時留守居に任じられた（「江戸幕府日記」寛永十二年十一月九日条）。

(45)藤井讓治『江戸幕府老中制形成過程の研究』（校倉書房、一九九〇年）一八九～二〇一頁。

(46) 藤井譲治同右書一五〇〜一六二頁。
(47) 松尾美恵子「江戸幕府職制の成立過程」(児玉幸多先生古稀記念会編『幕府制度史の研究』吉川弘文館、一九八三年)。
(48) 『徳川実紀』第三篇(『新訂増補国史大系』三九巻六九五頁)。「江戸幕府日記」(姫路酒井家本)によると、小出は「関東」、市橋は「上方」と記されている。
(49) 『徳川実紀』第三篇(『新訂増補国史大系』四〇巻八〇頁)。
(50) 同右(同一一九頁)。
(51) 同右(同二八四頁)。
(52) 同右(同一一九頁)。
(53) 大野瑞男「享保改革期の幕府勘定所機構改革」(『日本歴史』四二〇号、一九八三年)(本書第七章収載)。
(54) 『徳川実紀』第三篇(『新訂増補国史大系』四〇巻一一九頁)。
(55) 「大久保長安覚書」に「御勘定壱人罷下」とある(大野瑞男「大久保長安の新史料」所収)。
(56) 「吏徴別録」下巻(『続々群書類従』巻七、九八頁)。
(57) 「組頭は御殿詰、上方組頭、関東方組頭など、言ふこと、箱根、碓氷の関を隔て国郡を分、御用の掛り別々也といへり」(「吏徴別録」下巻—『続々群書類従』巻七、九二頁。『日本財政経済史料』第四巻七五頁)。
(58) 大日本近世史料『柳営補任』四、二三七〜二三八頁。
(59) 佐々木潤之介『幕藩権力の基礎構造』(御茶の水書房、一九六四年)八六頁。なお同書八七頁の表によれば元和五年大坂直轄とともに大坂御蔵奉行が置かれたとも理解される。
(60) 『続々群書類従』第七、九三〜九四頁。
(61) 『徳川実紀』(『新訂増補国史大系』四〇巻二八〇頁)。
(62) 大野瑞男「浅草米蔵について—『浅草米廩旧例』の紹介—」(『史料館研究紀要』九号、一九七七年)参照。
(63) 正保三年「倉稟制」では「小揚を日雇にして守らし」めているし(『新訂増補国史大系』四〇巻四六九頁)、次の「正保三年戌亥慶安元年子丑寅卯承応元年辰浅草御蔵勘定帳」にも「小上ケ」の記載がある。
(64)「竹橋余筆」巻七（『竹橋余筆』三三〇～三四三頁）。
(65)「竹橋余筆別集」巻一〇（『竹橋余筆』六四四～六四五頁）。
(66)「江戸幕府日記」（姫路酒井家本）寛永十九年八月十八日条。
(67)同右寛永十九年七月八日条。
(68)「吏徴別録」下巻（『続々群書類従』第七、九三頁）。
(69)同右（九四頁）。
(70)同右（九五頁）。
(71)松尾美恵子前掲稿一八五～一八六頁。
(72)藤田覚「元禄期幕府財政の新史料」（『史学雑誌』九〇編一〇号、一九八一年）所収東京大学史料編纂所所蔵「近藤重蔵遺書」貞享四年四月「貞享三寅年（一六八六）御入用払高大積」。
(73)朝尾直弘『近世封建社会の基礎構造』（御茶の水書房、一九六七年）第五章畿内における幕藩制支配。
(74)享保八年七月御勘定所勤方之儀御書付（『徳川禁令考』前集第三、一四四三号）では、組頭・御勘定につき分課し、「右ハ上方関東と人数相分候儀ハ相止、」とある。さらに同十九年八月、京都町奉行支配代官小堀・鈴木の地方用務を町奉行指揮から外し、勘定奉行に直結させている（同前集第二、八四二号）。なお竹内誠「江戸幕府職制史研究のすすめ」（『神奈川県史だより』資料編八）、大野瑞男「享保改革期以降の幕府勘定所機構改革」参照。

［**後記**］　本論文には、元和期（秀忠時代）財政関係を主題とする年寄等連署奉書の表が収載されていたが、後に発表した本書第三章の表5がさらに詳細であるので、本書収載に当たってこれを割愛した。

# 第三章　年貢勘定目録からみた江戸幕府勘定所
## ――勘定頭・勘定所役人の成立過程の再検討――

### はじめに

江戸幕府直轄領の貢租徴収・訴訟などを取扱い、幕府財政経理を統轄する職制の長官は勘定奉行であり、元禄ごろまでは勘定頭の称呼で呼ばれている。しかし、その成立の経緯は必ずしも明らかではない。さらに勘定頭の支配の許で勘定所において実務を担当する役人、すなわち勘定・御金奉行・御蔵奉行・切米手形改役などの成立については、史料が決定的に少なく、その実証には困難を伴う。

筆者はかつて「江戸幕府財政の成立」(1)と題する論文の「幕府財政機構の形成過程」の項において、勘定頭制および勘定頭支配の諸役人の成立過程についても述べたことがあるが、不十分で誤りもあり、修正した意見の一部を「幕藩制的市場構造論」(2)において叙述し、続いて筆者が発見した史料を「大久保長安の新史料――『戸田藤左衛門所蔵文書写』について――」(3)として紹介し、その分析の成果を取り入れて、「幕藩財政」(4)、またその一章を「江戸幕府勘定頭制の成立」(5)として発表した。

以上の論文において明らかにしえたことは、まず勘定頭の起源は明らかではなく、その職務は関東入部から幕府の成立までは「年寄」(のちの老中)の職務に含まれ、実質は大久保長安や伊奈忠次ら代官頭が勘定頭的役割を果たしていたこと。「勘定所」の史料的初見は慶長十年（一六〇五）であるが、慶長八年の幕府成立後間もなく江戸に設置されたと思われること。幕初は大久保長安が勘定頭的役割を果たしていたと推察されるが、慶長十二年大御所家康と将軍秀忠の二元政治成立後は駿府と江戸に勘定所が置かれていたこと。駿府では慶長十四年以前に松平正綱、江戸では慶長十六年伊丹康勝が勘定頭に任命されたといえることである。

慶長十六年、全国の蔵入地のうち美濃・伊勢および近江のうちの一三万石が駿府家康に残され、尾張は義直、駿河・遠江は頼宣の分国とし、残りは全て江戸将軍家康へ納めることとなった。実際は慶長十五年九月二十九日、家康の命により上方の知行は同年に秀忠に移されることになったが、上方諸代官の年貢弁納などについての抵抗があり、佐渡は慶長十五年に将軍に引き渡されたものの、これが実現したのは慶長十六年のことであった。なお慶長十八年四月二十一日の大久保長安「覚書」によれば、石見は同十七年に将軍に引き渡している。次項に述べる「石見国銀山弁地方御仕置覚」が慶長十七年七月十三日に出されているのもこれを証するものであろう。いずれにしても、それ以前は蔵入地の支配を駿府政権が一手に行っていたとみられる。そしてこのような蔵入地の分国以前は大久保長安が実質的にそれらを管理しており、分国以後も家康の蔵入地である美濃・伊勢および近江は、引き続き彼が管理していたといえよう。

先の大久保長安「覚書」によれば、彼が支配する石見・佐渡・伊豆の金銀山とその地方は慶長十四年と同十七年に勘定仕上げを行って皆済となり、このほか大和・近江・美濃の代官所（家康の支配とみられる）と甲州の御蔵入の勘定は慶長十四年まで仕上げ、残りの慶長十五年から十七年までの分の仕上げは、家康・秀忠支配分ともに物主（長安下代）が行うよう準備していると述べている。これは、松平正綱が慶長十四年会計の総括を命ぜられ、同十七年八月二日安藤重信が駿府において慶長五年以来十余年の収支を査検して財政実態を把握したという「駿府記」の記事と照応するのである。しかしこの二度にわたる会計検査は、長安をはじめ、奉行・代官らの年貢遅滞と不正の横行があり、慶長十四年の正綱の会計総括の結果に基づき、同年までの年貢皆済状が家康自筆で出されたのである。このことはまた年貢勘定が制度的に成立してはいなかったともいえる。

そして、長安の権限が自己の所領である武蔵八王子周辺だけでなく、関東や甲斐の蔵入地、石見・佐渡・伊豆の銀山とその地方、国奉行として支配した大和・美濃の諸国、そして近江や木曽山林に至る一二〇万石ともいわれる広範囲の地域に及び、その権勢が強大であったことが、死後の処罰に繋がったといえよう。

松平正綱・伊丹康勝は駿府政権解体後、江戸秀忠政権のもとで勘定頭を勤め、ついで家光に付属して「年寄並」の権限を発揮した。大御所秀忠は独自の財政基盤をもたず、従って秀忠付の勘定頭はいなかったものと思われる。寛永九年（一六三二）大御所秀忠が没し本丸・西丸の二元政治が解消すると、寛永十一年三月三日酒井忠世・土井利勝・酒井忠勝の三人の年寄の職務を六人衆と町奉行に分割した。しかし同年閏七月の西丸失火事件により酒井忠世は年寄を免職され、翌十二年五月留守居首座に復職した。そして同年年寄以下の職掌を規定したうち、「金銀納方」は酒井忠世・松平重則・牧野信成・酒井忠吉・杉浦正友の五人の留守居、「証人御用幷訴訟」はこの五人と松平家信の六人の留守居、「関東中御代官方百姓等御用訴訟」は松平正綱・伊丹康勝・伊奈忠治・大河内久綱・曽根吉次の五人の勘定頭の職務と規定された。

松平正綱と伊丹康勝は秀忠の死後、寛永十年九月家光の折檻を受け出仕を差し止められた。十一年五月赦免されたが、失脚前「年寄並」であった両人の地位は変化し、権限の多くはそのほかの勘定頭伊奈忠治・大河内久綱・曽根吉次が掌握することとなった。

寛永十九年八月十六日、酒井忠吉・杉浦正友は「諸色入用之儀」吟味、曽根吉次・酒井忠吉・杉浦正友・伊丹康勝

の四人は「御代官其外諸色御勘定之儀」吟味、伊奈忠治は勘定頭を免除されて後の関東郡代の職についた。この時点で農政部門と財政経理部門が合一して勘定頭制が成立したのである。

なおこのほかに勘定所に所属する勘定組頭・勘定など、御蔵奉行・御金奉行・切米手形改役などの成立過程についても検討を加えたが、ここでは割愛する。

## 一　年寄・勘定頭連署状について

江戸幕府年寄（老中）奉書は多量にあるが、ここでは勘定頭が加わった連署奉書もしくは連署状を集めて検討しよう。筆者が「江戸幕府勘定頭制の成立」において元和期の連署奉書・連署状を表化したものに、慶長期および寛永期の連署奉書・連署状を加えて増補したものが表5で、四二通の連署奉書・連署状をその連署者の連署順により示したものである。

勘定頭松平正綱・伊丹康勝の連署奉書の最も時期の早いものは慶長十一年（一六〇六）七月二十九日千村平右衛門良重に宛てた故遠山加兵衛知行地跡取り計らいに関するものである。このことから二人の勘定頭就任は慶長十一年まで遡り得るであろう。

「竹橋余筆別集」巻七の「三州宝飯郡額田郡刁之御蔵入郷帳写」(6)は、三河代官念誓（松平親宅）作成提出のものである。念誓は慶長九年に死んでいるので、刁年は慶長七年である。念誓は二六カ村高一万二三四九石二斗五升の代官所の取米五五五七石一斗六升ほかの勘定をしているが、その渡方の名に松平右衛門（正綱）・秋元但馬（泰朝）がある。正綱が右衛門佐に任じたのは慶長八年三月二十五日(7)、泰朝は同年二月十三日とあるが(8)、二人とも家康将軍宣下拝賀のために京都に行っており、家康の将軍就任は二月十二日、拝賀は二十五日であるから、泰朝の任官は正綱と同時とみてよいであろう。従って念誓の郷帳作成すなわち年貢勘定は慶長八年三月以降である。このことから正綱の財政関与の発端を慶長八年の幕府成立時に求められる。

表5において、勘定頭が年寄の奉書連署に加わったものとしては、慶長十六年六月二十二日千石夫徴収について千村良重に宛てた酒井忠利・土井利勝・安藤重信の年寄連署に伊丹康勝が加判したものである。また翌十七年九月十三日の「石見国銀山并地方御仕置覚」は、酒井忠世・酒井忠利・土井利勝・安藤重信・伊丹康勝・鎮目惟明の連署で、竹村丹後守道清・山田清太夫重次に宛て、石見国銀山と地方仕置について書き上げさせ、覚書としているものである。また元和元年（一六一五）十二月九日の「下野国安蘇郡春日岡惣宗寺領渡下知状」においては、酒井忠世・土井利勝・酒井忠利・安藤重信・大久保忠尚・鎮目惟明・伊丹康勝が連署している。家康死去の直後の元和二年五月五日金地院に扶持米給付についての御蔵奉行と推定される松風助右衛門・紅林弥右衛門に宛てた奉書は、酒井忠利・土井利勝・安藤重信と伊丹康勝の連署であり、この時期伊丹康勝とともに加判する年寄は江戸年寄である。

ついで、慶長十九年八月十一日の向井将監忠勝が南蛮船着岸報告に対して駿府に参府するようとの奉書加判は、本多上野介正純・松平右衛門佐正綱・成瀬隼人正正成・安藤帯刀直次であり[9]、駿府年寄と駿府勘定頭松平正綱である。

慶長十四年九月三十日の「中井大和守金銀請取状控」[10]によれば、大工頭中井正清が駿府浅間・京都東山知恩院・江戸増上寺山門普請の代金請取を松平正綱宛にしており、同文書二二二の中井大和宛の書状は松平正綱・伊丹康勝の二人が連署、二二六の松平正綱書状は伊丹康勝が不在のため加判しない旨の追而書がある[11]。

元和二年四月十七日の家康の死去により駿府政権が解体し、江戸の秀忠政権に統一されると、勘定所機構も江戸に一元化される。駿府政権の勘定頭松平正綱は江戸に移り、伊丹康勝とともに江戸政権の勘定頭となった。表5にある

（数字は連署順，月の○囲みは閏月）

| 史料 | 鎮目惟明 | 大久保忠尚 | 伊丹康勝 | 内藤忠重 | 酒井忠勝 | 秋元泰朝 | 板倉重昌 | 松平正綱 | 永井尚政 | 井上正就 | 水野忠元 | 安藤重信 | 板倉勝重 | 土井利勝 | 酒井忠利 | 本多正純 | 成瀬正成 | 安藤直次 | 酒井忠世 |
|---|---|---|---|---|---|---|---|---|---|---|---|---|---|---|---|---|---|---|---|
| ①A | | | 2 | | | | | 1 | | | | | | | | | | | |
| ①B | | | 4 | | | | | | | | | 3 | | 2 | 1 | | | | |
| ② | 6 | | 5 | | | | | | | | | 4 | | 3 | 2 | | | | 1 |
| ③A | | | 3 | | | | | | | | | 2 | | 1 | | | | | |
| ③B | | | | | | | | 3 | | | | | | | | 4 | 2 | 1 | |
| ④ | 6 | 5 | 7 | | | | | | | | | 4 | | 2 | 3 | | | | 1 |
| ⑤A | | | 3 | | | | | | | | | 2 | | 1 | | | | | |
| ⑥A | | | 4 | | | | | | | | | 3 | | 2 | 1 | | | | |
| ⑦A | | | 8 | | | 7 | 6 | 5 | | | | 4 | | 3 | 2 | 1 | | | |
| ⑤B | | | 4 | | | | | | | | | 2 | | 3 | 1 | | | | |
| ⑧ | | | 4 | | | | | | | | | 3 | | 2 | 1 | | | | |
| ⑨ | | | 5 | | | | | | | | | 3 | | 4 | 2 | | | | 1 |
| ⑩ | | | 5 | | | | | | | | | 4 | | 3 | 2 | | | | 1 |
| ⑪ | | | 4 | | | | | | | | | 3 | | 2 | 1 | | | | |
| ⑫ | | | 5 | | | | | | | | | 4 | | 3 | 2 | | | | 1 |
| ⑬ | | | 6 | | | | | 5 | | | | 4 | 3 | 2 | | 1 | | | |
| ⑥B | | | 4 | | | | | 3 | | | | 1 | | 2 | | | | | |
| ①C | | | 4 | | | | | 3 | | | | 2 | | 1 | | | | | |
| ⑦B | | | 5 | | | | | 4 | | | | 3 | | 2 | | | | | 1 |
| ⑭ | | | 6 | | | | | 5 | | | | 4 | | 3 | | 2 | | | 1 |
| ⑮A | | | 6 | | | | | 5 | | | | 4 | | 3 | | 2 | | | 1 |
| ⑯ | | | 6 | | | | | 5 | | | | 4 | | 3 | | 2 | | | 1 |
| ⑰ | | | 5 | | | | | | | | | | | 4 | 3 | 2 | | | 1 |
| ⑥C | | | 5 | | | | | | | | | 4 | | 3 | | 2 | | | 1 |
| ①D | | | 6 | | | | | 5 | | | | 4 | | 3 | | 2 | | | 1 |
| ①E | | | 5 | | | | | 6 | | | | 4 | | 3 | | 2 | | | 1 |
| ⑱A | | | 7 | | | 5 | 4 | 6 | | | | 3 | | 2 | 1 | | | | |
| ⑥D | | | 4 | | | | | | | 3 | 2 | | | | | 1 | | | |
| ⑲ | | | 5 | | | | | | 4 | 3 | 2 | 1 | | | | | | | |
| ⑳ | | | 5 | | | | | 4 | | | | 3 | | 2 | | 1 | | | |
| ⑥E | | | 6 | | | | | 5 | 4 | 3 | | 2 | | 1 | | | | | |
| ①F | | | 4 | | | | | 3 | | 2 | | | | 1 | | | | | |
| ⑮B | | | 6 | | | | | 5 | 4 | 3 | | | | 2 | | 1 | | | |
| ⑱B | | | 6 | | | | | 5 | 4 | 3 | | | | 2 | | | | | 1 |

表5　松平正綱・伊丹康勝が連署する年寄(老中)・勘定頭等連署状

| 年・月・日 | 内　　容 | 宛　　名 |
|---|---|---|
| 慶長11年 7月29日 | 故遠山加兵衛知行地跡取計 | 千村良重 |
| 〃16年 6月22日 | 千石夫徴収 | 千村良重 |
| 〃17年 7月13日 | 石見国銀山并地方仕置覚 | 竹村道清・山田重次 |
| 〃18年12月23日 | 佐々木高定等に合力米渡 | 板倉勝重 |
| 〃19年 8月11日 | 南蛮船着岸告知につき参府要請 | 向井忠勝 |
| 元和元年12月 9日 | 下野春日岡惣宗寺領渡下知 | |
| 〃 2年 4月23日 | 榊原康勝近江遺領仕置下知 | 近江永原観音寺 |
| 〃 2年 5月 5日 | 金地院に扶持米給付 | 松風助右衛門<br>紅林弥右衛門 |
| 〃 2年 5月11日 | 撰銭および金銭売買「定」 | ナシ |
| 〃 2年 6月15日 | 榊原忠次上知酒井忠世に給付 | 近江永原観音寺 |
| 〃 2年 7月 3日 | 島津証人北郷長千代扶持米給付 | 松下善一 |
| 〃 2年 8月23日 | 杉浦正友に給す知行渡下知 | 折井正次 |
| 〃 2年 9月24日 | 市橋長勝転封跡地種貸等 | 亀井政矩 |
| 〃 3年 2月15日 | 江戸城切石入用 | ナシ |
| 〃 3年 5月 | 長井善左衛門らへ知行渡下知 | 天羽景次 |
| 〃 3年 9月11日 | 井伊直孝加増物成渡 | 北見重恒 |
| 〃 4年 3月 7日 | 金地院に扶持米給付 | 松風助右衛門<br>紅林弥右衛門 |
| 〃 4年 5月24日 | 江戸城天守材木奉行扶持給与 | 岡田善同・千村良重 |
| 〃 4年10月12日 | 猿楽配当米賦課触書 | ナシ |
| 〃 4年10月12日 | 猿楽配当米を賦課 | 松平中昌 |
| 〃 4年10月12日 | 猿楽配当米を賦課 | 成瀬正成・竹腰正信 |
| 〃 4年10月12日 | 猿楽配当米を賦課 | 内藤政長 |
| 〃 4年11月 8日 | 本丸・西丸畳替え | 黒鍬頭衆 |
| 〃 4年12月23日 | 金地院に扶持米給付 | 松風助右衛門<br>紅林弥右衛門 |
| 〃 5年 1月22日 | 江戸城天守閣用材伐採大鋸派遣 | 岡田善同 |
| 〃 5年 3月 4日 | 材木伐採大鋸扶持米木曽へ送付 | 千村良重・山村良勝 |
| 〃 5年 6月12日 | 美濃よりの知行地物成有米渡 | 成瀬正成・竹腰正信 |
| 〃 5年12月10日 | 金地院に扶持米給付 | 松風助右衛門<br>紅林弥右衛門 |
| 〃 6年 6月21日 | 江戸城修築石工供出下知 | ナシ |
| 〃 6年 9月13日 | 西郷正員への物成引渡 | 中村弥右衛門 |
| 〃 6年12月 7日 | 金地院に扶持米給付 | 松風助右衛門<br>紅林弥右衛門 |
| 〃 7年 7月 2日 | 川流木駿河作事用に見分 | 成瀬正成・竹腰正信 |
| 〃 7年 8月10日 | 江戸城修築用材供出下知 | 成瀬正成・竹腰正信 |
| 〃 7年 9月29日 | 川流木桑名で松平定行より請取 | 成瀬正成・竹腰正信 |

| | | | | | | | | | | | | | | | | | | |
|---|---|---|---|---|---|---|---|---|---|---|---|---|---|---|---|---|---|---|
| ㉑ | | | 7 | | | | | 6 | 5 | 4 | | | | 3 | | 2 | | | 1 |
| ㉒ | | | 6 | | | | | 5 | 4 | 3 | | | | | | 2 | | | 1 |
| ㉓ | | | 6 | | | | | 5 | 3 | 4 | | | | 2 | | | | | 1 |
| ①C | | | 6 | | | | | 5 | 4 | 3 | | | | 2 | | | | | 1 |
| ⑦C | | | 6 | | | | | 5 | 4 | 3 | | | | 2 | | | | | 1 |
| ㉔ | | | 5 | | | | | 4 | 3 | 2 | | | | 1 | | | | | |
| ⑱C | | | 6 | | 3 | | | 5 | 4 | | | | | 2 | | | | | 1 |
| ㉕ | | | 4 | 3 | 2 | | | | | | | | | | | | | | 1 |

～602頁。D「真田文書」『同』23巻78～79頁。E「千村文書」『同』23巻88～89頁。F「竹腰文書抄」『同』
石見銀山史料』108～110頁・吉岡家文書29号。③A『朝野旧聞裒藁』15-525～526頁。B『同』16-25～26
所影写本。⑥A『新訂本光国師日記』4-13頁。B 219頁。C 264頁。D 324頁。E 5-72頁。⑦A「東武
日本史料』12編13-267頁。⑨「古文書」『大日本史料』12編26-194頁。⑩「亀井文書」『大日本史料』12編25
序)。⑬「中村不能斎採集文書」『大日本史料』12編28-180頁。⑭「江戸幕府朱黒印内書留」東京大学史料編
館所蔵・内藤家文書。「内藤家文書増補・追加目録(2)」では元和6年とするが4年と考えられる。⑰『楓
編33-237頁。⑳「古文書」『大日本史料』12編34-434頁。㉑「相州文書」『大日本史料』12編44-162頁。㉒「茶
筆」巻4．影印本234～235頁。㉔日本歴史学会編『演習古文書選』近世編19頁。㉕「竹橋蠹簡」巻4．影印

ように、元和二年五月十一日の撰銭および金銭売買定の連署者は、駿府家康付であった本多正信・板倉重昌・秋元泰朝・松平正綱の四人、江戸秀忠付の土井利勝・酒井忠利・安藤重信・伊丹康勝の四人で、家康死後一つになった幕府の勘定頭として二人の名があるのである。

続いて表5をみると、その後の秀忠政権期には、かつての駿府政権の年寄と江戸政権の年寄に連署するが、財政に関係する問題について、伊丹康勝が連署する奉書に、松平正綱が加判していない例が一〇通みられる。年代的には元和二年六月から三年五月までと四年十一月・十二月・五年十二月と六年六月である。家康日光改葬に当たって日光に赴いていた元和二年から三年五月までと、五畿内などを巡検した六年は加判していない。

秀忠が西丸に隠退した元和九年七月二十二日以降の寛永期は、二人の奉書加判は減少する。さらに表5の年代以降の、寛永九年（一六三二）大御所秀忠の死去後の家光親政期についてみよう。寛永九年七月十六日の竹腰山城守（正信）・成瀬隼人正（正虎）宛の大坂より江戸への金銀輸送についての馬手配の連署状の連署者は土井利勝・永井尚政・青山幸成・森川重俊・松平正綱・伊丹康勝である。(12)

| | | |
|---|---|---|
| 〃 8年 4月 5日 | 江戸城大手門等材木伐採下知 | 相模関本最乗寺 |
| 〃 8年12月 5日 | 茶屋又四郎に切米給付 | 小野貞則 |
| 〃 9年 2月22日 | 駿州島田手作分知行給付 | 長谷川長勝 |
| 寛永元年 8月 9日 | 大垣城主遺子小諸城に移封 | 松平忠憲 |
| 〃元年 8月20日 | 徳川忠長駿河遠江領知 | 鳥居成次・朝倉宣正 |
| 〃 3年③月24日 | 遠江3カ村千石引渡 | 浅井朝正 |
| 〃 8年 7月晦日 | 尾張にて成敗男子の家財没収 | 竹腰正信・成瀬正虎 |
| 〃 8年11月11日 | 九条大将祝言入用銀添状 | 久貝正俊・新見正勝<br>今村正信・深津正但 |

（史料）　①A「千村文書」『信濃史料』20巻197～198頁。B「同」『同』21巻69～70頁。C「同」『同』22巻601
23巻372～373頁。G「清水文書」『同』24巻150～153頁。②村上直・田中圭一・江面龍雄編『江戸幕府
頁。④「栃木県庁採集文書」『大日本史料』12編23-354～356頁。⑤ＡＢ観音寺文書，東京大学史料編纂
実録」『内閣文庫史籍叢刊』1-11～12頁。B『同』1-75～76頁。C『同』1-205頁。⑧「北郷文書」『大
-321頁。⑪『神奈川県史』資料編9-866頁。⑫『譜牒余録』上696頁（２通，１通は土井４・安藤３の順
纂所所蔵。⑮A「竹腰文書抄」『大日本史料』12編29-698頁。B 12編39-296頁。⑯明治大学刑事博物
軒文書纂』中444頁。⑱ＡＢＣ竹腰文書，東京大学史料編纂所影写本。⑲「青木文書」『大日本史料』12
屋家旧記」『大日本史料』12編45-37頁。「竹橋蠹簡」巻４．影印本『竹橋余筆』85～86頁。㉓「竹橋余
本『竹橋余筆』83頁。

ついで寛永十年六月八日の美濃国役堤普請について岡田善政に宛てた土井利勝・酒井忠勝・松平正綱・伊丹康勝加判の例[13]と、寛永十年八月二日尾張藩主徳川義直の明年増上寺客殿造営用材を木曽山より出させることを許可した、竹腰正信・成瀬正虎宛の土井利勝・酒井忠勝・松平信綱・松平正綱・伊丹康勝・将監（佐久間実勝・作事奉行）・因幡（酒井忠知・同）・内記（神尾元勝・同）の連署奉書である。[14]その後の老中・勘定頭連署奉書は、寛永十三年十一月十日播州龍野代官所の当年年貢米一万石を、摂津尼崎城主青山大蔵少輔（幸成）手形をもって、尼崎城米として詰め置くよう小堀遠江守（政一）・五味金右衛門（豊直）に命じたもので、連署者は土井利勝・松平信綱・堀田正盛・阿部忠秋の老中、伊奈忠治・大河内久綱・曽根吉次の勘定頭である。[15]松平正綱と伊丹康勝は寛永十年九月家光の折檻を受け出仕を差し止められた。彼らは翌十一年五月天海の執り成しで漸く赦免されたが、その権限の多くは伊奈忠治・大河内久綱・曽根吉次の勘定頭が掌握したことを示す。

このほか奉書ではないが、寛永二年五月十五日伊豆三代官の「分一金前納願書」[16]は勘定頭松平正綱・伊丹康勝に提出され、裏書に両勘定頭と年寄井上正就・土井利勝の連署をもって許可されている。

次に寛永十八年九月十九日老中松平信綱、勘定頭伊奈忠治・曽根吉次から岡田将監善政宛の「国役堤普請奉行扶持請取証文」がある。[17] 寛永二十年三月十一日の「土民仕置之覚」の差出人は勘定頭酒井忠吉・伊丹康勝・杉浦正友・曽根吉次である。[18] また正保三年（一六四六）二月二日三州瀧東照権現宮領寄附状は、老中松平信綱・阿部重次と勘定頭酒井忠吉・伊丹康勝・杉浦正友・曽根吉次から鈴木八右衛門（隆政）・鳥山牛之助（精明）に宛てられ、[19] 同年五月十二日の鳥山牛之助に宛てた三州馬頭村本宗寺領渡の書状は、勘定頭酒井忠吉・伊丹康勝・杉浦正友・曽根吉次と寺社奉行安藤重長・松平勝隆が連署している。[20] 慶安元年（一六四八）三月八日日光法事につき上野国新田郡木崎村へ寄馬差出の達状は、老中松平信綱・阿部重次・阿部忠秋と勘定頭杉浦正友・曽根吉次が連署し、[21] 慶安元年四月三日青山宗俊新知郷村物成引渡証文は老中松平信綱・阿部忠秋・阿部重次、勘定頭酒井忠吉・伊丹康勝・杉浦正友・曽根吉次から勘定所に宛てられ、[22] これに勘定下島政真・佐野正周・下島与政・平野勝貞・大柴直能が奥書をしている。なお平野権之助勝貞は寛永十五年二月十九日勘定に列し、慶安四年九月二十九日家綱に付属して勘定頭を務めているが、今回の分析対象史料にはこれ以外名を現さない。

次に勘定頭のみの連署奉書であるが、内藤家文書に限っても、寛永十年二月十三日の岩城領城米についての勘定頭松平正綱・伊丹康勝連署奉書が内藤政長に宛てられ、寛永十二年二月六日の内藤帯刀忠長・岡部美濃守宣勝に城米所相場で払方申渡の伊奈半十郎忠治・大河内金兵衛久綱・曽根源左衛門吉次連署奉書、正保四年七月十六日内藤帯刀忠興に内桜田門警備を申し付けた勘定頭酒井紀伊守忠吉・杉浦内蔵允正友連署奉書、さらに慶安元年二月十日同じく内藤帯刀忠興に内桜田門勤番申付の留守居松平大隅守家信・勘定頭酒井紀伊守忠吉・杉浦内蔵允正友連署奉書、慶安三年二月二日同人宛の前年猿楽配当米督促の酒井紀伊守忠吉・伊丹順斎康勝・杉浦内蔵允正友・曽根源左衛門吉次連署奉書がある。[23] こうして寛永十八年八月十六日、四人の勘定頭制が成立すると、酒井忠吉・伊丹康勝・杉浦正友・曽根吉次の勘定頭体制が定着するのである。

こうしてみると、老中制が形成した以降は、奉書は老中奉書（連署・単署とも）・留守居・勘定頭・寺社奉行・作事奉行などの職制ごとの奉書に分化し、その中心が老中奉書になったと思われる。老中・勘定頭連署奉書も寛永十年代にはその数が減り、管見の範囲では慶安元年が最後で、以後は勘定頭のみの連署奉書・連署状となるのである。

## 二　年貢勘定目録裏判について

代官もしくは大名預所の年貢勘定については、勘定目録を勘定所役人が裏書・裏判することで皆済仕上げとなる。ここに現在入手しうる近世前期の勘定目録類の裏判連署者を集めて、連署順に整理すると表6の如くなる。なお勘定目録が冊子形式の場合は奥書・奥判連署となるが、本稿ではこれも裏判連署として一括して扱った。

表6の史料①と示したのは、大阪市東住吉区平野中町末吉勘四郎氏所蔵河内代官末吉家文書の、元和平年（一六一五）～寛永二年（一六二五）分「河州河内郡志紀郡丹北郡御勘定目録御書替写」、寛永四年～十六年分「河州志紀郡丹北郡御勘定目録御裏書写」、寛永十七年～慶安元年（一六四八）分「河州志紀郡丹北郡御勘定目録御書替写」三冊である。この史料はさらに慶安二年～寛文元年（一六六一）分・延宝五年（一六七七）～貞享二年（一六八五）分を加えて、すでに佐々木潤之介氏によって性格および数量分析がなされている。[24]なお末吉家文書中には、天和元年（一六八一）～貞享二年分「泉州大鳥郡泉郡御勘定目録御書替写」もある。今回このうち最初の三冊のコピーを見る機会をえた。

この勘定目録の差出人は末吉孫左衛門（吉安）で、勘定所に提出し、勘定頭・勘定らの裏判を経て末吉孫左衛門に戻されたものを帳面に写したものである。彼は元和元年には河内国志紀郡・河内郡で二万一五九四石三斗六升八合、同三年両郡で二万一六四八石三斗六升七合、同六年同郡で二万一六四八石三斗六升八合、同八年には志紀郡・丹北郡で一万六四五三石四斗七升五合、寛永三年には両郡で一万六〇五三石四斗七升五合、寛永六年には一万六〇六一石八斗二升、同十一年には高西夕雲上知四〇〇石が加わり一万六四六一石八斗二升、慶安元年一万六四六三石三斗三升九合の支配高となっている。代官所年貢勘定目録裏判は翌年ないし数年遅れるが、表6では裏判年月日を示し、裏判年月日が不明のものは＊印を付して勘定所宛提出日付を示した。

これに対して静岡県磐田市久保町秋鹿成文氏所蔵遠州中泉代官秋鹿家文書のうちに一三通の年貢勘定目録（原本）がある。これらは浅井長四郎のち秋鹿長兵衛（朝正、当初浅井を称しのち秋鹿に復す）が勘定所に提出し、勘定所において勘定帳に書き載せ、勘定目録の写に勘定頭・勘定らの裏判を経て戻されたもので、元和五年分（二通、一通は元和七年四月十三日付の「御蔵有負」の分を皆済して寛永八年十月二十日付で再提出したもの）・七年分・寛永元年分・二年分・四年分・五年分・七年分・八年分・九年分・十三年分・十七年分・二十年分である。表6の史料④がそれであるが、勘定所提出年月日は二年から一一年遅れており、裏判の日付がないので、表6ではこの勘定所提出日を示した。

なお秋鹿家文書元和五年十二月二十八日「遠刕池田河西御蔵入未年郷帳」によると、秋鹿朝正は長上郡二四村・豊田郡二四村、計四八カ村（ほか新田九カ村―川西筋）七三〇七石七斗六升三合、ほか新田二九二石七升八合、計七五九九石八斗四升一合の蔵入地を支配し、寛永四年六七八七石六斗一升六合、寛永十年代には新居筋・浜名筋を加え一万八、九千石余、正保四年（一六四七）の郷帳では一万九二〇〇石二斗九升二合、元禄八年（一六九五）には二万二四四七石四斗二升六合の代官となっている。

このほかに「木曽土井榑御勘定目録」「濃州未之年負払御勘定目録」「遠州榛原之内負払目録」「遠州日明江罷出候

御榑木御勘定目録」「信州下伊奈之内申ノ御勘定目録」「伏見加藤肥後守屋敷家売銀御勘定目録」を見出すことができた。また、中川家文書の「肥前唐津子御勘定書替目録」は、正保四年十一月十八日寺沢兵庫頭堅高が自殺したので、二十六日中川内膳正久盛が唐津城の守衛を命じられ、翌慶安元年分の勘定仕上げを行ったものである。上田松平家文書の「忠山公遠州掛川ニ而御預壱万石之御目録扣」は、松平忠晴が慶安元年閏正月十九日に丹波国亀山に移されてのちの慶安五年、遠州掛川の預所の正保元年から四年までの年貢勘定仕上げを行ったものである。正保元年遠江国榛原・城東・山名三郡一万〇〇〇二石八斗三升七合が掛川藩預所となり、翌二年うち六〇七五石四斗三升が横須賀藩本多利長に渡り、代官長谷川藤兵衛（長勝）から四六七七石二斗六升二合、代官河合助左衛門（川井某）から一六〇二石一斗七升二合が渡され、榛原・城東二郡で合計一万〇二〇六石八斗四升一合が預所となったのである（以上の出典は表6に記載）。

このうち末吉家文書の元和三年九月裏判の目録写は二点（卯残米―元和元年、辰―同二年）、寛永元年八月裏判の日録写は二点（戌―元和八年、亥―同九年）、寛永五年二月十六日裏判の目録写は五点（酉―元和七年、戌負―元和八年、亥負―同九年、子―寛永元年、丑―同二年）、正保二年七月二十七日裏判の目録写は二点（午年―寛永十九年・同二十年）ある。また秋鹿家文書の勘定目録中寛永八年十月二十日勘定所提出のものは六通ある。

こうして五四点の勘定目録を得ることができた。その地域は山城国伏見、河内国志紀・丹北・河内郡、遠江国長上・豊田・榛原・城東・山名郡、美濃国岡田善同支配地、信濃国筑摩（木曽）・伊那郡・肥前国唐津領に及ぶ。さらに地域を豊富にしたいが、代官文書が僅少の現在多くを望むことはできない。なお近江永原観音寺文書のなかに、慶安二年十月八日の観音寺より勘定所宛「江州野洲栗太蒲生郡内亥（正保四）之年御勘定目録」、承応元年（一六五二）十一月二十二日の同じく勘定所宛「江州野洲栗太蒲生郡内寅（慶安三）之年御勘定目録」があるが、裏書がないので対象か

（数字は連署順，史料欄※印は文書の差出人順）

| 史料・備考 | 村越治左衛門 吉勝・勘定頭 | 伊丹蔵人 勝長・勘定頭 | 大柴六兵衛 直能・勘定 | 下嶋庄五郎 与政・勘定 | 佐野主馬 正周・勘定組頭 | 杉浦内蔵允 正友・勘定頭 | 酒井和泉守 忠吉・勘定頭 | 長坂孫七郎 吉利・材木奉行 | 中川弥五郎勝定？昌勝？・？ | 由比平兵衛 光運・勘定 | 杉田六之助 直昌・勘定 |
|---|---|---|---|---|---|---|---|---|---|---|---|
| ①末吉家文書―卯（元和元）<br>②木曽土井榑御勘定目録―子・丑（慶長17・18）<br>①末吉家文書―卯（元和元）残米・辰（元和２）<br>③越後国御制法※<br>①末吉家文書―巳（元和３）<br>①末吉家文書―午（元和４）<br>①末吉家文書―未（元和５）<br>④秋鹿家文書―未（元和５）<br>⑤江戸奉行衆連署状※（９年の可能性） | | | | | | | | | | | |
| ①末吉家文書―午負（元和４）<br>①末吉家文書―未負（元和５）<br>①末吉家文書―申（元和６）<br>①末吉家文書―戌（元和８）・亥(元和９)<br>⑥北方神社文書―濃州未（元和５）之年負払御勘定目録<br>⑦遠州榛原之内戌（元和８）年負払目録<br>①末吉家文書―酉（元和７）…丑（寛永２）<br>①末吉家文書―辰（寛永５）<br>⑧佐治重宗家文書―勘定頭勘定連署状写※<br>①末吉家文書―寅（寛永３）<br>④秋鹿家文書―未（元和５）…卯（寛永４）<br>⑨伝馬人足并継飛脚御用給米手形※ | | | | | | | | | | | |
| ④秋鹿家文書―午（寛永７）<br>④秋鹿家文書―未（寛永８） | | | | | | | | | | | |
| ①末吉家文書―午（寛永７）<br>⑩内藤家文書―勘定頭連署奉書※<br>④秋鹿家文書―申（寛永９）<br>①末吉家文書―酉（寛永10）<br>①末吉家文書―戌(寛永11)裏判年酉のみ，子の誤写カ<br>①末吉家文書―子（寛永13） | | | | | | | | | | | |
| ①末吉家文書―寅(寛永15)<br>④秋鹿家文書―子(寛永13) | | | | | | | | | | | 3 |

表6　元和～慶安期における勘定頭・勘定所役人の裏判一覧

| 連署者・役職 ＼ 裏判または勘定所提出年月日 | 松平右衛門 正綱・勘定頭 | 伊丹喜之助 康勝・勘定頭 | 鎮目市左衛門 惟明・大番頭 | 大久保六右衛門 忠尚・勘定頭？ | 井上新左衛門 某・代官 | 武藤理兵衛 安成・勘定 | 佐野主馬 吉綱・勘定組頭 | 竹村九郎右衛門 嘉理・？ | 杉田九郎兵衛 忠次・勘定組頭 | 下嶋市兵衛 政真・勘定 | 諸星藤兵衛 忠次・？ | 武藤庄吉＝理兵衛安信の前名カ | 武藤理兵衛 安信・勘定 | 能勢四郎右衛門 頼安・勘定 | 井出十三郎＝重左衛門の前名 | 井出重左衛門 正員・勘定 | 曽根源左衛門 吉次・勘定頭 | 伊奈半十郎 忠治・勘定頭 | 大河内金兵衛 久綱・勘定頭 | 諸星清左衛門 盛政・代官 |
|---|---|---|---|---|---|---|---|---|---|---|---|---|---|---|---|---|---|---|---|---|
| 元和 2年 9月 5日 | 1 | 2 | 3 | 4 | 5 | 6 | 7 | | | | | | | | | | | | | |
| 〃 2年10月24日 | 1 | 2 | 3 | 4 | 5 | 6 | 7 | | | | | | | | | | | | | |
| 〃 3年 9月 | 1 | 2 | | | | 3 | 4 | | | | | | | | | | | | | |
| 〃 3年10月28日 | | | 1 | | 2 | | | 3 | | | | | | | | | | | | |
| 〃 4年12月 | 1 | 2 | ＼ | | 3 | 4 | 6 | | 5 | | | | | | | | | | | |
| 〃 6年 4月28日＊ | 1 | 2 | | 3 | 4 | 5 | 7 | | 6 | | | | | | | | | | | |
| 〃 7年 4月11日＊ | 1 | 2 | | 4 | 3 | 5 | 7 | | 6 | | | | | | | | | | | |
| 〃 7年 4月13日 | 1 | 2 | | 3 | 4 | 7 | 6 | | 5 | | | | | | | | | | | |
| 〃 8年12月27日? | 1 | 2 | | 5 | 3 | | ／ | | 4 | | | | | | | | | | | |
| 〃 9年 8月 | 1 | 2 | | 8 | 3 | 4 | | | 5 | 7 | 6 | | | | | | | | | |
| 〃 9年 8月 | 1 | 2 | | 7 | | 3 | | | 4 | 5 | 6 | | | | | | | | | |
| 〃 9年 8月 | 2 | 3 | | 8 | 1 | 4 | | | 5 | 6 | 7 | | | | | | | | | |
| 寛永元年 8月 | 1 | 2 | | 8 | 3 | ／ | | | 4 | 6 | 7 | 5 | | | | | | | | |
| 〃元年 8月 | 1 | 2 | | 8 | 3 | | | | 4 | 6 | 7 | 5 | | | | | | | | |
| 〃 4年 2月 | 1 | 2 | | 6 | | | | | 5 | 4 | | | 3 | | | | | | | |
| 〃 5年 2月16日＊ | 1 | 2 | | 8 | | | | | 3 | 6 | | | 4 | 5 | 7 | | | | | |
| 〃 6年 7月　＊ | 1 | 2 | | 8 | | | | | 3 | 6 | ／ | | 4 | 5 | 7 | | | | | |
| 〃 8年 8月20日 | 1 | 2 | | ／ | 3 | | | | 6 | 5 | | | 4 | | | | | | | |
| 〃 8年10月 8日＊ | 1 | 2 | | | 3 | | | | 8 | 5 | | | 4 | 6 | 7 | | | | | |
| 〃 8年10月20日 | 1 | 2 | | | 3 | | | | 8 | 5 | | | 4 | 6 | 7 | | | | | |
| 〃10年 3月27日 | | | | | 1 | | | | 4 | | | | 3 | | | | 2 | | | |
| 〃10年 8月25日 | | | | | 3 | | | | 8 | 5 | | | 4 | 7 | | 6 | | 1 | 2 | |
| 〃10年 9月26日 | | | | | 3 | | | | 8 | 5 | | | 4 | 6 | | 7 | | 1 | 2 | |
| 〃11年 8月 4日 | | | | | 4 | | | | 2 | | | | 1 | | | 3 | | | | |
| 〃12年 2月 6日 | | | | | | | | | | | | | | | | | 3 | 1 | 2 | |
| 〃12年 7月 3日 | | | | | 4 | | | | 9 | 7 | | | 5 | 6 | | 8 | 3 | 1 | 2 | |
| 〃13年 8月21日 | | | | | 4 | | | | | 6 | | | | | | 5 | 3 | 1 | 2 | |
| 〃13年 8月27日？ | | | | | 4 | | | | | 7 | | | | 5 | | 6 | 3 | 1 | 2 | |
| 〃15年 8月24日＊ | | | | | 4 | | | | ＼ | 8 | | | 5 | 7 | | 6 | 3 | 1 | 2 | |
| 〃16年 7月26日 | | | | | | | | | | 5 | | | 7 | 4 | | 3 | 2 | 1 | ＼ | 6 |
| 〃18年 8月13日 | | | | | | | | | | 4 | | | | | | | 2 | 1 | | ／ |

| | | | |
|---|---|---|---|
| | | | ①末吉家文書—前欠 |
| 8　5　6　7 | | | ⑪遠州日明江罷出候御榑木御勘定目録 |
| 6　＼　　　1 | 3 | | ①末吉家文書—辰（寛永17） |
| 6　　　　　1 | 3 | | ④秋鹿家文書—辰（寛永17） |
| 6　　　　　1 | 3 | | ①末吉家文書—巳（寛永18） |
| 1 | 3　6　7 | | ①末吉家文書—午（寛永19）・未（寛永20） |
| 1 | 3　6　7 | | ①末吉家文書—申（正保元） |
| 1 | 3　7　6 | | ①末吉家文書—酉（正保2） |
| 1 | 3　7　6 | | ⑫大久保文書—信州下伊奈之内申（正保元）ノ御勘定目録 |
| 1 | 3　7　6 | | ④秋鹿家文書—未（寛永20） |
| 1 | 3　7　6 | | ⑧佐治家文書—伏見加藤肥後守屋敷家売銀御勘定目録 |
| ／　1 | 3　7　6 | | ①末吉家文書—戌（正保3） |
| 1 | 3　6　7 | | ①末吉家文書—亥（正保4） |
| 7　　　　　1 | 3　6　8　9 | | ⑬中川家文書—肥前唐津子（慶安元）御勘定書替目録 |
| 2 | 3　5　8　7 | | ①末吉家文書—子（慶安元） |
| 5　　　　　＼ | ＼　4　7　8　1 | 3 | ⑭上田松平家文書—忠山公遠州掛川ニ而御領壱万石之御目録扣 |

16年3月10日剃髪順斎，慶安2・3年は煩により加判なし。井出重左衛門は『寛政重修諸家譜』では十左
郎兵衛。村越治左衛門は『寛政重修諸家譜』では次左衛門。末吉家文書＊印は裏判日付なし，勘定所提出

徳川林政史研究所所蔵「木曽古記録写」二，山村七郎右衛門（良安）宛『信濃史料』21巻383～387頁。③
8年10月20日は遠州川西巳（元和5），遠州川西酉ノ（同7），遠州河西子ノ（寛永元），遠州川西丑ノ（同
10年8月25日以降秋鹿長兵衛（朝正・同一人）宛。⑤島田清左衛門（直時），久貝忠左衛門（正俊）宛『大
同）宛『岐阜県史』史料編近世三188～189頁（最初の裏判を「大六兵衛（直能カ）とするが「大六右衛門」
勘定連署状写」小堀遠江守（政一）宛。「伏見加藤肥後守屋敷家売銀御勘定目録」小堀大膳（正之）宛，
大津—小野宗左衛門（貞久）宛『大津市史』下巻32頁。草津–観音寺宛，草津町共有文書（「滋賀県市町
『甲賀郡志』上巻171～172頁・『土山町史』205頁（杉田を松田，曽根を菅沼と誤読）。掛川—高室金兵衛（昌
33頁。由井（由比）—下島市兵衛（政真）・井出十三郎（正員）宛『同』33頁。吉原—下島市兵衛・井出十
究』92頁。箱根—小林十郎左衛門（時喬）宛『神奈川県史』資料編9・244頁。富塚（戸塚）—服部惣左衛
市史』資料編2近世258～259頁。高宮—宛名欠『高宮町史』80～81頁。愛智川—差出人・宛名欠『近江愛
『同』151頁。⑩明治大学刑事博物館所蔵「城米払方申渡」。⑪千村平右衛門（良重）・秋鹿長兵衛宛（所三
地方809～810頁，『同』（二）718～719頁。⑬中川内膳正（久盛）宛，神戸大学文学部日本史研究室編『中

| | | | | |
|---|---|---|---|---|
| 〃19年 3月14日 | | 5 | 3 | 4 2 1 |
| 〃19年 8月10日 | | 3 | 4 | ＼ 2 1 |
| 〃19年 9月 4日 | 2 | 7 | 5 | 4 ＼ |
| 〃19年 9月27日 | 2 | 5 | 7 | 4 |
| 〃20年10月 7日 | 2 | 5 | 7 | 4 |
| 正保 2年 7月27日 | 2 | 5 | ／ | 4 |
| 〃 3年 1月27日 | 2 | 5 | | 4 |
| 〃 3年11月24日 | 2 | 5 | | 4 |
| 〃 4年 7月23日 | 2 | 5 | | 4 |
| 〃 4年 9月15日 | 2 | 5 | | 4 |
| 〃 4年12月21日 | 2 | 5 | | 4 |
| 慶安元年 6月13日 | 2 | 5 | | 4 |
| 〃 2年 7月14日 | ／ 2 | 5 | | 4 |
| 〃 3年 3月13日 | 2 | 5 | | - 4 |
| 〃 3年 7月26日 | 1 | 6 | | 4 |
| 〃 5年 3月26日 | ＼ | 6 | | 2 |

(注) 元和7年4月13日裏判佐野主馬代野瀬（能勢）四郎右衛門。伊丹喜之助は寛永元年2月播磨守叙任，衛門。酒井和泉守は正保2年以降は紀伊守。中川弥五郎は弥五兵衛か？。杉田六之助は慶安年間は九日による。／印は死去，＼印は辞職のため以後の連署なし。

(史料) ①末吉勘四郎氏所蔵河内代官末吉家文書「河州御勘定目録御裏写書」末吉孫左衛門（吉安）宛。②『大日本史料』12編25-299～300頁，田辺十郎左衛門宛。④秋鹿成文氏所蔵遠州代官秋鹿家文書一寛永2），遠州川西卯（同4），遠州川西辰ノ（同5）各「御年貢御勘定目録」，浅井長四郎（朝正）宛，日本古文書』家わけ七，457～458頁金剛寺文書31号（井新左衛門を次左衛門と誤記）。⑥岡田将監（善の誤読とみられる）。⑦池谷清右衛門代宛，明治大学刑事博物館所蔵。⑧佐治重宗氏所蔵文書「勘定頭滋賀県立図書館採集文書写真帳。⑨京-五味金右衛門（豊直）宛『京都御役所向大概覚書』上巻265頁。村沿革史史料」)。水口一小堀遠江守宛『水口町志』上巻196頁。土山一小堀遠江守宛「土山共有文書」成）宛『竹橋余筆』巻3（影印本213頁）。舞坂一安藤弥兵衛（次吉）宛『静岡県史資料編』13近世五三郎宛「富士郡今泉邑宝鑑往古高抜差」富士市立中央図書館所蔵（関根省治『近世初期幕領支配の研門（直次）宛，『同』127頁。程ケ谷一中野吉兵衛（重弘）宛『同』94頁。川崎一中野吉兵衛宛『川崎智郡志』435頁。大垣一岡田左京（善政）宛『岐阜県史』史料編近世七5頁。垂井一差出人・宛名欠男『近世林業史の研究』127～128頁）。⑫千村平右衛門宛『長野県史・近世史料編』第四巻（一）南信川家文書』264～270頁。⑭松平伊賀守（忠晴）宛『静岡県史資料編』9近世一238～248頁。

ら外した。

さらに勘定頭・勘定所役人連署状が二一通あり、これを加えると七五点の史料となり、これらを年代順と連署順によって一覧としたのが表6である。この連署状のうち、寛永十年三月二十七日各代官に宛てた伝馬人足幷継飛脚御用給米手形が、京都と東海道の草津から川崎までの一三の宿駅さらに中山道高宮から垂井まで四宿宛のものを見出すことができる。これは家光の上洛に際して、江戸から大坂までの宿駅ごとに継飛脚と寄人馬に飯米五〇〇〇俵を給したもので、東海道と中山道の美濃一八宿に出されたものである。(26)従って四七例の年月日について勘定目録等の裏判連署者の名を知ることができる。

なおここで年貢勘定目録について関説しよう。慶長期の年貢勘定目録は極めて少なく、その在り方を知ることは十分ではないが、勘定頭・勘定の裏判がある例は管見の範囲ではない。恐らくかれらの裏判によって勘定仕上げ＝決算を受ける体制はできていなかったと思われる。つまりまだこの時期は大久保長安による財政支配が行われていた時期であり、慶長十四年（一六〇九）松平正綱により、同十七年安藤重信により会計検査が必要なように、財政が乱れることが多い状況にあった。慶長十八年四月大久保長安の死去により、松平正綱・伊丹康勝が勘定頭として財政支配を行うようになると、通常元和期から、場合によっては慶長期の分に遡って年貢勘定目録に対する勘定頭・勘定の裏判が行われるようになる。後述のように金銀奉行（のちの御金奉行）の成立が慶長十八年とするのもこれと符号する。しかしまだ年貢未皆済の代官は多く、残米や負勘定目録があり、その分を後に勘定仕上げしている例は、表6をみても寛永五年まで続く。また二年以上分の年貢勘定目録を一括して勘定所に提出したり、勘定所において一括裏判も行う例もみられる。さらに勘定仕上げが翌年ではなく、数年遅れる例も多いのである。

以下連署者について検討してみよう。

まず元和二年九月五日・十月二十四日の二点については、七人の連署者と連署順は全く同じで、松平正綱・伊丹康勝・鎮目惟明・大久保忠尚・井上新左衛門・武藤安成・佐野吉綱である。

このうち正綱・康勝は勘定頭であるが、鎮目惟明は大番頭を務め、慶長十七年九月十三日「石見国銀山幷地方御仕置覚」に酒井忠世・酒井忠利・土井利勝・安藤重信・伊丹康勝・鎮目惟明の連署があり、同十九年九月二十日康勝とともに会計上申のために江戸から駿府に参上している。元和元年十二月九日「下野国安蘇郡春日岡惣宗寺領渡下知状」では酒井忠世・土井利勝・酒井忠利・安藤重信・大久保忠尚・鎮目惟明・伊丹康勝が連署している。惟明は元和三年佐渡奉行に任じたので、表6では元和四年以降の連署はなくなった。

大久保忠尚は慶長八年家康に初見、『朝野旧聞裒藁』[27]によると慶長十六年秀忠に拝謁、勘定奉行に任命されたとあり、『寛政重修諸家譜』では元和元年大坂の陣後、寛永三年上洛までの間に勘定奉行を務めたとあるが[28]、勘定頭として扱うには若干疑問が残る。

大久保忠尚は、前述のように元和元年十二月九日の下野春日岡惣宗寺領渡下知の年寄連署奉書に伊丹康勝・鎮目惟明らと連署している。元和五年八月福島正則改易後の広島・福山領地割り渡しのため赴き江戸に帰っている[29]。寛永三年五月秀忠上洛に供奉した「御勘定衆」は、大久保六右衛門・武藤理兵衛・下嶋市兵衛・杉田九郎兵衛・井出十三郎・能勢四郎右衛門の六名で、その知行高はそれぞれ六〇〇石・五〇〇石・二〇〇石・二〇〇石・一〇〇石・一〇〇石であり[30]、六名のうち大久保が最も石高が多いが、正綱・康勝と比較しても石高は極めて低く、おそらく後の勘定組頭的地位ではあったろうが、勘定頭とみることはできない。

さらに大久保についてみると、寛永五年二月六日仙洞造営につき会計延滞の輩は勘定頭大久保六右衛門忠尚に尋問するとし[31]、寛永六年十一月九日付の木曽大水により上納の榑・土居が錦織において流出し救済のため上米借用または材木進納延期を願う木曽代官山村甚兵衛（良勝）書状は、松右衛門（松平正綱）・伊播磨（伊丹康勝）・大六右衛門（大久保忠尚）に宛てられ、同日付で杉九郎兵衛（杉田忠次）と大久保六右衛門・杉田九郎兵衛宛の二通の山村甚兵衛書状がある。[32] おそらくこれに関わるものと思われるが、年不明九月十日山村甚兵衛の榑木・土井・板子勘定について狂木を負にし榑木を取って勘定し直すよう成瀬隼人正・竹腰山城守に命じた松平正綱・伊丹康勝・井上新左衛門・大久保六右衛門連署状がある。[33] また同年十一月二十八日の武理兵衛（武藤安信）・大六右衛門・杉九郎兵衛の山村甚兵衛上米借用許可の書状が岡田伊勢守（善同）に宛てられ、十二月十八日付の返状が大久保と杉田に出されている。[34] なお年不明十月十五日（寛永六年以前）千平右（千村良重）宛の大六右衛門・杉九郎兵衛書状があり、[35] 山村甚兵衛の勘定目録に加判するよう伝えている。

大久保忠尚は、勘定目録等では元和二年には正綱・康勝・鎮目惟明についで四番目に連署するが、元和三年から同六年三月までは勘定目録等に連署がみえず、四月から寛永七年九月二十一日死去する以前は必ず連署者に現れる。しかし元和八年ないし九年十二月以後は連署順の最後となり（表6で元和八年十二月二十七日とした江戸奉行衆連署状は『大日本古文書』では元和八年とするが、連署順からして同九年の可能性が高い）、その地位は低下したと考えられる。おそらく秀忠が西丸に隠退し、家光が将軍になって遠ざけられたのであろうか。彼は寛永七年九月二十一日死去している。

井上新左衛門は『寛政重修諸家譜』『断家譜』『柳営補任』などにも記されていない。『徳川実紀』では代官と肩書が記されている。

井上新左衛門に関する史料で最も古いものは、正月二十二日付井上新左衛門宛生駒正俊書状であろう。[36] 正俊（一正）は慶長十五年三月十八日没しているので同年以前である。元和二年九月十五日信濃国高井郡井上村浄運寺宛浅井六之助道近・井上新左衛門吉次連署の手作諸役免許状があるか[37]、彼の諱が記されるのはこの一点のみである。ただし『大日本史料』では「吉」字の下を欠字としている[38]。なお勘定目録の印文は「井新」とあり、諱を知ることはできない。

元和二年山師らの愁訴により、井上新左衛門は鎮目市左衛門・竹村九郎右衛門（嘉理）と佐渡に渡っている[39]。しかし元和三年三月二十日常陸・下総国境検使ついでに根郷・新嶋定納地改めに、井上新左衛門と鎮目市左衛門が奉行として赴いているから[40]、井上が佐渡に渡ったのは元和三年のことであろう。③の元和三年十月廿八日田辺十郎左衛門宛越後国「御制法」は勘定目録ではないが、鎮目惟明・井上新左衛門・竹村嘉理が連署しており、この時越後にも立ち寄っている。

元和四年四月十八日、彼は信州川中島知行目録を酒井宮内大輔忠勝に渡している[41]。忠勝は元和四年四月遺領越後高田一〇万石を継ぎ、五年三月信濃松代に移されたとするが（『寛政重修諸家譜』ほか）、正しくは四年三月、松代城主松平伊予守忠昌が忠勝と交代に越後高田に移されたのである。同日越後古志・蒲原・三島三郡五万石余の知行目録を伊丹喜之助（康勝）・市川茂左衛門（満友）・高田小次郎（直政）とともに牧野駿河守忠成（長岡城主）に渡している[42]。『東武実録』巻四の元和四年五月八日の条に、越後国所替により水野多宮（守正）・井上新左衛門を遣わされ、その時の条目が本多正純・安藤重信の名で出されている[43]。ついで『東武実録』巻五に元和五年七月廿七日付の福島正則配所領地を越後魚沼郡二万一〇〇〇石に転ずる正則宛酒井忠世・本多正純・板倉勝重・土井利勝連署奉書中に、井上新左衛門・市川茂左衛門を遣わす旨の文言がある[44]。

元和六年三月二十五日の山内土佐守（忠義）宛稲葉内匠頭正成書状は、大坂普請についての相談を伊丹康勝・松平正綱・井上とするよう伝えている[45]。同年五月二十八日再び先の牧野忠成宛の知行目録が水野多宮・高田小次郎と連名

で出されており、(46)五月二十七日稲垣平右衛門重綱（三条城主）宛の知行目録が三人の連名で出されている。(47)

元和八年十月十九日、戸沢政盛を常陸松岡より出羽新庄に移す際の御前帳写の署名は、伊丹喜之助・小保（小俣の誤り）吉左衛門（政利）・坪井金太輔（金大夫、壺井永重）・大河内平十良（正勝）・諸星藤兵衛（盛次）・井上新左衛門である。(48)『東武実録』巻一一の寛永元年六月十一日、松平忠昌・仙千代丸封地国替により越後国検使として渡辺半四郎（宗綱）・堀丹波守（直寄か）を遣わされ、井上がこれに副えられ、この時の年寄奉書の宛名の別紙が渡辺半四郎・堀丹波守・井上新左衛門に宛てられている。(49)

寛永九年四月十五日井上新左衛門宅に加藤光広の土井利勝謀反の回状を投げられ訴えており、(50)このことにより父忠弘は肥後熊本を没収されたことは有名である。同年七月二十六日国廻として諸国巡察を命じられているが、上方筋は林丹波勝正・肥田主水忠親・井上新左衛門・由井平兵衛光運・長崎半左衛門元通・村越七郎左衛門正重・杉田九兵衛重政・井出十三郎、関東筋は酒井因幡守忠知・佐藤勘左衛門成次・武藤理兵衛安信・下嶋市兵衛政真・井戸新右衛門直弘・渡辺吉左衛門仲・曽根源左衛門吉次・手嶋（豊嶋）作右衛門忠次・妻木吉左衛門之徳・桜井庄之介勝成・坪井（壺井）金大夫永重・糸原甚左衛門乗正の二〇人である。(51)ここに井上ら勘定所役人が五人含まれている。そして寛永十五年十二月五日関東会計を命じられている。(52)

『早稲田大学所蔵荻野研究室収集文書』によれば、井上新左衛門宛書状は、菅沼織部正定芳の七月十日（寛永九年）、鍋島信濃守勝茂の三月廿九日付と十一月七日付、紀伊大納言徳川頼宣の三月廿九日付（元和六年以後）があり、十月十九日付長野孫十郎宛のものがある。元和五年八月一日の松平下野守忠孝書状は井上新左衛門に宛てており、正則知行所を引き渡しのため越後にきた見舞いを述べている。(53)

このように井上新左衛門の活動は知行渡し・検使・国廻など広範囲におよび、正綱・康勝に次ぐ重要な役割を果たしていたといえよう。井上新左衛門が勘定目録等に裏判しているのは、元和二年九月より寛永十五年八月までであるが、元和三年九月に裏判がないのは、同年十月二十八日の越後国御制法に鎮目惟明・竹村嘉理と連署しているように、鎮目の佐渡奉行就任に伴い佐渡・越後に赴いているからで、寛永四年から六年まで裏判がないのは理由不明である。

武藤理兵衛安成は駿府で家康に仕え勘定となり、寛永元年四月二十九日に死去したので、(54)死後は勘定目録裏判はなくなっている。

佐野主馬吉綱は小姓で、争論・殺害により勘気を蒙り改易されたが、慶長十九年赦免され伊豆金山奉行となりのち勘定組頭を兼務し、元和七年十二月二十九日に死去した。(55)佐野も死後の勘定目録裏判はない。

杉田九郎兵衛忠次は豊臣秀次に仕えのち大久保長安のもとにあったが、のち家康に仕え命により長安に属し勘定組頭となった。寛永十五年石見銀山代官となり、十八年六月十六日死んでいる。(56)彼は元和四年十二月から寛永十二年七月まで裏判に加わり、十三年は裏判に加わっていない。大久保長安の死後暫く役から遠ざけられたが、再び勘定に復活したものであろうか。

下島市兵衛政真は父政茂と大久保長安のもとにあり、のち家康に仕え安房国代官となった。(57)元和八年の賦税を翌九年皆済したことにより黒印を給い、寛永九年七月二十六日関東巡察のために暇を賜り、寛永十五年十二月五日上方会計を命じられた。正保元年三月十五日大柴六兵衛直能と越後村上領引き渡しを命じられ、五月十八日帰謁している。(58)『寛政重修諸家譜』では寛永十五年十二月五日勘定となったとされるが、元和九年から事実上勘定の職務を務めている。彼は明暦元年（一六五五）正月十五日に死去している。

諸星藤兵衛は盛次またはその子忠次のどちらかである。盛次は天正十年家康に仕え代官となった。忠次も秀忠に仕え、のち忠長に付属し、寛永六年死んでいる。(59)盛次の没年および忠次の忠長に仕えた年も判らないが、ここでは元和九年・寛永元年の勘定目録の諸星藤兵衛は一応忠次としておこう。

武藤庄吉の裏判は寛永元年八月の二例（三点）のみであるが、『寛政重修諸家譜』その他にも名が見えず、武藤理兵衛安成が寛永元年四月二十九日死んだ後をうけて同年八月に裏判者として現れ、次の四年からは武藤理兵衛安信に替っているので、武藤理兵衛安信の前名と推定しておきたい。武藤理兵衛安信は父理兵衛安成とともに大坂陣に従い、のち小姓組に属し、寛永十五年十二月五日勘定方に転じた[60]。安信は寛永元年八月以後十六年までの勘定目録に裏判をしているので、父の死後直ちに勘定としての職務を引き継いだと思われる。彼が務めを辞し小普請となったのは恐らく寛永十六年七月以後十八年八月以前であろう。

能勢四郎右衛門頼安は元和年中駿府の家康に仕え、佐野主馬吉綱に属し勘定となり、島原の乱に際しては兵糧米のことを承り、松平信綱に副って島原に赴いている。正保元年十二月二十五日致仕し、二年十二月二十七日死去している[61]。

寛永五年から八年までの勘定目録裏判に出る井出十三郎も『寛政重修諸家譜』その他に見えないが、井出十左衛門（重左衛門）正員の前名であることは確実である。すなわち寛永十年八月二十五日・九月二十六日の勘定目録の井出重左衛門裏判（椿円印）は寛永八年十月二十日の井出十三郎裏判と一致する。なお寛永十二年七月三日の井出重左衛門裏判は角印に変わっている。彼は慶長十五年家康に初見し、寛永十五年十二月五日勘定となった。同十九年六月九日西国巡見に際し不相応の兵具を携え、驕奢の聞こえにより改易されたが、慶安四年十月十七日赦され小普請となり、のち勘定に復し、寛文五年十二月五日死去している[62]。『徳川実紀』では、寛永九年七月二十六日勘定組頭として上方巡察の暇を賜い、寛永十一年七月二十三日五味金右衛門豊直とともに五畿内のことを承るよう命じられているが、これは家光上洛に当たっての京都町中銀施与に関することで、必ずしも五畿内代官任命とはいえない。寛永十五年十二月五日作事方会計を命じられ、寛永十八年二月には上方巡察を命じられて三月三日暇を賜り、十二月十五日帰って家光に謁している。そしてこの記事は「江戸幕府日記・酒井家本」にも「井出十三郎」のこととして記されている。こうしてみると、彼が勘定となったのは寛永十五年よりも早く五年ごろとみられるのである。

曽根源左衛門吉次は秀忠に仕え、元和九年十月十八日出羽由利に赴き本多正純を大沢に移している。この年越前国に赴き松平忠直室・仙千代丸を保護し江戸に帰っている。(63)寛永七年関東勘定頭となり関東を巡察し、十三年勘定惣奉行となっているが、寛永十年三月二十七日の東海道ほかの宿駅に対して伝馬人足幷継飛脚御用給米手形（表6の⑨）に連署しているのをはじめ、十二年二月六日には勘定頭伊奈半十郎忠治・大河内金兵衛久綱と連署し、(64)八月二十五日・九月二十六日の秋鹿家文書勘定目録に裏判をしており、同年十一月十四日の「老中幷諸役人月番ノ始及分職庶務取扱日定則」に松平正綱・伊丹康勝・伊奈忠治・大河内久綱・曽根吉次が「関東中御代官方百姓等御用訴訟」の職務すなわち勘定頭として規定されており、惣勘定頭任命は寛永十年ないし十二年かと考えられる。寛永十四年評定衆に列し、十九年八月十六日酒井忠吉・伊丹康勝・杉浦正友と租税財穀出納を命じられている。寛文元年十一月十九日老年により辞職、二年十一月九日致仕し、四年十二月十五日死去した。(65)

伊奈半十郎忠治は家康に仕え勘定方となり、寛永十九年八月十六日勘定方をゆるされ、関東の代官善悪・堤川除等と駿遠三の租税を掌り、のちの関東郡代の職に就いた。承応二年六月二十七日死去している。(66)彼の裏判開始は寛永十年八月二十五日であり、勘定頭をゆるされた寛永十九年八月十六日以降の裏判はなくなっている。

大河内金兵衛久綱は慶長十五年家康に仕え、のち地方奉行（勘定頭）となったとあるが、(67)『徳川実紀』ではその年を慶長十五年としている。(68)寛永十五年十二月五日職務をゆるされ、正保三年四月三日死んでいる。彼の裏判も寛永十年八月二十五日に始まり、寛永十五年十二月五日以降の裏判はなくなっている。

諸星清左衛門盛政は諸星藤兵衛盛次の三男で、秀忠に仕え勘定となり、寛永十年十月二十六日佐渡に赴きのち代官となったが、十六年十一月九日死んだ。(69) 彼の裏判は寛永十六年七月二十六日の一例である。

杉田六之助直昌は寛永四年七月家光に拝謁、作事方となる。十五年十二月勘定、のち勘定組頭となったが、万治三年（一六六〇）七月但馬代官に移り、天和三年七月八日死去している。(70) 彼は寛永十五・十六年の勘定目録への裏判はなく、十八年から二十年まで勘定目録への裏判をしており、寛永十八年ごろ勘定組頭に進んだのであろう。彼は九郎兵衛の名において慶安三年にも中川家文書に、慶安五年に上田松平家文書に裏判している。

由比平兵衛（光運）(71)・中川弥五郎(72)・長坂孫七郎（吉利）(73)は寛永十九年八月十日の「遠州日明江罷出候御榑木勘定目録」にのみ出る人名であるが、由比は勘定・中川は不明、長坂は材木奉行である。

酒井和泉守忠吉は慶長六年秀忠に仕え書院番となり、寛永元年父忠利の職事見習い、六年正月五日和泉守に叙任、十一年二月二十五日留守居、十九年八月十六日奥方番をゆるされ財用出入を兼務、すなわち勘定頭となった。正保二年までには紀伊守に叙任している。慶安四年七月二十二日留守居専任に復し、万治二年七月二十三日留守居辞職、寛文二年十一月二十五日致仕し、三年五月六日死去している。(74)

杉浦内蔵允正友は慶長三年伏見で家康に仕え、のち（元和三年以降）納戸頭、寛永十二年十一月九日留守居となり、十六年十二月十二日伊丹康勝・牧野信成・曽根吉次と諸賄の穿鑿を命じられ、十九年三月三日勘定頭を兼務した。八月十六日奥方番すなわち留守居をゆるされ、慶安四年七月二十二日勘定頭を免除されて留守居に復した。明暦二年正月十二日辞職し、万治元年六月十四日致仕、寛文二年九月九日死去した。(75) 彼の裏判は勘定頭となった寛永十九年八月十六日以降であり、留守居に復した慶安四年七月二十二日以前である。

佐野主馬正周は主馬吉綱の長子で、寛永十四年勘定方見習、正保二年二月勘定組頭となったが、寛文六年十二月組頭を免ぜられ、天和二年六月勘定頭にそい勤務、貞享四年九月十日勘定頭となる。元禄二年（一六八九）六月四日小普請となり、十二月二十六日死去した。(76) 彼の裏判は勘定組頭となった正保二年以降である。

下島庄五郎与政は市兵衛政真の子で、寛永十五年十二月五日勘定となり、作事方会計を命じられた。(77) 明暦元年七月遺跡を継ぎ、のち勘定組頭となり、寛文五年十一月十六日死去した。(78) 彼の裏判は佐野正周と同じく正保二年以降である。

杉田九郎兵衛直昌は九郎兵衛忠次の長男で別に家を起こし、寛永四年七月家光に初見、作事方を勤めた。寛永十五年十二月五日勘定となり、のち勘定組頭に移り、万治三年七月十五日より但馬の代官を勤め、寛文八年三月十六日美濃の代官に移ったが、天和三年七月八日死去した。(79) 彼の勘定目録裏判は慶安三年と五年の二例であり、このころ勘定組頭に進んだのであろうか。

大柴六兵衛直能は、末吉家勘定目録ではただ六兵衛とあるが、中川家文書・上田松平家文書には大柴六兵衛と出ており、大柴直能をおいて他にない。彼は徳川忠長に仕え、忠長処罰ののち寛永十年家光に仕え勘定となり、(80) 正保元年三月十五日越後村上領の引き渡しを命じられ、五月十八日に帰り家光に謁し、(81) 承応三年正月十四日死去した。彼も慶安三年ごろ勘定組頭に進んだとみられる。

伊丹蔵人勝長は康勝の嫡子で、慶長八年に生まれ、十二年秀忠に初見、十九年より仕えて小姓を勤めた。慶安三年七月十一日勘定頭となり佐渡奉行を兼ねた。承応二年閏六月二十八日遺跡を継ぎ一万石を領した。のち佐渡国支配を辞し、万治三年十二月二十八日従五位下播磨守に叙任、寛文二年三月二十七日勝長宅で代官一色内蔵助正に切られて死んだ。(82) 慶安三年七月二十六日の末吉家勘定目録にはまだ裏判をしていないが、次の慶安五年三月二十六日の上田松平家文書勘定目録には裏判をしている。

村越治左衛門（次左衛門）吉勝は、慶長十九年正月十五日死去した父茂助直吉の遺跡を継いで秀忠に仕え小姓組を務め、のち御膳奉行、二丸留守居を経て、慶安四年六月十八日勘定頭となった。万治二年二月九日町奉行に転じ、寛文七年閏二月十六日職を辞し、十一月十六日致仕し、天和元年六月十三日に死んでいる。(83)彼の勘定目録裏判は当然慶安五年の上田松平家一例のみである。

## 三　御金奉行について

江戸幕府の金銀出納を行う御金奉行の創始については、不明なことが多い。御金奉行は正保三年（一六四六）正月二十二日に初めて四人が、御金同心は同二年十六日に置かれたとするが、(84)元和四年（一六一八）には松風権右衛門が任ぜられたとする史料があり、(85)事実とすれば創置の時代は遡る筈である。

ところで、寛永九年（一六二九）二月に秀忠の遺物を貰った御金奉行として、杉浦忠左衛門・朝岡久兵衛・高木甚兵衛・内藤主馬・小川惣左衛門・杉浦八郎五郎の六名の名がある。(86)

その六人のうち、まず杉浦忠左衛門（親俊・初忠太郎）は、慶長七年（一六〇二）秀忠に仕え、翌八年大番、十八年より金銀出納奉行となり、元和九年伏見城番となった。寛永二年伊丹喜之助とともに諸の勘定を改め、十一月朝岡久兵衛泰勝とともに諸国より貢する金銀を奉行すべきむね命をこうむる。慶安元年（一六四八）十月二十七日御先鉄砲頭となり、明暦三年（一六五七）十月二十二日辞職、寄合に列し、万治三年（一六六〇）七月九日致仕、寛文元年（一六六一）三月二十六日死去している。(87)

朝岡久兵衛（泰直・初丑之助）は、秀忠に仕え小姓組、寛永七年父泰勝の遺跡を相続、のち御金奉行となり、承応元年（一六五二）八月二日死んだ。(88) なお、父久兵衛（泰勝・初香松）は、秀忠に仕え、杉浦忠左衛門親俊とともに諸国より納める金銀を奉行し、寛永七年四月十九日死んでいる。(89)

高木甚兵衛（清吉）は、慶長四年父清方の領地をわかたれ家康に初見、大番となり、大坂陣ののち御金奉行となり、承応三年死んでいる。(90)

内藤主馬（重次）は、慶長四年二月家康に仕え側小姓、元和二年より秀忠に仕え書院番士、寛永四年諸国より貢する金銀の奉行となり、万治三年十月二十五日死去した。(91)

小川惣左衛門（頼勝・初重次・九郎右衛門）は、慶長十五年より家光に仕え書院番士、寛永四年御金奉行となり、明暦二年三月二十八日死んだ。(92)

杉浦八郎五郎（藤次・初久蔵、のち大八郎五郎）は、秀忠に仕え大番、寛永七年二月御金奉行となり、正保三年正月辞職し小普請となっている。(93)

次に末吉家文書・秋鹿家文書の勘定目録の「右渡方」に現れる人名のうち、御金奉行を挙げると表7―1の如くである。

末吉家文書の勘定目録元和元年分に、朝岡久兵衛（泰勝）・杉浦忠左衛門（親俊）の名があり、朝岡は寛永七年分まで、杉浦は寛永十六年分まで名がある。秋鹿家文書の勘定目録では、朝岡は元和五年分から寛永七年分まで、杉浦は元和五年分から寛永十三年分まで名が記される。朝岡泰勝は寛永七年四月十九日死んでいるので以後出てくる朝岡久兵衛は子の泰直である。『新訂寛政重修諸家譜』によると、朝岡泰勝・杉浦親俊の二人は「金銀奉行」「諸国金銀奉行」と記され、御金奉行の称呼はなかったと思われる。次に末吉家文書では寛永六年分から慶安元年分まで、秋鹿家文書では寛永七年分から二十年分まで、そして上田松平家文書には正保元年から四年まで、中川家文書は慶安元年分に高

松＝上田松平家文書，中＝中川家文書）

| 〃11年 | 〃12年 | 〃13年 | 〃14年 | 〃15年 | 〃16年 | 〃17年 | 〃18年 | 〃19年 | 〃20年 | 正保元年 | 〃2年 | 〃3年 | 〃4年 | 慶安元年 | 注 |
|---|---|---|---|---|---|---|---|---|---|---|---|---|---|---|---|
| | | | | | | | | | | | | | | | 寛永7年死 |
| | | 秋 | | | 末 | | | | | | | | | | 慶長18年金銀出納奉行<br>慶安元年御先鉄砲頭 |
| | | | 秋 | 末秋 | 末 | 末秋 | 末秋 | 末 | 末秋 | 末松 | 末松 | 末松 | 末松 | 末中 | のち<br>承応3年死 |
| 末 | 末 | 末秋 | 末秋 | 末秋 | 末 | 末秋 | 末秋 | 末 | 末 | 末 | 末 | | | | 寛永4年御金奉行<br>のち辞 |
| 末 | 末 | 末秋 | 末 | | 末 | | | | | | | | | | 寛永4年金銀奉行<br>万治3年死 |
| 末 | 末 | 末秋 | 末秋 | 末秋 | 末 | 末秋 | 末秋 | 末 | 末 | 末 | 末 | | | | 寛永7年御金奉行<br>正保3年辞 |
| 末 | | | 秋 | 末秋 | 末 | 末秋 | 末秋 | 末 | 末秋 | 末松 | 末松 | 末松 | 末松 | 末中 | 寛永7年遺跡<br>承応元年死 |
| | | | | | 末 | | | | | | | | | | のち<br>明暦2年死 |
| | | | | | | | | | 秋 | 松 | 末松 | 末松 | 末松 | 末中 | 正保3年御金奉行<br>延宝元年辞 |
| | | | | | | | | | 秋 | 松 | 末松 | 末松 | 末松 | 末中 | 正保3年御金奉行<br>寛文6年死 |
| | | 秋 | | | 末 | | | | | | | | | | 寛永20年死 |

新居宿朝鮮人上下賄入用。

木甚兵衛（清吉）の名が見える。小川惣左衛門（頼勝）・内藤主馬（重次）・杉浦八郎五郎（勝次）は末吉家文書では寛永七年分から、秋鹿家文書では寛永九年分から、朝岡久兵衛（泰直、泰勝の子）は末吉家文書では寛永十一年分から、秋鹿家文書では寛永十四年分から、石川与次右衛門（重正）[94]は末吉家寛永十六年分のみ、梶川七之丞（忠久）[95]・須田伝左衛門（盛森）[96]は末吉家正保二年分から慶安元年分まで、秋鹿家寛永二十年分のみその名が記される。このほか慶安元年分の中川家文書と慶安五年分の上田松平家文書に、高木甚兵衛とともに朝岡久兵衛（泰直）・梶川七之丞・須田伝左衛門の名がある。

　ところで、「竹橋余筆別集」巻六の寛永十九年八月五日「九州有馬御陣扶持

表7－1　勘定目録に記載の御金奉行　　（末＝末吉家文書，秋＝秋鹿家文書，

| 御金奉行 | 元和元年 | 〃2年 | 〃3年 | 〃4年 | 〃5年 | 〃6年 | 〃7年 | 〃8年 | 〃9年 | 寛永元年 | 〃2年 | 〃3年 | 〃4年 | 〃5年 | 〃6年 | 〃7年 | 〃8年 | 〃9年 | 〃10年 |
|---|---|---|---|---|---|---|---|---|---|---|---|---|---|---|---|---|---|---|---|
| 朝岡久兵衛・泰勝（金銀奉行） | 末 | 末 | 末 | 末 | 末 秋 | 末 | 末 秋 | 末 | 末 | 末 秋 | 末 秋 | 末 | 秋 | 末 秋 | 末 | 末 秋 | 秋 | | |
| 杉浦忠左衛門・親俊（金銀奉行） | 末 | 末 | 末 | 末 | 末 秋 | 末 | 末 秋 | 末 | 末 | 末 秋 | 末 秋 | 末 | 秋 | 末 秋 | 末 | 末 秋 | 秋 | | |
| 高木甚兵衛・清吉（御金奉行） | | | | | | | | | | | | | | | 末 | 秋 | 秋 | | 秋 |
| 小川惣左衛門・頼勝（御金奉行） | | | | | | | | | | | | | | | | 末 | | 秋 | 末 |
| 内藤主馬・重次（金銀奉行） | | | | | | | | | | | | | | | | 末 | | 秋 | 末 |
| 杉浦八郎五郎・勝次（御金奉行） | | | | | | | | | | | | | | | | 末 | | 秋 | 末 |
| 朝岡久兵衛・泰直（御金奉行） | | | | | | | | | | | | | | | | | | | |
| 石川与次右衛門・重正（御金奉行） | | | | | | | | | | | | | | | | | | | |
| 須田伝左衛門・盛森（御金奉行） | | | | | | | | | | | | | | | | | | | |
| 梶川七之丞・忠久（御金奉行） | | | | | | | | | | | | | | | | | | | |
| 山田市兵衛・直勝（大坂御金奉行） | | | | | | | | | | | | | | | | | | | |

（注）　寛永13年秋鹿家文書山田市兵衛渡は石川与右衛門・内藤主馬・杉浦忠左衛門とともに寛永13・14年

札寄(97)」には、能勢四郎右衛門・山中喜兵衛の小手形三〇枚を分け、小川惣左衛門・杉浦八郎五郎・高木甚兵衛・朝岡久兵衛（同書は朝倉久兵衛と記すが誤写）よりの一紙小手形と引き替え戻す旨書かれている。また「竹橋余筆」巻六の慶安二年四月晦日「常是御運上午御勘定目録(98)」には、銀渡方として高木甚兵衛・梶川七之丞・須田伝左衛門・朝岡久兵衛の名がある。

大坂御金奉行として、末吉家文書の寛永十六年分、秋鹿家文書の寛永十三年分に山田市兵衛（直勝(99)）の名があり、彼は寛永二十年六月十八日死去している。

大坂御金奉行についての史料的初見は、『徳川実紀』では寛永二年大坂金奉行山田市兵衛直勝子市左衛門直忠が家光に初見しており(100)、「吏徴別録」下巻(101)には

寛永二年深津弥左衛門正吉がこれに任命されたとある。また同書にはあるいは寛永十六年三月七日初めて三員を置くともある。『徳川実紀』ではさらに寛永二年是年条に、大番組頭深津弥左衛門正吉と今村伝右衛門正信が大坂金奉行に命ぜられたとある。寛永十一年閏七月二十五日条では、家光の京都より大坂城動座のさいの賜与に預かった者のなかに、当府金奉行新見彦左衛門正勝・深津弥左衛門正但の名があり、今村伝右衛門正信は鉄砲奉行として出てくる。(102)寛永十六年七月十九日の大坂加恩者に大坂城金奉行森川庄兵衛次吉・若林与惣右衛門包盛・横地一郎右衛門忠重の名がある。(103)しかし末吉家文書・秋鹿家文書には山田市兵衛しか名が現れていない。

以上のことを総括すると、御金奉行は慶長十八年ごろ創始され、朝岡久兵衛（泰勝）・杉浦忠左衛門（親俊）がその任にあり、最初は金銀奉行と呼ばれていた。寛永期に入ると高木甚兵衛（清吉）・小川惣左衛門（頼勝）・内藤主馬（重次）・杉浦八郎五郎（勝次）・朝岡久兵衛（泰直）・石川与次右衛門（重正）が御金奉行に任じ、寛永末期から正保期に梶川七之丞（忠久）・須田伝左衛門（盛森）が御金奉行に任じたと考えられる。なお松風権右衛門の名はこれらの勘定目録には出てこない。大坂御金奉行の創始はこれより遅く寛永二年ないしは十年代に入ってからであろうか。

御金奉行は河内の末吉家文書、遠江の秋鹿家文書、遠江掛川松平家文書（上田松平家文家）、肥前の中川家文書などに共通して出てくるので、その任務は全国に及んでいたと考えられる。

## 四　御蔵奉行・切米手形改役について

幕府米蔵の出納を行う御蔵奉行についてみると、江戸においては、初期には蔵米と城米は明確に区別され、御蔵奉行と城米奉行が置かれていた。「吏徴別録」(104)下巻によれば、浅草の御蔵奉行は寛永十三年（一六三六）五月一日に初めて三人が置かれたとするが、頭注には「慶長十五年(一六一〇)十月十一日の古券に松風助右衛門・紅林弥右衛門の名みゆ」とあってこれより遡る可能性がある。慶長十五年十月二十七日・十一月二十三日・慶長十七年正月十六日の金地院の扶持米請取の宛名は松風助右衛門・紅林弥右衛門となっており、[105]また慶長十七年正月十四日・十八年十二月二十五日・元和元年(一六一五)十月十六日・同十一月某日[106]および表5にみられるように、元和二年五月五日・四年閏三月七日・同十二月二十三日・五年十二月十日・六年十二月七日の金地院扶持米給付の年寄連署状の宛名も同様に松風助右衛門・紅林弥右衛門である。なお浅草御蔵の成立は元和六年とされるので、松風・紅林の二人の御蔵奉行の管轄場所は江戸城外郭に置かれた幕府御蔵であろう。

以下、本節では秋鹿家文書および末吉家文書の勘定目録に記載される人名の中から、御蔵奉行および切米手形改役と推定される者を抽出して検討を加えよう(表7―2・3参照)。

秋鹿家文書には元和五年分の勘定目録に同六年九月江戸城米渡として、紅林弥右衛門・松風助右衛門・松下善市(善市郎之勝)が記されている。紅林・松風の二人は御蔵奉行であろうが、松下善市は父や子の役職から大番と推定される。[107]一例だけでは何ともいえないが、初期には御蔵奉行の半数は大番出役であるから可能性はある。

これに続いて秋鹿家文書勘定目録に出てくる御蔵奉行は、寛永四・八・十年分に荻原五左衛門(のち吉右衛門昌重)[108]・小宮山清四郎(安次)[109]・久保田(窪田)小兵衛(通正)[110]・田辺清右衛門(安直)[111]、寛永十三・十七年分に喜多見(北見)孫右衛門[112]・久保田(窪田)藤右衛門[113]・黒田二部左衛門・新里彦左衛門である。これら八人の人名のうち黒田と新里は『寛政重修諸家譜』『断家譜』には記載がなく、他の六人も寛永十九年以前に御蔵奉行に任じた記事はない。田辺は安房国の代官となっているが、秋鹿家文書勘定目録の記載から察すると、寛永十年ごろ以前は荻原・小宮山・久保田小兵衛・田辺が御蔵奉行であり、寛永十年代に喜多見・久保田藤右衛門・黒田・新里が御蔵奉行に任じたといえよう。荻原は寛永十八年六月晦日死んだが、小宮山・久保田（窪田）小兵衛・田辺は寛永十九年五月二十二日浅草御蔵当座奉行に任じ、同日久留七郎左衛門・山田彦左衛門・大久保七兵衛も御城米当座奉行に任じている。[114]「江戸幕府日記」は「此六人御米浅草御蔵当座之奉行被仰付」とあり、久留・山田・大久保と田辺・小宮山・久保田との間を「幷」でつないでいるので、御城米当座奉行と浅草御蔵当座奉行は別であったとみたい。久保田（窪田）藤右衛門は寛永十九年五月二十二日私曲により処罰され、七月八日斬罪となり、黒田・新里も同様に処罰斬罪された。なお喜多見孫右衛門は五[115]月二十二日お預けの史料はあるが、斬罪者にはその名がない。

御蔵奉行は寛永十九年五月二十二日六人、同八月十八日大番より二人、小十人組より四人ずつが、浅草方御蔵奉行と城米方御蔵奉行に任命され合わせて一二人となった。[116]

「江戸幕府日記・酒井家本」寛永十九年五月二十二日条によれば、江戸御蔵衆の私曲により、御城米蔵奉行黒田二郎左衛門・久保田（窪田）藤右衛門・新里彦左衛門・北見（喜多見）孫右衛門、浅草御蔵奉行山下弥五左衛門・石坂金左衛門・葛谷藤兵衛・朝岡三郎左衛門の八人はお預けとなり、前述のように七月八日喜多見を除いて斬罪となった。そして五月二十二日久留七郎左衛門（正親）[117]・山田彦左衛門（正清）[118]・大久保七兵衛（正重）[119]・田辺清右衛門（安直）・小宮山清四郎（安次）・久保田小兵衛（通正）の六人が城米・浅草当座奉行を命じられた。また同じく「江戸幕府日記」寛永十九年八月十八日条によれば、この日大番より柴田四郎左衛門（正信）[120]・名取半左衛門（長知）[121]の二人、小十人組より浅野次右衛門（浅井次右衛門安本の誤記）[122]・美濃部三郎左衛門（茂勝）[123]・竹内六郎左衛門（竹田六郎右衛門政清の誤記）[124]・小西九左衛門（正盛）[125]の四人が浅草方御蔵奉行に、大番より鈴木久兵衛（重正）[126]・疋田長兵衛（正勝）[127]の二人、小十人組より多賀又左衛門（光吉）[128]・多門甚右衛門（正友）[129]・猪股助右衛門（則綱）[130]・山本九兵衛（山本忠兵衛正治の誤記）[131]の四人が城米方御蔵奉行に任命されている。『寛政重修諸家譜』は同日御蔵奉行に任命の者として、柴田四郎左衛門・浅井次右衛門・美濃部三郎左衛門・小西九左衛門・鈴木久兵衛・多賀又左衛門・多門甚右衛門・猪股助右衛門・山本忠兵衛を挙げる。ほかに竹田六郎右衛門は御蔵奉行になった年代を記さない。以上の一〇人は末吉家文書・秋鹿家文書勘定目録に出てくる。このほか名取半左衛門・疋田長兵衛の二人は『寛政重修諸家譜』にも同日御蔵奉行任命の記事がある。[132]

秋鹿家文書勘定目録の寛永二十年分に記される名は、多賀又左衛門・猪股助右衛門・永井（長井）庄右衛門（正成）・山本忠兵衛・鈴木久兵衛・多門甚右衛門・小西九左衛門・福島九郎兵衛（為信）・柴田四郎左衛門・美濃部三郎左衛門・浅井次右衛門・竹田六郎右衛門である。このうち永井と福島は大番であり、御蔵への出役であろう。[133]

かくして元和から寛永二十年までのこれら御蔵奉行は秋鹿家文書にしか出て来ず、江戸の御蔵奉行が遠江幕領の年貢米収取に預り、河内幕領には職務が及んでいないことが判明する。

いっぽう末吉家文書には、元和四年から六年分までの勘定目録に守屋八兵衛（昌房）と曽根勘六の名があり、元和四年は伏見御蔵、元和五・六年は大坂御蔵に納めている。守屋八兵衛は『寛政重修諸家譜』では伏見大坂御蔵奉行とあり、元和七年二月十八日死去している。曽根勘六はいずれの史料にも名が出てこないが、二人は伏見御蔵奉行ついで大坂御蔵奉行となったと思われる。[134]

また元和五年から寛永十三年までの勘定目録には飯高弥五兵衛（貞次）、同じく元和五年から寛永二年まで加藤平四郎の名がある。飯高弥五兵衛は、『寛政重修諸家譜』では元和七年大坂御蔵奉行の任命となっているが、守屋・曽根・加藤とともに五年に大坂御蔵奉行となったと考えられる。なお彼は寛永元・二年分の秋鹿家勘定目録にもその名があるが、卯（寛永四年）十一月十八日と卯四月十六日納の大坂城米納である。飯高弥五兵衛は寛永十五年八月十二日死んでいる。[135]

大坂御蔵奉行の成立を「吏徴別録」下巻は元和七年とするが、以上のことから元和五年大坂の幕府直轄とともに伏[136]

| 〃11年 | 〃12年 | 〃13年 | 〃14年 | 〃15年 | 〃16年 | 〃17年 | 〃18年 | 〃19年 | 〃20年 | 正保元年 | 〃2年 | 〃3年 | 〃4年 | 慶安元年 | 注 |
|---|---|---|---|---|---|---|---|---|---|---|---|---|---|---|---|
| | | | | | | | | | | | | | | | |
| | | | | | | | | | | | | | | | |
| | | | | | | | | | | | | | | | 正保元年死 |
| | | | | | | | | | | | | | | | 寛永2年以降任<br>寛永18年死 |
| | | | | | | | | | | | | | | | 寛永19年浅草御蔵当座奉行<br>某年死 |
| | | | | | | | | | | | | | | | 寛永19年浅草御蔵当座奉行 |
| | | | | | | | | | | | | | | | 安房代官より<br>寛永19年仮浅草御蔵奉行 |
| | | 秋 | | | | | 秋 | | | | | | | | 寛永19年預 |
| | | 秋 | | | | | 秋 | | | | | | | | 寛永19年斬 |
| | | 秋 | | | | | 秋 | | | | | | | | 寛永19年斬 |
| | | 秋 | | | | | 秋 | | | | | | | | 寛永19年斬 |
| | | | | | | | | | 秋 | | | | | | 寛永19年任<br>のち残物奉行 |
| | | | | | | | | | 秋 | | | | | | 寛永19年任<br>のち辞 |
| | | | | | | | | | 秋 | | | | | | 寛永17年任<br>慶安元年死 |
| | | | | | | | | | 秋 | | | | | | 寛永19年任<br>のち瓦奉行 |
| | | | | | | | | | 秋 | | | | | | 寛永19年任<br>万治3年死 |
| | | | | | | | | | 秋 | | | | | | 寛永19年任<br>のち納戸番 |
| | | | | | | | | | 秋 | | | | | | 寛永19年任<br>明暦2年銅瓦奉行 |
| | | | | | | | | | 秋 | | | | | | 元和2年以降任<br>承応3年死 |
| | | | | | | | | | 秋 | | | | | | 寛永19年任<br>のち辞 |

表７―２　勘定目録に記載の御蔵奉行（末＝末吉家文書，秋＝秋鹿家文書）

| 御蔵奉行 | 元和元年 | 〃2年 | 〃3年 | 〃4年 | 〃5年 | 〃6年 | 〃7年 | 〃8年 | 〃9年 | 寛永元年 | 〃2年 | 〃3年 | 〃4年 | 〃5年 | 〃6年 | 〃7年 | 〃8年 | 〃9年 | 〃10年 |
|---|---|---|---|---|---|---|---|---|---|---|---|---|---|---|---|---|---|---|---|
| 紅林弥右衛門・某<br>(御蔵奉行?) | | | | | | 秋 | | | | | | | | | | | | | |
| 松風助右衛門・某<br>(御蔵奉行?) | | | | | | 秋 | | | | | | | | | | | | | |
| 松下善市・之勝<br>(大番?) | | | | | | 秋 | | | | | | | | | | | | | |
| 荻原五左衛門・昌重<br>(御蔵奉行) | | | | | | | | | | | | | 秋 | | | | 秋 | | 秋 |
| 小宮山清四郎・安次<br>(御蔵奉行) | | | | | | | | | | | | | 秋 | | | | 秋 | | 秋 |
| 久保田小兵衛・通正<br>(御蔵奉行)［窪田］ | | | | | | | | | | | | | 秋 | | | | 秋 | | 秋 |
| 田辺清右衛門・安直<br>(残物奉行) | | | | | | | | | | | | | 秋 | | | | 秋 | | 秋 |
| 喜多見孫右衛門・某<br>(御蔵奉行)［北見］ | | | | | | | | | | | | | | | | | | | |
| 久保田藤右衛門・某<br>(御蔵奉行)［窪田］ | | | | | | | | | | | | | | | | | | | |
| 黒田二郎左衛門・某<br>(不詳) | | | | | | | | | | | | | | | | | | | |
| 新里彦左衛門・某<br>(不詳) | | | | | | | | | | | | | | | | | | | |
| 多賀又左衛門・光吉<br>(御蔵奉行) | | | | | | | | | | | | | | | | | | | |
| 猪股助右衛門・則綱<br>(御蔵奉行) | | | | | | | | | | | | | | | | | | | |
| 永井庄右衛門・正成<br>(大番)［長井］ | | | | | | | | | | | | | | | | | | | |
| 山本忠兵衛・正治<br>(御蔵奉行) | | | | | | | | | | | | | | | | | | | |
| 鈴木久兵衛・重正<br>(御蔵奉行) | | | | | | | | | | | | | | | | | | | |
| 多門甚右衛門・正友<br>(御蔵奉行) | | | | | | | | | | | | | | | | | | | |
| 小西九左衛門・正盛<br>(御蔵奉行) | | | | | | | | | | | | | | | | | | | |
| 福島九郎兵衛・為信<br>(大番) | | | | | | | | | | | | | | | | | | | |
| 柴田四郎左衛門・正信<br>(御蔵奉行) | | | | | | | | | | | | | | | | | | | |

| | | | |
|---|---|---|---|
| | 秋 | | 寛永19年任<br>正保3年縄竹奉行 |
| | 秋 | | 寛永19年任<br>正保3年縄竹奉行 |
| | 秋 | | 寛永9年以降任<br>のち残物奉行 |
| | | | 慶長5年以降任<br>元和7年死 |
| | | | |
| 末 末 末 | | | 元和7年任<br>寛永15年死 |
| | | | |
| | | | 寛永元年任<br>寛永4年死 |
| 末 末 末 末 末 | 末 末 末 末 末 | 末 末 末 末 末 | 寛永4年任<br>寛文3年辞 |
| 末 末 末 末 末 | 末 末 末 末 末 | 末 末 末 末 末 | のち任<br>承応3年死 |
| 末 末 末 末 末 | 末 末 末 末 末 | 末 末 | 寛永5年任<br>正保3年死 |
| 末 | 末 末 末 末 末 | 末 末 末 末 末 | 寛永16年任<br>明暦元年死 |
| | | 末 末 | 正保4年任<br>のち辞 |
| | 末 末 末 | 末 末 末 | |
| | 末 末 末 | 末　末 末 末 | のち高槻御蔵奉行<br>寛永17年致仕 |
| | | 末 末　末 | 某年任 |
| | | 末 末　末 | 某年大津御蔵衆<br>延宝2年死 |
| | | 末 | |
| | | 末 | |
| 末 末 | 末 末 | 末　末 | 寛永8年任<br>万治3年致仕 |
| 末 末 | 末 末 | 末　末 | |

衛門。守屋八兵衛・曽根勘六元和4年は伏見御蔵詰。寛永4年秋鹿家文書の飯高弥五兵衛・

| | | | | |
|---|---|---|---|---|
| 美濃部三郎左衛門茂勝<br>(浅草御蔵奉行) | | | | |
| 浅井次右衛門・安本<br>(御蔵奉行) | | | | |
| 竹田六郎右衛門・政清<br>(御蔵奉行) | | | | |
| 守屋八兵衛・昌房<br>(伏見大坂御蔵奉行) | 末 末 | 末 | | |
| 曽根勘六・某<br>(不詳) | 末 末 | 末 | | |
| 飯高弥五兵衛・貞次<br>(大坂御蔵奉行) | 末 | 末 末 末 | 末 末 末 秋 末 | 末 末 末 末 |
| 加藤平四郎・某<br>(不詳) | 末 | 末 末 末 | 末 | |
| 小幡源太郎・正次<br>(大坂御蔵奉行) | | | 末 末 秋 | |
| 万年弥三郎・正頼<br>(大坂御蔵奉行) | | | 末 末 末 秋 末 | 末 末 末 末 |
| 竹内源右衛門・吉勝<br>(大坂御蔵奉行) | | | | 末 末 末 末 |
| 遠山忠兵衛・景重<br>(大坂御蔵奉行) | | | | 末 末 末 末 |
| 松平長右衛門・昌舎<br>(大坂御蔵奉行) | | | | |
| 間宮庄五郎・正勝<br>(大坂御蔵奉行) | | | | |
| 海野次太夫・重次<br>(不詳・二条御蔵奉行?) | | | | |
| 藤井勘兵衛・勝忠<br>(二条御蔵奉行?) | | | | |
| 高橋七兵衛・正次<br>(二条御蔵奉行) | | | | |
| 福島八左衛門・勝重<br>(二条御蔵奉行?) | | | | |
| 高橋与三右衛門・某<br>(不詳・二条御蔵奉行?) | | | | |
| 尾崎十兵衛・某<br>(不詳・二条御蔵奉行?) | | | | |
| 本田角右衛門・頭直<br>(高槻御蔵奉行)［本多］ | | | | |
| 田中彦左衛門・某<br>(不詳・高槻御蔵奉行?) | | | | |

(注)　荻原五左衛門は寛永8年以後吉右衛門，竹本伊右衛門は猪右衛門。本多角右衛門は正保4年覚右
小幡源太郎・万年弥三郎は大坂城米請取。

見御蔵奉行が大坂に移され、大坂御蔵奉行が成立したといえよう。

ついで大坂御蔵奉行として、小幡源太郎（正次）が寛永元・二年分の末吉家勘定目録にあるが、『寛政重修諸家譜』では寛永元年の任命、四年五月二十九日死去とある。[137] 彼は寛永二年分の秋鹿家勘定目録に飯高と並んで名が記されるが、これは先述の大坂城米納である。万年弥三郎（正頼）も末吉家勘定目録では寛永元年分から慶安元年分まで名が見えるが、『寛政重修諸家譜』では寛永四年十月二十九日に大坂御蔵奉行になっている。[138] 彼は寛永元年分の秋鹿家勘定目録に小幡源太郎と並んで名があり、これも大坂城米納である。竹内源右衛門（吉勝）[139] は寛永六年分から慶安元年分、遠山忠兵衛（景重）は寛永六年分から正保二年（一六四五）分までの末吉家勘定目録に名があり、遠山は『寛政重修諸家譜』に寛永五年大坂御蔵奉行任命の記事がある。[140]

『徳川実紀』によれば、寛永十一年閏七月一日大坂蔵奉行飯高弥五兵衛貞次・新見彦左衛門正勝・長谷川忠兵衛藤継の子らが家光に初見しており、[141] 同二十五日に家光から賜与のあった者の名に蔵奉行飯島弥五兵衛貞次（飯高の誤り）・万年弥三郎正頼・遠山忠兵衛景重・竹内源右衛門吉勝の名がある。[142] 小幡の死んだ寛永四年から十年間ほどは飯高・万年・遠山・竹内の四人が大坂御蔵奉行であったといえる。

松平長右衛門（昌舎）は末吉家勘定目録では寛永十五年分から慶安元年分まで名があるが、『寛政重修諸家譜』によれば寛永十六年閏十一月七日

| 注 | 慶安元年 | 〃4年 | 〃3年 | 〃2年 | 正保元年 | 〃20年 | 〃19年 | 〃18年 | 〃17年 | 〃16年 | 〃15年 | 〃14年 | 〃13年 | 〃12年 | 〃11年 |
|---|---|---|---|---|---|---|---|---|---|---|---|---|---|---|---|
| 断家譜—御蔵奉行<br>寛永19年斬 | | | | | | | | 秋 | | | | | | | |
| 寛永3年任<br>寛永19年台所方賄 | | | | | | | | 秋 | | | | | | | |
| 寛永19年任<br>万治3年死 | | | | | | 秋 | | | | | | | | | |
| 寛永19年任<br>万治元年死 | | | | | | 秋 | | | | | | | | | |

表7―3　勘定目録に記載の切米手形改役（秋＝秋鹿家文書）

| 切米手形改役 | 元和元年 | 〃2年 | 〃3年 | 〃4年 | 〃5年 | 〃6年 | 〃7年 | 〃8年 | 〃9年 | 寛永元年 | 〃2年 | 〃3年 | 〃4年 | 〃5年 | 〃6年 | 〃7年 | 〃8年 | 〃9年 | 〃10年 |
|---|---|---|---|---|---|---|---|---|---|---|---|---|---|---|---|---|---|---|---|
| 高野喜三郎　・某<br>（手形裏書役人） | | | | | | | | | | | | | | | | | | | |
| 大久保藤三郎　・正栄<br>（御蔵書替役） | | | | | | | | | | | | | | | | | | | |
| 油井平兵衛　・光運<br>（切米手形改役）[由比] | | | | | | | | | | | | | | | | | | | |
| 竹本伊右衛門　・正時<br>（切米手形改役） | | | | | | | | | | | | | | | | | | | |

（注）寛永18年高野喜三郎・大久保藤三郎，寛永20年油井平兵衛・竹本伊右衛門は秋鹿長兵衛切米渡。

大坂御蔵奉行に任命されている。(143) 間宮庄五郎（正勝）は『寛政重修諸家譜』に正保四年十二月二十七日大坂御蔵奉行任命とあり、(144) 末吉家勘定目録では正保四年・慶安元年（一六四八）分に名がある。

次に京二条御蔵詰をしている者の名は、寛永十八年から慶安元年まで海野次太夫（重次）(145)・藤井勘兵衛（勝忠）(146)、正保元年から慶安元年まで高橋七兵衛（正次）(147)、正保元年から四年まで福島八左衛門（勝重）(148)、正保四年高橋与三右衛門、慶安元年尾崎十兵衛の名が挙げられる。藤井勘兵衛は『寛政重修諸家譜』では寛永十七年九月十五日家督を継ぎ高槻御蔵奉行となったとしており、福島八左衛門も同じく大津御蔵衆とするが、二条御蔵詰をしている彼らはいずれも二条御蔵奉行であったとしてよいであろう。

高槻御蔵奉行の本田（本多）角右衛門（頭直）は『寛政重修諸家譜』では寛永八年にこれに任じているが(149)、末吉家勘定目録では、田中彦右衛門とともに寛永十三・十四年および寛永十九年から正保四年まで名が記されている。従ってこの二人が高槻御蔵奉行である。

こうしてみると、河内幕領の年貢勘定目録には大坂・二条・高槻の御蔵奉行が関係しており、江戸の御蔵奉行は関与していないことが判明する。

勘定頭制が成立した二日後の寛永十九年八月十八日には、切米手形案文の押切割印検査を行う切米手形改役（書替奉行）二人の新置をみた。(150) 一人は定役で、勘定油井（由比）平兵衛（光運）[151]、一人は大番出役の竹本猪右衛門（正時）[152]で、役料二〇〇俵、所属の手代は九人である。油井平兵衛・竹本伊右衛門（猪右衛門）は寛永二十年分の秋鹿家勘定目録に名がある。また大久保藤三郎（正栄）と高野喜三郎が寛永十八年分の秋鹿家勘定目録にあり、『寛政重修諸家譜』によると、大久保は寛永三年御蔵書替役となり、寛永十九年八月十八日台所方賄に転じているので、切米手形改役の成立時期は少なくとも寛永十八年、大久保の寛永三年就任が事実だとすると寛永三年まで遡るとも思える[153]。また寛永十九年七月八日斬罪された御蔵奉行らの中に、「手形裏書之役人」として高野喜三郎の名がある。高野は『断家譜』によると、秀忠に仕え勘定ついで御蔵奉行となったとあるが[154]、むしろ切米手形改役とみるのが正しいと思われる。なおこの四人はいずれも秋鹿長兵衛の切米渡しにのみ名が現れるのである。

## おわりに

年寄（老中）・勘定頭連署状（表5）と、勘定頭・勘定所役人の勘定目録等への裏判一覧（表6）を中心に分析してきた結果を整理してまとめとしたい。なお表6の横点線は、年貢勘定目録等からみた元和～慶安における勘定所体制の時期区分である。また勘定所関係年表（表8）も参照されたい。

江戸幕府の勘定所は、恐らく幕府成立時の慶長八年（一六〇三）に江戸に設置されたと考えられる。しかしその長官である勘定頭は制度としては成立せず、事実上は大久保長安がその役割を果たしていたと思われる。表5にみるように慶長十一年七月松平正綱・伊丹康勝の連署状の存在は、このころには二人が勘定頭に任じていたことを証するものであろう。なお正綱の財政関与は慶長八年幕府成立期に求められる。

表８　勘定所関係年表　（▶印は表６の横点線の区分の事項）

| | |
|---|---|
| 慶長 8年 2月12日 | 徳川家康将軍就任，この後松平正綱右衛門佐に任じ財政関与? |
| 〃10年 4月16日 | 家康引退，秀忠将軍就任 |
| 〃11年 7月29日 | 松平正綱・伊丹康勝，千村平右衛門に奉書（両人これ以前勘定頭就任） |
| 〃12年 3月11日 | 家康駿府に着く，その後駿府城に入る。駿府にも勘定所が置かれ松平正綱駿府勘定頭となる |
| 〃15年 | 佐渡秀忠領となる |
| 〃16年 | 美濃・伊勢・近江（13万石），尾張・駿河・遠江を除き秀忠領となる。大久保忠尚，秀忠に拝謁，勘定奉行任命→勘定組頭的地位 |
| 〃17年 | 石見秀忠領となる |
| 〃18年 4月24日 | 大久保長安死去 |
| 〃18年 | 杉浦親俊・朝岡泰勝金銀出納奉行（御金奉行）任命 |
| 元和 2年 4月17日 | 家康死去，駿府年寄・勘定頭江戸に移り江戸年寄・勘定頭と合一 |
| 〃 3年 | 鎮目惟明佐渡奉行任命 |
| 〃 4年 9月 | 松平家信留守居任命 |
| 〃 5年 | 大坂御蔵奉行新置（元和7年説は誤り） |
| ▶ 〃 9年 7月27日 | 秀忠引退，家光将軍就任 |
| 寛永 2年 | 大坂御金奉行史料初見 |
| 〃 3年10月 | 牧野信成留守居任命 |
| 〃 4年 7月14日 | 佐渡奉行鎮目惟明死去 |
| 〃 7年 9月21日 | 大久保忠尚死去 |
| 〃 7年 | 曽根吉次関東の勘定頭，松平重則留守居兼奏者番任命 |
| 〃 9年 1月24日 | 秀忠死去 |
| 〃 9年 5月 7日 | 年寄酒井忠世西丸留守居兼務 |
| 〃10年 2月26日 | 酒井忠吉裏門番任命 |
| 〃10年 3月23日 | 松平信綱・阿部忠秋・堀田正盛・三浦正次・太田資宗・阿部重次，六人衆任命 |
| 〃10年 8月以降 | 大河内久綱地方奉行（勘定頭）任命（慶長15年勘定頭任命説は誤り） |
| ▶ 〃10年 9月 | 松平正綱・伊丹康勝折檻，出仕差し止め |
| 〃11年 2月25日 | 酒井忠吉留守居任命 |
| 〃11年 3月 3日 | 老中職務定則・若年寄職務定則制定 |
| ▶ 〃11年 5月29日 | 松平正綱・伊丹康勝赦免 |
| 〃11年 6月20日 | 家光上洛江戸出発 |
| 〃11年⑦月23日 | 西丸出火，酒井忠世年寄免職 |
| 〃12年 2月 6日以前 | 曽根吉次惣勘定頭任命（寛永13年説は誤り） |
| 〃12年 2月25日 | 酒井忠吉留守居任命 |
| 〃12年 5月22日 | 酒井忠世留守居首座，伊丹康勝佐渡奉行兼務 |
| 〃12年11月 9日 | 杉浦正友留守居任命 |
| 〃12年11月14日 | 関東代官百姓御用訴訟＝松平正綱・伊丹康勝・伊奈忠治・大河内久綱・曽根吉次（勘定頭）<br>留守居・金銀出納＝酒井忠世・松平重則・牧野信成・酒井忠吉・杉浦正友，留守居・証人御用＝上記５人＋松平家信 |
| 〃15年 1月14日 | 留守居松平家信死去 |
| ▶ 〃15年12月 5日 | 大河内久綱勘定頭辞職 |
| 〃16年 | 勘定頭伊丹康勝留守居兼務 |
| 〃18年 | 切米手形改役(書替奉行)新置（寛永19年８月18日説は否定，寛永３年以前もありうる） |
| 〃19年 3月 3日 | 留守居杉浦正友勘定頭兼務 |
| 〃19年 5月22日 | 御城米蔵奉行・浅草御蔵奉行８人預け |
| 〃19年 7月 8日 | うち７人斬罪 |
| ▶ 〃19年 8月16日 | 曽根吉次・酒井忠吉・杉浦正友・伊丹康勝勘定頭，伊奈忠治勘定頭辞職，のちの関東郡代職任命 |
| 〃19年 8月18日 | 浅草方御蔵奉行６人・城米方御蔵奉行６人任命 |
| 正保 4年11月26日 | 留守居牧野信成致仕 |
| 慶安元年 6月22日 | 松平正綱死去 |
| ▶ 〃 3年 7月11日 | 伊丹康勝勘定頭辞職（佐渡奉行専任），伊丹勝長勘定頭任命 |
| 〃 4年 6月18日 | 村越吉勝勘定頭任命 |
| 〃 4年 7月22日 | 酒井忠吉・杉浦正友勘定頭兼役免除 |

慶長十年四月十六日家康が将軍職を秀忠に譲り、慶長十二年駿府に移ってからは駿府にも勘定所が設けられ、正綱は駿府年寄と、康勝は江戸年寄と連署しており、駿府の勘定頭に松平正綱が就任し、伊丹康勝はそのまま江戸の勘定頭に残ったものと考えられる。この間家康蔵入地は大御所家康支配のまま残り、慶長十六年駿府家康の美濃・伊勢および近江一三万石、義直の尾張、頼宣の駿河・遠江を除いて将軍秀忠に引き渡され（佐渡は十五年、石見は十七年）、大久保長安が実質的に支配していた。慶長十八年四月二十四日大久保長安が死去しても、正綱の駿府、康勝の江戸の勘定頭はそのままであったが、元和二年（一六一六）四月十七日家康が駿府で死んでからは、年寄・勘定頭ともに江戸の秀忠政権のもとに統一され、「年寄並」の権限を行使した。そして秀忠西丸引退後の寛永期は二人の奉書加判は減少したが、その地位は変わらなかった。

この間慶長十五年大河内久綱が地方奉行に任命され、この地方奉行が勘定頭に当たるとするが、勘定目録等の裏判をみる限り、久綱が勘定頭としてその職を勤めるのは、寛永十年（一六三三）八月以後のことといえる。慶長十六年大久保忠尚は秀忠に拝謁して勘定奉行に任命されたとする『朝野旧聞裒藁』の記事も、その石高や勘定目録等の裏判からして、のちの勘定組頭的地位に就いたということであり、元和九年七月二十七日秀忠が引退して家光が将軍に就任すると、その地位も大きく後退したとみられる。大番頭鎮目惟明も正綱・康勝に次ぐ地位にあったが、元和三年佐渡奉行に就任すると、勘定所における業務からは離れ、彼の活動は佐渡に限定される。

曽根吉次は寛永七年関東の勘定頭となり、寛永十三年惣勘定頭に就任したというが、寛永十二年十一月十四日関東代官百姓御用訴訟は松平正綱・伊丹康勝・伊奈忠治・大河内久綱・曽根吉次の五人の任務とされ、同年二月六日の内藤家文書の勘定頭連署奉書に伊奈忠治・大河内久綱とともに連署に加わっていることから、勘定頭就任は遅くとも寛永十二年といえる。

寛永九年正月二十四日秀忠が死んで本丸・西丸の二元政治は解消し、家光の親政期を迎えると、翌十年三月二十三日松平信綱・阿部忠秋・堀田正盛・三浦正次・太田資宗・阿部重次が六人衆（のちの若年寄）となり、年寄を補佐した。寛永十年九月正綱・康勝が家光の折檻をうけ、出仕を差し止められ、寛永十一年五月二十九日正綱・康勝は天海の執り成しで漸く赦免をされた。(155) こうして二人の出仕差止め以後、年寄並の権勢を誇っていた両人の地位は大きく変化し、年寄・勘定頭連署奉書への加判はなくなり、年貢勘定目録裏判も寛永十年以後はなくなったのである。なお康勝は寛永十九年八月十六日勘定頭としての裏判が復活している。

寛永十一年三月三日「老中職務定則」(156)「若年寄職務定則」(157)が出され、酒井忠世・土井利勝・酒井忠勝の三人の年寄衆だけでは職務が停滞するので、職務を年寄と松平信綱・阿部忠秋・堀田正盛・三浦正次・阿部重次・太田資宗の六人衆と町奉行に分割し、御蔵入代官方之御用、金銀納方并大分遣方、知行割などののちの勘定奉行の職務に属するものが三人の年寄の職務の中に規定された。六月二十日家光は上洛のために江戸を出発した。寛永九年五月七日以後の時点で年寄酒井忠世は西丸留守居兼務を命じられ、二十二日西丸に移徙した。そして八月からほぼ一カ年中風のため奉書加判から離脱していたが、年寄に復帰している。寛永十一年閏七月二十三日西丸から出火し、酒井忠世は八月三日上野寛永寺に入寺し十二月二十六日まで謹慎、年寄を免職された。翌十二年五月二十二日酒井忠世は赦され留守居首座に復活し、伊丹康勝も同日佐渡奉行兼務を命じられている。

寛永十二年十一月十四日「老中并諸役人月番ノ始及分職庶務取扱日定則」(158)が定められ、評定所式日およびのちの年寄（老中）・若年寄・留守居・寺社奉行・町奉行・勘定奉行・作事奉行・大目付の職掌に当たる有司の管掌事項を制定した。うち「関東中御代官方百姓等御用訴訟」は松平正綱・伊丹康勝・伊奈忠治・大河内久綱・曽根吉次の五人の勘定頭が、「金銀納方」は酒井忠世・松平重則・牧野信成・酒井忠吉・杉浦正友の五人の留守居が、「証人御用幷訴訟」

（証人奉行）は五人の留守居と松平家信が担当することを命じられた。[159] こうして酒井忠世の留守居首座に復職とともに、失脚前の年寄の職務であった「金銀納方」が留守居の職務とされ、勘定頭の職務と権限も変化したと推測される。しかし正綱・康勝の裏判等は行われず、その権限の多くを掌握した伊奈忠治・大河内久綱・曽根吉次の三人がこれに代わった。家光は正綱・康勝折檻の一件を契機に、自由に動かしうる勘定頭を創出しようとしたのであろう。

なお留守居六人についてみよう。松平重則は寛永七年大番頭から留守居に転じ奏者番を兼ねた。彼は寛永十八年十二月二十七日に死去している。[160] 牧野信成は寛永三年十月留守居となり、十八年八月三日家綱が誕生すると九日これに付属され、正保四年（一六四七）十一月二十六日致仕している。[161] 酒井忠吉は寛永十二年二月二十五日留守居に、[162] 杉浦正友は寛永十二年十一月九日留守居に任命されていた。[163] 松平家信は元和四年九月留守居となり、寛永十五年正月十四日死んでいる。[164]

この後、寛永十四年勘定頭曽根吉次の評定所への出席が認められ、大河内久綱は寛永十五年十二月五日勘定頭を辞職し、裏判がなくなる。寛永十六年勘定頭伊丹康勝は留守居兼務となり、寛永十九年三月三日留守居の杉浦正友は勘定頭を兼務することとなった。しかし杉浦正友の裏判は八月十六日の勘定頭成立までは行われない。

寛永十九年八月十六日、留守居酒井忠吉・杉浦正友は「諸色入用之儀」吟味、曽根吉次・酒井忠吉・杉浦正友・伊丹康勝の四人は「御代官其外諸色御勘定之儀」吟味を命じられ、四人の勘定頭の体制となり、伊奈忠治は勘定頭を辞職、のちの関東郡代職に任命された。こうしてそれまでの勘定頭がもっていた幕領支配（農政）と、留守居がもっていた財政経理（国用）が合一して勘定頭制が成立した。ここから伊丹康勝の裏判が復活し、酒井忠吉・杉浦正友の裏判が始まり、伊奈忠治の裏判はなくなる。

慶長元年（一六四八）六月二十二日松平正綱は死去し、慶安三年七月十一日伊丹康勝は勘定頭を辞職して佐渡奉行専任となった。同日嫡子伊丹勝長が勘定頭に任命され、慶安四年六月十八日村越吉勝も勘定頭となり、同年七月二十二日酒井忠吉・杉浦正友が勘定頭兼役を免除されて留守居専任となった。かくしてこれ以後の勘定頭は伊丹勝長・曽根吉次・村越吉勝の三人体制となるのである。

注

（1）北島正元編『幕藩制国家成立過程の研究』一九七八年・吉川弘文館所収〔本書第一章〕。
（2）歴史学研究会・日本史研究会編『講座日本歴史』5・近世1、一九八五年・東京大学出版会〔本書補論一〕。
（3）一部は『日本歴史』四七二号、一九八七年。全文は『東洋大学文学部紀要』四一号史学科篇XIII、一九八八年に収載。
（4）『中世史講座』6、一九九二年・学生社所収〔本書補論二収載〕。
（5）『東洋大学文学部紀要』四四号史学科篇XVI、一九九一年〔本書第二章収載〕。
（6）『竹橋余筆』影印本五五三～五五八頁。
（7）『新訂寛政重修諸家譜』第四・三九四頁。
（8）同右第一五・一八九頁。
（9）『朝野旧聞裒藁』（内閣文庫所蔵史籍叢刊特刊一）影印本一六・二二五～二二六頁。
（10）高橋正彦編『大工頭中井家文書』九七～九八頁、慶応通信、一九八三年。
（11）同右二二三頁・二二六頁。
（12）東京大学史料編纂所影写本「竹腰文書」。本文書は年を欠くが森川重俊の加判をもって元和九年と特定できる。
（13）『岐阜県史』史料編近世五・二頁。
（14）『信濃史料』二六巻・七四～七六頁。
（15）尼崎地域研究史料館所蔵加藤省吾家文書。

(16)『豆州内浦漁民史料』五五号。
(17)『岐阜県史』史料編近世五・二六頁。
(18)『徳川禁令考』前集第五・二七八六号は差出人を記さないが、静岡県賀茂郡南伊豆町伊浜肥田公大郎氏所蔵文書には四人が伊奈兵蔵・江川太郎左衛門に宛てている。
(19)『新編岡崎市史』史料近世下・五五九頁。
(20)同右五五五〜五五六頁。
(21)『群馬県史』資料編一六・六一二〜六一三頁。
(22)「信州佐久郡小県郡之内小諸領郷村帳」依田家文書―早稲田大学図書館古文書室所蔵、『長野県史・近世史料編』第二巻(一)東信地方八〜一二頁。
(23)明治大学刑事博物館所蔵・磐城内藤家文書。
(24)佐々木潤之介『幕藩権力の基礎構造』1、幕藩制第一段階の規定、〔個別分析A〕一七世紀における年貢の機能、一九六四年・御茶の水書房。
(25)東京大学史料編纂所影写本「近江永原観音寺文書」。
(26)『徳川実紀』第二篇(『新訂増補国史大系』三九巻)寛永十年三月十一日条、『近江愛智郡志』巻弐・四三五頁。
(27)『朝野旧聞裒藁』影印本一四・六一一頁。
(28)(29)『新訂寛政重修諸家譜』第一一・三五六頁。
(30)「東武実録」巻一三『内閣文庫史籍叢刊』1・二七五頁。
(31)『徳川実紀』第二篇(『新訂増補国史大系』三九巻)寛永五年二月六日条。
(32)『信濃史料』二五巻二六〇〜二六四頁。
(33)東京大学史料編纂所影写本「竹腰文書」。
(34)『信濃史料』二五巻二八六〜二八七頁。
(35)東京大学史料編纂所影写本「千村文書」一。

(36)『早稲田大学所蔵荻野研究室収集文書』。
(37)『信濃史料』二三巻三八二頁。
(38)『大日本史料』一二編二六・三二一〜三三二頁。
(39)田中圭一『佐渡金銀山の史的研究』一一七頁。一九八六年・刀水書房。
(40)『千葉県史料』下総国上三一〜九五頁。
(41)『信濃史料』二三巻五八五〜五九五頁。
(42)『新潟県史』資料編7近世二・八一〜八二頁。
(43)『内閣文庫史籍叢刊』1・六九〜七三頁。
(44)同右九三頁。
(45)『山内家史料』忠義公記第一編「御手許文書」五二九頁。
(46)『新潟県史』資料編7近世二・八八〜九三頁。
(47)同右九三〜九六頁。
(48)『山形県史』近世史料3・一三三〜一三六頁。
(49)『内閣文庫史籍叢刊』1・二〇三〜二〇六頁。
(50)『徳川実紀』第二篇(『新訂増補国史大系』三九巻)寛永九年四月十五日条。
(51)姫路市所蔵酒井家文書「江戸幕府日記・酒井家本」。
(52)『徳川実紀』第三篇(『新訂増補国史大系』四〇巻)寛永十五年十二月五日条。
(53)『信濃史料』二三巻一二五頁。
(54)『新訂寛政重修諸家譜』第一四・六頁。
(55)同右第一四・三四〜三五頁。
(56)同右第一五・一一二〜一一三頁。
(57)同右第一八・二五一〜二五二頁。

(58)『徳川実紀』第二篇（『新訂増補国史大系』三九巻）寛永九年七月二十六日条、同第三篇（『同右』四〇巻）寛永十五年十二月五日条・正保元年三月十五日条・五月十八日条。
(59)『新訂寛政重修諸家譜』第一八・二四四～二五五頁。
(60)同右第一四・六頁。
(61)同右第五・一一七～一一八頁。
(62)同右第一七・一〇二頁。
(63)『東武実録』一（『内閣文庫史籍叢刊』1・一八八頁）。
(64)明治大学刑事博物館所蔵磐城内藤家文書。
(65)『新訂寛政重修諸家譜』第三・二七一頁。
(66)同右第四・三九二頁。
(67)同右第四・三九二頁。
(68)『徳川実紀』第一篇（『新訂増補国史大系』六八巻）慶長十五年是年条。
(69)『新訂寛政重修諸家譜』第一八・二四七頁。
(70)同右第一五・一一四頁。
(71)同右第九・九三頁。
(72)弥五兵衛勝定または同昌勝の誤りカ。同右第五・四一～四二頁。
(73)同右第四・一一七頁、材木奉行。
(74)同右第二・三六頁。
(75)同右第九・八三頁。
(76)同右第一四・三五頁。
(77)『徳川実紀』第三篇（『新訂増補国史大系』四〇巻）。
(78)『寛政重修諸家譜』第一八・二五二頁。

(79) 同右第一五・一一四頁。
(80) 同右第一八・二九五頁。
(81) 『徳川実紀』第三篇（『新訂増補国史大系』四〇巻）。
(82) 『新訂寛政重修諸家譜』第五・一二一～一二三頁。
(83) 同右第一六・一〇一頁。
(84) 「吏徴別録」下巻（『続々群書類従』第七・九四頁）。
(85) 『徳川実紀』第一篇（『新訂増補国史大系』三八巻）慶長十八年是年条。
(86) 『東武実録』（『内閣文庫史籍叢刊』2・八三八頁）。
(87) 『新訂寛政重修諸家譜』第九・八五頁。
(88) 同右第一二・六〇頁。
(89) 同右第一二・五七頁。
(90) 同右第五・三九八頁。
(91) 同右第一三・二四九頁。
(92) 同右第七・九頁。
(93) 同右第九・六八頁。
(94) 同右第三・四一頁。
(95) 同右第八・二二二頁。
(96) 同右第四・三四六頁。
(97) 同右第一五・四〇一頁。
(98) 『竹橋余筆』影印本五一〇～五一三頁。
(99) 同右三〇二頁。
(100) 『徳川実紀』第二篇（『新訂増補国史大系』三九巻）寛永二年是年条。

(101) 『続々群書類従』第七・九五頁。
(102) 『徳川実紀』第二篇（『新訂増補国史大系』三九巻）寛永十一年閏七月二十五日条。
(103) 『徳川実紀』第三篇（『新訂増補国史大系』四〇巻）寛永十六年七月十九日条。
(104) 『続々群書類従』第七・九三頁。
(105) 『大日本仏教全書』「本光国師日記」第一・三〇頁、三四頁、一八六頁。
(106) 同右第一・一八五～一八六頁、第二・五六四頁。
(107) 『新訂寛政重修諸家譜』第七・一三五頁。
(108) 同右第一〇・一四一頁。
(109) 同右第四・二三三頁。
(110) 同右第四・三六三頁。
(111) 同右第一一・三八頁。
(112) 同右第二二・三六一頁。
(113) 同右第四・三六一頁。
(114) 「江戸幕府日記・酒井家本」寛永十九年五月二十二日条。
(115) 『新訂寛政重修諸家譜』は寛永十年と誤っている。
(116) 「吏徴別録」下巻（『続々群書類従』第七・九三～九四頁）。
(117) 『新訂寛政重修諸家譜』第九・三六一頁。
(118) 同右第六・九頁。
(119) 同右第一二・四二頁。
(120) 同右第一五・一〇三頁。
(121) 同右第一七・二一頁。
(122) 同右第一五・二一七頁。

(123)同右第一七・二四七頁。
(124)同右第一三・一三四頁。
(125)同右第七・三四七頁。
(126)同右第一八・二七頁。
(127)同右第一三・一二九頁。
(128)同右第一一・一七六頁。
(129)同右第八・一五五頁。
(130)同右第一〇・一一一頁。
(131)同右第三・九三頁。
(132)同右第九・九四頁。
(133)同右第五・八六頁。
(134)同右第一六・二八七頁。
(135)同右第一八・一一四頁。
(136)「吏徴別録」下巻(『続々群書類従』第七・九四頁)。
(137)『新訂寛政重修諸家譜』第一二・六三頁。
(138)同右第一六・五七頁。
(139)同右第一八・二八一頁。
(140)同右第一六・九〇頁。
(141)『徳川実紀』第二篇(『新訂増補国史大系』三九巻)寛永十一年閏七月一日条。なお新見彦左衛門は大坂御金奉行、長谷川忠兵衛は摂津代官を病気辞職しているので、蔵奉行の肩書は飯高のみにかかると思われる。
(142)同右寛永十一年閏七月二十五日条。
(143)『新訂寛政重修諸家譜』第一・一八五頁。

(144) 同右第七・二六七頁。
(145) 同右第一一・六九頁。
(146) 同右第一四・八〇頁。
(147) 同右第一一・一九七頁。
(148) 同右第五・八七頁。
(149) 同右第二一・四一頁。
(150) 「吏徴別録」下巻（『続々群書類従』第七・九三頁）。
(151) 『新訂寛政重修諸家譜』第九・九三頁。
(152) 同右第一五・二五五頁。
(153) 同右第一二・五一頁。
(154) 『断家譜』第二・二二頁。
(155) 「江戸幕府日記・酒井家本」。
(156) 『徳川禁令考』前集第二・七七一号。
(157) 同右七七三号。
(158) 同右七五二号。
(159) 「江戸幕府日記・酒井家本」、『徳川実紀』第二篇（『新訂増補国史大系』三九巻）寛永十二年十一月十日条。
(160) 『新訂寛政重修諸家譜』第一・一九九頁。
(161) 同右第六・二八四頁。
(162) 「江戸幕府日記・酒井家本」、『新訂寛政重修諸家譜』第二・三六頁。
(163) 「江戸幕府日記・酒井家本」、『新訂寛政重修諸家譜』第九・八二頁。
(164) 『新訂寛政重修諸家譜』第一・一二八～一二九頁。

# 第四章　江戸幕府直轄領の性格
## ――遠州初期幕領を中心に――

## はじめに

静岡県磐田市久保町秋鹿成文氏所蔵遠州豊田郡中泉村の代官秋鹿家文書のうちに、一三通の年貢勘定目録（原本）がある。これらは浅井長四郎のち秋鹿長兵衛（朝正、当初浅井を称しのち秋鹿に復す）が勘定所に提出し、勘定所において勘定帳に書き載せ、勘定目録の写に勘定頭・勘定らの裏判を経て戻されたもので、元和五年（一六一九）分（二通、一通は元和七年四月十三日付の「御蔵ニ有負」の分を皆済して寛永八年（一六三一）十月二十日付で再提出したもの）・七年分・寛永元年分・二年分・四年分・五年分・七年分・八年分・九年分・十三年分・十七年分・二十年分までの一三通の年貢勘定目録である。勘定所提出年月日は二年から一一年遅れており、裏判の日付はない。なおこのほかに秋鹿家文書のうちには、寛文三年（一六六三）十二月「遠州浜名海別川西筋丑（寛文元）年御成ヶ御勘定目録」、元禄二年（一六八九）七月「延宝元丑延宝弐寅延宝四辰延宝七未遠州舟明山御榑木中御勘定目録」、元禄十年六月「元禄八亥年遠州御成ヶ御勘定目録」がある。

この年貢勘定目録は、『静岡県史・資料編』9・近世一（一九九二年）に、浅井朝正支配所元和五年分年貢勘定目録・秋鹿朝正支配所寛永十三年分年貢勘定目録として二通が収載されており、佐藤孝之氏がこれについて若干の分析を行っている。[1]また『磐田市史』史料編2・近世には元和五年分負と寛文元年分が収載されている。[2]

筆者は「年貢勘定目録からみた江戸幕府勘定所――勘定頭・勘定所役人の成立過程の再検討――」と題した論文において、この元和五年から寛永二十年までの一三通の年貢勘定目録を含めて五四点の年貢勘定目録を集め、その裏書連判者である勘定頭・勘定所役人、および勘定目録記載の人名のうちの御金奉行・御蔵奉行・切米手形改役について検討を加え、その成立過程を検証したのである。[3]

さて秋鹿氏は、先祖朝治が足利尊氏に仕え遠江国羽鳥の庄貴平・中泉両郷の地頭職に補せられ、これより代々中泉に住したという。遠江国府八幡宮の神職を勤め、朝兼は今川氏親・氏輝に、その子朝延は今川義元に仕え、その弟政朝が永禄四年（一五六一）徳川家康に仕え、朝延の子直朝のとき家康の関東移封に従い常陸国船橋に知行を与えられた。慶長五年（一六〇〇）十二月十八日遠江国の旧領豊田郡野河沼原の地を与えられ、のち新田を開き二〇〇石を知行、再び府八幡宮の神職となり、中泉に住したという。同八年八月二十一日府八幡宮は家康から社領二五〇石を寄附され朱印状を交付された。直朝の二男が朝正で、母方の舅浅井六之助道多の養子となり、のち道多に実子政道が生まれたので家に帰り、慶長元年秀忠に召し出され、土井利勝組の小姓となり、切米二〇〇俵を与えられた。同五年関ヶ原戦には信濃国上国城攻撃に参戦、四十四年遺跡を継ぎ、元和五年代官となり船明山榑木奉行となった。以後府八幡宮の社役は下役人が勤めている。朝正は明暦二年（一六五六）六月八日中泉で死去し、子朝重・孫道重はともに代官となり船明山榑木を奉行した。道重が元禄十年二月二十日死ぬとその子朝就は蔵米二〇〇俵を収められ、以後府八幡宮の神職となる。[4]

慶長五年の関ヶ原の戦ののち、遠州が再び徳川家康の支配に復し、代官頭伊奈忠次が遠州支配を担当し、忠次の下代が中泉陣屋に駐在して支配の実務に当たった。彼らは同一の時期に重複して在勤しており、複数の代官が中泉陣屋に存在している。慶長十四年十一月徳川頼宣が駿河・遠江五〇万石の領主となり、その間中泉代官には大石十右衛門・豊島作右衛門が重複して在職していた。

元和五年七月駿府城主徳川頼宣は紀伊和歌山に移され、駿河・遠江の所領配置は大きく変わる。遠江においては、安藤直次は掛川二万石から紀伊田辺へ、水野重仲は浜松三万五〇〇〇石から紀伊新宮へ頼宣とともに移り、掛川には松平定綱が三万石で、横須賀には松平重勝が二万六〇〇〇石で、久野には北条氏重が一万石で、浜松には高力忠房が三万石で、井伊谷には近藤秀用が一万石で入封する。駿河においては寛永二年正月甲斐国内から徳川忠長が五〇万石をもって駿府に封ぜられるまでは、久能山東照宮領(三〇〇〇石)を除いてほぼ幕府直轄領となる。遠江も幕領が拡大し、中泉代官は中野七蔵(重吉)に代わり、それまで中泉代官であった大石十右衛門は元和五年六月病死し、長男は大番となり、次男は頼宣に従って紀伊に移った。そしてこれ以降同時に複数の中泉代官が存在することはなくなった。

秋鹿家文書の元和五年十二月二十八日「遠州池田河西御蔵入未年郷帳」によると、浅井朝正は長上郡二四カ村・豊田郡二四カ村、計四八カ村(ほか新田九カ村―川西筋)七三〇七石七斗六升三合、ほか新田二九二石七升八合、計七五九九石八斗四升一合の蔵入地を支配していた。同年十二月十日の「遠州池田川西御代官所高帳」(5)によると、これらの郷村は中野七蔵から秋鹿長兵衛に割り渡されている。寛永四年六七八七石六斗一升六合、寛永十年代には新居筋・浜名筋を加え一万八、九千石余、正保四年(一六四七)の郷帳では一万九二〇〇石二斗九升二合、寛文元年分年貢勘定目録では新田を含めて一万九六八一石八斗六升二合、元禄八年には二万二四四七石四斗二升六合の代官となっている。

正保郷帳に記される遠州の幕領は、高合計一〇万二三八四石三斗四合で、掛川藩松平伊賀守忠晴預所を除いて九名の代官で支配されていた。そのうち最大の代官は中泉代官の松平清兵衛（親茂）で三万七一五三石二斗九升六合、ついで秋鹿長兵衛、以下、河合助左衛門（川井忠次・支配所一万七五四六石二斗九升七合）・宮崎三左衛門（道次・同九六九九石四斗四升七合、信濃伊那代官、遠江山名郡川井村陣屋）・長谷川藤兵衛（長勝・同八五六九石四斗八升二合、駿河島田代官）・大草太郎左衛門（正信・同二六四四石二合、山名郡新貝村）・万年七郎左衛門（忠頼・同二三七七石七升一合、榛原郡川尻村）・平野三郎右衛門（重長・同一七八九石七斗一合、豊田郡加茂村）・市野惣太夫（実利・同一一三一石四斗四升、長上郡市野村）である。なお掛川藩預所は一万〇三六一石八斗二升六合である。(6) このように遠州初期の幕領支配は中泉代官をはじめ多くの土豪代官によってなされていた。

## 一　秋鹿家年貢勘定目録の分析

秋鹿家の年貢勘定は表9にみられるように、元和五年分から寛永二年分までは高合七五九九石八斗四升一合、寛永四年から九年までは高合六九六二石六斗九升一合に減少する。そして此取米は日損によって減少した寛永九年分の一四四七石七升四合（取米率二〇・七八％）を例外として、二三〇〇石台から二八〇〇石台まで、取米率も三三％台から三七％台と比較的安定している。このほかわずかではあるが、寛永九年・十三年・二十年分には種貸利納がある。種貸は寛永九年八四石を本米として毎年三割の利を納めるものである。ただし同年は日損のため二二石七斗五升分は無利足となっている。寛永十三年は本来一四一石四斗に増加、寛永二十年は春飢饉のため米三一〇石一斗を借り三割の利を納め、本米は前年勘定で仕上げたとのことである。

これに対して渡方には、百姓納米・売米・御城米・運賃・干米・その他がある。百姓納米はのちの三分一石代納に相当する百姓納米Aとそれ以外の百姓納米Bに分けて考察してみた。

まず元和五年分は元和七年四月十三日勘定所提出の負の勘定目録と寛永八年十月二十日勘定所提出の皆済目録との二通がある。前者には「残御蔵ニ有負」米一〇七二石七斗八合があり、後者で桧板子筏賃・運賃と百姓納米Bとなって皆済となっている。

百姓納米Aは、これを小判に替え御金奉行に金納しているが、その金納値段は元和五年分金一両に二石一斗、七年分二石三斗、寛永元年分二石四斗五升、二年分二石八斗、四年分一石九斗二升、五年分二石一斗、七年分二石四斗一升五合、八年分二石四斗五升、九年分二石六升五合とバラつきが多い。このうち元和七年分は「五分一納」、寛永元年・二年分は「三分一百姓納」、九年分は「三分一金百性(姓)納」とあり、幕領初期年貢にみられる五分一金(銀)納、寛永期に現れる三分一金(銀)納と思われるが、元和七年分は一六・八六%で取米の五分一より少なく、寛永元年分は二二・〇一%で三分一より少ない。寛永二年分は三分一であるが、寛永九年分は四三・九五%と三分一より多く疑問も残る。少なくともこの地域においては、三分一金(銀)納は制度としては機能していないのである。つぎに百姓納米Bとしたのは、百姓納米Aより金納値段が安く、元和七年分は金一両に三石五斗、寛永元年分三石五斗、二年分三石二斗五合、五年分二石三升、七年分二石六斗二升五合である(寛永五年分はAより高いがその理由は明らかにしえない)。

売米についてみると、元和五年分で七年四月十三日勘定所提出のものに「残御蔵ニ有負」とあった一〇七二石七斗八合は、うち六六八石三斗九升が寛永八年十月二十日勘定所提出のものでは一両に二石九斗七升五合替えで小判二二四両二分三朱が御金奉行に渡されており、これはのちに代官所の蔵から出されて売られたものと考えた。同七年分のうち八〇石六升二合は江戸浅草に残った悪米を寛永四年五月一両に五石二斗五升の値段で江戸で売却し小判一五両一

| 寛永５年分 | 寛永７年分 | 寛永８年分 | 寛永９年分 | 寛永13年分 | 寛永17年分 | 寛永20年分 |
|---|---|---|---|---|---|---|
| 6,962.691 | 6,962.691 | 6,962.691 | 6,962.691 | 18,235.593 | 18,203.594 | 19,449.294 |
| 2,443.553 | 2,575.408 | 2,440.02 | 1,447.074 | 4,793.729 | 8,077.252 | 7,612.725 |
| (35.04) | (36.99) | (35.04) | (20.78) | (26.29) | (44.37) | (39.14) |
| | | | 18.375 | 42.42 | | 93.03 |
| 2,443.553 | 2,575.408 | 2,4440.02 | 1,465.449 | 4,836.149 | 8,077.252 | 7,705.755 |
| | | | | | | |
| 371.962 | 1,738.8 | 1,799.655 | 644.07 | 1,195.858 | 1,754.997 | |
| (15.22) | (67.52) | (73.76) | (43.95) | (24.73) | (21.73) | |
| 177-0-2 | 720- | 734-2-2 | 311-3-2 | 1,035-1-2 | 1,066-3-2 | |
| 2,071.591 | 673.343 | | | | | |
| (84.78) | (67.52) | | | | | |
| 1,020-2 | 256-2 | | | | | |
| | 673.343 | 367.5 | 216.954 | 945.503 | 499.8 | 3,780.158 |
| | (26.15) | (15.06) | (14.80) | (19.55) | (6.19) | (49.06) |
| | 256-2 | 140- | 112-3 | 432-2-3 | 270-1-2 | 950-0-1 |
| | | 234.46 | 190.025 | 863.8 | 5,090.75 | 3,395.683 |
| | | (9.61) | (12.97) | (17.86) | (63.03) | (44.07) |
| | | | 306.95 | | | |
| | | | (20.95) | | | |
| | | 27.655 | 22.8 | 77.742 | 458.167 | 305.611 |
| | | (1.13) | (1.56) | (1.61) | (5.67) | (3.97) |
| | 8.825 | 14.75 | 14.94 | 5.886 | 153.69 | 5.009 |
| | (0.34) | (0.60) | (1.02) | (0.12) | (1.90) | (0.07) |
| | 154.44 | | 55.03 | 70.08 | | 85.348 |
| | (6.00) | | (3.76) | (1.45) | | (1.10) |
| | | | 14.68 | | | 2.307 |
| | | | (8.96) | | | (0.03) |
| | | | | 45.73 | 45.73 | 45.73 |
| | | | | (0.95) | (0.57) | (0.59) |
| | | | | 11.21 | | |
| | | | | (0.23) | | |
| | | | | 1.74 | 7.902 | 7.902 |
| | | | | (0.04) | (0.10) | (0.10) |
| | | | | 433.3 | | |
| | | | | (8.96) | | |
| | | | | 1,185.3 | | |
| | | | | (24.51) | | |

表9　秋鹿家文書年貢勘定目録

| | 元和5年分負 | 元和5年分 | 元和7年分 | 寛永元年分 | 寛永2年分 | 寛永4年分 |
|---|---|---|---|---|---|---|
| 高　　合 | 7,599.841 | 7,599.841 | 7,599.841 | 7,599.841 | 7,599.841 | 6,962.691 |
| 此　　取 | 2,622.883 | 2,622.883 | 2,532.922 | 2,782.207 | 2,853.628 | 2,311.57 |
| （取米率） | (34.51) | (34.51) | (33.33) | (36.61) | (37.55) | (33.20) |
| 種貸利納 | | | | | | |
| 計（100.00%） | 2,622.883 | 2,622.883 | 2,537.922 | 2,782.207 | 2,853.628 | 2,311.57 |
| 渡　　方 | | | | | | |
| 百姓納米A | 210 | 210 | 427.8 | 612.5 | 952.35 | 1,965.559 |
| （%） | (8.01) | (8.01) | (16.86) | (22.01) | (33.37) | (85.03) |
| 此小判（両-分-朱） | 100- | 100- | 186- | 250- | 340-0-2 | 1,021-0-1 |
| 百姓納米B | | | 360.5 | 1,948.368 | 1,813.063 | |
| （%） | | | (14.20) | (70.03) | (63.54) | |
| 此小判（両-分-朱） | | | 103- | 556-2-3 | 545-1 | |
| 売　　米 | | 668.39 | 383.329 | | | 227.543 |
| （%） | | (25.48) | (15.10) | | | (9.84) |
| 此小判（両-分-朱） | | 224-2-3 | 70-1-2.5 | | | 92-3-2 |
| 江戸御城米 | 835.8 | 835.8 | 993.092 | | | |
| （%） | (31.87) | (31.87) | (39.13) | | | |
| 大坂御城米 | | | | 168.353 | 68.86 | |
| （%） | | | | (6.05) | (2.41) | |
| 浜松御城米 | | | | | | |
| （%） | | | | | | |
| 運　　賃 | 100.296 | 100.296 | 128.777 | 30.303 | 12.395 | |
| （%） | (3.82) | (3.82) | (5.07) | (1.09) | (0.43) | |
| 干　　米 | 53.49 | 53.49 | 181.82 | 22.683 | 6.96 | 4.98 |
| （%） | (2.04) | (2.04) | (7.16) | (0.82) | (0.24) | (0.22) |
| 堤川除人足扶持 | 14.12 | 14.12 | 62.604 | | | 42.245 |
| （%） | (0.54) | (0.54) | (2.74) | | | (1.83) |
| 圦橋抱修理樋入用 | 10.486 | 10.486 | | | | 71.243 |
| （%） | (0.40) | (0.40) | | | | (3.08) |
| 榑運賃 | 235.683 | 640.001 | | | | |
| （%） | (8.99) | (24.40) | | | | |
| 種　　貸 | 90.3 | 90.3 | | | | |
| （%） | (3.44) | (3.44) | | | | |
| 伝馬宿被下 | | | | | | |
| （%） | | | | | | |
| 朝鮮人賄入用 | | | | | | |
| （%） | | | | | | |
| 御扶持方渡 | | | | | | |
| （%） | | | | | | |
| 新居番所入用 | | | | | | |
| （%） | | | | | | |
| 浜松御宮造営大工扶持 | | | | | | |
| （%） | | | | | | |

| | | | | | | |
|---|---|---|---|---|---|---|
| | | | | 1,118-3 | 66.216<br>(0.82) | 66.216<br>(0.86) |
| 1,190-2-2 | 976-2 | 874-2-2 | 242-2-2 | 2,586-3-1 | 1,337-1 | 950-0-1 |
| 〃　11,500<br>2-3-2 | 〃　11,500<br>2-3-2 | 〃　11,500<br>2-32 | | 〃118,481<br>29-2-2<br>14.1<br>12-0-3<br>157.362<br>19-2-3<br>3-0-2 | 〃110,340<br>27-2-2<br>14.1<br>8-2-1<br>161.557<br>23-0-1<br>4-1-2 | 〃119,904<br>30-<br>14.45<br>10-2<br>157.177<br>21-<br>4-3-2 |
| 2-3-2 | 2-3-2 | 2-3-2 | | 64-2-2 | 63-2-2 | 66-1-2 |
| 寛永8年<br>10月20日 | 寛永10年<br>8月25日 | 寛永10年<br>9月26日 | 寛永12年<br>7月3日 | 寛永18年<br>8月13日 | 寛永19年<br>9月24日 | 正保4年<br>9月15日 |

分を、また残米三〇三石二斗六升七合を一両に五石五斗替えで大津米屋三吉に売り上げ小判五五両二朱朱中を、いずれも御金奉行に渡している。寛永四年分のそれは塩入米二二七石五斗四升三合を一両二石四斗五升替えで小判九二両三分二朱を、同七年分は残米六七三石三斗四升三合を一両二石六斗二升五合替えで小判二五六両二分を、同八年分は塩入米三六七石五斗を一両二石六斗四升五合替えで小判一四〇両を、同九年分は米二一六石九斗五升四合を江戸作事材木請負商人への売米代金として一両一石九斗二升五合の値段で小判一一二両三分を、これも御金奉行に渡している。同十三年分は米一二六石を一両一石一斗二升の値段で白須賀・新居・舞坂町往還で翌十四年三月・閏三月・四月に売却し小判一一二両二分を、残米八一九石五斗三合を同十六年五月から八月にかけて一両二石五斗二升の値段で売り上げている。そして同十七年分は米一四一石七斗五升を翌十八年三月新居・白須賀・舞坂町往還で一両一石九斗二升五合の値段で町売し小判七三両二分二朱を、同年四月・五月にも米三五八石五升を一両一石八斗二升の値段で同三宿で町売し小判一九六両三分をいずれも御金奉行に渡している。同二十年分は同年置籾九六三石六斗六升四合を一両三石八斗五升の値段で正保四年秋に払い小判

| | | | | | | |
|---|---|---|---|---|---|---|
| 此小判(両-分-朱) | | | | | | |
| 秋鹿長兵衛切米 | | | | | | |
| (%) | | | | | | |
| 残御蔵ニ有負 | 1,072.708 | | | | | |
| (%) | (40.90) | | | | | |
| 小判計(両-分-朱) | 100- | 324-2-3 | 359-1-2.5 | 806-2-3 | 885-1-2 | 1,113-3-3 |
| 小物成　野銭(貫,文) | 京銭11,000 | 〃　11,000 | 〃11,000 | 〃　11,000 | 〃　11,000 | 〃　11,500 |
| 此小判(両-分-朱) | 2-3 | 2-3 | 2-3 | 2-3 | 2-3 | 2-3-2 |
| 〃　米 | | | | | | |
| 此小判(両-分-朱) | | | | | | |
| 〃　塩 | | | | | | |
| 此小判(両-分-朱) | | | | | | |
| 〃鳥浦役金(両-分-朱) | | | | | | |
| 〃　小判計(両-分-朱) | 2-3 | 2-3 | 2-3 | 2-3 | 2-3 | 2-3-2 |
| 勘定所提出年月日 | 元和7年4月13日 | 寛永8年10月20日 | 寛永8年10月20日 | 寛永8年10月20日 | 寛永8年10月20日 | 寛永8年10月20日 |

二五〇両一分一朱を、寛永二十年残米二八一六石四斗九升四合を一両四石二升五合の値段で正保四年夏に払い小判六九九両三分を御金奉行に渡している。

百姓納米Bと売米は区別しがたいところもあるが、百姓納米は百姓が金納し、売米は代官において換金したものとしておこう。

城米は、元和五年・七年分と寛永八年以降が江戸、寛永元年・二年分が大坂、寛永九年分が浜松に納入されている。すなわち、元和五年分が翌六年九月十五日、七年分が寛永二年七月に浅草前に積み置き寛永三年六月から四年五月にかけて御蔵奉行に渡され、寛永八年分は同十年三月浅草に送られ、御蔵奉行に渡されている。寛永九年分は十年八月浅草城米として納められ、寛永十三年分は翌年六月と七月に浅草城米として納入されている。寛永十七年分は翌年六月と八月から十月に御蔵奉行に渡されている。寛永二十年分は一〇〇五石六斗九合が江戸城米として城米方御蔵奉行に、二三九〇石七升四合が浅草御蔵詰として浅草方御蔵奉行に渡されている。いずれも掛塚から積み出しているが、運賃は石当たり一斗二升である。大坂城米は寛永元年分が寛永四年十一月十八日大坂蔵納、同二年分が寛永四年四月十六日大坂納めされ、いずれも大坂御蔵奉行に渡されている。これも掛塚から積み出し、運賃は石当たり一斗八升である。寛永九年分は浜松御城米三〇〇〇石のうちとして三〇六石九斗五升が、年は明記されていないが多分翌十年に浜松城主高力摂津守高房に渡されている。これについては運賃の記載はない。浜松御城米定数三〇〇〇石詰めの開始は万治以前とされるが、(7)この勘定目録によりその開始年代を譜代大名城地への城米創始の寛永十年とすることができる。

干米は欠米ともいい、納米・運賃・扶持米・入用米などの米一俵（三斗五升入）にほぼ二升の割合で計算されている。

その他には、堤川除人足扶持があり、元和五年分は翌六年春人足二八二四人、一人一日五合宛てで米一四石一斗二升、元和七年分は寛永二・三年人足一万二五二一人、米六二石六斗四合、寛永五年分は翌六年春と七年八月の天龍川堤修復入用扶持として八九三二人、米四二石二斗四升五合、寛永七年分は翌八年九月の大水による天龍川堤修理を九年春日用をもって命じられ、日用人足三六二一人（枠木杭木取人足を含む）、一人一日四升宛てで米一四一石四斗、枠木杭木大工飯米作料米五石五斗九升、川除堤修理人足三二五五人、一人一日五合宛てで米一六石二斗七升、計一五四石四斗四升（史料記載のまま、計算は合わない）、寛永九年分は翌十年八月の大水により天龍川堤を十一年春・十二年春と普請したもので、枠さし大工四八人、一人一日六升宛て米三石一斗二升、枠木五七四本代米一本米一升七合五勺で一〇石四升五合、人足九〇〇一人、一人一日五合宛て米四五石五合、計五五石三升、寛永十三年分は十五年春・夏新居筋と都田村堤川除普請人足一万四八一七人の扶持方として米七〇石八升、寛永二十年分は正保二年春川西海別浜名筋堤普請人足一万七七二一人扶持米八八石六斗五合、一色村・国吉村川除出し大工三六人作料飯米、一人一日四升五合宛て米一石六斗二合、計八五石三斗四升八合である。これらはいずれもほかに二升出目がある。そしてこれらには庄屋・百姓・大工らの証文・小帳に、元和五年分は中野七蔵（重吉）の裏判があり、寛永四年・七年分は高室金兵衛（昌成）、寛永九年分は高室四郎左衛門（昌重）、寛永十三年分は松平清左衛門（親正）、寛永二十年分は松平清兵衛（親茂）の近隣代官の加判がある。

元和五年分には翌六年春白鳥村圦破損につき一口を修理し米三石三斗九升六合を、女御（東福門院徳川和子）入内のとき安間橋破損につき修理し米七石九升を支出している。寛永四年分には遠州川西村々抱九カ所を同六年春にふせその入用米七一石二斗四升三合を、同九年分には天龍川筋白鳥村・安間村の圦二口をふせた入目板角木代米六石二斗五升一合、大工一一六人一日一人六升五合宛て七石五斗一升二合、人足三五一人、一人一日五合宛て米一石七斗五升五合、計一四石六斗八升（これも計算は合わない）を支出している。寛永二十年分には樋入用渡米二石三斗七合がある。これは正保二年春遠州海別のうち宇布見村に圦を伏せた入用で、宍料・釘鎹代と大工二六人・木引二人の作料飯米、人足一一五人の扶持米である。

元和五年分同七年四月十三日勘定所提出の目録にある米三三五石六斗八升三合は中野七蔵・浅井長七郎負となっている。これは遠州掛塚より江戸へ届けた檜の運賃であり、寛永八年十月二十日提出の目録にはこのほか米四〇四石三斗一升八合が檜板子を日明より掛塚まで届けた筏賃と遠州掛塚より江戸までの運賃として中野七蔵に渡されている。ただし勘定仕上げは中野と浅井の二人となっている。こうして寛永八年十月二十日提出の目録によって元和五年分は皆済となった。

元和五年分にのみ種貸がある。同六年春村々へ米九〇石三斗を渡したものである。

伝馬宿被下は寛永十三年から新居町米一三石一斗二升七合・白須賀町米一七石四斗八升九合・舞坂町米一七石七斗三升一合、計米四五石七斗三升が伝馬人足ならびに継飛脚御用として毎年渡されている。これは寛永十年三月二十七日井上新左衛門・曽根源左衛門（吉次）・武藤理兵衛（安信）・杉田九郎兵衛（忠次）の連名で伝馬人足幷継飛脚御用給米手形が各代官に出され、家光上洛に当たって江戸から大坂までの東海道と中山道の美濃一八宿に宿駅ごとに継飛脚と寄人馬に飯米計五〇〇〇俵を給することにしたものである。(8)寛永十年から十二年の目録が欠けているが、あれば当然記載がある。

朝鮮人賄入用は寛永十三年十二月と十四年正月に朝鮮通信使が東海道を上下したときの、新居での賄入用米一一石二斗一升である。これは第四回の朝鮮使節（通信使としては第一回）の来日であり、寛永十三年十二月江戸城で家光に謁し天下泰平を賀している。

御扶持方渡のうち、寛永十三年分は十四年十月上方堤見分のため市橋下総守（長政）が派遣され、二〇〇人扶持一泊、十四年九月国廻り石丸権六（有吉）三六人扶持一泊、依田内蔵助（信重）二八人扶持一泊、十四年十二月能勢四郎右衛門（頼安）が肥前に派遣されたときの二〇人扶持一泊、計一石七斗四升である。長政は近江仁正寺藩主、寛永十二年上方御料所郡奉行に任じている。石丸は大番組頭、依田は書院番、ともに寛永十四年八月二十五日作毛を検するため遠江に赴いている。能勢は勘定、寛永十四年十二月三日島原の蜂起により糧米を承り松平信綱に副って島原に赴いている。寛永十七年分には、同年十二月三州吉良へ手鷹師阿部新右衛門（重次）ほか多数の手鷹師を派遣しているがその扶持・宿泊代と、同十八年上方国廻り津田八郎左衛門（重氏）・丸茂六左衛門・長坂孫七（吉利）・井出十左衛門（正員）の扶持・宿泊代計七石九斗二合である。津田は大番組頭、井出は勘定、津田・長坂・井出はいずれも寛永十八年三月三日国廻りを承り畿内・西国を巡視している。寛永二十年分には、同年三州吉良へ手鷹師阿部新右衛門ほかの手鷹師・同心鷹師・餌指を派遣しその扶持・宿泊代と、正保元年三月浜松所替（二月二十八日松平乗寿上野館林へ移封、太田資宗三河西尾より入部）に当たって派遣された堀三右衛門（直景）・大井新右衛門（政景）らの扶持・宿泊代、さらに同年上方堤川除普請場所見分に派遣の小出対馬守（吉親）・片桐石見守（貞昌）の扶持・宿泊代、合計七石九斗二合である。堀直景は使番、大井政景は小姓組である。また小出吉親は寛永十九年十月一日上方郡奉行となり、片桐貞昌は同年七月二十七日関東郡奉行となっている。

寛永十三年分にある新居番所入用は、翌十四年新居番所二つを新規に仰せ付けられ、その材木代・材木運賃・屋根葺手間賃・棟瓦代・大工木引作飯米・釘鎹代・竹代・縄代・壁塗手間・石垣台代・地形築手間賃・壁土代・据石代・人足日用賃・畳刺賃で計四三三石三斗、この小判は三八六両三分二朱で一両に一石一斗二升替え、新居・白須賀・舞坂住還売米金を渡している。これは服部権大夫（政信）・同木工助（政次）・秋鹿長兵衛の加判と年寄（老中）衆の添状がある。服部両人は今切（新居）関所番である。

寛永十三年分の浜松御宮造営大工扶持米一一九五石八斗五升八合は、十四年に浜松町相場一両一石五升九合五勺で、城主高力摂津守高房が立ち会い吟味し御金奉行に渡している。

秋鹿長兵衛切米は寛永十七年・二十年分に記されるが、どちらも当年の切米二〇〇俵分の米六六石二斗一升六合であり、寛永二十年分には勘定頭の判がある。

つぎに小物成について触れよう。元和五年分から毎年京銭一一貫文の野銭を一両四貫文替えで小判二両三分を御金奉行に納めている。寛永四年京銭五〇〇文が増えて一一貫五〇〇文となり小判二両三分二朱が納められることとなった。寛永八年これは金で納めなくなり、翌九年分にもその記載がなくなる。十三年分からは小物成野銭が一気に増加し、小物成の米・塩が新たに加わり、いずれも小判で納められ、鳥浦役金が新設されて、すべて御金奉行に納めている。

以上のことを簡単に整理すると、遠州川西代官所の年貢は、百姓が金納する百姓納米の比率は一定せず、百姓納米Aとした五分一、三分一金納も寛永末までは制度として成立していない。その理由は幕府・代官の米需要の変動によるのであろう。三分一金納の実質的成立は河内末吉代官の年貢機能を分析した佐々木潤之介氏のいわれるように慶安末年とみられよう。(9)売米は代官所が悪米・塩入米を販売している場合と東海道宿駅で販売している場合がある。百姓・代官所ともに換金の在り方が問題となろう。城米は江戸・大坂・浜松の各城米があるが、大坂は二例のみの例外ともみえるし、浜松は城詰米制度創設のための措置である。江戸城米が恒常化されるのは寛永八年分以降すなわち寛永十年からであるが、比率は一定しない。運賃と干米は定率化している。これらは種貸を含めて徳川氏の蔵入地として行われた性格をもつものである。これに対し、堤川除人足扶持や圦橋樋などの入用は「公儀」としての支出であり、当初の元和五年分からみられる。浜松城詰米もその意味があり、寛永十年以降の伝馬宿被下、同十三年の朝鮮人賄入用、同年分の新居番所入用も「公儀」の交通支配のための支出である。

## 二　江戸幕府直轄領の性格——結びにかえて——

江戸幕府直轄領の性格をどうみるか、このことについては過去にいくつかの提言がある。北島正元氏は、幕府の全国支配の物質的基礎として位置づけ、大名領に対する量的優越性とともに、存在形態の質的優越性の考慮を提示し、(10)村上直氏は代官の実態研究から迫り、(11)佐々木潤之介氏は河内代官末吉氏の勘定目録の分析を行い、年貢米銀の機能を明らかにした。(12)また朝尾直弘氏は畿内幕領の支配構造の検討を行っている。(13)さてここでは安藤正人氏の所説について触れておこう。すなわち氏は「幕藩制国家初期の『公儀御料』」(14)において、豊臣政権は全国的な蔵入地の設定によって、「公儀」の役の体系として作動する扶持米給付の条件を獲得し、統一的な役の体系を構築しえたこと。徳川政権はこの役の体系を継承し作動させるため独自に扶持米給付の条件を獲得する必要から、近世初期に徳川蔵入地―幕領を全国的に拡大し、幕領は全国的体系性をもつ「公儀」の役との関連で位置づけられ、他の地域と異なる「公儀御料」として独自の性格を付与される。すなわち幕藩初期の「公儀」の堤・城郭などの普請・作事が、国役・千石夫など役の体系に支えられ、それが「公儀」の扶持米給付をともない実現しており、この扶持米が近隣幕領から供給され村からの直接支出が基本形態である。寛永中期以降は国役普請体制は解体し、夫役銀納化が進んで扶持米の本来的機能は低下し、さらに幕府直轄蔵体制と城詰米制度の整備にともない、幕領年貢米の集中管理と統一的掌握のなかで、幕領は「公儀」の財政の財源として画一的性格を強めたとする。村からの扶持米の直接支出が基本形態であることは、秋鹿家年貢勘定目録の分析結果では肯定しかねるが、氏の論理展開については参考にすべき点が多い。

寛永十九年八月勘定頭がもっていた幕領支配と留守居がもっていた財政経理が合一し、勘定頭制の成立をみた。このことを指標として「公儀」としての幕府財政の成立がみられ、幕領支配が統一的になされることになるのである。なお秋鹿家文書には正保以降、寛文以前の年貢勘定目録が欠如しており、その後の見通しについては今後の課題としたい。

注

(1) 佐藤孝之『近世前期の幕領支配と村落』巌南堂書店・一九九三年、六七〜七九頁、第二章第四節代官秋鹿氏の年貢勘定。

(2) 『磐田市史』史料編2・近世・一九九一年、六〜七頁、一〇〜一八頁。

(3) 大野瑞男「年貢勘定目録からみた江戸幕府勘定所—勘定頭・勘定所役人の成立過程の再検討—」(『東洋大学大学院紀要』三〇集・一九九四年〔本書第三章収載〕)。

(4) 『新訂寛政重修諸家譜』第一五・二三三〜二三四頁、『磐田市史』史料編2・近世二八〜三二頁。

(5) 国立史料館所蔵秋鹿家文書、『静岡県史・資料編』9・近世一、七五五〜七五八頁。

(6) 『静岡県史・資料編』9・近世一・付録。
(7) 姫路市所蔵酒井家文書「所々御城米」。
(8) 前掲拙稿参照。
(9) 佐々木潤之介『幕藩権力の基礎構造』御茶の水書房・一九六四年（増補改訂版一九八五年）、三三五頁。
(10) 北島正元『江戸幕府の権力構造』岩波書店・一九六四年、三三三頁。
(11) 村上直『代官』新人物往来社・一九六三年、『天領』新人物往来社・一九六五年。
(12) 佐々木潤之介前掲書〔個別分析A〕一七世紀における年貢の機能、三三一～九八頁。
(13) 朝尾直弘『近世封建社会の基礎構造』御茶の水書房・一九六七年、三一六～三五四頁。
(14) 一九八一年度歴史学研究会大会報告『歴史学研究別冊・地域と民衆―国家支配の問題をめぐって―』所収。

# 第五章　元禄期における幕府財政

## はじめに

江戸幕府財政に関する研究は、幕府勘定所史料のほとんどが失われてしまったという史料的制約のために、十分な蓄積があるとはいい難い。「誠斎雑記」「大河内家記録」「酒井家記録」や、天保〜幕末期の「吹塵録」「貨幣秘録」「水野家文書」「井伊家史料」「徳川宗家文書」などを利用して、享保期以降の研究にはみるべき成果があるものの、それ以前の研究は極めて少ない(1)。

しかし、藤田覚氏が一九八一年に紹介された「元禄期幕府財政の新史料(2)」は、元禄期幕府財政の実態分析に重要な手がかりを与えてくれた。それまでは、筆者が一九七一年に紹介し分析を加えた「元禄十六年未宝永元申弐ケ年分大坂御金蔵金銀納方御勘定帳」一冊(3)が唯一の関係史料といえよう。これは大坂町奉行・大坂金奉行が宝永二年に勘定を仕上げ（決算し）、幕府勘定所に提出したと推測しうる帳面の控である。しかしながら、この勘定帳の記載内容が大坂金蔵管轄地域である畿内以西よりの納方の金銀のみで、払方の記載はなく、当然米・大豆の納払（収支）は不明であるという限界があり、その意味で幕府財政の一端しか判らない憾みがある。

さて、藤田氏が紹介された新史料について分析や位置づけを行った研究は管見の範囲ではないと思われるので、本稿はこの史料から問題を提起し、普請修復費用については「竹橋余筆別集」巻五所収の元禄期の遠国普請修復史料を分析し、「元禄末期における幕府財政の一端」の結果をも含めて、元禄期の幕府財政の性格を総体的に検討しようと思う。

## 一　貞享・元禄期の幕府財政

「元禄期幕府財政の新史料」は、東京大学史料編纂所所蔵特殊蒐書の中の「近藤重蔵遺書」に含まれて伝来した二点である。一点は「貞享三寅年御入用払高大積」一冊で、貞享四年四月払方金奉行井戸安右衛門（治基）・本田藤十郎（正信）・戸田茂兵衛（直祐）から留守居彦坂壱岐守（重治）・杉浦内蔵允（正友）・内藤出羽守（正方）・酒井能登守（忠辰）に宛てたもので、貞享三年に幕府金蔵から支出した払方金奉行管掌の金銀銭米を各費目ごとに整理した概算と、各費目ごとに前年すなわち貞享二年の支出額との増減を付札に記してある。他の一点は元禄七年九月の「御蔵入高並御物成元払積書」一冊で、元禄七年の幕領惣高（四一八万一〇〇〇石余）に近年の平均的な率の物成を積もって基準の歳入（米二一六万八〇〇〇俵余・金五六万二二七〇両余）とし、近年入用が増した積りと、元禄七年から十年程以前（貞享期と考えられる）の平均的な歳出高とを比較したものである。どちらも幕府勘定所において作成された公式の控ないし写本と推定される。

表10は「貞享三寅年御入用払高大積」によって同年の費目別支出概算をみたものである。

まず最大の支出費目は幕臣団への俸禄である切米金四一・四六％である。将軍家の賄方と桂昌院・綱吉夫人ほかの奥方経費が合計一五・六二％、それに色々道具（蒔絵道具・屏風・双紙・馬道具ほか）三・一四％も将軍および奥方経費

表10　貞享3年支出概算

| | 金 | 銀 | 銭 | 米 | 永換算計 | 構成比 |
|---|---|---|---|---|---|---|
| | 両分 | 貫　匁 | 貫　文 | 石 | 貫　文 | % |
| 奥方入用 | 18,684-2 | 150,025 | | | 21,184.917 | 5.36 |
| 奥方合力金 | 4,967 | | | | 4,967.000 | 1.26 |
| 御賄入用 | 23,010-3 | 752,314 | 740 | | 35,549.502 | 9.00 |
| 小普請入用 | | 3,161,431 | | 8,630.22 | 61,320.737 | 15.53 |
| 小細工入用 | | 1,871,489 | | 2,693.13 | 33,884.613 | 8.60 |
| 日光所々普請入用 | | 57,140 | | 358.5 | 1,310.833 | 0.33 |
| 熱田神宮修復入用 | 350 | 525,875 | | | 9,114.583 | 2.31 |
| 寺社初尾 | | | 72,000 | | 18.000 | 0.00 |
| 鷹匠路銭 | 30 | | 950 | | 30.238 | 0.01 |
| 鳥見伝馬代・路銭 | 73-2 | | 46,090 | | 85.023 | 0.02 |
| 馬飼料 | 971-2 | | 50,760 | | 984.190 | 0.25 |
| 弓稽古料 | 277-2 | | | | 277.500 | 0.07 |
| 切米金 | 163,742- | | | | 163,742.000 | 41.46 |
| 蔵小買物 | | 4,062 | | | 67.700 | 0.02 |
| 畳入用 | | 274,000 | | 840. | 5,406.667 | 1.37 |
| 辻番給金 | 845- | | | | 845.000 | 0.24 |
| 万入用 | 12,533-1 | 949,674 | 11,740 | 569.6 | 28,933.685 | 7.33 |
| 方々普請入用 | 8,228-3 | 387,004 | | 181.32 | 14,860.137 | 3.76 |
| 色々道具入用 | 5,000-2 | 443,202 | | | 12,387.200 | 3.14 |
| 合計 | 238,714-1 | 8,576,216 | 182,280 | 13,272.77 | 394,969,523 | 100.00 |

（史料）「貞享三寅年御入用払高大積」(藤田覚「元禄期幕府財政の新史料」『史学雑誌』90編10号)による。
（注）金１両＝銀60匁＝銭４貫文＝米１石替(史料記載)。

とみられるから、将軍家政関係費目が合計一八・八％を占め、御賄入用は前年より八五四四両二分余も増えていることが注目される。次に小普請入用・小細工入用・日光所々普請・熱田神宮修復入用・畳入用・方々普請入用など普請作事修復関係費目の合計は三一・八七％もあり、日光・熱田神宮以外の費目内容は明らかではないが、普請作事経費がかなりの比重を占めていることが知られる。

ところでこの史料に付札があって貞享二年との費目別増減額が記されているが、付札が剥がれている箇所もあり、計算集計は一致しないので表10には示さなかった。前年に比べ貞享三年は金七万二二五一両三分・米四三七四石六斗五升多いので、貞享二年総計は金銀銭三〇万九四四四両三分余・米八八九八石一斗二升余で、三年総計に対し八〇・六％となる。貞享三年より目立って多い二年の費目

| B　近　年　入　用　積 | | | | |
|---|---|---|---|---|
| 米　俵 | 金　両 | 金換算計　両 | 構成比 | 指　数 |
| 2,168,700 | 562,270 | 1,165,500 | % | 100 |
| 712,000 | 199,000 | 398,000 | 31.2 | 108 |
| 240,600 | | 67,360 | 5.3 | 119 |
| | 55,580 | 55,580 | 4.4 | 212 |
| | 150,560 | 150,560 | 11.8 | 260 |
| | 11,400 | 11,400 | 0.9 | 496 |
| 15,000 | 20,170 | 24,370 | 1.9 | 71 |
| | 268,500 | 268,500 | 21.1 | 612 |
| | 12,080 | 12,080 | 0.9 | 122 |
| | 12,280 | 12,280 | 1.0 | 79 |
| | 9,870 | 9,870 | 0.8 | 260 |
| | 17,300 | 17,300 | 1.4 | 85 |
| 338,800 | 46,700 | 141,560 | 11.1 | 100 |
| 199,400 | 49,860 | 105,690 | 8.3 | 105 |
| 1,505,800 | 853,300 | 1,274,550 | 100.0 | 144 |
| 662,900 | △291,000 | △　105,400 | | |

は、日光所々普請入用で、金一万三二六五両余・米一〇六二石八斗二升余（金換算計一万四三二七両余）多い。貞享元年十二月の日光大火によって本坊・本宮をはじめ山中・町中が焼失したが、二月から十一月にかけて堂社の復旧がなされた。貞享二年入用が多かったのはこのためで、三年は神橋の修復がなされている[4]。

貞享三年支出概算の構成比一％以上の費目は、同二年の支出の方が少ないか、同程度である。熱田神宮修復入用は二年の支出がない。右を除いて貞享二年に比して三年の支出が増加した費目を増加率の順に並べれば、色々道具入用・小細工入用・畳入用・方々普請入用・御賄入用・切米金・万入用・小普請入用となり、将軍家政・普請作事修復関係費目の増加が注目される。

ところで、この史料記載には米が含まれているものの一万三千石余と少なく、米蔵支出の米方を欠いている。幕府金蔵支出の金方総額は三八万一六九六

表11　貞享期と元禄初年歳出比較

| | A 10ヶ年程以前入用中分積 | | | |
|---|---|---|---|---|
| | 米　俵 | 金　両 | 金換算計　両 | 構成比 |
| 納高 | 2,168,700 | 562,270 | 1,169,500 | % |
| 切米役料 | 660,200 | 184,800 | 369,600 | 41.9 |
| 扶持合力米外 | 203,000 | | 56,840 | 6.4 |
| 合力金 | | 26,200 | 26,200 | 3.0 |
| 納戸入用 | | 57,900 | 57,900 | 6.6 |
| 細工方入用 | | 2,300 | 2,300 | 0.3 |
| 御賄方入用 | 29,000 | 26,200 | 34,540 | 3.9 |
| 作事 | | 43,900 | 43,900 | 5,0 |
| 所々作事入用 | | 9,900 | 9,900 | 1.1 |
| 小細工方入用 | | 15,600 | 15,600 | 1.8 |
| 畳方入用 | | 3,800 | 3,800 | 0.4 |
| 万入用 | | 20,300 | 20,300 | 2.3 |
| 二条大坂大津駿府入用 | 338,800 | 46,700 | 141,560 | 16.0 |
| 在々入用 | 225,600 | 37,400 | 100,560 | 11.4 |
| 渡合 | 1,457,400 | 475,000 | 883,000 | 100.0 |
| 指引 | 711,300 | 87,270 | 286,300 | |

（史料）　元禄７年「御蔵入高並御物成元払積書」(藤田覚前掲稿)による。
（注）　Aは元禄７年から10カ年程前で貞享元年前後，Bは元禄６～７年の状況。指引△は不足，概数なので必ずしも計算は一致しない。

両二分余で、次の「御蔵入高並御物成元払積書」の貞享期の金方総支出四七万五〇〇〇両から、二条・大坂・大津・駿府入用四万六七〇〇両余、在々入用三万七四〇〇両余、計八万四一〇〇両余を差引いた額三九万〇九〇〇両余にほぼ等しい。所々作事入用が遠国現地支出とみると、差引額は三八万一〇〇〇両余となってほぼ一致する。この点から、この史料が覆う幕府財政の範囲は、二条・大坂・大津・駿府および代官所など遠国現地支出分を除き、江戸金蔵から支出する金方総支出と確定しうる。

表11は元禄七年「御蔵入高並御物成元払積書」における元禄七年の近年（一〜二年前）入用が増えた状況（B）と、十カ年程以前（貞享期とみられる）入用中分積つまり平均的支出積（A）とを費目別に比較したものである。

Aでは切米役料が四一・九％と最も大きく、扶持方・合力米・其外万入用計六・四％を含め四八・三％となる。ついで二条・大坂・大津・駿府入用一六・

〇%、在々入用一一・四%、合計二八・四%と遠国経費が占める。御賄方入用・納戸入用・合力金は合計一三・四%であるが、将軍家政経費とみてよい。作事普請経費の細工方入用・作事・所々作事入用・小細工方入用・畳方入用は合計八・六%でしかない。

これに対しBでは、切米役料三一・二%、扶持方・合力米・其外万入用は五・三%、合計三六・五%、二条・大坂・大津・駿府入用一一・一%、在々入用八・三%、合計一九・四%といずれも減少する。御賄方入用・納戸入用・合力金は合計一八・一%、細工方入用・作事・所々作事入用・小細方入用・畳方入用は合計二四・六%と増加する。

表11にはAの額を一〇〇とした場合の指数をB欄に示したが、作事ついで細工方・畳方入用・納戸入用・合力金が平均指数一四四より上回っている。造寺造仏などの作事普請経費の急増、綱吉の奢侈による将軍家政経費の支出増もあって、結果は元禄期には収支不足となっている。

この文書が勘定所内で作成された理由について、藤田氏は、この時点で歳入不足に対する財政策についての論議が幕府内で行われ、その評議の基準資料としてこの文書が作成され、翌元禄八年の貨幣改鋳令の発布、改鋳益金による財政補塡という政策実施に至ったと推測されているが、首肯すべきものがある。

## 二　元禄期の遠国普請修復

前節でみたように、貞享期から元禄期にかけて幕府財政支出の中での普請作事修復関係経費の延びが最も大きい。そこで元禄期の普請修復に関する史料として、遠国のものではあるが「竹橋余筆別集」巻五所収史料を分析しよう。

この史料は元禄十年三月勘定方・作事方が作成した「十ケ年以来遠国所々御普請御修復御入用覚」「十ケ年以来遠国

寺社御普請御修復御入用覚」である。(5) 前者は元禄十年四月一日に、後者は同年三月十九日に、勘定方・作事方から秋元但馬守(喬知、若年寄)・米倉丹後守(昌尹、同)・井戸対馬守(良弘、勘定奉行)・小幡三郎左衛門(重厚、作事奉行)に提出した控である。後者は付札に「此帳丑三月十七日秋但馬守殿へ差上候処、壱ケ年宛之御金高を書付申候様ニ被仰候に付、壱ケ年宛之高附紙認、同十九日小幡三郎左衛門殿申合、珍阿弥を以、但馬守殿・丹後守殿へ差上候」とあって提出の事情が記される。

両方とも幕府による修復および修復料を下された分で、前者すなわち遠国所々には、御所・城郭・船蔵・米蔵・茶壺蔵・火消小屋・目付小屋・番所・城代や奉行屋敷・橋が含まれているが、少分の普請修復、在々の橋・堤・川除等は数多あるが除いているとのことである。後者すなわち遠国寺社は幕府が公儀として普請修復に当たるか修復料を下附する主要な寺社である。

表12はこの両史料の年次別金米額を示したものである。両者費用総計(永換算二九万六八一一貫八二二文)のうち遠国所々は二二・八%、遠国寺社は七七・二%となり、寺社修復費が非常に大きい比率を示すが、何といっても日光山元禄大修復費用が元禄五年に計上されており、総額の四七・一%を占めているからであり、また年次別では元禄五年の比率を高めている。

表13は遠国所々普請修復費用を対象別に集計したものである。費用の多い順に記すと、駿府城・御所・大坂城・二条城となる。他は大津蔵以外すべて単年度であり、金額もそう多くない。なお畿内諸橋の内訳は表14として別記した。

表15は遠国寺社普請修復費用を寺社ごとに一覧にしたものである。寺社教は三四、久能山東照宮・春日社・伊勢神宮・駿府宝台院・日光山以外は単年度である。費用は圧倒的に日光山が多く、寺社費用の六二・四五%、所々を含め

| 遠国寺社普請修復 | | | | | | 合計 | |
|---|---|---|---|---|---|---|---|
| 黄金 | 金 | 銀 | 米 | 永換算計 | 比率 | 永換算計 | 比率 |
| 枚 | 両分 | 貫 匁 | 石 | 貫 文 | % | 貫 文 | % |
| | 3,562-2 | 732,332 | 4,619.85 | 19,463.916 | 8.5 | 29,439.551 | 9.9 |
| 30 | 1,835-2 | 443,991 | 5,656.529 | 14,061.581 | 6.1 | 22,623.32 | 7.6 |
| | 7,313-1 | 19 | 1,250.037 | 8,313.601 | 3.6 | 11,232.022 | 3.9 |
| | 901-2 | 11,884 | 6.435 | 1,104.726 | 0.5 | 3,566.422 | 1.2 |
| | 107,655-2 | 1,526,751 | 8,603.79 | 139,993.79 | 61.1 | 153,751.342 | 51.8 |
| | 9,336-2 | 10,293 | | 9,508.05 | 4.1 | 23,082.486 | 7.8 |
| | 17,982 | 41 | 100.32 | 18,062.939 | 7.9 | 24,274.781 | 8.2 |
| | 2,669 | 97,191 | 739.782 | 4,880.679 | 2.1 | 10,388.11 | 3.5 |
| | 13,583-1 | 1,875 | 331,727 | 13,879.891 | 6.1 | 18,514.79 | 6.2 |
| 30 | 164,850 | 2,824,380 | 21,307.712 | 229,269.169 | | 296,812.82 | |
| | 18,316-2 | 313,820 | 2,367.524 | 25,474.352 | | 32,979.202 | |

筆』489～493頁・村上直校訂『竹橋余筆別集』＜日本史料選書25＞121～131頁による。

| 永換算計 | 構成比（%） | | 奉行 |
|---|---|---|---|
| 貫 文 | 所々 | 総計 | |
| 11,839.667 | 17.53 | 3.99 | 京都代官 |
| 19,571.118 | 28.98 | 6.59 | 書院番２人，９年駿府城代・駿府定番組与力 |
| 8,434.950 | 12.49 | 2.84 | 大番２人 |
| 11,094.050 | 16.43 | 3.74 | 大番２人，城代家来，城代・定番与力，城代・定番・町奉行組与力，定番・町奉行組与力，加番家頼，大坂鉄砲奉行，代官・大坂蔵奉行 |
| 327.768 | 0.49 | 0.11 | 走水奉行 |
| 212.417 | 0.31 | 0.07 | 山田奉行 |
| 599.333 | 0.89 | 0.20 | 大坂船手 |
| 1,305.733 | 1.93 | 0.44 | 代官・大津蔵奉行 |
| 790.500 | 1.17 | 0.27 | 京都代官 |
| 301.238 | 0.45 | 0.10 | 代官 |
| 413.167 | 0.61 | 0.14 | 代官 |
| 405.220 | 0.60 | 0.14 | 荒居奉行 |
| 210.000 | 0.31 | 0.07 | 気賀奉行 |
| 1,649.500 | 2.44 | 0.56 | 駿府城代，駿府町奉行 |
| 10,390.067 | 15.38 | 3.50 | （表14参照） |
| 67,543.652 | 100.00 | 22.76 | |

表12 元禄期遠国普請修復支出

| | 遠国所々普請修復 | | | | |
|---|---|---|---|---|---|
| 年代 | 金 | 銀 | 米 | 永換算計 | 比率 |
| | 両分 | 貫 匁 | 石 | 貫 文 | % |
| 元禄元年 | 1,809-3 | 484,997 | 103.25 | 9,975.635 | 14.8 |
| 〃 2年 | 1,514-3 | 421,640 | 24.57 | 8,561.739 | 12.7 |
| 〃 3年 | 2,078-1 | 47,430 | 62.08 | 2,918.421 | 4.3 |
| 〃 4年 | 1,318-2 | 65,562 | 63.12 | 2,461.696 | 3.6 |
| 〃 5年 | 1,869-2 | 711,724 | 32.48 | 13,757.552 | 20.4 |
| 〃 6年 | 2,139-2 | 682,118 | 82.877 | 13,574.436 | 20.1 |
| 〃 7年 | 2,662 | 209,974 | 64.09 | 6,211.842 | 9.2 |
| 〃 8年 | 4,789-3 | 32,696 | 140.935 | 5,447.431 | 8.1 |
| 〃 9年 | 4,563 | 5 | 89.765 | 4,634.899 | 6.9 |
| 合計 | 22,744 | 2,656,147 | 663.167 | 67,543.652 | |
| 1年平均 | 2,527 | 295,127 | 73.685 | 7,504.850 | |

(史料) 「竹橋余筆別集」5巻，遠国所々御普請御修復御入用覚・遠国寺社御普請御修復御入用覚(『竹橋余
(注) 金1両＝銀60匁，米1石＝金0.8両替，匁以下端数切捨て。

表13 元禄元～9年遠国所々普請修復内訳

| | 年代 | 金 | 銀 | 米 |
|---|---|---|---|---|
| | (元禄) | 両分 | 貫 匁 | 石 |
| 御所 | 元・2・5・7年 | | 710,350 | |
| 駿府城 | 元～9年 | 19,069-3 | 25.7 | 626.175 |
| 二条城 | 元・2・5～7年 | | 506,097 | |
| 大坂城 | 元・2・4～6年 | | 665,643 | |
| 相州走水番所船蔵 | 元年 | 327-3 | 1.1 | |
| 勢州船蔵 | 元年 | | 12,745 | |
| 城州木津無川舟蔵 | 2年 | | 35,960 | |
| 大津蔵 | 2・6年 | | 78,344 | |
| 京都武家町火消小屋 | 3年 | | 47,430 | |
| 日光山目付小屋 | 6年 | 273- | 4.1 | 22.712 |
| 宇治茶壺蔵 | 6年 | | 24,790 | |
| 遠州今切番所 | 7年 | 405- | 13.2 | |
| 遠州気賀番所 | 8年 | 210- | | |
| 駿府城代・町奉行屋敷 | 9年 | 1,649-2 | | |
| 畿内諸橋 | 2・5～8年 | 799- | 574,744 | 15 |
| 計 | | 22,744- | 2,656,147.1 | 663.167 |

(史料) 表12に同じ。

た総額の四八・二四％を占める。うち元禄三年は東照宮遷宮修復入用、四年は東照宮祭礼につき仮御輿堂新規普請入用と、大猷院廟仮殿新規普請入用、および東照宮修復入用、そして五年は日光大修復、大猷院廟修復入用で、総奉行彦根城主井伊直該、御手伝仙台城主伊達綱村によってなされた同二年大修復への支出費用である。金一三万二九三五両余・米八六〇三石三升四合、総計金換算一三万九八一七両余で、寺社総額の六〇・九八％、総計の四七・一一％を占める。九年は修学院と仮殿下厩修復入用である。

日光山以外では、伊勢神宮・熱田神宮・春日社・鎌倉鶴岡八幡宮・駿州浅間社・久能山東照宮・石清水八幡宮の順序に費用が多く、ついで相州大山寺・駿府宝台院・遠州一宮が続く。これら寺社のうち、興福寺は造営料として下された三カ年二万石のうちの二年分、伊勢神宮元禄二年のうち二項は内宮式年造営料下行米代銀・同樋代料、同二年久能山修復ならびに神宝道具入用は久能山修復料により不足分が幕府金蔵から支出されている。同四年城州八幡豊蔵坊(6)には作事料として下され、同年の日光東照宮破損修復は日光にある修復料で支出されている。同六年仁和寺も修復料として渡され、城州稲荷社も修復料が本願所愛染寺・社務松本信濃に下されている。同七年三州鳳来寺修復入用は鳳来寺にある修復料金でなされ、同九年駿府花陽院は位牌殿・表門造立料が下されている。このように日光山・久能山のように配当目録に修理料がある場合、小規模修復はそこから支出され、不足分が幕府から支給されたのである。

次に元禄七年鎌倉八幡宮以下と、元禄九年の久能山・日光山・伊勢神宮・上州世良田長楽寺以外は大積りであり、「未相済」として修復途中や未着手のものも含まれている（表15中＊印）。なおこれについては後述する。

ところで両史料とも各所の普請修復の各件ごとに奉行の名が記されている。これを『寛政重修諸家譜』『徳川実紀』などによって、また大坂加番の名については松尾美恵子「大坂加番制について」(7)に所載の表によってその役職を表13～15に示した。

まず御所修復の奉行は京都代官小堀正憲・克敬である。二条城・大坂城は大番二人が奉行となっているが、二条・大坂在番を課せられる大番が奉行を命ぜられたと思われる。これに対し駿府城は書院番二人が奉行となっているが、駿府城は書院番が毎年在番しているので、その中の二人が修復の奉行となったのであろう。他に書院番二人で奉行を勤めている寺社は久能山東照宮（元禄二年は使番二人）・駿府宝台院・同浅間といずれも駿府の寺社である。これも駿府在番の故であろう。元禄九年の日光仮殿下厩修復の奉行は書院番一人である。

次に使番二人が奉行となっているのは元禄二年の久能山東照宮のみで、他はほかの役職の者と組み合わせになっている。使番と書院番が奉行となっているのは熱田社のみ、伊勢神宮元禄元・二年修復は山田奉行と使番、四年日光東照宮破損修復奉行は使番と被官組頭、五年日光山大修復は惣奉行の下で書院番が奉行となっている。そして使番が奉行となっているこれら寺社は、幕府にとって重要な寺社であるといえる。

なお『徳川実紀』等の記事によれば、府内寺社および日光山修復の奉行には小姓組番の者が命じられている場合があるが、これ以外の遠国寺社にその例が少ないのは、小姓組番が将軍に近侍しているからであろう。

それはともかく、ほかに役職上直接関係のある奉行は、大坂鴫野焔硝蔵—大坂鉄砲奉行、大坂城玉造米蔵—代官・大坂蔵奉行二人、走水番所船蔵—走水奉行、勢州船蔵—山田奉行、木津無川舟蔵—大坂船手、大津蔵—大津代官・大津蔵奉行、京都武家町火消小屋—京都代官、宇治茶壺蔵—宇治代官、今切番所—荒居奉行、気賀番所—気賀奉行、駿府城代屋敷—駿府城代、駿府町奉行屋敷—駿府町奉行である。

大坂城修復の奉行は表13に記したように幾つかのグループに分けられる。まず大坂城代家来は追手所々、城代・定番（二人）組与力は焔硝蔵、既述の大坂鉄砲奉行は鴫野焔硝蔵、大坂代官・大坂蔵奉行は玉造米蔵となっている。城代・定番（二人）・町奉行（二人）組与力は鴫野塩噌場塀と青屋口引橋、定番・町奉行（各一人）組与力は京橋石垣、加番（四人）家頼は玉造口矢倉と山里丸二丸各所、代官は玉造屋敷であるが、大番（二人）は各所に分かれている。番衆小屋・番頭小屋は当然であるが、後は各所の共通性はない。城代以下の大坂城守衛分担は、城代が二之丸内外および南北両仕切、かつ全城内外全部の警衛を総監する。玉造口定番は二之丸玉造口内外および東仕切、京橋口定番は二之丸京橋口内外および北の外曲輪筋鉄門、大番は本丸および二之丸南曲輪南東両仕切内を東西で分担、東大番頭所属の山里加番（一加番）は山里丸および極楽橋外二之丸の西東両仕切、青屋口加番（三加番）は二之丸青屋口、西大番頭所属の中小屋加番（二加番）と雁木坂加番（四加番）は交代で二之丸雁木坂を守衛する。(8) これからみると、大坂城修復奉行は守衛分担内の施設について管轄しているとみて大過ない。

表14に示した畿内諸橋は、幕府が直接に普請修復を行うか修復料を下附するいわゆる公儀橋である。修復奉行は京都・山城の橋は代官、大坂の橋は大坂町奉行与力、(9) 伏見の橋は伏見奉行与力、摂津・山城の淀川の橋は淀城主と代官、伊勢の橋は膳所城主と代官二人と分類できる。

『京都御役所向大概覚書』の「洛中洛外公儀橋間数并御修復之事」(10) に載せる橋は大小合わせて一〇七カ所で、うち延宝八年から宝永六年の間に新造・掛直・繕がなされた橋は七七を数える。五条橋・三条大橋・同小橋はいずれも宝永八年朝鮮人来聘につき修復がなされているので金額・修復奉行名とも一致しない。淀大橋・孫橋・小橋は淀大橋が正徳二年、小橋・孫橋は宝永五年修復であるのでこれも一致しない。伏見肥後橋・六地蔵橋は元禄六年新造で、前者は入用銀一四貫八二〇匁二分五厘、後者は九貫九四三匁七分九厘、ともに岡田豊前守（善次、伏見奉行）与力奉行で一致するが、豊後橋は元禄十五年修復で金額・奉行とも一致しない。大坂の公儀橋は野田橋・備前島橋・京橋・天満橋・天神橋・難波橋・高麗橋・本町橋・農人橋・長堀橋・日本橋の一一あるが、(11) 表14にはそのうちの四が出てくる。

次に京都所司代与力が奉行をしている寺社は、城州愛宕山社・石清水八幡宮・大山崎八幡宮・濃州南宮社で、南宮社修復がなぜ所司代与力の職務であるのか不明であるが、後は山城の神社である。所司代与力が奉行を勤めていない山城の寺社は、城州八幡・石薬師・仁和寺・稲荷社であるが、石薬師の奉行が京都代官小堀克敬である以外、他の三は作事料・修復料の下附であって奉行は置かれていない。

次に代官が奉行となっているのは、前記以外に比叡山・日光山（元禄三、四年、他に六年の目付小屋も含む）・東大寺である。

大名家頼（家来）が奉行となっているのはいずれも寺社で、元禄元年三州六所大明神・高月院―岡崎城主水野忠春、高野山大徳院―岸和田城主岡部長泰、同七年三州鳳来寺―浜松城主青山忠重、相州鎌倉八幡宮―前橋城主酒井忠挙、伊豆権現社・箱根権現社―小田原城主大久保忠朝、同八年摂州多田院―三田城主九鬼副隆、同九年三州大樹寺―岡崎城主水野忠盈、遠州一宮―掛川城主井伊直朝、駿州村山浅間―田中城主太田資直である。これら寺社のうち三州六所大明神・高月院を除いていずれも大名の手伝普請による修復である(12)。逆に他がすべて手伝普請であるということは、史料の記載の性格上、六所大明神・高月院修復も手伝普請の可能性が高い。高野山大徳院の助役行賞年月日は元禄元年十一月二十八日であるが、同七年の鳳来寺は八年六月十九日である。七年の鎌倉鶴岡八幡宮は九年九月二日相模甘縄城主松平正久が助役を命ぜられ、服喪のため十年二月六日に酒井忠挙に交替し、十一月十八日行賞されている。七年の伊豆・箱根両権現社の

表14　畿内諸橋普請修復内訳

| | | | 金　両 | 銀　匁 | 米石 | 奉　　行 |
|---|---|---|---|---|---|---|
| 京 | 五　条　橋 | 2年 | | 103,808 | | 代官2人 |
| 城州 | 板　　橋 | 6年 | | 25,850 | | 代官1人 |
| 京 | 三条大橋小橋 | 6年 | | 50,920 | | 代官2人 |
| 摂州 | 淀大橋孫橋 | 5年 | | 149,060 | | 淀城主・過書入木山支配 |
| 城州 | 淀　小　橋 | 6年 | | 41,227 | | 淀城主・代官 |
| 勢州 | 大橋小橋 | 7年 | | 97,041 | | 膳所城主・代官2人 |
| 大坂 | 難　波　橋 | 6年 | | 43,824 | | 大坂町奉行2人与力 |
| 大坂 | 京橋農人橋 | 7年 | 799- | | | 大坂町奉行2人与力 |
| 大坂 | 高　麗　橋 | 8年 | | 32,696 | 15. | 大坂町奉行3人与力 |
| 城州 | 伏見肥後橋六地蔵橋豊後橋 | 6年 | | 30,318 | | 伏見奉行与力 |

（史料）表12に同じ。

助役任命は九年九月二日、行賞は十年七月二十一日である。八年摂州多田院の行賞は九年八月十四日、九年の大樹寺助役任命は同年十月二十八日、松応寺修復も同時に水野忠盈に命ぜられ、行賞は十一年三月二十三日である。九年の遠州一宮は十年二月四日助役任命、十一年正月十九日行賞、九年の駿州村山浅間も十年二月四日助役任命、同年十一月十八日行賞となっている。

鶴岡八幡宮・伊豆権現社・箱根権現社・遠州一宮・駿州村山浅間は明らかに本史料記載の年より助役任命の年が遅

| 永換算計 | 構成比 | | 奉　　行 |
|---|---|---|---|
| 貫　文 | 寺社 | 総計 | |
| 4,859.357 | 2.12 | 1.64 | 書院番２人，２年使番２人 |
| 9,456.085 | 4.12 | 3.19 | 使番・書院番 |
| 338.833 | 0.15 | 0.11 | 岡崎城主家頼 |
| 451.017 | 0.20 | 0.15 | 岡崎城主家頼 |
| 8,064.000 | 3.52 | 2.72 | 興福寺 |
| 12,179.408 | 5.31 | 4.10 | 山田奉行，元・２年山田奉行・使番 |
| 572.750 | 0.25 | 0.19 | 岸和田城主肝煎 |
| 3,593.549 | 1.57 | 1.20 | 書院番２人 |
| 267.567 | 0.12 | 0.09 | 代官２人 |
| 143,184.060 | 62.45 | 48.24 | ３・４年代官２人，４年日光目代・使番・被官，５年惣奉行・手伝・使番・書院番，９年日光目代他，書院番 |
| 6,959.298 | 3.04 | 2.34 | 書院番２人 |
| 500.000 | 0.22 | 0.17 | 豊蔵坊 |
| 176.333 | 0.08 | 0.06 | 代官 |
| 1,000.000 | 0.44 | 0.34 | 仁和寺内 |
| 2,176.500 | 0.95 | 0.73 | 所司代与力 |
| 4,635.000 | 2.02 | 1.56 | 所司代与力 |
| 1,525.000 | 0.67 | 0.51 | 本願所・社務 |
| 171.550 | 0.07 | 0.06 | 代官 |
| 4,345.989 | 1.90 | 1.46 | 林奉行・代官 |
| 1,708.750 | 0.75 | 0.56 | 所司代与力 |
| 1,642.000 | 0.72 | 0.55 | 所司代与力 |
| 492.483 | 0.21 | 0.17 | 浜松城主家頼 |
| 7,280.000 | 3.18 | 2.45 | 厩橋城主家頼 |
| 1,195.000 | 0.52 | 0.40 | 小田原城主家頼 |
| 870.000 | 0.38 | 0.29 | 小田原城主家頼 |
| 528.717 | 0.23 | 0.18 | 被官 |
| 1,817.917 | 0.79 | 0.61 | 三田城主家頼 |
| 300.000 | 0.13 | 0.10 | 花陽院 |
| 426.680 | 0.19 | 0.14 | ? |
| 1,850.000 | 0.81 | 0.62 | 岡崎城主家頼 |
| 950.000 | 0.41 | 0.32 | 被官 |
| 1,000.000 | 0.44 | 0.34 | 被官 |
| 3,107.000 | 1.36 | 1.05 | 掛川城主家頼 |
| 1,645.000 | 0.72 | 0.55 | 田中城主家頼 |
| 229,269.170 | 100.00 | 77.24 | |

表15　元禄元～9年遠国寺社普請修復内訳

| | 年　代<br>（元　禄） | 黄金<br>枚 | 金<br>両分 | 銀<br>貫　匁 | 米<br>石 |
|---|---|---|---|---|---|
| 久能山東照宮 | 元～3・9年 | | 4,414- | 12.6 | 556.434 |
| 尾州　熱田宮 | 元年 | | 350- | 546,365.1 | |
| 三州　六所大明神 | 元年 | | 338- | 10.1 | |
| 三州　高月院 | 元年 | | 451- | 1 | |
| 和州　春日社 | 元・2年 | | | | 10,080 |
| 伊勢神宮 | 元・2・4・8・9年 | 30 | 1,989-2 | 593,394.5 | |
| 高野山大徳院 | 元年 | | | 34,365 | |
| 駿府　宝台院 | 2・8年 | | 3,093-1 | 3 | 625.311 |
| 比叡山 | 2年 | | | 16,054 | |
| 日光山 | 3～5・6年 | | 110,995- | 1,516,209.1 | 8,648.635 |
| 駿州　浅間 | 3年 | | 6,122-1 | 14.3 | 1,046.012 |
| 城州　八幡 | 4年 | | 500- | | |
| 城州　石薬師 | 5年 | | | 10,580 | |
| 京都　仁和寺 | 6年 | | 1,000- | | |
| 城州　愛宕山社 | 6年 | | 2,176-2 | | |
| 城州　石清水八幡宮 | 6年 | | 4,635- | | |
| 城州　稲荷社 | 6年 | | 1,525- | | |
| 東大寺 | 6年 | | | 10,293 | |
| 相州　大山寺 | 7年 | | 4,265-2 | 14 | 100.32 |
| 城州　大山崎八幡宮 | 7年 | | 1,708-3 | | |
| 濃州　南宮社 | 7年 | | 1,642- | | |
| 三州　鳳来寺 | 7年 | | 492-1 | 14 | |
| 相州　鎌倉八幡宮 | 7年 | | 7,280-* | | |
| 伊豆権現社 | 7年 | | 1,195-* | | |
| 箱根権現社 | 7年 | | 870-* | | |
| 上州　新田大光院 | 7年 | | 528-2* | 13　* | |
| 摂州　多田院 | 8年 | | | 97,027 | 251 |
| 駿府　花陽院 | 9年 | | 300- | | |
| 上州　世良田長楽寺 | 9年 | | 426-2 | 10.7 | |
| 三州　大樹寺 | 9年 | | 1,850-* | | |
| 三州　信光明寺 | 9年 | | 950-* | | |
| 三州　松応寺 | 9年 | | 1,000-* | | |
| 遠州　一宮 | 9年 | | 3,107-* | | |
| 駿州　村山浅間 | 9年 | | 1,645-* | | |
| 計 | | 30 | 164,850- | 2,824,380.4 | 21,307.712 |

（史料）表12に同じ。

れているが、いずれも金額は「大積り」で「未相済」と記されているから、見積りの金額が示され、実際の助役任命はこれより遅くなったのであろう。この点で大樹寺も同様であり、被官が見分して大積りを出している三州信光明寺・松応寺も元禄十一年二月十八日・九年十月二十八日に吉田城主久世重之・岡崎城主水野忠盈に手伝普請が命じられたのである。

さて、元禄元～九年の遠国普請修復のうち手伝普請による修復は、元禄二年の日光山のほか先述の寺社であって、それ以外はすべて幕府の直接普請修復ないし修復料の下附である。手伝普請は、幕府の普請作事修復に必要な作料・飯米・手間代・日雇代や人夫など必要な労力・賃金米それに若干の資材を大名に負担させる普請役である。幕府の普請作事のすべてが手伝普請によるものでないことはいうまでもない。慶長八年の家康将軍宣下から幕末までの手伝普請件数は、城郭八四件、河川・橋五九件、社寺のうち日光山三六件、寛永寺・増上寺四四件、その他の社寺七三件、御所一一件、その他（聖堂・犬小屋等）四件、合計三一一件を数えるが、綱吉時代は、城郭一六件、河川四件、社寺のうち日光山二件、寛永寺・増上寺一二件、その他の社寺二八件、御所一件、その他四件、合計六七件に達し[13]、とりわけ城郭と社寺・その他（聖堂・犬小屋）が非常に多く、造寺造仏の盛行を証するといえよう。

ところで『京都御役所向大概覚書』には「山城国寺社方間数御修復所之事[14]」の項に享保以前の山城国寺社修復の詳細が記されている。このうち元禄期（綱吉将軍時代）修復の寺社は一五あるので以下年代順に示そう。

愛　宕　山　社（元禄二年九月～三年八月）
石 清 水 八 幡 宮（同五年五月～九月）
南禅寺塔頭金地院（同六年）
大 山 崎 八 幡 宮（同七年閏五月～十二月）

稲荷社（同七年）
知恩院東照宮（同十一年）
梅宮社（同十三年七月～十二月）
北野天満宮（同十三年～十四年五月）
平野社（同十四年二月～十月）
六孫王権現社（同十四年二月～十五年四月）
黄檗山万福寺（同十四年二月）
鞍馬寺（同十四年二月）
知恩院（同十四年四月～十五年八月）
泉涌寺（同十四年十二月～十六年三月）
仁和寺（同十五年）

右のうち金地院・稲荷社・知恩院東照宮・万福寺・鞍馬寺・仁和寺の六寺社は修復料が下附されたもので、他は幕府による修復である。

『竹橋余筆別集』の「十ケ年以来遠国寺社御普請御修復御入用覚」と重複する元禄元年～九年についてみると、『京都御役所向大概覚書』にある金地院（修復料金一〇〇〇両下附）以外の四社についての記載がある。

まず愛宕山社は『竹橋余筆別集』では元禄六年二一七六両二分、奉行小笠原佐渡守（長重、所司代）与力に対し、『京都御役所向大概覚書』は元禄二年九月～三年八月修復入用銀一三〇貫六六七匁九分三毛（金二一七七両三歩銀二匁九分三毛）、奉行内藤大和守（重頼、所司代、元禄三年十一月死）与力となっている。年代に隔りがあり金額も一両余の差がある。次に石清水八幡宮は『竹橋余筆別集』では元禄六年四六三五両、小笠原佐渡守与力奉行、『京都御役所向大概覚書』は本社廻り元禄五年五月〜九月・大塔宝塔院同六年四月〜七月修復入用銀一二六貫八五七匁六分六厘八毛（金二一一四両一歩銀二匁六分六厘八毛）、奉行小笠原佐渡守与力と、金額に大きい差がある。これは『竹橋余筆別集』に坂本山王社堂の普請費用が含まれているからであろう。大山崎八幡宮は『竹橋余筆別集』では元禄七年金一七〇八両三分、奉行小笠原佐渡守与力、『京都御役所向大概覚書』は元禄七年閏五月〜十二月修復入用銀一〇二貫五二六匁八厘（金一七〇八両三歩銀一匁八厘）、奉行同で一致する。稲荷社は『竹橋余筆別集』では元禄六年一五二五両が稲荷本願所愛染寺・同所社務松本信濃に下されているが、『京都御役所向大概覚書』でも元禄七年修復料金一五二五両が大坂金蔵より、ほかに遷宮料米として二条蔵米二〇〇石が社家社僧に下されており一致する。修復中は小出淡路守（守里、京都町奉行）・松前伊豆守（嘉宏、京都町奉行）組与力が奉行を勤めている。

## 三　元禄期の寺社修復と寺社領寄進

元禄期をここでは綱吉将軍在職時代（延宝八〜宝永六年）とみて、その時代における幕府による寺社修復（修復料下附と含む）を、『徳川実紀』の記事から抽出し概観してみよう。ただし二年以上にわたるものは初出年代とした。

延宝八年―東叡山家綱廟、日光山、増上寺秀忠廟
天和元年―護国寺、高巌院殿（家綱夫人）、紅葉山家綱廟
同　二年―伊勢内宮、久能山東照宮
同　三年―日光山東照宮・家光廟・本坊・慈眼大師堂、三州鳳来寺、同信光明寺

貞享元年―佐渡国分寺
同　二年―東叡山家綱宝塔、日光山堂塔、尾州熱田社、江戸愛宕社
同　三年―紅葉山東照宮・同秀忠廟、東叡山家光廟
同　四年―仙波東照宮、三州高月院、同六所明神、駿州宝台院、高野山大徳院、伊勢伊雑宮
元禄元年―知足院、日光山東照宮、伊勢両宮
同　二年―増上寺秀忠廟、久能山東照宮
同　三年―日光山東照宮・家光廟・宝塔・奥院、京都愛宕社
同　四年―湯島聖堂、駿府富士浅間社
同　五年―浅草寺
同　六年―相模雨降山不動堂、南禅寺東照宮
同　七年―品川東海寺
同　八年―千駄木世尊院
同　九年―摂津多田院、増上寺、伊豆・箱根両所権現、鶴岡八幡宮、三州大樹寺、日光山
同　十年―護持院、護国寺、駿州村山浅間社、遠州一宮、東叡山根本中堂、三州滝山東照宮、駿府華陽院
同十一年―上野一宮、三州信光明寺
同十二年―三河伊賀八幡宮、寛永寺本坊、東叡山家綱廟、近江多賀社
同十三年―日光山三仏堂、武州御嶽権現社、三州鳳来寺、下総香取社
同十四年―河内金剛寺、同壺井八幡宮・別当通法寺、浅草寺輪蔵、北野天満宮、護国寺護摩堂、常陸筑波山、三

州鳳来寺、和泉大鳥明神
同十五年―京都六孫王社、尾州熱田社
同十六年―東叡山東照宮、穴八幡、王子権現社、京都泉涌寺、池上本門寺塔、白山権現社、越後弥彦山
宝永元年―湯島大成殿、相模雨降山不動堂、護持院、久能山、伊豆権現
同　二年―根津権現、増上寺清揚院廟・長昌院廟・方丈・更衣所、西久保八幡宮
同　三年―春日社
同　四年―信州善光寺、久能山東照宮
同　五年―摂津住吉社、志摩伊雑宮、東大寺大仏

以上の九四件を数えることができるが、表15の遠国寺社のうちで、和州春日社・比叡山・城州八幡・同石薬師・京都仁和寺・城州石清水八幡宮・同稲荷社・東大寺・城州大山崎八幡宮・濃州南宮社・上州新田大光院・同世良田長楽寺の一二寺社はこの件数に入っていないので、これを含めると一〇六件になる。

続いてやはり『徳川実紀』の記事から寺社以外の修復を対象ごとに抜き出そう。

延宝八年―両国橋、深川船庫、江戸城三丸
天和元年―江戸城二丸、三河吉田橋
同　二年―江戸城溝浚利
同　三年―府内仮橋、京摂水道
貞享元年―筋違橋・浅草橋・代官町官廩、日光川浚、江戸城後閤・将軍御座所、東宮御所、江戸城西丸
同　二年―品川・墨田川両所御殿

同　三年―御休息所
同　四年―大坂淀川浚利、江戸城書院
元禄元年―関東諸国河堤、江戸城西丸、浅草新渠
同　二年―江戸城三丸
同　六年―浅草川新橋（新大橋）
同　七年―浅草筋違多門、江戸城西丸
同　八年―大久保・四谷犬小屋、中野犬小屋
同　十年―江戸城北丸塁溝
同十一年―小石川離第墻壁、深川大橋（永代橋）、深川築地、麻布薬園、芝新渠・麻布運漕路
同十二年―大坂河、久能山領堤防、日光川
同十六年―美濃諸川水路浚利、利根川浚利、三州吉田橋、大和川、江戸城石垣、同郭内
宝永元年―大坂川、江戸城二丸、本所堤防、利根・荒川浚利、日光川浚利
同　二年―深川・浅草川、大井川堤防
同　三年―武州古利根川
同　四年―浜離宮、諸道堤防、諸駅、駿府城、吹上花圃
同　五年―武相駿三国灰除、相州川、代官町・北丸、禁裏・仙洞・女院御所、半蔵門

右には元禄元～九年の「十ケ年以来遠国所々御普請御修復御入用覚」に載せる普請修復は全く記載がない。従って総件数を出すことはあまり意味がないが、江戸城と河川修復が多く、年代的には貞享元年と元禄末期～宝永期が多

い。とくに元禄十六年の大地震、宝永四年の東海道大地震・富士山噴火に対する復旧のために集中しているといえよう。

以上述べてきたように、元禄期は他の時期にも増して普請作事が盛んに行われ、その費用が幕府財政支出の中に大きな比重を占めるに至ったことを確認したい。

元禄期には寺社修復とともに、寺社領寄進加増が多い。これについても『徳川実紀』から抽出すると表16のようになる。(15)

天和年間は元年の護国寺領寄進のみであるが、元禄三年から寄進・加増が始まり、元禄十四年を除いて宝永四年ま

表16　綱吉時代の寺社領寄進

| 寺　社 | 年　月　日 | 石　高 |
|---|---|---|
| 護国寺 | 天和元・5・28 | 300石 新 |
| 〃 | 元禄 7・10・18 | 300 加 |
| 〃 | 〃 10・8・27 | 100 加 |
| 〃 観音堂寺 | 〃 16・9・11 | 500 加 |
| 小石川 白山権現社 | 〃 3・1・29 | 30 新 |
| 〃 | 〃 16・10・21 | ? 加 |
| 知足院 | 〃 3・2・18 | 500 加 |
| 〃 | 〃 8・1・25 | 500 加 |
| 湯島 聖堂 | 〃 4・2・11 | 1,000 新 |
| 〃 根生院 | 〃 4・6・25 | 100 加 |
| 本所 弥勒寺 | 〃 5・6・10 | 100 新 |
| 愛宕前 真福寺 | 〃 5・6・10 | 100 新 |
| 相州 江島諸社 | 〃 5・6・10 | 10.866 |
| 江島 岩本院 | 宝永 3・12・28 | 15 新 |
| 〃 上の坊 | 〃 3・12・28 | 10 新 |
| 京都嵯峨 法輪寺 | 元禄 6・8・25 | 50 新 |
| 山城岩倉山 金蔵寺 | 〃 6・8・25 | 50 新 |
| 〃 | 〃 10・12・28 | 計 200 加 |
| 山城西山 善峰寺 | 〃 6・8・25 | 50 新 |
| 〃 | 〃 7・11・18 | 山林 加 |
| 〃 | 〃 10・12・28 | 計 200 加 |
| 湯島 霊雲寺 | 〃 6・11・2 | 100 新 |
| 上下賀茂社葵祭田 | 〃 7・4・1 | 700 新 |
| 浅草 大護院八幡宮 | 〃 7・7・10 | 100 新 |
| 京都 今宮社 | 〃 7・11・9 | 100 新 |
| 千駄木 世尊院 | 〃 8・7・11 | 200 新 |
| 勧修寺門跡 | 〃 8・7・28 | 500 加 |
| 安井蓮花光院 | 〃 8・7・28 | 200 新 |
| 浅草 誓願寺 | 〃 9・4・9 | 200 新 |
| 〃 | 〃 16・10・16 | 150 加 |
| 子院 安養寺 | 〃 16・10・16 | 50 加 |
| 山科 毘沙門堂 | 〃 10・5・15 | 500 加 |
| 坂本 安楽院 | 〃 10・5・15 | 100 新 |
| 東叡山根本中堂 | 〃 11・9・3 | 300 |
| 浅草 浄念寺 | 〃 12・3・26 | 30 新 |
| 深川 本誓寺 | 〃 12・5・29 | 30 新 |
| 作州 誕生寺 | 〃 12・⑨・26 | 50 新 |
| 日光神領 | 〃 13・9・3 | 3,801.583 |
| 日光門跡料 | 〃 15・9・3 | 1,000 加 |
| 河内 壺井八幡宮 | 〃 13・10・7 | 30 新 |
| 別当 通法寺 | 〃 13・10・7 | 200 新 |
| 大和 室生寺 | 〃 13・10・7 | 30 新 |

| | | | |
|---|---|---|---|
| 山科　十　　禅　　寺 | 〃 15・12・10 | 境内田新<br>畑山林 | |
| 白川　乗　　蓮　　寺 | 〃 16・ 8・18 | ? | 返 |
| 東山　法　　然　　院 | 〃 16・ 9・ 2 | 30・山林 | 新 |
| 市谷　薬　　王　　院 | 宝永元・ 1・21 | 100 | 新 |
| 谷中　善　　性　　寺 | 〃 2・④・14 | 100 | 新 |
| 浅草　幸　　龍　　寺 | 〃 2・④・14 | 100 | 新 |
| 増上寺桂昌院殿料 | 〃 2・ 7・30 | 700 | |
| 〃　清揚院殿料 | 〃 2・ 7・30 | 700 | |
| 東叡山長昌院殿料 | 〃 2・ 7・30 | 450 | |
| 本所　感　応　尼　寺 | 〃 2・ 7・30 | 20 | 新 |
| 大和　宝　　生　　寺 | 〃 2・ 8・ 2 | 50 | 加 |
| 〃　小　　池　　坊 | 〃 2・ 8・28 | 200 | 加 |
| 京都　乙　　訓　　寺 | 〃 2・ 8・28 | 100 | 新 |
| 武州　能　　仁　　寺 | 〃 2・12・28 | ? | 加 |
| 近江　永　　源　　寺 | 〃 2・12・28 | ? | 新 |
| 信州　貞　　松　　院 | 〃 3・ 6・11 | 30 | 新 |
| 長崎　大　　徳　　寺 | 〃 4・ 9・15 | ? | 新 |

(注)　年月日は『徳川実紀』記事の日，寄進年月日とは一致しない。○内は閏月。

で毎年一件以上の寄進・加増がある。日光山・東叡山・増上寺など将軍霊廟への寄進のほか、護国寺・護持院（旧知足院）を中心に亮賢・隆光配下の新義真言宗寺院が多く、桂昌院（綱吉生母）の願いによる寄進がめだつ。とくに桂昌院が死ぬ宝永二年に件数が一一件と最も多いのが象徴的である。ところで護国寺は桂昌院が上野国大聖護国寺亮賢に帰依し、綱吉に依頼して高田薬園地に建立して与えたもので、三代快意が綱吉の信頼をえて元禄八年以降護持院に次ぐ将軍家祈禱寺院に加えられ、仁和寺から離れて無本寺となった。護持院は筑波山別当知足院江戸別院で、将軍家祈禱にあたるとともに真義真言宗触頭の一であった。貞享三年隆光が住職となると殊遇を受け、湯島から竹橋近くに移され、元禄八年寺号を護持院と改め、隆光は大僧正に任ぜられ一派の僧録となり、智積院・長谷寺小池坊の両本山を抜く存在となった。

元禄十三年の日光神領三八〇一石五斗八升三合の加増は、日光山諸給人困窮への対応として足知された新御領六カ村である。(16)

湯島聖堂は上野忍岡の林家家塾が元禄二年湯島に移され、四年大聖殿（聖堂）が落成、祀田一〇〇〇石が寄進され、以後幕府教学の中心となった。

このほか元禄七年には戦国期より中絶していた京都上下賀茂社葵祭を祭田七〇〇石を寄進して復興している。

綱吉は貞享三年六月十一日付で家綱の寛文印知に倣って寺社領に朱印状を四六四九通頒布したが、寛文印知と違って徳川将軍一代の朱印状を所持し、五〇石以下の小寺社にも朱印状を下した。元禄四年日蓮宗悲田派を禁制し、高野山学侶方・行人方の訴論を裁許して行人方を追放するなど、宗教統制を強め、一方では幕藩制的宗教を支える寺社の体系を構築しようと、多くの寺社を保護し、寺社領を寄進加増して普請修復を加えたといえよう。

綱吉はさらに将軍家権威を装飾するために朝廷を尊崇し、禁裏御料一万石の増献、仙洞御料の進献、御水尾皇女家領、公家方領の進献を行い、山陵の修理を実施したのである。

# おわりに

一般に元禄期とくに末期の幕府財政は、将軍綱吉の奢侈と造寺造仏などによる支出の増大と、商品生産および都市の発展に触発された物価騰貴によって悪化の一途をたどったとされる。しかし綱吉が将軍を襲職する以前の延宝四年には年間二〇万両余の財政不足が生じたとあり、非常用の金銀分銅に手をつけはじめたのも同四・五年のことであった。初期において財政収入に相当の比重を占めていた鉱山収入も、寛永末期以後諸国金銀山の衰退によって大幅に減少し、明暦の大火およびその復興に要した多大の失費によって、幕府の収入ならびに貯蓄金銀は減少する一方であった。(17) 綱吉は将軍職に就くに当たってこのような財政状態に取り組む必要に迫られたのであり、二度にわたって日光社参を中止せざるをえなかった。

綱吉は前将軍遺金の分配を廃止し、延宝八年堀田正俊を農政・国用専管の老中（翌年大老昇進）として地方支配機構の改正に努め、天和二年勘定吟味役を創置し、また代官の不正を糺して、会計遅滞・年貢未進を理由に、綱吉の代に

表17―A　大坂御金蔵納金銀項目別集計（元禄16年納）

| | | 元禄13年及以前分 | 元禄14年分 | 元禄15年分 | 元禄16年分 | 計 | 金換算計 | 比率 |
|---|---|---|---|---|---|---|---|---|
| 年貢・物成・小物成・運上 | 金<br>銀 | <br>2,000. | 10,230-2<br>102,551.61 | 75,411-<br>4,413,586.394 | 51,101-1<br>370,000. | 136,742-1<br>4,888,138.004 | 218,211.717 | 64.8% |
| 米売払代 | 金<br>銀 | | | 6-<br> | 19,994-1<br>861,693.487 | 20,000-1<br>861,693.487 | 34,361.808 | 10.2 |
| 酒造運上 | 金<br>銀 | | 792-3<br>3.21 | <br>21,718.7 | <br>317,000. | 792-3<br>348,721.91 | 6,604.782 | 2.0 |
| 長崎運上・上納 | 金<br>銀 | | | 60,024-1<br>61,978.508 | 6,000-<br> | 66,024-1<br>61,978.508 | 67,057.225 | 19.9 |
| 鉱山運上 | 金<br>銀 | | | 908-0-2<br>28,875.67 | | 908-0-2<br>28,875.67 | 1,389.386 | 0.4 |
| 船・入木山運上 | 金<br>銀 | | | <br>28,142.474 | 500-<br>21,821.854 | 500-<br>49,964.328 | 1,332.739 | 0.4 |
| 地代金 | 金<br>銀 | 1,016-0-2<br> | 1,016-0-2<br> | | 3,050-1<br> | 5,082-2<br> | 5,082.500 | 1.5 |
| 拝借返納 | 金<br>銀 | | | 6-3<br>13.125 | | 6-3<br>13.125 | 6.969 | 0.0 |
| 役料返納 | 金<br>銀 | | | 253-<br>2.57 | 15-3-2<br>1.5 | 268-3-2<br>4.07 | 268.943 | 0.1 |
| 未進取立 | 金<br>銀 | | | <br>151,292.13 | | <br>151,292.13 | 2,521.536 | 0.7 |
| 計 | 金<br>銀<br>計<br>率 | 1,016-0-2<br>2,000.<br>1,049.456<br>0.3% | 12,039-1-2<br>102,554.82<br>13,748.622<br>4.1% | 136,609-0-2<br>4,705,609.571<br>215,035.951<br>63.8% | 80,661-2-2<br>1,580,516.841<br>107,003.572<br>31.8% | 230,326-1<br>6,390,681.232<br>336,837.604<br>100.0% | 336,837.604 | 100.0 |

（史料）　元禄16・宝永元年「大坂御金蔵金銀納方御勘定帳」による。
（注）　単位は金＝両歩朱，銀＝匁，金換算計の両以下は永文。なお分離しがたい納口は適宜な項目に一括した。米売払代のうちに大坂城古味噌売払代・松茸売払代を含む。

表17―B　大坂御金蔵納金銀項目別集計（宝永元年納）

| | | 元禄14年及以前分 | 元禄15年分 | 元禄16年分 | 宝永元年分 | 計 | 金換算計 | 比率 |
|---|---|---|---|---|---|---|---|---|
| 年貢・物成・小物成・運上 | 金 | | 6,122-1-2 | 104,902-1 | 45,700- | 156,724-2-2 | 189,059.753 | 63.3% |
| | 銀 | 2,000. | 577,013.125 | 1,153,094.57 | 208,000 | 1,940,107.695 | | |
| 米売払代 | 金 | | | 6- | 19,087-1 | 19,093-1 | 23,413.082 | 7.8 |
| | 銀 | | | 3. | 259,186.93 | 259,189.93 | | |
| 酒造運上 | 金 | | 851-2 | | | 851-2 | 4,440.152 | 1.5 |
| | 銀 | | 10.86 | 11,308.242 | 204,000. | 215,319.102 | | |
| 長崎運上・上納 | 金 | | | 66,622-2 | 5,000- | 71,622-2 | 72,424.992 | 24.2 |
| | 銀 | | | 48,149.532 | | 48,149.532 | | |
| 鉱山運上 | 金 | | | | | | 723.914 | 0.2 |
| | 銀 | | | 43,434.81 | | 43,434.81 | | |
| 船・入木山運上 | 金 | | | | 500- | 500- | 1,330.755 | 0.4 |
| | 銀 | | | 28,023.45 | 21,821.854 | 49,845.304 | | |
| 地代金 | 金 | 2,032-1 | | | 3,050-1 | 5,082-2 | 5,082.500 | 1.7 |
| | 銀 | | | | | | | |
| 拝借返納 | 金 | | | 6-3 | | 6-3 | 6.949 | 0.0 |
| | 銀 | | | 13.125 | | 13.125 | | |
| 役料返納 | 金 | | | | 251-1 | 251-1 | 251.429 | 0.1 |
| | 銀 | | | | 10.71 | 10.71 | | |
| 未進取立 | 金 | 5- | | | | 5- | 2,179.322 | 1.7 |
| | 銀 | 500. | | 129,959.34 | | 130,459.34 | | |
| 計 | 金 | 2,037-1 | 6,973-3-2 | 171,537-2 | 73,588-3 | 254,137-1-2 | 298,912.867 | 100.0 |
| | 銀 | 2,500. | 577,023.985 | 1,413,986.069 | 693,019.494 | 2,686,529.548 | | |
| | 計 | 2,078.917 | 16,590.941 | 195,103.934 | 85,139.075 | 298,912.867 | | |
| | 率 | 0.7% | 5.6% | 65.3% | 28.5% | 100.0% | | |

（注）表17―Aに同じ。

給人的性格の濃い世襲代官を中心に、五一名の代官を死罪あるいは免職とした。一方、天和元年金分銅一〇・銀分銅六六を鋳潰し、大坂の陣の時の貸付金を諸大名から返上させ、元禄三年小普請金を創設して収入増を図った。

綱吉の時代には彼の専権に触れて改易された大名は四五名にものぼり、その没収高は一七〇万石に達する。(18) これに対し思寵を受けて大名に取り立てられ、加増を受けた大名もいるのでそのすべてではないが、幕府領に編入された石高も少なくない。前代に引き続いて幕府領総検地が実施され、その多くが大名助役によってなされた。さらに町人請負新田を中心とする新田開発の結果が幕府領となり、元禄末期には幕府領石高は四〇〇万石に達した。ただし先述の「御蔵入高並御物成元払積書」によると、元禄七年の幕府領総石高は四一八万一〇〇〇石余とある。

表17は筆者が「元禄末期における幕府財政の一端」において「大坂御金蔵金銀納方御勘定帳」の元禄十六・宝永元両年納金銀を大まかに一〇項目に区分し、納方役人が納めた年ごとに金銀を集計した表を引用した。

両年の大坂金蔵納金銀のうち、年貢・物成・小物成等の比率が高いのは当然ともいえるが、幕府領の増加、代官不正の糺弾、蔵米地方直しなど一連の地方対策が年貢増徴策に連なり、財政収入の増加に結果したものであろう。同稿で元禄十五年の上方代官納の物成金銀が享保期に比して高いといえると書いたが、元禄七年の年貢量は一四六万石、年貢率は三五％弱に相当するから、量・率ともに享保期に劣るところがないのである。(19)

元禄十六・宝永元両年の大坂金蔵納金銀のうち、元禄期に新設された長崎運上・酒造運上・地代金・大坂諸川船運上・堀江上荷船運上などの上納金銀は、元禄十六年二三・七％、宝永元年二七・七％を占める。筆者は、都市商工業者を主対象としたこれら上納金銀が、地方支配に関する諸策とともに幕府財政収入の増大をめざしたものにほかならず、年貢・物成収入も増加したとすると、勘定奉行荻原重秀を中心とした財政補塡ないし強化策が一応の成果をみたものと結論した。

## おわりに

しかしながら、綱吉扈従の館林家臣団の幕臣編入、元禄二年からの役料復活、大名邸への綱吉の頻繁な御成と多額な恩賜品、本稿でみてきたような普請作事修復への財政支出、そして物価騰貴などにより財政収支は償わなかったのである。

注

（1）栗田元次「元禄以前に於ける江戸幕府の財政について」（『史学雑誌』三八編一一号）、拙稿「江戸幕府財政の成立」（北島正元編『幕藩制国家成立過程の研究』〈本書第一章収載〉）、「元禄末期における幕府財政の一端」（『史料館研究紀要』四号〈本書第六章に収載〉）。
（2）藤田覚「元禄期幕府財政の新史料」（『史学雑誌』九〇編一〇号）。
（3）拙稿「元禄末期における幕府財政の一端」所収。
（4）『日光市史』中巻四三四〜四三五頁。
（5）『竹橋余筆』汲古書院影印本四八四〜四九三頁。村上直校訂『竹橋余筆別集』（日本史料選書25）一二一〜一三一頁。
（6）城州八幡は豊蔵坊の名があるので石清水八幡宮と考えられるが、史料記載に従って一応別扱いとしておく。
（7）松尾美恵子「大坂加番制について」（『徳川林政史研究所研究紀要』昭和四九年度）。
（8）小野清『大坂城誌』。
（9）表14で高麗橋の奉行は三人となっているが、松平玄蕃頭は元禄八年まで、永見甲斐守・保田美濃守は同九年大坂町奉行に任ぜられているためである。
（10）『京都御役所向大概覚書』下巻一〜一八頁。
（11）同右四〇五頁。
（12）松尾美恵子「手伝普請一覧表」（『学習院大学文学部研究年報』一五）。
（13）同右。

(14)『京都御役所向大概覚書』下巻三二一〜六四頁。
(15)表16では『寛文朱印留』(国立史料館編)に収載されていない寺社は、寛文以前に寺社領が寄進されていないとみて、新寄進とした。
(16)『日光市史』中巻二二八〜二三八頁。
(17)拙稿「江戸幕府貯蓄金銀について」(『東洋大学文学部紀要史学科篇』三七集IX〈本書第八章収載〉)。
(18)藤野保『新訂幕藩体制史の研究』附表。
(19)藤田前掲稿。

# 第六章　元禄末期における幕府財政の一端

## はじめに

江戸幕府の財政経済史を研究しようと志すとき、その数量的実態の枢要を示す筈の勘定所史料が滅失してしまった現在、向山誠斎『誠斎雑記』と勝海舟『吹塵録』に収載された記録および偶然的に残された少量の断片的な抜萃記録を利用するほかはない。他の方法として、老中を勤め財政に関与した譜代大名家の文書中に勘定所記録の控写本を捜すことが考えられるが大量に発見される可能性は薄い。しかし筆者はこのような例として、さいきん三河吉田七万石大河内松平家の子孫大河内信定氏に伝わる享保後年の幕府勘定所史料を紹介した。(1)この大河内家記録は享保改革期における幕府の財政事情を知りうる好史料であると同時に、既刊の幕府財政史料なかんずく『誠斎雑記』の「御取箇辻書付」「御年貢米其外諸向納渡書付」「御年貢金其外諸向納渡書付」の享保期から天保期に至る連年の数字の性格・内容を明らかにしうる史料でもある。

さて、これに対して本章では幕府の大坂御金蔵の一記録を紹介し、二、三の問題をさぐってみよう。これは宝永二年に大坂町奉行・大坂金奉行が恐らくは勘定所へ提出したと思われる「元禄十六未宝永元申弐ケ年分大坂御金蔵金銀納方御勘定帳」(一冊)である。かつて大阪城天守閣に所蔵されていたが、現在は大阪市立中央図書館市史編集室に移管されている。

一般に元禄末期の幕府財政は、将軍綱吉の奢侈と造寺・造仏などによる支出の増大と、商品生産、都市の発展に触発された物価騰貴によって、悪化の一途をたどった時期とされる。(2)元禄八年の金銀改鋳によって得た五〇〇万両といわれる出目収入も、同十一年の江戸大火（勅額火事）、十六年の江戸を中心とする南関東の大震災の復興と、連年の財政不足補塡に消滅し、綱吉の末期には年数十万両の不足を生じたという。しかしながら、財政悪化の原因をすべていわゆる「元禄の悪政」に帰する訳にはいかない。すでに綱吉襲職以前の延宝四年には年間二〇万両余の財政不足を生じたとあり、非常用の金銀分銅に手をつけはじめたのも同四、五年のことであった。幕府財政収入の主要部分はいうまでもなく幕府直轄領からの年貢収入であるが、初期においてはこれに加えて鉱山収入が相当の比重を占めていた。しかし寛永末期以後諸国金銀山の衰退によって鉱山収入が大幅に減少し、明暦の大火およびその復興に要した多大の失費によって、幕府の収入ならびに貯蔵金銀は減る一方であった。綱吉は将軍職に就くに当たってこのような財政状態に取り組む必要にせまられたのであり、そのために二度にわたって日光社参を中止せざるをえなかったのである。

「天和の治」と呼ばれる綱吉前期の政治は、延宝八年堀田正俊を農政・国用専管の老中（翌年大老昇進）として村方支配機構の改正をめざし、天和二年勘定吟味役を創置し、また代官の不正を糺して、会計遅滞・年貢未進を理由に、綱吉の代に給人的性格の濃い世襲代官を中心に実に五一名の代官が死罪あるいは免職にさせられている。(3)そしてこれらの施策は、前代から引き続き実施された幕府領総検地と並んで、財政収入の増加策でもあった。

元禄元年以後の綱吉後期は財政放漫に流れ、金銀改悪の収益もじきに費消し尽してしまうのであり、前期のような財政再建策はみられないとされる時期であるが、この時期は幕府財政の実態を知りうる史料が欠如しているので、従来の財政史研究においても十分明らかにされていない。そこで本章は「大坂御金蔵金銀納方御勘定帳」（以下単に「御勘定帳」と略記する）を中心に、この期の幕府財政の一端を窺うこととしたい。

「御勘定帳」は、大坂御金奉行が大坂御金蔵への金銀納入の都度発行する納札の控や毎月作成する御金納帳、それに各項目ごとに作られたと思われる勘定目録などを集計して勘定仕上げをして記録したものと推測される。江戸御金蔵においても当然同様の帳簿を作成した筈であるが、遺憾ながら残っていない。なお大坂金奉行は毎月御金納帳・渡方帳・有金銀書付を勘定所に提出し、また毎月金銀出納日の納渡は臨時渡とともに書状を送っているので、それを受けて勘定所では帳面を見合い改めることにしていた。(4) さて周知のように、各代官所・預所では毎年地方勘定帳と御金蔵勘定帳を作成して勘定所へ提出しているのであるが、「御勘定帳」とこの御金蔵勘定帳との関係は当然密接なものと思われるものの、ここでは明確にはなしえない。ただ「御勘定帳」の納払金銀は、勘定所の総会計収支決算簿である御払方御勘定帳（もしくは金銀納払御勘定帳）の基礎の数字になったことは間違いなかろう。

大坂御金蔵が勘定所の一下部機関にすぎず、ここに記される数字が上方（西日本）諸役人の納方の金銀のみという、つまり大坂御金蔵管轄外の関東（東日本）の一切の収支と、上方の米・大豆等の納払および金銀の払方を欠いているという限界があり、「御勘定帳」一冊の分析では十分なことを言いえないことを否定しないが、享保以前の幕府財政史料が希少な現在、幕府の財政制度および元禄末期の幕府財政の一端を示すいくつかの重要な事実や問題を指摘しうることに意義があると信じるのである。

## 一　大坂御金蔵納金銀の性格と内容

大坂御金蔵は大坂城本丸天守台の下東南にあり、江戸の奥御金蔵・蓮池御金蔵と並んで最も重要な金蔵であった。この大坂御金蔵を管理し金銀出納を掌るのが大坂定番支配の大坂金奉行であり、定員は四人でこれに手代が各二人ずつ附属した。金奉行は御金蔵北手の泊番所に部下を率いて昼夜勤番するが、毎月五・十六・二十三の三日の金銀出納日（御金日）には、金奉行のほか城代・両定番の家士、両町奉行所の金役の与力が臨検する定めであった(5)。

ここに取り上げる「大坂御金蔵金銀納方御勘定帳」は元禄十六年・宝永元年二カ年分の大坂御金蔵納金銀を納入した人名を基準にし、さらに項目ごとに分けて記載したものである。納口数は元禄十六年一六三口・宝永元年一四五口であるが、同一人名で同年分・同一項目のものが二口以上重複している場合もある。これは多分納入月日の違いによって書き分けたものと推測されるが確証はない。この納方役人の数は重複人名を除くと両年とも四六人（家来・与力など個人名不詳を除外）であり、これを納方役人の役職名ごとに区分し、納金銀の項目を整理してみたのが表18である。

まず納方役人の管轄地域では、代官以外は大坂・京都・伏見・堺・長崎であり、代官は（遠国奉行も含めて）五畿内筋（または上方筋、五畿内三州―近江・播磨・丹波―をいう）・中国筋・四国筋（これを中国筋に加えることもある）・西国筋（九州）すなわち丹後・丹波・近江・大和以西の西日本の範囲内にとどまる。幕府代官を大きく関東代官と上方代官に二分することがある。上方代官の支配地域は越後・信濃・駿河以西、あるいは美濃・伊勢以西など諸説あるが、ここでは右の範囲内に当たるものと考えたい。これに対し関東代官の支配地域は関東・海道筋・北国筋・陸奥・出羽である。

次に、納金銀の項目をみると、年貢・物成、小物成、長崎運上・酒造運上を含めた諸運上、米その他売払代、地代、未進取立、その他の返納・上納の金銀であり、上方幕領の幕府納入金銀のほとんどを網羅しているとみて大過なかろう（詳細は後述）。

ところで、右の納金銀の項目を、享保後期の幕府勘定所史料である大河内家記録[6]の「御払方御勘定帳」「御遣方大積書付」等に記される納金銀の項目と比較してみると、「御勘定帳」の年貢・物成、小物成のすべてと、代官・伏見奉行納の運上の一部が、大河内家記録の御物成小物成に相当し、二条蔵奉行・大坂蔵奉行納の米売払代が、後述のように同記録の二条大坂御囲米払代に相当するものと推量される。従って右以外の納金銀はいわゆる諸向納に類するものであろう。

表18　大坂御金蔵納方役人と納金銀の項目

| 納方役人 | 人数 | 納金銀の項目 |
| --- | --- | --- |
| 上方代官（五畿内・中国・四国・西国） | 20・19 | 年貢・物成・小物成・運上・臨時物<br>酒造運上<br>鉱山運上<br>米売払代，鉱山延米売払代，松茸売払代<br>未進取立<br>拝借上納 |
| 伏見奉行 | 1・1 | 年貢<br>小物成・網役運上 |
| 長崎町年寄 | 5・5 | 長崎運上，長崎上納 |
| 大坂・堺酒改役人 | 4・5 | 大坂堺酒運上 |
| 過書船・入木山支配 | 2・2 | 淀川過書船運上，賀茂川・嵯峨川高瀬運上<br>北山入木山運上 |
| 大坂町奉行 | 2・2 | 大坂諸川船運上 |
| 大坂惣年寄 | 4・4 | 大坂堀江町他地代金<br>大坂堀江上荷船運上 |
| 大坂蔵奉行 | 4・5 | 大坂蔵納米売払代<br>役料返納 |
| 二条蔵奉行 | 4・4 | 二条蔵納虫損米売払代<br>役料返納 |
| 所司代格家来<br>大坂定番与力<br>大坂町奉行与力 | | 大坂城古味噌売払代 |

（注）人数の左は元禄16年納，右は宝永元年納。

さて、「御勘定帳」の最初に大坂金奉行玉虫助十郎武茂による元禄十五年十二月までの勘定仕上残が、そして両年の末尾にそれぞれ納払の総計が記されている。表19はこれをまとめたものであるが、このうち納は両年とも各納口を集計したものと全く一致する。逆にいえばその内容が明らかであるのに対し、払

表19　大坂御金蔵金銀納払の総計

| | 金 | 銀 | 大判 | 銭 | 永（金）換算計 |
|---|---|---|---|---|---|
| 元禄15年12月 | 両歩朱 | 貫　匁 | 枚 | 貫　文 | 両永文 |
| 勘定仕上残 | 137,488-3-2 | 4,436,432.157 | 48 | 754,893 | 212,026.134 |
| 内　御借金銀 | 5,758 | 587,145.9 | | | 15,543.765 |
| 内　御蔵有 | 131,730-3-2 | 3,849,286.257 | 48 | 754,893 | 196,482.369 |
| 元禄16年納 | 230,326-1 | 6,390,681.232 | | | 336,837.604 |
| 元禄15年払残共合 | 367,815-0-2 | 10,827,113.389 | 48 | 754,893 | 548,863.738 |
| 元禄16年払 | 202,317-3-2 | 1,236,121.243 | 3 | | 222,945.396 |
| 残 | 165,497-1 | 9,590,992.146 | 45 | 754,893 | 325,918.342 |
| 内御借金銀 | 5,438 | 583,073 | | | 15,155.888 |
| 宝永元年納 | 254,137-1-2 | 2,686,529.548 | | | 298,912.868 |
| 元禄16年払残共合 | 419,634-2-2 | 12,277,521.694 | 45 | 754,893 | 624,831.210 |
| 宝永元年払 | 159,214-3 | 6,212,359.557 | 4 | | 262,788.076 |
| 残 | 260,419-3-2 | 6,065,162.137 | 41 | 754,893 | 362,043.134 |
| 内御借金銀 | 5,173-2 | 579,000.1 | | | 14,823.502 |

（注）　永換算計は金１両＝銀60匁＝銭４貫文，大判１枚＝金８両２歩として計算。

については総計のみの記載であり、多額な大坂御金蔵支出が総額のみで詳細が判明しないのは残念である。また表19の御借金銀（貸金銀）の額は、元禄十五年より十六年にかけて金三二〇両・銀四貫〇七二匁九分、十六年より宝永元年にかけて金二六四両二歩・銀四貫〇七二匁九分減少しているが、拝借返納・役料返納などの納口には該当するものはなく、「委細別帳ニ有」とあるように別途の勘定と思われる。

それから「御勘定帳」の元禄十六・宝永元両年納金銀を大まかに一〇項目に区分し、納方役人へ納めるべき年ごとに金・銀を集計して整理したのが第五章表17―A・Bである。両年ともそれぞれ前年分が三分の二近くを占め、当年分は三割前後と意外に少ない。この点享保以降の幕府会計収支が前年収納の物成・小物成および囲米払代と当年収納の諸向納などをもってその年の支出に当てる制度であったのとはやや異なるようであり、まだそのような制度は確立するに至っていなかったのかも知れない。ともあれ、以下に納金銀を主要な項目ごとにその性格と内容を検討してみよう。

## 1 上方代官納の年貢・物成・小物成等

「御勘定帳」記載の納金銀の六割余は五畿内筋・中国筋・四国・西国つまりここでいう上方代官納の年貢・物成・小物成等の金銀である。そこでまずこの上方代官がこの期のすべての上方代官であるかを検討してみよう。

内閣文庫所蔵の「看益集」(7)の中に御代官支配所高附が載っているが、年代は記されていない。しかしそこに記載された代官名とその任期から推して、一応これは元禄十五年三月から同十六年三月の間のものと考えられる。そしてこれが全国の幕府領を覆っているとみられるから、このうち丹後・丹波・近江・大和以西の上方代官を取り出して、「御勘定帳」の納方の代官の元禄十五・十六両年の支配所とを比較してみたのが表20である。この表の二七人の代官(伏見奉行・長崎奉行附を含む)の支配所を比較すると元禄十五年の方が十六年より一致する例が多い。そこで元禄十五年を基準として検討すると、両史料の支配所が全く一致するもの一六人(表20石高欄に＊を附した)、十六年には記載があるが十五年では両史料とも記載のないもの二人で、残九人が一致しない。このうち小野朝丞支配所は十五年の途中で摂津等から肥後等西国に移されたと理解すれば一致する。久下作左衛門の御代官支配所高附の丹後は丹波の誤記と思われ、この久下と室七郎左衛門・竹村惣左衛門の三人は御代官支配所高附が各一国多いのみであるからほぼ一致するとみてよい。また石原・岡田の播磨領赤穂領当分代官所はいうまでもなく浅野長矩改易のあとであるが、元禄十五年九月一日に永井直敬がここに封ぜられているから、それ以前のことである。これらのことから「看益集」御代官支配所高附は元禄十五年九月以後、同年末までの間の事実というように更に時期を狭めることができよう。

さて御代官支配所高附に記載があり、「御勘定帳」に記載のない上方代官は、大草太郎左衛門(播磨・備中)、内山七兵衛(美作)、平岡四郎左衛門(但馬・播磨・丹後)の三人と、長崎奉行附(肥前)である(表20石高欄に△印を付した)。右「御勘定帳」には但馬の年貢・物成納金銀はないので、一応この三人の代官と長崎奉行附の支配所の記載が欠如しているとみてよいであろう。とすれば、上方代官支配所石高は「看益集」御代官支配所高附の合計一一六万五八二九石から三代官・長崎奉行附支配所石高一三万七八七七石を除き、旧赤穂領五万石を加えた一〇七万七九五二石となるであろう。なお石以下端数平均を五斗として二〇支配所の端数合計一〇石を加えて修正すれば一〇七万七九六二石になるが、本章では単純集計石高を用いることとする。

「看益集」御代官支配所高附は、関東郡代はじめ関東・伊豆・甲斐・陸奥・出羽代官が最初に記載があり、その石高は石以下才位まで記されて詳細である。その他の越後・信濃・駿河以西の代官の石高は石以下切捨で「石余」と記さ

| 内閣文庫所蔵「看益集」 | | |
|---|---|---|
| 御代官支配所高附 | 石高 | |
| | | 石余 |
| 山城・大和・和泉・河内・摂津・近江・丹波・丹後 | ＊ | 55,902 |
| 和泉・河内・摂津・播磨・小豆嶋 | | 65,281 |
| 山城・河内 | ＊ | 8,509 |
| 播磨・備後・備中・伊予・讃岐・直嶋 | ＊ | 55,704 |
| 和泉・河内・摂津・丹後 | | 35,977 |
| 大和・河内・摂津・播磨・丹後 | ＊ | 48,994 |
| 大和 | ＊ | 70,376 |
| 大和・河内・摂津・播磨・備中 | ＊ | 68,610 |
| 摂津・播磨 | ＊ | 65,815 |
| 山城・河内・摂津・近江・丹波・播磨 | ＊ | 77,993 |
| 豊後・豊前 | | 88,679 |
| 大和・河内・摂津・近江・播磨 | ＊ | 54,135 |
| 大和・近江・美作 | ＊ | 47,266 |
| 山城・大和・和泉・河内・摂津・備後 | ＊ | 54,706 |
| 肥後・肥前・筑前・日向 | | 102,608 |
| —— | | —— |
| 豊前 | ＊ | 53,313 |
| 石見・隠岐 | ＊ | 60,404 |
| 山城・河内・摂津 | ＊ | 5,902 |
| (武蔵・上総・下総・常陸) | | —— |
| 播磨・備中 | △ | 32,499 |
| 美作 | △ | 54,038 |
| 但馬・播磨・丹後 | △ | 47,905 |
| 摂州海表新田 | ＊ | 3,458 |
| —— | | —— |
| 山城伏見廻当分預 | ＊ | 4,320 |
| 肥前 | △ | 3,435 |
| | | 1,165,829 |

ている。なお石高欄＊印は国名が元禄15年支配所と一致するもの，

表20　上方代官支配所の「看益集」御代官支配所高附との比較

| | 「大坂御金蔵金銀納方御勘定帳」 | |
|---|---|---|
| | 元禄15年支配所 | 元禄16年支配所 |
| 雨宮庄九郎 | 山城・大和・河内・和泉・摂津・近江・丹波・丹後 | 山城・大和・和泉・摂津・近江・丹後 |
| 小野朝丞 | 摂津・和泉・河内・播磨・小豆嶋・肥後・肥前・筑前・日向・天草 | 肥後・肥前・筑前・日向 |
| 上林峯順 | 山城・河内 | —— |
| 遠藤新兵衛 | 播磨・備後・備中・伊予・讃岐・直嶋 | 河内・播磨・備後・備中・伊予・讃岐・直嶋 |
| 久下　作左衛門 | 摂津・河内・丹波 | 摂津・河内・和泉・丹波・伊予 |
| 長谷川　六兵衛 | 大和・河内・摂津・播磨・丹後 | 摂津・河内・和泉・播磨・小豆嶋 |
| 辻　弥五左衛門 | 大和 | 大和 |
| 万年　長十郎 | 大和・摂津・河内・播磨・備中 | 大和・摂津・河内・播磨・備中 |
| 石原　新左衛門 | 摂津・播磨 | 摂津・播磨 |
| 小堀　仁右衛門 | 山城・河内・摂津・近江・丹波・播磨 | 山城・河内・摂津・近江・丹波・播磨 |
| 室　七郎左衛門 | 豊後 | —— |
| 金丸　又左衛門 | 大和・摂津・河内・近江・播磨 | 大和・摂津・河内・近江 |
| 西　与一左衛門 | 大和・近江・美作 | 大和・近江・播磨・美作 |
| 曲淵市郎右衛門 | 山城・大和・河内・和泉・摂津・備後 | 山城・大和・河内・和泉・摂津・備後 |
| 竹村　惣左衛門 | 肥後・肥前・日向 | —— |
| 竹村太郎右衛門 | —— | 肥後・肥前・筑前・日向 |
| 岡田庄大夫 | 豊前 | 豊前 |
| 井口　次右衛門 | 石見銀山附・隠岐 | 石見銀山附・隠岐 |
| 上林又兵衛 | 山城・河内・摂津 | 山城・河内・摂津 |
| 古川武兵衛 | —— | 大和・河内・摂津 |
| 大草太郎左衛門 | —— | —— |
| 内山七兵衛 | —— | —— |
| 平岡四郎左衛門 | —— | —— |
| 万年　長十郎<br>小野朝丞 | 摂津川口新田 | 摂津川口新田 |
| 石原　新左衛門<br>岡田庄大夫 | 播磨赤穂領当分代官所 | —— |
| 建部内匠頭 | 伏見廻預所 | 伏見廻預所 |
| 長崎奉行附 | —— | —— |
| 計 | | |

（注）「看益集」では雨宮庄九郎は庄五郎と誤記，小野朝丞は朝之丞，西与一左衛門は与市左衛門と記載され
△印は該当する代官等がないもの。

れているが、ここではこれらの支配所を「上方」としている。このことからこの史料はいわゆる関東筋・陸奥・出羽代官についての何らかの調査結果という性格をもつものと推測される。

そこで関東筋・陸奥・出羽代官支配所の総石高は史料原記載では六五万五二三三石二斗九升四勺一才となっているが、当然「百」の字（一〇〇万）が脱落しているし、集計してみれば一六五万五二一八石六斗九升四勺一才となる。その他の「上方」石高を集計すると二三五万〇三九五石余（石以下端数加算修正二三五万〇四一七石）となる。この史料にはこのほかに越後・信濃・駿河以西三四カ国と小豆嶋・直嶋の国別幕領石高が記されているが、これを集計すると二三〇万六二九一石余（同じく修正二三〇万六三〇九石）となり、両者の間に四万四一〇四石の誤差があるが、その理由は明らかにしえない。

御代官支配所高附の各石高を合算集計すると全国幕府領石高は四〇〇万五六二三石余（関東代官支配所総石高の史料原記載と他の石高との合算では四〇〇万五六二七石余）、また関東筋・奥羽代官石高とそれ以外の国別石高集計と合算すると三九六万一五一九石余となる。ここでは一応前者の数字をとっておこう。なお千村平右衛門預所以外には大名預所の記載がないが、この期には大名預所はほとんどないと考えられるので[(8)]、この石高が幕府領総石高とみてよく、それは四〇〇万石に達し、享保元年石高四〇八万八五三〇石余に近い石高になっているのである[(9)]。

「御勘定帳」の元禄十五年二〇支配所石高一〇七万七九五二石余の年貢・物成・小物成等金銀は同十六年納・宝永元年納中元禄十五年賦課分合算金一六万四七一〇両永三三三文（金に換算）となる。これを石高一万石当たりにすると金一五三七・三両という数字が出る。いま大河内家記録の享保十四年・十七年の「御代官幷御預所御物成納払御勘定帳[(10)]」の上方代官（奉行支配所・大名預所を含む）納の物成金銀を同じく一万石当たりにすると、それぞれ金一三四五両と一一五四・五両という数字になり、年貢収奪が強化された享保期に比しても元禄十五年のそれは高いといえる。もっとも享保十七年は西国不作の年であるし、元禄十五年の数字には小物成・運上等が含まれているし、さらに元禄期は石代納の比率が高いと思えるから、一概に比較はできないが、おおよその傾向は摑めるであろう。

ところで「御勘定帳」は年貢・物成・進上等納金銀のうち、とくに注目されることは、西国（九州）代官納のそれは例外なしに「為替人」による大坂御金蔵への送金がなされていることである（これに対して西国以外の他の代官納は為替人による為替送金は一例も記されていない）。これを代官と為替人との関係で整理したのが表21である。この為替をここでは仮に「西国御為替」と呼んでおくが（大坂でいう江戸為替は大坂からの送金であり、「西国御為替」は大坂への送金であるから、こう呼ぶのは誤解を生むかもしれず、むしろ「大坂御為替」と呼ぶべきものであろうか）、この実態は管見の範囲では従来全く明らかにされたことがない。西国の年貢金銀等の大坂御金蔵への為替については長崎銀座が正徳・享保期新銀吹高の減少による不振状態の打開の一助に、享保十五年八月幕府に請うて大坂御為替を許されたが、ついで同十八年九月天草御為替を、翌十九年日田御為替を、元文三年嶋原御為替をそれぞれ長崎奉行所・日田代官所・松平主殿預所宛に出願し、嶋原御為替を除いては、両者とも許されて翌年実施に及んだ。天草御為替の出願内容は、長崎より江戸・大坂御金蔵へ上納の運上・払米代等の金銀為替を勤めたいということであるが、十九年中江戸御金蔵へ上納したのは天草の年貢長崎廻米代銀ばかりであった(11)。

これ以前のことについてはふれたものがないが、逆に大坂銅屋仲間から長崎への為替関係は既に元禄期には行われていることが認められるから、これの逆為替関係も成立していたとみてよく、さらに「御勘定帳」に為替人の記載のある事実から、「西国御為替」は元禄期以前より個別的には行われていたものとみてよいであろう。

ここで為替の方法について、松好貞夫(12)・中井信彦(13)両氏の著書に基づいて略述しておこう。

江戸・大坂間の為替関係は、主として貨物代金の江戸から大坂への送金と、蔵元による領主蔵米の売却代金の江戸

| 岡田庄大夫 | | 計 | | |
|---|---|---|---|---|
| 元禄16年 | 宝永元年 | 元禄16年 | 宝永元年 | 両年計 |
| | | 200,000 | 460,000 | 660,000 |
| 166,436.75 | 134,000 | 286,436.75 | 344,000 | 630,430.75 |
| | | 420,413.5 | | 420,413.5 |
| | | 160,000 | 195,000 | 355,000 |
| | | 75,000 | 97,000 | 170,000 |
| 166,436.75 | 134,000 | 1,139,850.25 | 1,096,000 | 2,235,850.25 |

豊後，竹村惣左衛門は肥前・肥後・日向，竹村太郎右衛門は肥後・肥前・筑前・日向，岡田は豊前。

への送金との出合いによって成立していた。具体的にいえば、大坂商人に仕払勘定のある江戸商人が、大坂から蔵米代金の受取勘定のある江戸両替商に為替を取組み、貨物代金の受取勘定のある大坂商人は、江戸への支配勘定のある大坂の両替商から現銀を受取る形をとる。他の方法として、江戸商人から受取勘定のある大坂商人が逆為替を組み、同地の両替商に代金取立手形を売り、買入れた両替商がこれを江戸の同業者ないし自己の本支店に送って、支払勘定のある江戸商人から取立てさせることもある。この場合、大坂両替商の為替買入資金は領主（事実上は蔵元）から預った蔵米代金であり、領主は江戸で同地の両替商が商人から取立てた金を受領するわけである。なお江戸・大坂間にある金銀比価の差が過大であれば為替が使用されず現金銀逓送が行われる。その故為替関係の成立には比価の差が縮小し、ある程度まで安定しつつ一定の打銀が生まれる必要がある。

　元禄四年、これまで陸路によって現送されていた大坂御金蔵銀の江戸御金蔵への送金が、十人両替など特権的な御為替組による送金に切り換えられた。幕府は御為替組に対しては手数料を支払わないが、大坂での交付から江戸上納まで六〇日（のち九〇日）の期間があり、両替商は問屋との為替取組に打銀を取得する権利が与えられた上、不渡りのさいの

表21　西国年貢金為替人納銀請取額

| 代　官 | 小野朝丞 | | 室七郎左衛門 | 竹村惣左衛門・竹村太郎右衛門 | |
|---|---|---|---|---|---|
| 為替人＼納年 | 元禄16年 | 宝永元年 | 元禄16年 | 元禄16年 | 宝永元年 |
| 千草屋源助 | 200,000 | 350,000 | | | 90,000 |
| 川口十郎右衛門<br>塚口屋長左衛門 | 50,000 | 140,000 | | 70,000 | 70,000 |
| 吉野屋惣左衛門<br>嶋本忠兵衛 | | | 420,413.5 | | |
| 紙屋嘉兵衛 | 115,000 | 195,000 | | 45,000 | |
| 吉田清蔵 | 48,000 | 97,000 | | 25,000 | |
| 計 | 413,000 | 782,000 | 420,413.5 | 140,000 | 160,000 |

(注)　金は1両60匁替で銀に換算（単位匁）。代官支配所，小野は肥後・肥前・日向・筑前・天草，室は

強制執行について公的な保障が付与されたのである。

さきの「西国御為替」の方法は不明である。大坂御金蔵銀御為替のように整然と制度化されたものでなく、西国・大坂ともに銀目建てであることから、むしろ手数料収入を伴う京為替などに近いと思われる。

続いて「御勘定帳」記載の「為替入」七人について検討しよう。まず吉野屋惣左衛門は「町人考見録」によれば京都押小路柳馬場東へ入町に住し、「一条向御代官方、又は長崎筋を相勤め、両替商売にて長崎会所の両替を致し、身体は左のみ有徳のものにては無之候得共、方々勤め廻し候故、分限よりは世上にて能存じのもの也、長崎にて会所の用事を達し、天草御代官所の御年貢金を請込、長崎にて商人などへ為替に渡し、又は入札の買物など致しける、然るに長崎会所にて売徳の上納銀を上方へ為替名目に立、九州の御大名方へ借付、会所渡りに致来り候」とあり、大名貸しはおよそ銀高八、九千貫にのぼっている(14)。次に川口十郎右衛門は大坂の町人であり、元禄四年四月平野屋興三左衛門とともに代官設楽嘉兵衛（喜兵衛カ）の斡旋で、摂津多田鍰銅（抜銀銅）を一カ年出高およそ三万貫と見積り、一〇カ年平均銅一〇貫目につき現銀六二匁で買請けて長崎輸出銅にあて、その代金高ほどの唐人荷物を諸商人入札値段をもって買取り、懸り物を免除されたい旨勘定所へ出願している(15)。そ

の後の経過は省略するが、彼は長崎の銅貿易に進出しようとする商人であった。彼と必ず組んで出てくる為替人の塚口屋長左衛門は、寛永十五年に幕府が由緒を調査して選んだ二二人の銅屋仲間の一人で、大坂に住み輸出向けの棹銅を長崎に送っていた塚口屋長左衛門(16)の子孫と考えてよいであろう。その他の為替人については、いま明らかにしえないが、いずれにしてもこれらの「為替人」は大坂・京都の商人であり、長崎会所や貿易などに関係深い者で、西国代官の大坂御金蔵への送金と、大坂・京都商人が長崎輸入貨物買付代金等の支払勘定との間に為替を取組んだものと考えられるのである。

最後に「御勘定帳」の摂津川口新田代官所についてふれておこう。この新田の年貢・物成金は元禄十五年分同十六年納金四三二両一歩・銀七貫四〇二匁二分五厘（金換算五五五両二歩二朱弱）、同十六年分宝永元年納金六四〇両一歩となってやや増加をみせている。

摂津川口新田は、淀川残余工事を継続中の河村義通（瑞賢）らが、元禄十一年八月に川口沿海諸島の開拓希望者を募ったのに対し、地代金合計一万五四五〇両を上納して許可を得た請負人が、自費で開墾に従事し、同十五年二月代官万年長十郎・小野朝之丞の検地を受けて成立したものである。『大阪市史』(17)によると石高四千余石・約六百町歩を得たとあるが、先の「看益集」御代官支配所高附では、万年・小野支配の摂津海表新田は高三四五八石余と記されている（表20参照）。そこで「川方地方御用覚書」(18)によって川口新口の高・反別をみると、

| | | | | |
|---|---|---|---|---|
| 津守新田 | 高 | 四四五石七斗一升八合 | 反別 | 七二町二反六畝　〇歩 |
| 泉尾新田 | 高 | 七〇三石五斗八升四合 | 反別 | 七〇町七反九畝一四歩 |
| 市岡新田 | 高 | 一〇六一石七斗一升一合 | 反別一一六町 | 三畝二〇歩 |
| 春日出新田 | 高 | 四二七石四斗八升七合 | 反別 | 四一町八反九畝　四歩 |

| | | | | |
|---|---|---|---|---|
| 沖嶋新田 | 高 | 一四五石　　　七合 | 反別 | 一五町九反六畝一六歩 |
| 酉嶋新田 | 高 | 一八七石一斗三升三合 | 反別 | 二〇町四反五畝一四歩 |
| 百嶋新田 | 高 | 八二石六斗八升九合 | 反別 | 一一町三反九畝二七歩 |
| 西嶋新田 | 高 | 八三石三斗二升七合 | 反別 | 一二町二反三畝二三歩 |
| 出来島新田 | 高 | 二三一石四斗五升三合 | 反別 | 二三町八反八畝　九歩 |
| 蒲島新田 | 高 | 二三石八斗八升三合 | 反別 | 五町二反七畝一三歩 |
| 材木置場預地 | 高 | 六六石六斗九升二合 | 反別 | 五町五反五畝二三歩 |
| 合　計 | 高 | 三四五八石六斗八升四合 | 反別 | 三九五町七反五畝一四歩 |

とあって、合計高が一致し、外の中嶋新田（高四四二石六斗六合・反別四九町一反四畝二四歩）およびそれを含めた堤井路池沼作場道敷地一五一町七反一七歩と、『大阪市史』所載の西野新田が含まれていないことが判明する。

## 2　大坂・二条・大津蔵納米およびその他の米売払代

幕府領の年貢米を納入する蔵としては、江戸（浅草）をはじめ二条・大坂・駿府・大津などの米蔵があった。このうち上方の蔵は二条・大坂・大津の三であるが、二条・大坂城内の米蔵・米改所等を管理し、米穀の出納を掌るのが二条・大坂の蔵奉行であった。それぞれ町奉行支配に属し、手代・蔵番・小揚等が附属したが、出納には、大坂の例でいえば蔵奉行・大番組蔵目付・城代家士・両定番与力・両町奉行配下の蔵目付、いわゆる五カ所目付が臨検に当たった。[19]大津蔵奉行は元禄十二年四月二十二日に三人とも停廃され、大津米蔵は代官の所管となったのである。[20]「御勘定帳」には二条・大坂・大津各米蔵納米の売払代が、二条・大坂の蔵奉行、大津代官兼大津町奉行（雨宮庄九郎[21]）

| 売払米量 | 石当銀 | 金 | 銀 | 銀換算計 |
|---|---|---|---|---|
| 石 | 匁 | 両歩朱 | 貫　匁 | 貫　匁 |
| 4,030.757 | 78.8 | 2,640 | 159,223.66 | 317,623.66 |
| 2,841.519 | 71.9 | 1,700 | 102,305.22 | 204,305.22 |
| 3,867.184 | 67.4 | 2,170 | 130,448.2 | 260,648.2 |
| 6,098.0898 | 68.8 | 3,490 | 210,048.58 | 419,448.58 |
| 2,572.8723 | 64.9 | 1,390 | 83,579.42 | 166,979.42 |
| 2,463.9676 | 65.9 | 1,350 | 81,375.47 | 162,375.47 |
| 21,874.3897 | 70.0 | 12,740 | 766,980.55 | 1,531,380.55 |
| 363.1085 | 65.5 | 396-1-2 | 1.107 | 23,783.607 |
| 22,237.4982 | | 13,136-1-2 | 766,981.657 | 1,555,164.157 |
| | | 1,913-3 | | 114,825. |
| | | | 94,605.31 | 94,605.31 |
| | | 4,700 | | 282,000. |
| | | 19,750-0-2 | 861,586.967 | 2,046,594.467 |

| 売払米量 | 石当銀 | 金 | 銀 | 銀換算計 |
|---|---|---|---|---|
| 3,113.565 | 61.6 | 1,598 | 95,915.61 | 191,795.61 |
| 1,996.6728 | 58.3 | 970 | 58,206.02 | 116,406.02 |
| 718.2701 | 39.7 | 237 | 14,295.33 | 28,515.33 |
| 3,482.8407 | 51.9 | 1,500 | 90,759.44 | 180,759.44 |
| 9,311.3486 | 55.6 | 4,305 | 259,176.4 | 517,476.4 |
| 4,175.98496 | 55.6 | 3,869-2-2 | 7.27 | 232,184.77 |
| 13,487.33356 | | 8,174-2-2 | 259,183.67 | 749,661.17 |
| | | 2,590-3-2 | | 155,452.5 |
| | | 3,460-2 | | 207,630. |
| | | 4,600 | | 276,000. |
| | | 18,826 | 259,183.67 | 1,388,743.67 |

表22　元禄16年・宝永元年納分売払米量と納金銀

| | |
|---|---|
| 元　禄　16　年　納　分 | |
| 大　坂　蔵　奉　行 | 大坂蔵納元禄14年五畿内・備中・美作米売払代<br>〃　〃　筑前・豊前米売払代<br>〃　〃　播磨・美作米売払代<br>〃　〃　五畿内・豊後・豊前・備中米売払代<br>〃　元禄15年石見米売払代<br>〃　〃　播磨・石見米売払代 |
| | 〃　小　計 |
| 二　条　蔵　奉　行 | 二条蔵納元禄15年虫入損米京都買人入札払代 |
| 小　計 | |
| 雨　宮　庄　九　郎 | 大津蔵納元禄13年近江・丹後米京都町人へ売払代<br>元禄15年丹後・丹波米売払代 |
| 遠　藤　新　兵　衛 | 元禄15年年貢米播磨鉄山・伊予銅山延米売払代 |
| 総　計 | |
| 宝　永　元　年　納　分 | |
| 大　坂　蔵　奉　行 | 大坂蔵納元禄15年五畿内・備後・豊前米売払代<br>〃　〃　播磨・美作米売払代<br>〃　〃　五畿内米売払代<br>〃　〃　播磨米売払代 |
| | 〃　小　計 |
| 二　条　蔵　奉　行 | 二条蔵納元禄15年虫入損米京都買人入札払代 |
| 小　計 | |
| 雨　宮　庄　九　郎 | 大津蔵納元禄14年近江米大津町人へ売払代 |
| 遠　藤　新　兵　衛 | 元禄15年年貢米播磨鉄山・伊予銅山延米売払代<br>元禄16年年貢米　〃 |
| 総　計 | |

納で記されており、これに代官遠藤新兵衛の播磨鉄山・伊予銅山延売米売払代を加えて一覧にしたのが表22である。

表22でまず目立つのは、大坂・二条両蔵納米には売払米量と石当値段が記され、他はそれが記されていないことである。これはこの二種の米売払代が他の米売払代と性格が異なることを意味すると思われる。寛文七年十一月十七日の御城米幷大豆納払之儀ニ付御書付(22)によると、大坂御城米は毎年七万石ずつ年貢米をもって納め、七月までは三年米、八月よりは二年米と大番衆合力米に渡し、毎年三千石ずつ納める大豆もこれに準じ、残余の三年米・大豆は売払うことを令し、また一万石の二条定式囲米の規定もあるが(23)、「御勘定帳」の大坂・二条両蔵納米はこれを指しているのであろう。なお大坂御城米に関する規定で最も古いのは寛永七年六月二十一日の覚(24)であり、数量については承応三年八月二十五日の定(25)に「相定員数弐拾万俵」すなわち一俵三斗五升入として七万石とあるのが初見である。

そしてこの御城米の売払代は大河内家記録のうちにみえる二条大坂御囲米払代に相当するものでもある。享保十五年の二条大坂御囲米払代は銀二四八二貫六〇〇目余であるから、表22ではこれと比較しやすいように銀換算計を示し、また両者の小計をも記しておいた。その代銀は元禄十六年納一五五五貫一六四匁余、宝永元年納七四九貫六六一匁余であるから、享保十五年よりは少額となっている。なおついでに両年間の変化をみると、大坂蔵納米売払量は半分以下に、金額は三分の一に減少しているのに対し、二条蔵納米売払量は一〇倍以上、金額も一〇倍近く増加しているが、二条蔵納米売払量が少量であるから、全体としては減少している。

大河内家記録の享保十五年「御払方御勘定帳」には二条大坂大津長崎米大豆払代が別に記されているが、これは、御囲米＝御城米以外のものである。表22でこれに相当するものは雨宮庄九郎・遠藤新兵衛の米売払代であろう。それは元禄十五年銀約四九〇貫目、宝永元年銀約六四〇貫目ほどであるが、石数が記されず、およそ七千石余と一万一千石余に当たるであろうか。従って大坂御金蔵納金銀に関する両年の米売払量総計は、およそ二万九千石余・二万四千石余と推量しておこう。なお遠藤新兵衛支配の播磨鉄山は千種鉄山、伊予銅山は元禄三年開坑の別子銅山と立川銅山を指すものと思われ、鉱山への払米値段は高いのが普通であるから、延売米量はもう少し減るかもしれない。

さて右の大坂蔵納米つまり御城米と大豆は、次項に触れる味噌や、城内西丸・玉造の諸蔵に貯蔵されるべく規定されている塩・鰯漬・松魚節・荒和布・干蕨・薪・炭などとともに、非常時の兵粮として囲う性格をもつことはいうまでもないが、別に米価調節の機能をもっていたと思える。元禄十五年七、八月は九州・四国・播磨・石見・北越・奥州筋に洪水があって田畑の損亡多く、筑前米一石銀一〇〇〜一一〇匁とこの時期で最高に騰貴したが、翌十六年に至ってもなお肥後米九二〜三匁、冬には讃州米一〇〇匁と値が下らなかった。従って古米とはいえこの蔵納米売払代石七〇匁前後は安い値段といえよう。宝永元年は六月中旬より六七〜八匁に下り、十一月には諸国米平均作のため新穀肥後米四五〜五〇匁と下落した[26]。宝永元年の大坂・二条両蔵納米売払値段が平均五五・六匁に下ったのもそのためであろう。大坂の五畿内・豊後・豊前米売払代納は蔵奉行の一人大久保長三郎の四月七日大坂金奉行転出以前であるが、他の蔵納米売払も恐らく新米出廻り以前と考えてよい。あるいは元禄十六年も含めて大坂蔵納米売払の納口は納めた月日の順に書きわけたのかもしれない。表22を一覧すればわかるように、石当値段の順序は大坂の米価の動きを反映しているように思えるのである。

宝永元年の売払米総量が前年より減少したのは、米価高騰の元禄十六年により多く放出する必要があったためであり、三年未満米を売払っていることとも考え合わせて、米価調節機能をそこに見出しうるのである。けれども米売払代が大坂御金蔵納金銀のうち一割またはそれに近い比重を占めていることは、同時に財政補塡の意味をももつものと考えておきたい。

## 3　大坂城古味噌売払代

所司代格家来・両定番与力・両町奉行与力の元禄十六年納大坂城同十三年古味噌売払代金二四四両二朱・銀六匁五分二厘、同じく宝永元年納元禄十四年古味噌売払代金二六一両一歩・銀三匁二分六厘についてみると、これは毎年十二月蔵奉行支配の本町塩噌舂屋で五〇〇貫目入三七桶一万八五〇〇貫目の味噌を製造し、常に西丸の蔵に二年分を貯えて、三年古味噌を毎春町奉行所で入札させ商人に払下げたのであるが、(27)この代金に相当するものである。五〇〇貫目入桶のうち蓋味噌一〇〇貫目を損じて除くから払正味一万四八〇〇貫目となる。これからすれば金一両当の古味噌は六〇貫目余・五七貫目弱となろう。

## 4　酒造運上

元禄十年十月、幕府は酒造家に販売額五割の運上を課し、本令発布以前に造り込みの酒もこれに準じ、請売をする者に限りこれを免除した。そして大坂についていえば、運上取立遂行のため、与力二名を酒改方に任じ、酒役所を置いて惣年寄に酒改年寄を選ばせた。(28)堺も同様であったであろう。「御勘定帳」の大坂酒改人尼崎屋弥兵衛・茨木屋多兵衛、また堺酒改役人小刀屋庄左衛門・金田屋源右衛門・奈良屋九兵衛がこれである。

このため、従来酒値段一升銀八分であったものが一匁三分に騰貴し、密造・脱税の弊害が起こったので、幕府は酒造米以外の米購入を禁じ、酒造米高を計上させ、または新たに酒造を営むことを禁止すること再々であった。ことに宝永三年、酒造米高を元禄十年の五分の一に減らすことを命じ、酒造額と酒造家の員数を調査させたのである。

酒造運上の賦課は、酒造米高を減じて米価騰貴を防ぐことを口実としながら、実は酒造統制と運上収入による財政補塡を目的としたものと思われ、いわゆる「元禄の悪政」の一つであったので、宝永六年の綱吉の死去直後、箔座・箔運上とともに廃止されたのである。(29)

「御勘定帳」記載の元禄十六・宝永元両年の酒造運上総額は表17―A・Bに記すとおりであるが、その内訳は、大坂酒改役人酒運上元禄十六年納銀二九五貫目、宝永元年納銀一八五貫六二四匁余（両年納分のうち元禄十六年賦課分を合計してみると銀三〇〇貫六二四匁余）、堺酒改役人元禄十六年納銀三二貫目、宝永元年納銀二四貫四一〇匁余（元禄十六年賦課分銀三二貫四一〇匁余）、ほかに大坂・堺酒運上残銀元禄十六年納一一貫七六一匁余、代官辻弥五左衛門の奈良・寺社領酒造運上元禄十六年納金七九二両三歩・銀四貫二六五匁余（銀換算五一貫八二〇匁余）、宝永元年納金八五一両二朱・銀五貫二八三匁余（銀換算五六貫三七三匁余）であり、さらにこのほかの代官支配所の酒造運上は、元禄十六年納小野朝丞（摂津・河内・和泉・小豆嶋）銀二貫三二八匁余、長谷川六兵衛（和泉・河内・摂津・播磨・丹後）銀三貫三七六匁余がある。

右以外の代官支配所の酒造運上については、石原新左衛門・岡田庄大夫の播磨旧赤穂領元禄十六年納、石原（摂津・播磨）宝永元年納に年貢・小物成と合算しての記載以外にはない。ただし代官納口中の運上・臨時物などと記されたものは酒造運上を含んでいる可能性があるが、そうだとしてもごく少額であろう。なお後述するように長崎上納のうちにも、元禄十六年納では銀三〇貫四七一匁二分五厘六毛六弗二五の酒運上が含まれているから、(30)宝永元年納にも当然同額程度が含まれているとみられる。

以上にみてきたように、元禄十年以降の酒造運上は大坂・奈良・堺・長崎などの都市に課せられる額が大きく、とくに大坂は総額の七割前後を占めているのである。酒運上の総額は六千両といわれるから、(31)両年の酒造運上七千ないし五千両はその大部分を占めるといってよい。すなわちこの時期は江戸の地廻り酒はもちろん、灘酒も勃興以前であるから、この酒造運上は上方都市酒造業をその主対象としているものとされよう。

## 5　長崎運上・上納

「御勘定帳」に長崎町年寄納の長崎運上・長崎上納が金にして元禄十六年六万七〇五七両余・宝永元年七万二四二五両弱あり、納金銀全体の二〇～二四％ほどの比率で、物成・年貢・小物成等に次いで多い。これは財政収入の中でどのように位置づけられるのであろうか。

はじめにこの時期の貿易制度について略述しておこう。幕府は貞享元年市法貨物仕法を廃止し、輸入生糸については糸割符制度を復活させ、その他の貨物は相対売買としたが、金銀の国外流出を抑制する見地から、翌二年には御定高制度を適用した。その後元禄八・九年の両年、江戸商人伏見屋四郎兵衛の出願を容れ、御定高の外に銅代物替貿易を許可し、この条件として運上を課した。そして同十年には長崎地下からの出願を容れて五千貫目の銅代物替を長崎地下の支配として許可し、銅代物替の利潤中より金一万両を長崎に与え、その残余のすべてを運上させることとした。このように、幕府は御定高取引きの枠外に貿易を特許してこれに運上を課し、利潤の一部を収公したが、元禄十年八月に至って五千貫目の銅代物替とそれよりの運上金上納を制度化するとともに、糸割符に改正を加え、相対売買を廃止して評価売買法を適用させることとした。そしてそのため長崎貿易と長崎地下配分等に関する業務を掌る長崎会所が創設された。ついで同十二年の勘定奉行荻原重秀らが長崎に下って行った貿易事情調査に基づき、同年六月長崎運上金制度が設定されたが、この業務も長崎会所が行うことによって、幕府は長崎貿易の官営化すなわち貿易の統制と利潤の収公体制を形成したのである。(32)

ところで長崎貿易の主要な輸出品は南蛮吹による純度の高い棹銅であった。幕府は延宝六年大坂の泉屋ら銅屋仲間の貿易株を認可し、その独占を認めていたが、元禄八〜十年には前記のとおり他の商人に代物替を許した。しかし同十一年再び銅屋仲間に銅請負が命じられはしたものの、銅の集荷が幕府の決めた中国船六四〇万二〇〇〇斤・オランダ船二五〇万斤の額に達せず、結局十四年の大坂銅座設置となり、銅座に銅の集荷・鋳造・輸出に関する一切の業務を管理させて、銅座仲間をその下に従属させたのである。(33) 従って銅座設置は長崎貿易の官営化に対応する措置であったといえよう。

さて、さいきん太田勝也氏によって内閣文庫所蔵「崎陽紀事」収録の長崎会所創設期の貿易利潤配分に関する一史料が紹介されたが、(34) そのうちの「元禄十五午年長崎御運上銀御勘定目録」の収支をみると中国・オランダ船銅代物替御定銀高五千貫目の出銀三一二八貫一〇四匁二分に掛出糸代・元禄十四年銅買銀引残・同十五年銅買銀引残・唐船荷物蔵新築地之地子金・金線屋御運上・酒御運上・長崎屋源右衛門拝借返納銀・長崎拝借返納銀・新地蔵主中拝借返納銀を加えた合計銀六四一〇貫六二一匁九分七毛二弗の収納に対し、右渡方金六万九四七二両二歩・銀六六五貫一六四匁三分七毛二弗と記されている。この右渡方のうち金六万六〇二四両一歩・銀六一貫九七八匁五分七毛二弗は註記がないことから、太田氏はこれを長崎地下配分金あるいは地下落銀と推定している。

この勘定目録は勘定所下部機関としての長崎会所の勘定所宛公式の勘定目録の写であり、長崎町年寄によって勘定仕上げがなされ、翌年報告されたものである。他方これと幕府公式帳簿である「御勘定帳」の元禄十六年長崎町年寄納長崎運上・上納金銀と対照すると、金額は全く一致し、銀額は勘定目録の弗位を切り上げた数字となっているのに気付くであろう。もっとも「御勘定帳」の金額のうち金六〇〇〇両は同十六年分であるから、これをそのまま加えたものか、前年納分に十五年分金六〇〇〇両が入っていたのかはさだかではない。けれども「御勘定帳」の数字よりすれば、太田氏の推測は誤りといわざるをえず、この金銀額は明らかに長崎運上・上納として同十六年に大坂御金蔵に納められたものである。なお勘定目録の末尾には、元禄十六年大坂御蔵納高として銀三八九一貫三八一匁三分八厘三毛の数字が記されている。勘定目録によれば同年長崎では金一両銀五八匁替であるから、長崎運上・上納金銀をこれで銀換算すると三八九一貫二八五匁七毛二弗となり九六匁余の差があるもののほぼ合致するといってよい。

ついでに右の勘定目録には御定高取引き九千貫目の分は含まれず、その利潤は官営貿易の枠外と思われ、ただその出銀中およそ年一五〇〇貫目余が銅買銀として長崎に残され（銅座への貸付金か）、代物替収納の中に含まれている。

以上のことから、元禄後半期に行われた貿易改正によって、元禄末期には年六、七万両の長崎運上が大坂御金蔵に収納され、幕府の貿易利潤抽出による財政立て直しにある程度の効果があったことを認めうるであろう。

## 6　鉱山運上

「御勘定帳」は記載の鉱山運上は石見銀山と摂津多田銅山のものだけである。すなわち、元禄十六年井口次右衛門納同十五年分石見銀山運上銀二八貫八七五匁六分七厘、宝永元年同人納元禄十六年分同銀四三貫四三四匁八分一厘と、元禄十六年長谷川六兵衛納同十五年分多田銀山銅・緑礬（第一酸化鉄）運上金九〇八両二朱で、その他の鉱山たとえば但馬生野銀山は但馬国よりの納金銀記載を欠いているためか記されてなく、ただ前述の播磨鉄山・伊予銅山は延売米代の記載があるのみである。

石見銀山はいうまでもなく同国邇摩郡の大森銀山のことで、大永・天文の頃開発されたが、慶長六年大久保長安が奉行として大森に至って以来盛行をみ、慶長期山主安原備中知種が釜屋間歩より一年およそ三六〇〇貫目の銀を運上として指し出したといわれる。記録の確かな延宝元年以降では、元禄四年の六二五貫七〇四匁の灰吹銀産額が最高であった。元禄十五年の灰吹銀産額は二〇四貫三一七匁、同十六年は三三八貫六五三匁であるから(35)、これを元禄銀に換算して（石見灰吹銀一貫目は元禄銀一貫四六四匁に当たる）[36]運上の比率をみると、九・七％と八・八％となる。だいたいこの時期の運上は十分の一とみられるから、ほぼ近い数字であろう。

多田銀山は長暦元年に産銅があったとされ、天正期には銀山の開発もあって繁昌した。寛文初年銀銅の増産があり、最盛には一カ年銀一五〇〇貫目・銅七〇万斤・諸運上銀六六〇貫目、銀山町戸数三〇〇〇軒に及んだという。その後やや衰微したとはいえ、元禄七年の産銅は少なくとも四〇万斤あったといわれる。[37]「御勘定帳」記載の金九〇八両余の運上が、仮に産銅十分の一の運上と運上額六分の一の口銀との合計と仮定してみると、元禄十五年の産銅は九万三千貫余、斤に直すと約五八万斤となる。運上の中には緑礬運上も含まれているし、翌年の運上は皆無であるのだから、極めて不確実な数字であるが、宝永五年の多田銅の大坂廻着高一三万五五三一斤[38]と比較して多すぎるとは思うものの、一つの数字にはなりうるであろう。

「御勘定帳」の鉱山運上は生野銀山のそれを欠くほか、関東（東日本）の佐渡金山、秋田領・陸奥等の鉱山運上が不明であるにせよ、この期の鉱山収入が前期と比較にならないほど小さくなっていることが理解される。

## 7　淀川過書運上

淀川過書船は伏見より大坂・伝法・尼崎間を往来する川船で、年二〇〇枚の運上銀を納め、公役を勤めるとともに人と商品の運送に当たった。天正年中は河村与三郎・木村孫三郎、慶長年中河村与三右衛門・木村宗右衛門の支配するところであったが、元和年中角倉与一・木村宗右衛門の二名が奉行となり、過書株一六二株を定め、運上銀を四〇〇枚に増した。[39]

銀一枚は四三匁であるから、四〇〇枚では銀一七貫二〇〇目となり、「御勘定帳」の木村源之助・角倉与一納の淀川過書運上銀額もこれと合致する。

## 8　大坂諸川船運上と沢田佐平太舟運上

元和以来町奉行所の公認を得た大坂諸川船は城米の輸送、河川の修治、土砂の運搬など公用のさい役船として徴発に応ずるのみであったが、元禄三年正月江戸と同様に運上銀の上納を命じられた。毎年十一月十四日、上荷船は一艘につき一カ年銀六匁、茶船四匁、劒先船八匁五分、土船六匁四分、大石船六匁九分、小石船六匁、砂船二匁七分、屋形船は大小に応じ六匁八分～八匁八分、勧進小船二匁、柏原船五匁七分を町奉行所に上納すると、二十三日に極印役は右運上銀を御金蔵へ納め、金奉行より請取の納札を受け取り、また別に川船運上銀勘定目録二冊を作成して印を押し、町奉行の奥印署名を請い、右目録写一冊を城代に提出、本紙二冊と納札を勘定所へ送る。勘定所では本紙一冊と納札を留め置き、他の一冊に奥書印形して送り返してくるのを役所に保存する規定であった。かくして運上銀の賦課に当たり、取締りの必要上諸川船の隻数を調査し、元禄八年四月川船仲間からおのおの判形帳を町奉行に提出させ、無極印船で荷物を積むものがあれば用捨なく処罰することを達した(40)。

さて元禄三年に運上が課せられた諸川船は全部で三四二六艘、この運上銀総額は一八貫九五七匁八分になる。同十年十月惣年寄一五名に上荷船三〇〇艘・茶船二〇〇艘を許可し、三年より九年に至るまでの船床銀九七貫九五四匁三厘六毛を一〇カ年賦に年九貫九七〇目ずつ上納させ(41)、また十二年七月には堀江新地繁栄のため新土船二四艘を許可した。従ってこれ以後の諸川船は三九五〇艘、運上銀総額は二一貫七一一匁四分になったのである(42)。

「御勘定帳」の大坂町奉行納大坂諸川船運上銀は両年とも二一貫六二六匁四分であるから、右との間に八五匁の差がある。

次に「御勘定帳」の同じ納口に記される佐平太渡舟運上銀一九五匁四分五厘四毛は、延宝四年摂津西成郡大道村沢田佐平次が江戸堀・土佐堀の下流と南伝法・北伝法・九条・六軒屋四カ村との間に渡船を請負い、元禄三年より課せられた運上銀である。(43) 同十四年には船数二九艘を数え、(44) 運上銀総額は宝暦二年調査に右と同額が記されるが、(45) すでに少なくとも元禄末期からこの銀額であったことが知られるのである。

## 9 堀江上荷船運上

堀江新地繁栄策の一つとして元禄十一年十二月に上荷船五〇〇艘が許可され、翌十二年三月造船に着手し、七月全部竣工した。極印は新造成るごとに受け、営業年限は同年三月より宝永五年までの一〇年間とされた。堀江上荷船は大小二種あり、大船は一艘三〇石積で一〇〇艘、小船は一艘二〇石積で四〇〇艘あった。大船のうち六〇艘は廻船仲間借受船で、船床銀は一カ月一艘一八匁五分、他の四〇艘の大船の船床銀は同一六匁、小船の船床銀は同じく一三匁と決められ、船床銀総計は一カ年銀八三貫四〇〇目、金換算一三九〇両となるが、うち金五〇〇両を運上金とし、残銀は内川浚の経費にあてるものとした。惣年寄木屋七郎左衛門・中村左近右衛門・吉文字屋三郎兵衛三人が船床銀の徴収に当たり、その報酬として各人一カ年銀一貫目の役料を受けたが、元禄十六年十二月の堀江三十三町三郷分属のさい、三人の堀江上荷船支配と役料給与を廃止し、毎郷より交代で惣年寄一人を出し船床銀の徴収に当たらせたという。(46)

「御勘定帳」記載の元禄十六年南組惣年寄吉文字屋三郎兵衛・北組惣年寄木屋七郎右衛門納および宝永元年南組惣年寄住吉屋藤左衛門・同鑰屋又兵衛納の堀江上荷船運上金各五〇〇両は右の記述と合致するが、元禄十六年納は南北両組惣年寄各一人で天満組を欠き、宝永元年納惣年寄は二人とも南組ではあるものの一人とはなっていない。

## 10　堀江新地三十三町地代金

「御勘定帳」の元禄十六年大坂惣年寄多米由悦・住吉屋藤左衛門納の地代金、宝永元年同伊勢村新右衛門納の地代金各五〇八二両二歩は堀江新地の地代金である。

幕府は天和三年若年寄稲葉正休・目付彦坂重紹・勘定頭大岡清重らに摂河両国の水路を巡見させ、河村義通（瑞賢）に命じて淀川下流の治水工事を実施させた。義通はまず貞享元年二月九条島を開鑿して安治川を新たに通じ、元禄元年堂島新地・安治川新地などを開いた。ついで同十一年堀江新地三十三町の開発に着手した。堀江は西横堀川以西、長堀以南、道頓堀以北の地域で、もと上下難波村に属し、南部の一部を除いて一面の畠地であったが、義通は西横堀川から堀江の中央部を縦断して木津川に注ぐ長さ一一町一五間五尺・幅三〇間の新河道堀江川を開鑿し、御池通六町・北堀江五町・南堀江五町・橘通八町、また道頓堀南岸を幸町五町に分け、さらに安治川南の富島と淀川旧河道の古川を富島二町・古川二町に分けて、合わせて三十三町の開発を行い、十一月希望者に配分した。配分を受けた者は四五一軒・六七四役（内無役四一役）で、三十三町地代金合計は一四万〇〇九一両一歩、このうち銀座拝借地その他空地分三八〇〇両を減じ、残額一三万六二九一両一歩を十分し、毎年一万三六二九両二朱ずつ十カ年賦に上納すべく命じられた。

堀江新地の家作ができると、町奉行は町々に令して諸出願を提出させ、茶屋・煮売屋・水茶屋・湯屋・髪結床の諸株、芝居三カ所を許可したのをはじめ、堀江上荷船・新土船、道者宿、青物・生魚・油・夜店の市、能舞台・勧進相撲などを許して、新地の繁栄を計った。それにもかかわらず移転・建築に多額の出費を要した新地町人は、元禄十二年十一月第一回の地代金年割上納期に至っても約束の如く上納することができない状態であった。町奉行は町人の窮状を参酌して、十二月南北堀江・橘通・御池通ならびに樋屋敷は定額の二分の一、富島・古川・幸町は十分の一、総計五二三〇両一歩を上納させた。しかるに同十三・十四両年もまた地代金の上納が不能となり、延期を歎願したので、毎年遅滞なく上納可能な金額を書き上げさせたところ、北堀江・御池通は定額の三分、南堀江は二分半、幸町は二分、橘通・富島・古川は一分、樋屋敷は五分の積りで合計三〇四八両一歩二朱を上納する旨答えたので、同十五年十一月に納めさせた。また十三・十四両年未進金も右の積りをもって計六〇九六両三歩を十五年より宝永元年まで三年間に各二〇三二両一歩ずつ分納させた。そしてさきの元禄十二年十二月・十五年十一月に続き、十六年十一月・宝永元年十二月の四度で合計二万〇四七五両三歩二朱の地代金を上納したのである。[47] なお右の積りで計算すると二万〇四七二両二朱となるので、『大阪市史』の編者は先の数字に傍注して疑問に付しているが、「御勘定帳」の記載に明らかなように、元禄十六・宝永元両年の地代金は各三〇五〇両一歩ずつ上納されているから、先の数字すなわち『大阪編年史』第六巻「藤井氏覚書」の合計金額は正しいのである。

# 結びにかえて

## ——幕府財政経済における大坂御金蔵の位置と元禄末期における募府財政の一端——

元禄末期の幕府領石高は先述のように四〇〇万石に達しており、これに対し幕府勘定所納金銀は金七〇万両もしくは七六、七万両という数字[48]もあるから（因みに享保七～十六年平均は金八六万九四六八両余[49]）、大坂御金蔵納金銀元禄十六年金三三万六八三七両余・宝永元年金二九万八九一二両余は、幕府勘定所納金銀の四割前後を占めることになる。そして両年の大坂御金蔵払金銀は金二二万二九四五両余・二六万二七八八両余であるから、各々納金銀の六六・二%、八七・九％が支出されているのである（以上表19参照）。前にも述べたようにこの支出の内訳は全く記されていないが、幕府の大坂・京都などにおける支出はさほど多くはないから、大部分が大坂御金蔵銀御為替として江戸御金蔵へ送られたとみてよいであろう。「正金銀私考」二条大坂より御金銀江戸へ為替納ニ仕候事[50]に、

五畿内中国筋御物成金銀、其外諸運上、大坂御遣方残米払代等、大坂御金蔵へ納候上、江戸へ御取寄に成候分、幷二条・大津御払米代銀、江戸表へ御取寄に成候分ハ、江戸・京・大坂にて、身元宜町人共へ為替申付、家質為差出置、右家質之金高に応じ、大坂御金蔵より、毎月二度充金銀相渡、日数九十日延江戸御金蔵へ相納申候、但御金高御取寄之節、又ハ日延納に難成急御用之節ハ、急為替にて納させ、或ハ在番之大御番宰領にて、御取寄被成候儀も希に御座候、

京都大坂為替之者

為替十人組

三　井　組

上　田　組

とある。いっぽう少し時期は下るが享保十一年の「御為替金銀配分帳」[51]によると、十人組・三井・菱屋・田中・川口が請負った大坂御金蔵銀御為替の二～十二月総計は、金七万六二一八両二歩・銀六〇二七貫四七〇匁二分五厘三毛であり、金に換算すると一七万六六七六両一歩余である。その内訳は表23に示したが、物成の比率が少ないのは大坂における支出が物成銀からなされることによるものであろうか。享保後期に特有の上ケ米・同払代、元禄・宝永の酒造運上を除外すれば、他は前章表17―A・Bと似た金額である。これらのことから、右の推測はほぼ証明しうるであろう。

表23　享保11年大坂御金蔵御為替金銀の内訳

| 項　　　　目 | 金 | 銀 | 金換算 | 比率 |
|---|---|---|---|---|
| | 両歩 | 貫　匁 | 両永文 | % |
| 前年物成・前々年物成残 | | 2,159,833.091 | 35,997.218 | 20.4 |
| 口米・口銀 | | 281,249.825 | 4,687.497 | 2.7 |
| 小物成 | | 175,816.744 | 2,930.279 | 1.7 |
| 高掛物 | | 29,770.2 | 496.170 | 0.3 |
| 五畿内国役 | | 250,548.13 | 4,175.802 | 2.4 |
| 上ケ米・上ケ米払代 | | 590,137.48 | 9,835.625 | 5.6 |
| 大坂囲米大豆払代・同詰替代・古味噌払代 | 7,983- | 1,917,744.675 | 39,945.411 | 22.6 |
| 前々年長崎運上 | 18,443-2 | 10.691 | 18,443.678 | 10.4 |
| 前年長崎運上 | 45,945- | | 45,945 | 26.0 |
| 長崎前借金年賦返納 | 2,072- | | 2,072 | 0.3 |
| 銅山運上 | 50- | 60,114.72 | 1,051.912 | 0.6 |
| 銅山買請米代 | | 127,500 | 2,125 | 1.2 |
| 銅山師拝借返納 | 500- | 540.18 | 509.003 | 0.3 |
| 大坂諸川船運上・地代金等 | 902-3 | 43,775.332 | 1,632.339 | 0.9 |
| 諸運上 | | 7,473.85 | 124.564 | 0.1 |
| 地代金 | 286-2 | 7,610.84 | 413.347 | 0.2 |
| 諸年賦返納 | | 132,839.79 | 2,213.997 | 1.3 |
| 諸払代 | 4-1 | 2,081.09 | 38,935 | 0.0 |
| 雑 | 31-2 | 40,382.92 | 704.549 | 0.4 |
| 項目不明 | | 200,040.695 | 3,334.012 | 1.9 |
| 合　　　　計 | 76,218-2 | 6,027,470.253 | 176,676.338 | 100.0 |

(注)　2以上にわたる項目の御為替は適宜なものに一括した。金1両銀60匁替。

続いて大坂御金蔵の位置づけについて考察しよう。大坂御金蔵の管轄地域が丹後・丹波・近江・大和以西の幕領諸国であることは既に述べた。

大河内家記録の享保十四・十七両年「御代官弁御預所御物成納払御勘定帳」[52]の物成貨幣納の地域的差違をみると次のことが判明する。両年とも、丹後・丹波・近江・大和以西の代官所・預所・奉行附の物成貨幣納は銀納を主とした金銀両建てである。すなわち各支配所とも銀納が必ずなされ、一部金銀両建て納であるが、金納の量は比較的少額である。これに対し、越前・美濃・伊勢以東の代官（郡代）所・預所・奉行附の物成貨幣納は金納のみで銀納は一例もない。また天保九年・十二年・文久三年の「御代官弁御預所御物成納払御勘定帳」[53]などでも上方（西日本）の銀納を主にした金銀両建て納、関東（東日本）の金

建て納の原則も基本的には変らないのである。(54)

以上のことから、丹後・丹波・近江・大和以西と越前・美濃・伊勢以東では、幕領における物成貨幣納のあり方が明らかに異なることが理解されよう。筆者はこれを仮に銀建て年貢諸国（上方＝西日本）と金建て年貢諸国（関東＝東日本）と呼んでおく。しかしこの差が明瞭なのは地方より代官・奉行・預所大名へ納める物成貨幣の種類であり、そこから幕府御蔵・御金蔵への納付方法は必ずしも単純ではない。

後期の例ではあるが、「天保十二年書抜帳(55)」に各代官所・預所ごとの高・取立物成のほかに渡方つまり現地支出分の明細と残の御蔵納量が記され、どこの蔵へ納付されたかが判明する。その御蔵納量を御蔵・御金蔵ごとに集計したのが表24―A・Bであるが、個別の数字に誤写・誤植等があると思われ、いずれも集計と原記載総計とが一致しないので、およその傾向と理解されたい。

まず金建て年貢諸国＝関東諸国は、佐渡一国すべて佐州御金蔵納である以外は、原則として江戸御金蔵納であり、甲斐甲府代官所に甲府御金蔵、越後の一預所に大坂御金蔵納銀分納があるのが例外である。いっぽう銀建て年貢諸国＝上方諸国は金のほとんどが江戸御金蔵納、銀も三割余が江戸御金蔵納である。すなわち五畿内の一部がすべて大坂御金蔵納、皆銀納の大和が江戸御金蔵であることを除外すれば、原則的に銀は一部江戸御金蔵分納を伴う大坂御金蔵納である。

ついでにこの史料の物成米御蔵納について附言しておこう。関東諸国では越前・越後・出羽の北国筋日本海沿岸諸国に一部分大坂御蔵分納がある以外は原則として江戸御蔵納で、駿河・甲斐に駿府・清水・甲府御蔵分納を伴う例がある。なお信濃・能登は皆金納で米納がなく、佐渡はすべて佐州御蔵納である。これに対して上方諸国は原則として大半が江戸御蔵納、一部分大坂御蔵分納で、そのうち五畿内は二条・大津御蔵分納もしている。なお大和・隠岐・伊

## 表24―A　天保12年幕府領物成米御蔵納量

| | 関東諸国 | | 上方諸国 | | 幕府領計 | |
|---|---|---|---|---|---|---|
| | 石余 | % | 石余 | % | 石余 | % |
| 江戸御蔵納 | 263,426 | 80.0 | 163,039 | 68.4 | 426,465 | 75.1 |
| 大坂御蔵納 | 11,361 | 3.5 | 26,439 | 11.1 | 37,800 | 6.7 |
| 二条御蔵納 | | | 41,368 | 17.4 | 41,368 | 7.3 |
| 大津御蔵納 | | | 7,584 | 3.2 | 7,584 | 1.3 |
| 駿府御蔵納 | 10,415 | 3.2 | | | 10,415 | 1.8 |
| 清水御蔵納 | 641 | 0.2 | | | 641 | 0.1 |
| 甲府御蔵納 | 8,729 | 2.7 | | | 8,729 | 1.5 |
| 佐州御蔵納 | 34,587 | 10.5 | | | 34,587 | 6.1 |
| 集　　計 | 329,162 | 100.0 | 238,432 | 100.0 | 567,594 | 100.0 |

（注）「天保十二年書抜帳」より作成。原史料の総計は 554,871石65203。個別の数字に誤り多いので，石未満切り捨て。

## 表24―B　天保12年幕府領物成金銀御金蔵納量

| | | 関東諸国 | | 上方諸国 | | 幕府領計 | | 金換算計 | |
|---|---|---|---|---|---|---|---|---|---|
| 江戸御金蔵納（含江戸御蔵納） | | 両　余 | % | 匁余 | % | 両　余 | % | 両　余 | % |
| | 金 | 344,995 | | 1,140 | | 346,135 | 95.0 | | |
| | | 匁余 | 94.9 | 匁余 | 30.8 | 匁余 | | 423,764 | 68.4 |
| | 銀 | 7 | | 4,657,717 | | 4,657,725 | 30.5 | | |
| 大坂御金蔵納 | 金 | | | 81 | | 81 | 0.0 | | |
| | | | 0.0 | | 69.2 | | | 177,274 | 28.6 |
| | 銀 | 3,174 | | 10,628,404 | | 10,631,579 | 69.5 | | |
| 甲府御金蔵納 | 金 | 10,501 | | | | 10,501 | 2.9 | | |
| | | | 2.9 | | | | | 10,501 | 1.7 |
| | 銀 | | | | | | | | |
| 佐州御金蔵納 | 金 | 7,860 | | | | 7,860 | 2.2 | | |
| | | | 2.2 | | | | | 7,860 | 1.3 |
| | 銀 | 12 | | | | 12 | 0.0 | | |
| 集　　計 | 金 | 363,357 | | 1,222 | | 364,579 | 100.0 | | |
| | | | 100.0 | | 100.0 | | | 619,401 | 100.0 |
| | 銀 | 3,194 | | 15,286,122 | | 15,289,497 | 100.0 | | |

（注）「天保十二年書抜帳」より作成。原史料の総計は金364,624両２分は113.287文，銀15,711貫497匁722。個別の数字に誤り多いので，両・匁未満切り捨て。

予と西国の一部は皆銀（金を多少含む）納で米納はしない。従って上方諸国物成米の実に六八・四％が江戸御蔵納となっており、全幕府領では物成米の四分の三が江戸御蔵納＝江戸廻米をしていることが理解される。他の同種の史料ないし全国の廻米宛先の御蔵納量が知れる史料は見当たらないので、ただ一年の例で全体を推量する危険を冒すこととなるが、とにかく筆者の予想を上廻る比率の江戸延米がなされているのであり、幕府財政経済における江戸・大坂の相互関係を再検討する必要があるように思える。(56)

それはさておき、再び物成金銀納についてみると、天保十二年では上方諸国物成の六九・二％、そして幕府領すべてでは二八・六％の物成（金微量を含む銀）を大坂御金蔵が収納し、その金額は金換算一七万七二七四両余となっている。もちろん大坂御金蔵収納銀はこれのみでなく、長崎上納・地代金・大坂諸川船運上・払米代・諸運上・冥加など諸向納がこのほか少なくとも金換算七万両ほどはある筈である。(57)享保十一年の諸向納は一四万三〇〇〇両余という数字もある（表23参照）。とすると天保十一年大坂御金蔵納金銀総額は二十数万ないし三十万両にはなり、「御勘定帳」の数字に近似してくる。また物成のみについてみても、金に換算して元禄十六年納二一万八二一一両余・宝永元年納一八万九〇五九両余・天保十二年納一七万七二七四両余という数字で、そう懸隔はない。天保期には代官所・預所における渡方＝現地支出が多くなっていることを考えると、この程度の納銀額でよいであろう。

右のことから、幕府領の銀建て年貢諸国の物成銀の大部分と諸向納金銀の収納を行うのが大坂御金蔵であり、(58)金建て年貢諸国の物成・諸向納金の収納および大坂御金蔵よりの現金銀・為替金銀逓送による収納を行うのが江戸御金蔵であって、江戸御金蔵はとくに中央金庫としての性格が濃厚であるといえる。

次に、天保十二年大坂御金蔵納物成金銀のうち金は僅かに八一両余で、銀納がすべてといってよい。同様に享保十一年大坂御金蔵金銀御為替の物成・小物成にも金は少しも含まれていない（表23参照）。ところが、元禄十六年納物成・年貢等はその六二・七%が、宝永元年納のそれは八二・九%もが金で占められている。そして総納払金銀中金の占める割合は、元禄十六年納六八・四%、同払九〇・七%、宝永元年納八五%、同払六〇・六%となり、ことに宝永元年は納銀に対し払銀が三五〇〇貫目以上も多くなっているのが目立つ。このことは当然幕府の貨幣流通政策との関連でみていく必要があろう。

元禄八年に金銀貨の品位を落とし改鋳を行ったことは説明するまでもないが、幕府はしきりに慶長金銀との交換を令したにもかかわらず、とくに銀貨が高騰しこれを貯える傾向が強かった。元禄十三年の金銀銭交換の公定もこれに対する政策の一貫であるが、にもかかわらず宝永元年は一両銀四五~五〇匁と金貨が低落してしまっている。従って年貢・物成貨幣納で銀賦課の場合でも公定比価による代金納がなされ、また幕府は銀不足(とくに江戸における)を緩和するため銀払を増さざるをえなかったことの現れが、「御勘定帳」の納払に反映しているものとみておきたい。

最後に「御勘定帳」の数量的分析——主として表17—A・Bに基づき、元禄末期の幕府財政の一端を窺ってみよう。

大坂御金蔵納金銀のうちにおける年貢・物成・小物成等、鉱山運上、淀川過書運上・賀茂川嵯峨川高瀬運上・北山入木山運上など船・入木山運上の一部は幕初以来継続的に納められているのであるが、その比率は元禄十六年納六五・三%、宝永元年納六三・六%であり、長崎運上、酒造運上、地代金、大坂諸川船運上・堀江上荷船運上など明らかに元禄期にはいって新設された上納金銀は二三・七%、二七・七%となる。米売払代はたとえば大坂御城米は寛永期までさかのぼりうるが、囲米・払米の量は増加しつつあったと思われる。また前述の年貢・物成等の比率のうちには、元禄十五年高付の摂津川口新田の年貢金が総額の〇・一六%、〇・二一%と僅少ながら含まれているのである。

綱吉の代の幕府領総検地は、前期の越後旧高田領天和二年検地・上野旧沼田領貞享元年検地に続いて、後期においても元禄七年飛騨国総検地、同八年下総椿新田検地・備中松山検地、同八~十年関東郡代伊奈半十郎支配地および一部旗本領の検地、同十三年備後旧福山領検地などが実施された。これらの検地は綱吉の専権に触れて改易された大名領を幕府領に編入したのちに実施したもの、あるいは町人請負新田を中心とする大規模な新田開発に伴うもの、さらに関東畑作地帯を中心としたものであるが、これにより近世本百姓体制が最終的に確立し、幕府領石高もこの期に増加して四〇〇万石に達したので、年貢・物成収納もこれに比例して増加した筈である。また前に述べた代官不正の糺弾のほかに、関東代官の陣屋支配中止、蔵米地方直し、関東川船整備による江戸城米廻送機構の改革等の一連の地方対策が、年貢・物成増徴策に連なり、財政収入の増加に結果したものと思われる。従って「御勘定帳」の年貢・物成等も元禄末期にはいって増加した部分が含まれているとみてよい。

いっぽう前節に詳述した都市商工業者を主対象として新たに賦課された酒造運上・長崎運上・諸川船運上等も、地方支配に対する諸策とともに幕府財政収入の増大をめざすものにほかならず、これらの収入が二十数%を占め、さらに年貢・物成収納も増加したとすると、勘定奉行荻原重秀を中心とした財政補塡ないし強化策が一応の成果をみたといってよい。しかし、物価騰貴と財政支出の膨脹の方が急速であり、これらの根本原因の改革なくしては財政悪化はなお享保改革まで持ち越されなければならなかったのである。

注

（1）拙稿「享保改革期の幕府勘定所史料大河内家記録」（『史学雑誌』八〇編一～三号）。

（2）元禄前後の幕府財政経済については、竹越与三郎『日本経済史』、本庄栄治郎『日本財政史』、栗田元次「元禄以前における江戸幕府の財政について」（『史学雑誌』三八編一二号）など、また経済政策については辻達也『享保改革の研究』、北島正元『日本史概説Ⅱ』、大石慎三郎『元禄時代』などを参照されたい。

(3) 森杉夫「代官所機構の改革をめぐって」(『大阪府立大学紀要』人文・社会科学一三巻)。
(4) 『誠斎雑記』御勝手方勤方項(『江戸叢書』巻の八、二六五頁)。
(5) 『大阪市史』第一、二八八～二八九頁。
(6) 前掲拙稿収載。
(7) 石井良助編『近世法制史料集』勘定奉行編八二(マイクロ・フィルム版)所収。
(8) 大沢元太郎「近世の預所に就いて」(『歴史地理』七七巻二号)によれば酒井左衛門尉預所羽前丸岡領一万石があるが、この時期には預所廃止の方針により消滅していると思われる。
(9) 『誠斎雑記』「御取箇辻書付」(『江戸叢書』巻の八、一九三頁)による。
(10) 前掲拙稿(二)・(三)収載。
(11) 田谷博吉『近世銀座の研究』七七～七九頁。
(12) 松好貞夫『日本両替金融史論』二三〇～二四二頁。
(13) 中井信彦『幕藩社会と商品流通』一八九～一九七頁。
(14) 『日本経済大典』第二十二、一一五頁。なお松本四郎氏もこのことを指摘している(「寛文—元禄期における大名貸しの特質—「町人考見録」にみえる那波九郎左衛門家を中心に—」『三井文庫論叢』創刊号)。
(15) 小葉田淳『日本鉱山史の研究』七一九頁。
(16) 『大阪市史』第一、三五五～三五六頁。
(17) 同、四六三～四六六頁。
(18) 『大阪編年史』第六巻、五〇四～五〇七頁。
(19) 『大阪市史』第一、二八九～二九〇頁、『日本経済史辞典』。
(20) 『徳川実紀』「常憲院殿御実紀」巻卅九。
(21) 雨宮庄九郎寛長は『武鑑』等では大津町奉行とのみ記され、『新訂寛政重修諸家譜』第一六、二九六頁では御代官とのみあって大津町奉行に任じた記事がないが、「大津百艘船由来」(『大津市史』下巻一七八頁)には「御代官大津町町奉行兼帯」とあり、これが正しいと思われる。

(22)『徳川禁令考』前集第四、二〇〇八号。なお同令では大豆三十石とあるが、『条令拾遺』には大豆三千石とあるので、誤植であろう。

(23) 同、二〇一二号。

(24) 同、一九九九号。

(25) 同、二〇〇五号。

(26) 草間直方「三貨図彙」物価之部（『日本経済大典』第四十、九九～一〇〇頁）。

(27)『大阪市史』第一、三六六頁。『大阪編年史』第六巻、四三〇～四三一頁。

(28)(29)『大阪編年史』第六巻、三八九―三九〇頁。『大阪市史』第一、五三五～五三六頁。

(30) 太田勝也「長崎会所創設期の貿易利潤配分に関する一史料」（『史学雑誌』七九編一一号）。

(31) 新井白石『折たく柴の記』（岩波文庫版）九九頁。『大日本古記録』「新井白石日記」下、八二～八三頁、宝永六年二月三日条。

(32) 主として太田前掲稿、同「長崎会所の創設と貿易官営化について」（『日本歴史』二五七・二五八号）による。他に森岡美子「長崎貿易における関税」（『文化』一八巻一号）、箭内健次『長崎』、中田易直「糸割符の変遷」（『国民生活史研究』(2)所収）、山脇悌二郎『長崎の唐人貿易』等参照。

(33) 永積洋子「大坂銅座」（『日本産業史大系』近畿地方篇、四〇八頁以下）。

(34) 太田前掲稿。

(35)『島根県史』九、六七八頁。

(36) 灰吹銀（上銀）一貫目に元禄銀一貫五六二匁五分引替とのことであるが、ここでは「銀山要集・銀山旧記」の記載に従った（『新修島根県史』史料篇3、三八頁）。石見灰吹銀の品位は上銀より多少落ちるのであろうか。

(37) 小葉田前掲書、七一四～七二一頁。

(38) 同、七三四頁。

(39)『大阪市史』第一、一七五頁・三三九～三四〇頁。
(40)同、五一六～五一七頁。『大阪編年史』第六巻、二八三～二八七頁。
(41)『大阪編年史』第六巻、三八二頁。
(42)同、二八四～二八七頁・三八〇～三八二頁・四六四～四六五頁。
(43)同、一四八頁。
(44)同、四八九頁。
(45)『大阪市史』第一、五二六頁。
(46)同、五一九頁。『大阪編年史』第六巻、四二八～四三〇頁。
(47)『大阪市史』第一、四六七～四七〇頁。『大阪編年史』第六巻、四二二頁・五〇七～五〇八頁。
(48)前掲「新井白石日記」下および新井白石「折たく柴の記」。
(49)「御年貢金其金其外諸向納渡書付」(『江戸叢書』巻の八、一三九頁)。
(50)『古事類苑』産業部二、四九三～四九四頁。
(51)三井家文書、別一一五七。
(52)前掲拙稿(二)・(三)収載。
(53)「天保九戌年御代官幷御預所御物成納払御勘定帳」(『海舟全集』第四巻、一〇五～一一一頁)、「天保十二年書抜帳」(『日本財政経済史料』第十巻、二六六～四三五頁)、「文久三亥年御代官御預所御物成納払御勘定帳」(竹越与三郎『日本経済史』第五巻、二四～五六頁)。
(54)関東(東日本)金建て納の例外としての一部銀建て納は、天保九年二例(越後・佐渡)、同十二年三例(越後二・佐渡)、文久三年一例(佐渡)を認めうるが、その銀額は天保十二年越後銀三貫目余一例を除いてはいずれも金にして一分(＝銀一五匁)以下の端銀である。なお天保九年の佐渡の「銀六千八百四拾三両七匁弐毛　金ニメ百拾六文七分」は「金六千八百四拾三両　銀七匁弐毛　金ニメ百拾六文七分」の誤植である。
(55)前掲『日本財政経済史料』第十巻所収。

(56)　米穀市場について、江戸と大坂を中心とする二大市場の設定を考える大石慎三郎氏の説がある（「享保改革期江戸経済に対する大坂の地位」（『日本歴史』一九一号）。

(57)　『吹塵録』「天保十四卯年金銀納払御勘定帳」（『海舟全集』第四巻一五四～一七一頁）の納方のうち、大津長崎御払米代・京都町奉行納幷京大坂帳合延商売御益金・大坂町奉行所へ取立候地代金幷（冥脱カ）加金・大坂市中川浚冥加金計二万七四六五両一分・銀二三八九貫七七六匁三分三厘一毛、金換算六万七二九四両三分余は大坂御金蔵納であり、他に大坂諸川船関東川船運上のうちの若干分をはじめ大坂御金蔵納となるものを含んだ項目がある。

(58)　北国筋に二、三銀納があり、大坂御金蔵納となるものがあることは、物成米大坂御蔵納をも併せて、北国筋の西廻海運による京坂への結合ということの反映と考えられる。

〔**後記**〕　本論文には「元禄十六年未宝永元申弐ケ年分大坂御金蔵金銀納方御勘定帳」の全文の紹介があるが、本書収載に当たって割愛した。

# 第七章　享保以降の幕府勘定所機構改革

## はじめに

享保改革は、直接的には幕府財政の危機への対応を主策とする財政改革であり、幕府財政を担う地方支配機構の整備・強化、なかんずく幕府勘定所の機構改革を基軸とするものであった。

勘定所の機構については、松平太郎氏の『江戸時代制度の研究』など概述するものがあるが、本格的な検討は大石慎三郎氏によるもの(1)であり、以来、馬場憲一氏・大石学氏らもこれを踏襲、敷衍している(2)。いわば大石慎三郎氏以来の研究が通説化しているのであるが、本章はこの〝通説〟を検討してみることを主題とする。

## 一　享保改革における勘定所機構改革

享保六年（一七二一）閏七月、「公事方勝手方事務分別ノ達(3)」がなされた。

公事方江可付分

一支配之面々急養子、総而急変有之類之事

一御代官其外支配之諸役所より当座注進之事
一御仕置筋注進之事
一御料私領公事訴訟之事
　　御勝手方江可付分
一御代官所御取箇并在々御普請方類之事
一金銀米銭納払一件之事
一知行割御代官割之事
右之外ニも当座事ニて無之品々之事
　　閏七月
右之通被仰出候間、向後其心得可有之候、以上

すなわち、勘定所が、公事・訴訟を受持つ公事方と、年貢・普請・出納・知行を受持つ勝手方とに分課したのである。『徳川禁令考』の編者は、「按ニ、累代武鑑勘定奉行ノ項ニ、元禄九年（一六九六）ヨリ正徳二年（一七一二）マテ在職スル萩原（ママ）近江守（荻原重秀）ニ始テ勝手方ト掲目ス、（中略）然レハ此回ノ達ハ職務ノ条別ヲ改設アル者ニシテ、職員ノ分置ハ往時既ニ其製定（ママ）ルニ似タリ」として、この達以前から事実上の分課が行われていたと推測しているが、この説は否定さるべきであろう。

翌享保七年五月十五日、老中水野忠之が勝手掛老中に任命されたが、(4) 前年の勘定所勝手方分課に対応するもので、その仕事を総括する最高首脳者としたのである。ついで同年八月八日、次のような達(5)が出された。

　御勘定奉行へ

御勝手方御用方
水野伯耆守
大久保下野守
右当年中相勤可被申候
公事方
駒木根肥後守
筧　播　磨　守
右当年中相勤可被申候
御勝手方御用方
荻(萩)原源左衛門
右壱人片付相勤可被申候
杉岡弥太郎
辻六郎左衛門
右両人儀は、壱人は御用方、壱人は公事方へ加り、半年づゝ可被相勤候
一向後(御脱カ)勘定奉行御勝手御用方へ両人、壱ケ年代りに相勤、御勝手向へ掛り候両人は公事方へかゝはり不申、評定所へも出座に不及、評定日にも御城へ可罷出候、公事方勤候両人、御勝手向之儀にはかゝはり申間敷候、評定所へも公事方計出座可仕候、当年は別紙書付之通分り相勤可申候
一吟味役勤方之儀、源左衛門儀は御勝手向御用方へ計相勤可申候、弥太郎・六郎左衛門は半年代に公事方壱人、御勝手方壱人加り候而勤可申候、是亦別紙御書付に有之通可相心得候
右之通被仰渡候事
すなわち、勘定奉行を二人ずつ二組に分け、一年交替で公事方・勝手方に分属し、勝手方のものは公事関係の仕事

から一切解放され、評定日にも評定所に出る必要がなく、専ら勝手方に専念すればよいと決められた。一方、公事方の二人も勝手方に関与しないよう定められた。なお当年分の処置としては、勘定奉行のうち水野信房・大久保忠従が勝手方、駒木根政方・筧正鋪が公事方の事務分担をすることとなり、さらに勘定吟味役も三人のうち萩原美雅は勝手方へ、杉岡能連・辻守参の二人は半年交替で勝手方・公事方へと配属されることになった。(6)

翌享保八年の「勘定所勤方分科定書」(7)によれば、今までは公事方は六日・十八日・二十七日の三日、勝手方は七日・二十六日の二日を内寄合とし、このうち一日は公事方・勝手方ともに残らず寄合うようにと定め、以後正月・十二月を除き、毎月十九日に必ず寄合うこととなった。

享保八年七月、老中より勘定奉行宛に「御勘定所勤方之儀御書付」(8)が出され、これを受けて、八月勘定奉行より組頭へ「御勘定所勤方覚」(9)として具体的に細分化された職務分担および内容の書付が渡された。勘定組頭・勘定の人数割と職務分掌は次の通りである。

㈠御取箇改　組頭二人・勘定一〇人程　御取箇改・田畑荒所可立返吟味・損亡注進之改・御普請之改・御廻米運送之吟味・夫食種貸之吟味・諸石代直段

㈡諸向御勘定帳改　組頭三人・勘定六〇〜七〇人程　御代官幷諸役所御勘定帳・遠国御普請御勘定帳・惣而御勘定帳仕上候分改

㈢御代官品々伺書吟味　組頭三人・勘定三〇人程　小物成諸運上吟味・御代官品々伺書吟味・御代官割・知行割・潰地吟味・高帳ニ而入渡増減吟味・当座之吟味物幷御鷹方御用品々

㈣御殿詰　組頭二人・勘定二〇人　御殿御勘定所品々書留・被仰出候書付・触書・被下物例書・上ケ書・御礼ニ廻り候例書・分限帳増減・右之外有来候通

(五)御勝手向納払御用　勘定一〇人　御役御免之御代官負金吟味・元御代官貸方金吟味・御金蔵より相渡拝借金銀・
　御物成小物成諸運上返納物幷諸向より納候金銀米惣而納方之吟味・御代官銘々米金納方滞候分幷上納之時節不
　相延様ニとの吟味・諸向江米金品々渡方吟味・御切米渡方御張紙直段吟味

かくして、下勘定所の(一)御取箇方・(二)帳面方・(三)伺方、御殿勘定所の(四)御殿詰・(五)御勝手方という分課の原型がここに成立した。なお享保十八年、願によって勘定の人数は、御取箇改本役一五人・助五人、諸向御勘定帳改八〇人、御代官品々伺書吟味五〇人、御殿詰二〇人、御勝手向納払御用本役一五人・助五人の合計一九〇人に増員された(10)。また評定所寄合の節は、享保八年七月令で、御取箇改・諸向御勘定帳改の勘定一〇〇人程のうちから、これまで通り一四～一五人ずつが勤める定めであった。

次に、七月令には「右ハ上方関東と人数相分候儀ハ相止、書面之通ニ可被致候」、八月令には「向後御勘定衆支配衆共ニ、上方関東と分候儀ハ相止候間、其旨可被相心得候」とあり、七月令の朱書(11)には、伊豆・甲斐を含む関東と陸奥・出羽の一二カ国を関東方と唱え、それ以外の幕領所在三三カ国（讃岐は直島・小豆島・塩飽島、それに越前・加賀白山麓を含む）を上方と唱え、人数を分け御用を取扱ってきたが、この時をもって上方・関東打込になったという。「吏徴別録」によれば、寛文四年（一六六四）六月十一日、勘定組頭を初めて六人置いたが、「組頭は御殿詰、上方組頭、関東方組頭など、言ふこと、箱根、碓氷の関を隔て国別を分、御用の掛り別々也といへり(12)」とある。橋本博編『大武鑑』では、延宝七年（一六七九）以降享保四年までの勘定組頭に上方・関東方の記載があって（天和三年《一六八三》以降は御殿組頭二人の記載あり）、このことの証明となるが、「享保武鑑」享保十一年のものは御殿詰以外はこの区分がなくなり、享保八年に一元化されたことの傍証となろう。

勘定所機構改革は水野忠之が命じたもので、組頭のうち一、二人ずつが下勘定所にあって物ごとの締りをするよう

にさせ、同時に勘定所諸書物帳面を近年より仕分け目録にし、多門櫓にもある分も同様に調べ置くようい渡された。(13)

次に享保十年八月の覚(14)について付言しよう。

覚

一御勘定帳改方　是は只今迄之関東方役所に可致候
一伺書改方　是は只今迄之上方役所に可致候
一諸伺書には掛り之組頭三人と、帳面改方之月番組頭壱人宛、加判可仕候哉
一御勘定帳奥書、右同断
　但、以後迄有之候品は、不残連判可致候哉
一御勘定帳改方伺書改方掛り候御勘定衆之儀、被仰渡候通人数引下ヶ掛りを定置、諸帳面等混雑不仕候様、常々調置候様可仕候
右之通奉伺候、以上
　八月
右附紙
　伺書諸帳面には、六人不残可有判形候、御殿御取ヶ方組頭中は不及加印候、但地方御勘定帳には不残可有加印候、其外之儀は書面之通に被相極、六人諸事一致に可被申合候

この覚は勘定組頭から勘定奉行に対しての伺書であり、附紙はその返答である。この記事によれば、二元支配の時期にはこれを担当する関東方役所・上方役所が勘定所内にあり、これらを新体制の役所に利用して、それぞれ御勘定

帳改方・伺書改方にすることに決めたのである。なお、勘定所は江戸城内本丸御殿内のものと、大手門内の下勘定所があり、下勘定所帳面方・伺方の前身が関東方役所・上立役所であって、これらがもともと大手門内に位置していたとすれば、御殿勘定所と下勘定所の分離時期は、寛文・延宝期に遡ることができよう。

さらに村上直氏の研究(15)にみるように、幕府直轄領は、寛永期における勘定所機構の整備とともに、関東・上立の二分支配方式すなわち関東代官と上方代官によって掌握されたとみることができるが、享保期の代官所機構の改革前後には、関東筋・東国筋(奥羽)・北国筋・海道筋・畿内筋・中国筋・西国筋の七筋区分方式に改変された。

幕藩制の成立以来、関東に対して独自性をもった形で展開してきた上方の支配体制を克服し、勘定所による一元的な支配体制を機構的に整備したのが享保八年の勘定所分課であり、その下部機構である代定所ひいては全国幕領も、勘定所のもとに統一的に編成されることになったのである。

## 二　享保十三年下勘定所諸掛の検討

勘定所の体制は、享保十三年(一七二八)九月の「下勘定所諸掛取扱(16)」によって確立するという。『日本財政経済史料』のこの記事の出典は向山誠斎「蠹余一得」としているが、「蠹余一得」巻之九「下勘定所諸懸取扱(17)」は『日本財政経済史料』天明五年(一七八五)九月「下勘定所掛々にて取扱候事(18)」と同文である。ただし『日本財政経済史料』の出典は「泉氏雑記」「帳面方諸書付」とあるが、現在これらの所在は明らかでない。「蠹余一得」の末尾には「右享保十三申年九月原書、天明五巳年九月追加」とあり、『日本財政経済史料』の編者は、天明五年九月の項に「蠹余一得」の全文を掲げ、享保十三年九月にその頭書のみ抜萃し、天明「追加」の記事は収載しなかったものと推測される。

この記事によると、享保十三年の下勘定所の分課は、御取箇―㈠差出方、㈡廻米方、㈢御普請方、㈣新田方、㈤道中方、㈥知行割、中ノ間―㈠伺方、㈡運上方、㈢御鷹方、㈣御林方、㈤神宝方、㈥諸入用方、㈦帳面方、㈧起印方、の合計一四である。そして大石慎三郎氏以下の勘定所機構改革に触れる諸論考はこの史料に拠っているのである。

しかし、この史料を検討してみると、御鷹方取扱の項に、引渡継添伺・出立帰府押切・諸国御料所村々質入田畑直段并竹木直段帳が含まれていることに奇異の感を持つ筈である。たとえば代官以下の役人の出立帰着押切は、天保五年（一八三四）の「御勘定所掛々ニ而取扱候御用向書付」[19]では伺方之内証文調方の取扱になっている。

国立公文書館内閣文庫所蔵「雑留」第四冊は、「下御勘定所懸々取扱向」、内題は「下御勘定所定式物場所々取扱覚」とあって、『日本財政経済史料』天明五年の記事とほぼ同内容である。また東北大学附属図書館狩野文庫に「御勘定方心得留」と題する写本一冊があり、その前半は「御勘定方可心得書類」とあって、八三の書類と取扱掛が記され、次に「下御勘定所懸り々ニ而取扱之事」として前記「雑留」第四冊と同じ内容の記事がある。「雑留」と「御勘定方可心得書類」との間には若干の相違点があるが後者の方が写本の質はやや良いと思える。『日本財政経済史料』「螽余一得」との差違は、勘定所が一六に分課していることである。「御勘定方可心得書類」の下勘定所掛と八三の書類[20]を左に紹介しよう。

御取箇

㈠　差出方取扱

①御取箇帳　②高反別取米永一村限帳　③荒地帳　④起返田畑　⑤定免伺　⑥高国郡村名帳　⑦御代官手代召抱并暇伺　⑧同姓名帳

㈡　廻米方取扱

⑨二条大坂駿府甲府佐渡長崎大津今市詰米江戸御廻米割賦　⑩買納御添状　⑪餅米籾割賦　⑫飯米代米渡

御勘定組伺　⑬荏大豆取立方（但荏ハ菜ニ代ル）　⑭諸渡方置米　⑮(上)諸国町場十月十五日ゟ同晦日迄上中下米大豆

麦直段書　⑮(下)諸国三分一石代願石代御勘定組　⑯御廻米川下ヶ賃五里外駄賃渡方御勘定組　⑰御廻米海

上運賃渡并御勘定組　⑱夫食種貸拝借并返納年延共　⑲農具代拝借　⑳置稗御払代貸附

㈢　御普請方取扱

㉑諸国堤川除御普請目論見帳国役共　㉒御普請出来形清帳　㉓御普請役在出雑用渡

㈣　新田方取扱

㉔新田畑開発吟味并地代金取立御勘定組　㉕石盛伺　㉖検地帳　㉗年延伺

㈤　道中方取扱

㉘五海道道中奉行支配　㉙宿拝借類焼拝借馬飼料拝借助郷共　㉚助郷割替　㉛御伝馬宿入用石代伺并田方

五分以上損毛免除　㉜五海道並木立枯御払伺　㉝五海道道橋御普請

㈥　知行割取扱

㉞知行渡并私領上知　㉟私領上知小物成高御料並高直伺　㊱御高帳　㊲高国郡村名帳

中之間

㈠　伺方取扱

㊳小物成取立郷帳組御勘定組　㊴荏大豆代米永渡　㊵六尺給米御蔵前入用　㊶同田方五分以上損毛高免除

㊷欠落者田畑家財諸道具御払　㊸諸国御関所并口留番所等御普請　㊹同番人給渡御勘定払伺　㊺臨時御用

在出御入用立方伺　㊻右御入用渡方御勘定組元払伺　㊼類焼小屋掛ケ拝借　㊽在々陣屋牢屋普請　㊾私領上知初年引附伺　㊿同弐ケ年目御料格伺

(二)運上方取扱
(51)諸運上取立郷帳御勘定組　(52)古郷帳除キ御免伺　(53)分一冥加　(54)金銀銅鉄山

(三)御鷹方取扱
(55)御鷹匠印鑑　(56)御鷹匠野扶持方渡御定払伺　(57)在詰御鳥見御切米渡御勘定払伺　(58)野廻り申渡御扶持渡共　(59)御成御入用御勘定払伺

(四)帳面調方取扱
(60)御成箇郷帳

(五)証文調方取扱
(61)諸証文幷取計方伺調印　(62)引渡継添伺〈追加〉　(63)出立帰府押切　(64)諸国御料所村々質入田畑直段幷竹木直段帳

(六)御林方取扱
(65)知行渡御林除幷私領上知御林組入御添帳　(66)御林立枯根返御払伺御勘定組　(67)右減木御添状

(七)国役方取扱〈追加〉
(68)国役金割賦　(69)国役分限帳　(70)国役金納届承幷御勘定仕上

(八)神宝方取扱
(71)諸国神社仏閣御普請所之分　(72)右御道具御飾物類　(73)点蠟

(九)　諸入用方取扱

(74)御代官諸入用渡米金手形　(75)口米永銀取立御勘定組　(76)高国郡訳帳

(十)　帳面方取扱

(77)御勘定帳　(78)勤方明細書（帳）　(79)勤方帳　(80)村鑑帳

(十一)　起合印方

(81)是は元組伺差出候節起印致相済候上ニ而合印する也

御林奉行詰所

(82)諸国御林帳

油漆奉行

(83)是は諸向油渡方切手幷神宝方御用取扱也

「雑留」も基本的には同文であるが、⑮(下)と⑯の間に、

一諸国川岸帳

是は廻米方ニ必持有之、川下ケ賃・五里外駄賃渡方御勘定払相伺候節突合ニ用、尤此帳永代狂ひ候ものニ無之候

とあって、廻米方取扱に書類が一つ附加されている。

右のうち〈追加〉は天明五年九月追加によるものであり、したがって国役方はこの時新設されたわけで、分課数は一七となった。御林奉行詰所は勘定所中の間に詰所があって、林手代が一、二ずつ詰めていたが、のち別に詰所ができて林奉行も出勤することになったが、御林方とは別である。油漆奉行というのは、下勘定所の内に漆油方役所があ

るが、勘定方の掛ではない[21]。

「御勘定方可心得書類」「雑留」が『日本財政経済史料』天明五年の記載と異なる最大の点は、御鷹方取扱に(58)・(59)が加わり、帳面調方(60)、証文調方(61)~(64)があることで、下勘定所分課が一四ではなく一六になることである。証文調方の(62)~(64)は『日本財政経済史料』の御鷹方取扱の六つの書類のうちの後半三書類と全く同じである。結論的にいえば、「蠹余一得」「泉氏雑記」「帳面方諸書付」は墨付一丁分すなわち御鷹方取扱(57)在詰御鳥見御切米渡御勘定払伺から証文調方取扱(61)諸証文幷取計方伺調印までの記事が欠落しているのである。欠落の理由は、筆写のさい一丁とばしたか、写本の底本が一丁欠落していたから判定しがたい。以下その欠落部分を「御勘定方可心得書類」によって紹介しよう。

五十七
一在詰御鳥見御切米渡御勘定払伺
　是ハ御鳥見御役替之節、御支配方ゟ御断有之ニ付、其趣ニ而置証文伺有之間、其証文江突合也

五十八
一野廻り申渡御扶持渡共
　是ハ御捉飼場野廻之儀ハ、百姓之内ニ而高相応ニ所持致人柄宜者を見立、其支配御代官ゟ為書出、御鷹匠頭江掛合、其場所も宜候得は御代官ゟ為申渡、勤方ハ御鷹匠頭ゟ申渡候、御扶持米ハ弐人扶持ツヽ被下、御扶持方ハ置米之内を以相渡、御勘定払伺也
　「但野廻り相勤候内苗字刀御免也」（「雑留」による）

五十九
一御成御入用御勘定払伺
　是ハ御成之度々、伊奈半左衛門ゟ相伺定法立方有之、算入等計改相済也

帳面方取扱

六十
一御成箇郷帳
是ハ御取箇帳済候上仕上組致差出、郷帳掛りニ而ハ前年与読合致し、狂ひ候所ハ印をする也、御勘定所中江見合ニ貸遣シ、大（第）一知行渡ニ用ひ、高掛り物（衍カ）伺江突合ル帳面也

証文調方取扱

六十一
一諸証文幷取計方伺調印
是ハ御勘定所中ニ而相済候諸伺写取之、其伺之上の端江壱人印押切遣、是ハ書添切継等之不成為也、尤先年ハ御下知ハ附紙ニ候処、当巳ゟ弐拾ケ年以前ゟ裏書ニ相成候

## 三　享保以降の勘定所機構

吉宗が将軍を退隠した延享二年（一七四五）九月の「御勘定方勤方」[22]によると、㈠御殿御勘定所、㈡御勝手方、㈢御取箇方、㈣新田方、㈤道中方、㈥諸伺方、㈦御鷹方、㈧調方、㈨諸帳面方、の九つに分課している（以下、表25勘定所分課表参照）。享保八年の機構と比較すると、御殿詰・御勝手方は変化がなく、下勘定所においては御取箇方から新田方・道中方が、伺方から御鷹方が分出している。享保十三年と比較した場合は、御取箇差出方・廻米方・御普請方が御取箇方に、中之間伺方・運上方・神宝方・諸入用方・証文調方が諸伺方に、帳面方・越合印方が諸帳面方に統合されている。

ついで宝暦十一年（一七六一）三月の「宝暦御勘定人数」[23]は勘定組頭・勘定・支配勘定・同見習の人数と掛分けを記すが、この掛分けは、㈠御殿詰、㈡御勝手方、㈢御取箇方、㈣新田方、㈤伺方、㈥知行割、㈦帳面方、㈧道中方、㈨

表25　勘定所分課表　（＊印は独立掛と確定しえない。推定による。）

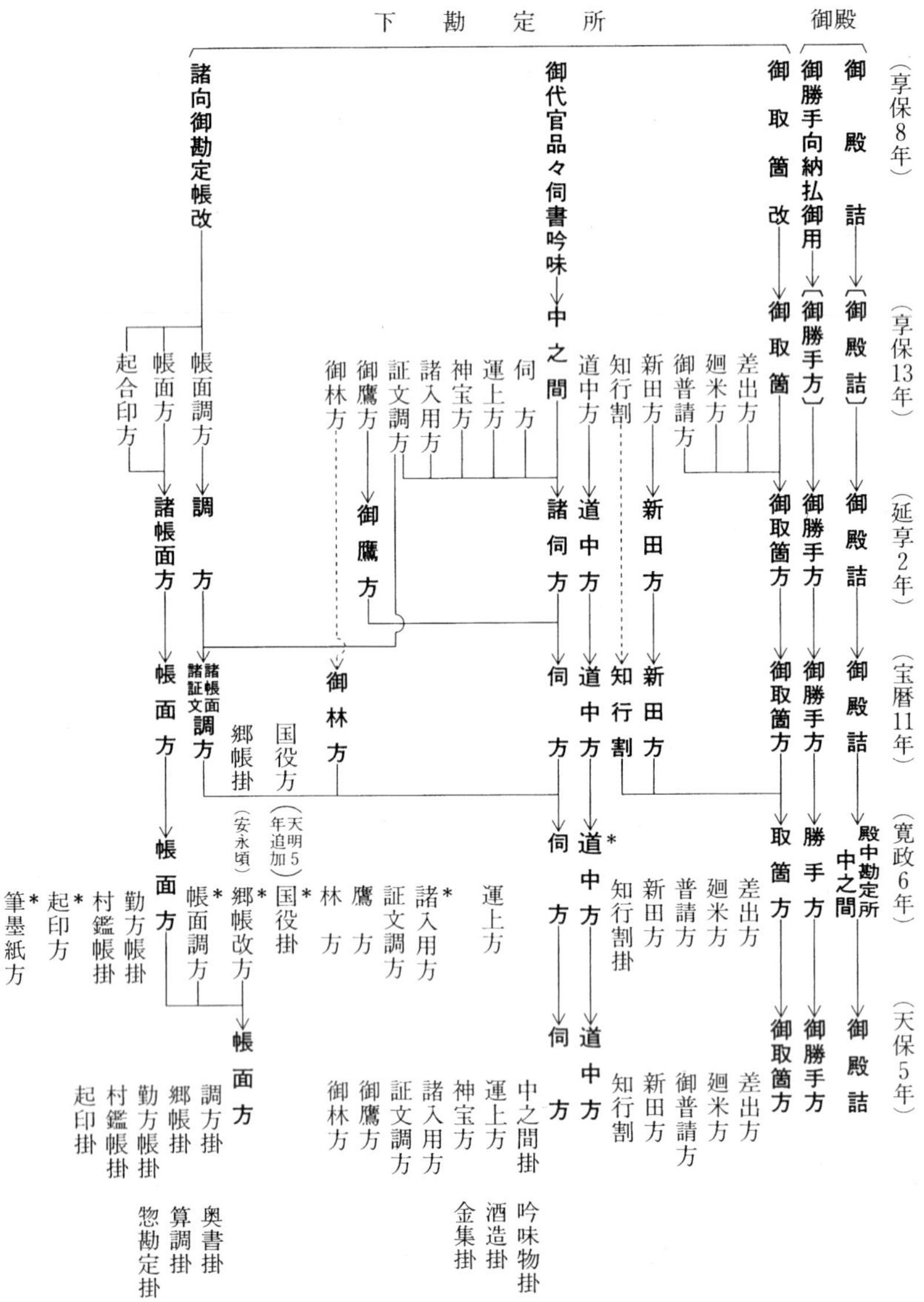


史料は，享保8年『徳川禁令考』前集第三，1443号・1444号。同13年東北大学附属図書館狩野文庫「御勘定方心得留」。延享2年「御勘定方勤方」（「誠斎雑記」『江戸叢書』巻の八）。宝暦11年「宝暦御勘定人数」（同巻の十）。寛政6年『地方凡例録』下巻。天保5年『徳川禁令考』前集第三，1445号。

御林方、(十)諸証文諸帳面調方、それに評定所留役・同諸書物改方・同書物方、御勘定吟味役手附である。延享二年と基本的には同じであるが、諸伺方と御鷹方が伺方に統合され、享保十三年の証文調方と帳面調方(延享二年調方となる)が諸帳面諸証文調方として一つになっている。そのほか延享二年には記載されていない知行割・御林方が独立して記されている。

ところで宝暦期には勘定所の掛の取扱事項にいくつかの変更が行われた。前記「御勘定方心得留」の組頭衆申合によると、まず宝暦四年にそれまで御勝手方管轄の飛州榑木材木元伐吟味が御林方に移された。これは同六年御勝手方吟味に復したものの、同五年四月二十日、御林材木伐出のことが御勝手方より伺方御林方取扱となり、同八年材木蔵有木不足につき御蔵納のことが御勝手方より伺方所管とされた。同九年四月には発印合印が御勝手方より帳面方取扱とされ、ついで同年閏七月には、前々より御勝手方取扱の駿州清水御蔵米払・品川御殿山鉄炮稽古場諸入用・豆州新米献上箱代入用・甲州郡内領村々上納漆不足分金納伺書・相州津久井県漆金納伺書・御廻米納之節差出莚菰代伺書・但州中瀬吹金江戸金蔵上納御用中諸入用伺書および奥州半田銀山の諸伺事一件・佐渡の諸伺書三八件がすべて伺方の所管とされた。

先の宝暦十一年「宝暦御勘定人数」の『日本財政経済史料』収載のものには次のような朱書がある。すなわち、御殿詰には「当時御殿詰之内、改日記、米方分限帳、手形番之掛り訳有之、本文之通品々吟味仕候」、御勝手方には「当時皆済積り、臨時渡方、断方、御普請掛りと人数相分、本文之通品々吟味仕候、且御普請掛り之儀は、御作事、小普請と引合、御普請向且遠国諸道社御修復等之儀吟味仕候」、御取箇方には「当時差出、御普請、廻米、知行割、新田方と人数相分、品々吟味仕候、組頭之儀元御取箇方は弐人にて、壱人は新田方に付候組頭之由、然る処、新田方御取箇掛り之内に籠り、組頭三人に相成候由」、伺方には「当時伺方之儀、御鷹、御林、調方、神宝方、諸入用之五つに人数分る、本文之通品々吟味仕候、且運上方は伺方、帳面方等之両持に有之候」」、知行割には「当時御取箇組頭持」、帳面方には「当時御勘定方発合印郷帳掛り之由（此間脱文あるべし）人数分れ、品々吟味仕候」、諸証文諸帳面調方には「右弐ヶ条帳面方御改所内に掛り有之候」、諸証文諸帳面調方には「右弐ヶ条帳面方御改所内に掛り有之候」と記される。この出典は「刑銭須知」と「乙巳雑記（誠斎雑記）」であり、朱書の「当時」が何時であるかは確定しえないが、寛政末年以降天保以前とみられる。

なお宝暦十一年以降の勘定所機構の改正についてみると、『地方凡例録』の郷帳についての説明[24]に、「以前は勘定所に於て改ることなかりしに、三十年程前安永の比より勘定方の内、郷帳掛り出来て、当時は勘定処へ手代差出相手として改ることに成たり」とあって、郷帳掛が安永ごろ成立したという。また国役方が天明五年（一七八五）に分課成立したことは、既述の「下勘定所諸掛取扱」によって明らかである。

さて寛政六年（一七九四）に成立した『地方凡例録』には「勘定所役筋掛り分けの事[25]」が記されており、当時の勘定所分課を知りうる。この「殿中勘定所中の間」はいわゆる御殿詰で、勝手方を含む御殿勘定所には変化がない。下勘定所は記載方法において掛訳が明確ではない箇所もあるが、伺方・帳面方と取箇方の基本的な分課は、後述の幕末の形態に類似している。「伺方之内」とあるのは証文調方・運上方・林方・鷹方であって、諸入用方・郷帳改方・帳面調方・国役掛（帳面調方出張）は伺方のうちか独立の掛かは確定しえない（勘定所分課表の＊印）。また「帳面方の内」は勤方帳掛・村鑑帳掛であって、起印方・筆墨紙方は帳面方のうちか独立の掛かは確定しえない。前後の関係からすれば、それぞれ伺方のうち、帳面方のうちであると思われる。

下って、天保五年（一八三四）五月晦日の「御勘定所掛々ニ而取扱候御用向書付[26]」によると、㈠御殿詰、㈡御勝手方、㈢御取箇方―差出方・廻米方・御普請方・新田方・知行割、㈣道中方、㈤伺方―中之間掛・神宝方・御林方・御鷹方・運上方・諸入用方・証文調方・吟味物掛・酒造掛・金集掛、㈥帳面方―奥書掛・算調掛・起印掛・郷帳掛・惣勘定掛・勤方帳掛・村鑑帳掛・調方掛、の六つに分課されており、御取箇方・伺方・帳面方はその中の掛が細分されている。

幕末期の勘定所機構については、嘉永二年（一八四九）・安政三年（一八五六）・同六年の「会計便覧」[27]によって知ることができる。

まず嘉永二年のそれは、御殿詰組頭二人、御勝手組頭三人、伺方帳面方組頭三人、御取箇組頭三人、評定所組頭一人の計一二人であり、安政二・六年も同じである（安政六年は御取箇組頭一人欠）。勘定の掛訳は、嘉永二年の御殿詰は御殿詰改方・書上方・御日記方・分限帳掛・手形番・御金掛・浦々御備場掛の七掛、御勝手方は浅草御蔵掛・御勝手方改方・積り方掛・渡り方・臨時方・御断方・月帳掛・長崎掛・皆済方・御普請掛・御繰合掛・佐州新潟掛・古銅吹所掛の一三掛、伺方・帳面方は同改方・手形番・同仲之間・帳面調方・御鷹方・運上方・御手紋油・諸入用証文調・国役掛・御林炭薪掛・小普請金集掛・神宝方・御武器掛・酒造吟味物掛・植物掛・島々掛・道中方・帳面方・算調掛・村鑑勤方帳掛・郷帳掛・奥書掛・五街道宿々御取締掛の二三掛、御取箇は差出方・新田方・廻米方・御普請方・町会所掛・米価掛・諸納方・橋々掛・知行割・関東分間絵図掛・同普請役の一一掛である。

嘉永二年を基準に安政三年・六年の変更をみると、御殿詰に構武場掛・御台場掛・大筒鋳立掛が新設され、伺方・帳面方から御林炭掛（御林炭薪掛）・島々産物掛（島々掛）が移管された。御勝手方には御貸附掛・同普請役・書物類取調・金座掛・銀座掛・御材木蔵立会・猿屋町会所掛・蓮池御金蔵掛が新設され、伺方・帳面方から御武器掛が移管され、また佐州新潟掛は新潟表江戸取扱と名を変えた。伺方・帳面方は御取締掛が新設され、帳面改方も設けられたが、これは算調掛が縮小改変されたものであろうか。なお帳面調方は安政六年には伺方調方と名を改めている。

右のうち下勘定所の分課について天保五年と比較すると、伺方の御林方、帳面方の起印掛・惣勘定掛がなくなっている。起印掛・惣勘定掛は帳面方改方もしくは帳面方に引き継がれたと思われる。また、伺方の諸入用方・証文調方は合体し、諸入用証文調となっている。

さて右に述べたような勘定所分課の変遷が、他の史料記述と矛盾がないかを検討してみよう。勘定所分課を記した史料は極めて少ないが、安永八年（一七七九）以降に作成されたとみられる出羽国尾花沢代官所「御代官極秘」[28]の年中行事における提出書類の掛訳とは全く矛盾しない。

次に安永二年以降成立とみられる磐城国塙代官所「雑当用控記」[29]の年中行事をみると、高国郡訳書付五冊の提出先は、諸入用方・分限帳方・帳面方・同調方の四であり、同調方は史料記載からみると諸入用調方・帳面方調方のいずれにもとれるが、諸入用調方という掛訳はない。『地方凡例録』では、高国郡訳帳は取箇方・伺方・諸入用方三掛へ差出しとあり、諸入用方へは以来差出すに及ばざる由仰渡されたという。三井文庫所蔵「御勘定所定出役諸帳面寸法其外心得留」[30]では下勘定所諸入用方・帳面方・分限方へ各一冊、「勤要集」[31]は中之間、帳面方・諸入用方へ各一冊提出とあり、神宮文庫所蔵「地方帳面伺書類記」[32]も御殿中之間・下勘定所帳面方・諸入用方が提出先となっており、史料や年代によって高国郡訳書付の提出掛に若干の差異がある。共通する提出先は諸入用方のみであるが、分限帳方ないし分限方は既述の限りでは見当たらない掛であり、知行割のことを指すのであろうか。このほかの諸史料記載の勘定所分課は、既述の諸事実と齟齬するところがない。

以上を総括してみると、御殿勘定所は御殿詰（中之間）・御勝手方とも享保八年（一七二三）以来変化がなく、下勘定所も御取箇方・伺方・帳面方の三つの基本的分課は享保八年に成立しているのである。そして勘定所分課表に示したように、宝暦以降寛政以前において、新田方・知行割が取箇方に、御鷹方・御林方・調方が伺方にそれぞれ統合されたが、道中方は延享以降独立しており、幕末には伺方・帳面方組頭支配に入ったのである。

大谷貞夫氏は、勘定所分課の一つである新田方は、享保八年（一七二三）ころ成立した掛とされる(33)。その根拠は「飯沼新発記」巻之一の次の記事(34)による。すなわち享保八年八月一日の項に、「飯沼新田願之義、此度井沢弥惣兵衛様え、再御見分御吟味被仰付候間、近日御発足」とあり、その次に、

一都て新田御取立ニ付、御新田方御掛りと申御勘定所相分り申候由、為心得左ニ記置候

御新田方
御勘定御奉行　筧播磨守様（正舗）
御勘定組頭 御殿詰　小出加兵衛様（直昌）
八木清五郎様（茂時）
御勘定　千種清右衛門様（直豊）
布施弥市郎様（胤条）
遠山孫次郎様（某）
菊池文五郎様（武卿）
井沢弥惣兵衛様（為永）

とあることによっている。

しかし姫路城天守閣所蔵「御勝手向御用定(35)」には、「享保七寅年諸国御料所私領入組之場ニ而も新田ニ可成地所者可願出旨御書付を以被仰出、其節新田掛り初而筧播磨守幷井沢前弥惣兵衛被　仰付」とあって、新田掛（新田方）が享

保七年に成立したようにみえる。けれども井沢弥惣兵衛為永が勘定に任じたのは享保八年七月十八日であるから[36]、新田掛成立はこの時とみてよいであろう。ともかく新田方は享保十三年に初めて成立したのではなく、同八年七月に成立したとみられるから、御取箇改の細分課としての新田方および他の掛も、この時設けられたと考えられる。したがって御殿詰・御勝手方（御勝手向納払御用）・御取箇（御取箇改）・伺方（御代官品々伺書吟味）・帳面方（諸向御勘定帳改）の基本的な勘定所分課は享保八年に成立し、幕末までほぼそのまま継承されたといってよいのである。

# おわりに

享保改革が本格化する享保八年（一七二三）、それまでの幕領における関東・上方二分支配方式を止揚し、勘定所を公事方と勝手方に分別し、勝手方を中核とする全国幕領統一支配のための新たな勘定所分課が行われたのである。それは財政危機ひいては幕藩制国家の動揺を克服するための勘定所機構の大改革であった。それは御殿勘定所の御殿詰・御勝手方、下勘定所の御取箇方・伺方・帳面方の成立であり、この基本的分課形態は幕末まで継承されたのである。

さて、享保改革における幕領支配改革について、大石学氏の論考[37]に依拠しつつ展望しよう。勘定所による幕領統一支配はとくに関東において積極的展開をみた。享保七年関東地方御用掛を命じられた町奉行大岡忠相を中心とする代官グループは、年貢その他の事務は勘定所支配を一定度受けつつ、競合的に独自の農政を展開していたのであるが、大岡は延享元年（一七四四）勘定所体制の強化を理由に関東地方支配の辞意を示し、翌二年五月三日に許された。そして大岡支配の下に残っていた蓑正高・川崎定孝の代官は勘定所支配に移り、大岡グループは勘定所体制に吸収する形で消滅した。また近世初頭以来幕領・私領において強大かつ多様な支配権をもち、確立しつつある勘定所体制と対立しつつあった関東郡代伊奈氏の勢力を後退させた時期でもあった。

一方、畿内の支配体制についても、享保七年六月に所司代—京都町奉行による一元的な支配が否定され、京都町奉行・大坂町奉行が畿内八カ国を四カ国ずつ二分して支配する方式がとられ、上方代官の京都役屋敷の引き払い、江戸詰所設置など、勘定所による直接支配の強化がなされた(38)。また享保十九年八月京都町奉行支配代官小堀惟貞・鈴木正興の公事訴訟は従来通り京都町奉行に達し、取箇・在方普請・夫食種貸そのほかの地方御用は、以後町奉行に達するに及ばず、勘定奉行に直接達し、その取計らいとするよう達せられたが(39)、近世初頭の畿内の国奉行・郡代の一人であった小堀政一の系譜をひきかつ多様な職務を担う世襲代官も、勘定所の直接支配に組み込まれたのである。

さらに美濃においては、寛永期以来木曾川水系の川通掛（水行奉行）を代々勤めてきた高木氏が、享保二十年勘定吟味役在任のまま美濃郡代に就任した井沢為永によって、勘定所の権威を背景にその権限の掣肘をうけ、勘定所による河川管理支配体制が強化された(40)。

このような享保改革における勘定所支配体制の確立は、享保八年以降の勘定所機構改革に基礎をもつものであり、元文二年（一七三七）六月以来、勝手掛老中松平乗邑・勘定奉行神尾春央の体制下(41)の延享二年の勘定所機構分課はその到達点を示しているといえよう。

さて、本章は勘定所勝手方を主とする機構の改革・変遷を辿ることに力点を置き、分課の職務内容には深く立ち入らなかった。それぞれの引用史料をみられたい。なお宝暦以降の勘定所改革については不明確な点を残している。関係史料は偶然的に残されたものもあり、改革の時期と過程を更に追究する必要がある。そして各段階における幕府の財政・経済政策と勘定所機構との関係を検討することが今後の課題である。このような観点からの制度史的研究が要請されるのである。

最後に、近世史研究も史料批判の厳密性と利用史料の細密な分析を要求される時期に至ったといえよう。本章で利用した『日本財政経済史料』をはじめ、近世史研究にとって基本的な公刊史料についての文献学的研究と批判が必要である。

注

(1)　大石慎三郎「享保改革における地方支配機構の整備と農民対策」（『歴史評論』一一七号・一一九号、一九六〇年）、のち『享保改革の経済政策』（御茶の水書房、一九六一年）第三章・第七章に収録。

(2)　馬場憲一「江戸幕府勘定所の構成と職務分課」（『法政史論』三号、一九七六年）、大石学「大岡越前守支配代官と勘定所機構の改革」（『関東近世史研究』一一号、一九七九年）、同「享保期幕政改革と幕領支配」（『地域と民衆・歴史学研究別冊特集』、一九八一年）。

(3)　『徳川禁令考』前集第二、八三八号。

(4)　「有徳院殿御実紀」『徳川実紀』（『新訂増補国史大系』）。

(5)　『日本財政経済史料』巻四、一九～二〇頁。

(6)　最初は辻が勝手方を勤めた（『徳川禁令考』前集第二、八三九号）。

(7)　同右、八四一号。

(8)　『徳川禁令考』前集第三、一四四三号。『日本財政経済史料』巻四、七八～八〇頁。

(9)　同右、一四四四号。同右巻四、八〇～八五頁。勘定人数は本史料による。注(8)史料では、勘定人数は諸向御勘定帳改六〇人程、御勝手向納払御用七人となっている。

(10)　『徳川禁令考』前集第三、一四四三号、なお諸向御勘定帳改勘定人数は八一人であるが、神宮文庫所蔵「御勘定所定書」では八〇人である。
(11)『日本財政経済史料』巻四、七九頁。
(12)同右、七五頁。なお『続々群書類従』第七所収「吏徴別録」にこの記事がない。また後掲「御勘定方心得留」の組合衆申合の元禄二年(一六八九)の覚によれば、「上方関東方共ニ筋違候儀は、各別可成分は万事申合、随分一様ニ成候様常々可致相談事」とあり、上方・関東二元支配による差別解消に苦心していることが窺える。
(13)『徳川禁令考』前集第三、一四四四号。なお享保五年から八年まで勘定所諸帳面の調査・整理が実施され、九万四二一〇〇冊余の諸帳面目録が作成された(『竹橋余筆』三五五~三五八頁)。
(14)『日本財政経済史料』巻四、八五~八六頁。「誠斎雑記」(『江戸叢書』巻の九、二一四~二一五頁)。
(15)村上直「江戸幕府直轄領の地域的分布について」(『法政史学』二五号)。
(16)『日本財政経済史料』巻四、八六~八九頁。
(17)『内閣文庫所蔵史籍叢刊』3、一二三~一四九頁。
(18)『日本財政経済史料』巻四、一〇八~一三五頁。
(19)『徳川禁令考』前集第三、一四四五号。
(20)〇内アラビア数字は、同書各箇条右傍漢数字を示す。⑮は上・下に分かれているので、書類総数は八四となる。
(21)『地方凡例録』下巻(日本史料選書4)八五頁。
(22)「誠斎雑記」(『江戸叢書』巻の八、二五六~三七二頁)。
(23)同右(同右巻の十、一七八~一八一頁)。『日本財政経済史料』巻四、九〇~九五頁。
(24)『地方凡例録』下巻、六六頁。
(25)同右下巻、八〇~八七頁。
(26)『徳川禁令考』前集第三、一四四五号。
(27)渡辺一郎編『徳川幕府大名旗本役職武鑑』三、七五二~七六五頁。同、一〇二六~一〇三九頁。四、二八四~二九七

頁。なおこの史料を使用した論考に馬場憲一前掲稿がある。
(28) 村上直校訂『江戸幕府郡代代官史料集』(日本史料選書21) 一六一～二〇九頁。
(29) 同右、二一一～二五〇頁。
(30) 内容・用例からみてほぼ文政期のもの、また常陸・出羽などの代官を歴任したものの手になると思われる。
(31) 前掲『江戸幕府郡代代官史料集』二三～一六〇頁。内容・用例からみてほぼ天保末・弘化期のものである。
(32) 天保五年ごろ成立と推定される。
(33) 大谷貞夫「享保期の治水政策」(『関東近世史研究』一〇号)。
(34) 茨城県史編さん委員会編『近世史料Ⅲ』九四～九五頁。
(35) 大野瑞男「延享期の幕府財政史料酒井家記録(二)」(『史学雑誌』八九編七号)。
(36) 『新訂寛政重修諸家譜』第十九、三二三頁。
(37) 大石学前掲「大岡越前守支配代官と勘定所機構の改革」「享保期幕政改革と幕領支配」。
(38) 『京都の歴史』六巻、三六～四六頁、八四～九七頁。
(39) 『徳川禁令考』前集第二、八四二号。
(40) 原昭午「一八世紀初頭の美濃における治水問題」(『地方史研究』五六・五七合併号)。
(41) 元文元年三月勘定奉行による分割統治体制、勘定所役人職務分担専任が進められるが、延享三年神尾春央への職務集中がみられ、その解消は宝暦期に持ち越される(大友一雄「享保改革後期における財政機構の特質」『徳川林政史研究所研究紀要』昭和五五年度)。

# 第八章　江戸幕府貯蓄金銀について

——安永期大坂金蔵史料の紹介を兼ねて——

## はじめに

江戸幕府の財政収入の中核は四〇〇万石に及ぶ直轄領からの年貢収入である。年貢は主たる米・貨幣のほか少量の荏・大豆・菜種・麦など雑穀や漆・蠟・塩の形態で各代官所に集め、現地の行政支出を除き大部分が江戸・大坂などの米蔵・金蔵に回送された。また直轄鉱山の焼金・筋金・延金・砂金や灰吹銀は、そのままかあるいは貨幣に鋳造して金蔵に、都市株仲間の運上・冥加、長崎会所運上なども金蔵に送付されたのである。

幕府の米蔵・金蔵の成立過程・職制・機能および収支構造については筆者はすでに幾つか述べたもの(1)があるが、本章は幕府金蔵なかんずく江戸城奥金蔵・大坂金蔵内仕切除金銀を中心とする貯蓄金銀の推移を述べ、併せて常陸笠間藩主牧野家文書中の大坂金蔵史料四点を分析して、安永期大坂金蔵金銀有高の構造を明らかにしようとするものである。

## 一　幕府財政と奥金蔵除金銀

江戸幕府の金銀貯蔵ならびに出納の機関としての金蔵は江戸・大坂・二条・駿府・甲府城内や佐渡にもあったが、このうち最も重要な金蔵は江戸の奥金蔵と蓮池金蔵それに大坂金蔵の三であった。江戸の金蔵は古く城内天守閣下北の穴蔵であったらしいが、明暦三年（一六五七）の大火に焼失し、その後やはり天守台下にあったと思われる奥金蔵と、正徳二年（一七一二）五月に切手門外の金蔵を移した蓮池金蔵の二カ所に分かれた。[2] 大坂金蔵は大坂城天守台の下にあった。三重戸前で、「大坂城中秘見写」[3]には「御金蔵」（三間梁九間）・「新規御金蔵」（三間梁八間）とあり、元金蔵および新金蔵と呼ばれた。

右のうち奥金蔵の貯蔵金銀は全くの非常用であるが、蓮池および大坂金蔵の貯蔵金銀には、定式御遣方すなわち経常支出に充てるべき分と、別口御除金すなわち臨時支出に充てるべき分とがあった。大坂金蔵の除金銀は享保十五年（一七三〇）金蔵の内仕切が申し渡されてその中に入れ置き、仕切の戸前は城代・城番（定番）・大坂両町奉行が、外戸前は両町奉行・金奉行が封印をし、戸前の鍵は城代が所持した。[4] このような貯蔵金銀の性質の相違から、奥金蔵は留守居が進退し、勝手掛老中および勘定奉行が封印解印を掌る定めであり、蓮池ならびに大坂金蔵は勘定奉行支配の金奉行が進退し、勘定奉行裏書の手形によって出納を行う定めであった。

さて、江戸幕府の財政状態の全般的な変遷については、『国史大辞典』（吉川弘文館）第二巻〝江戸幕府―財政―〟に既述したので、本章では詳細を省き、まずそのうちの奥金蔵の非常用分銅ならびに除金銀について述べよう。

表26は幕府非常用分銅数の推移を示したものである。分銅とは千枚分銅すなわち一個大判千枚分四三貫目以上の重

量をもつ金銀である。

江戸幕府の初期は金銀山の採掘が盛んで貿易の伸張もあって、その財政は極めて潤沢であり、徳川家康は慶長九年（一六〇四）一個五〇貫余の銀分銅八〇個を鋳造して非常用に備えた。豊臣秀吉も分銅を鋳造したが、大坂の陣後家康の蓄財は豊臣氏の遺金も併せて尨大な額に達していた。家康死去の遺金は大判を含む金が九三〜四万両・銀五万貫余と金銀だけで一九〇万両余にのぼり、尾張・紀伊両家に三〇万両ずつ、水戸家に一五万両を配分、残りを久能の蔵に納めた。寛永九年（一六三二）秀忠の死後家光への遺金は金三〇万枚など三三〇万両余、大名・旗本らに三二万両を分配しても家光に二六七万両余が残り、同年十一月久能金銀は家光政権の財政的基礎を固めるため江戸に移された(5)。家光は一一回の日光社参、寛永十一年の上洛とその際の京都・駿府・江戸町人への銀一万貫・米一万五〇〇〇石の施与、島原の乱の鎮圧、金五六万八〇〇〇両・銀一〇〇貫を費やした日光東照宮の大造替など多額の出費にもかかわらず、死後一族に金銀五二万両を分与しうるほど財政は豊富であった。

表26　幕府非常用分銅数の推移

| 年　　代 | 金分銅 | 銅分銅 | 事　　由 |
|---|---|---|---|
| 慶長 9年（1604） | 0個 | 80個 | 新鋳，慶長分銅 |
| 明暦 3年（1657） | 0 | 78 | 大火熔流残 |
| 万治 2年（1659） | 20 | 206 | 焼残改鋳，万治分銅 |
| 延宝 4年（1676） | 13 | 206 | 金 7 貨幣に改鋳 |
| 〃 5年（1677） | 13 | 166 | 銀40貨幣に改鋳 |
| 天和元年（1681） | 3 | 100 | 金10・銀66貨幣に改鋳 |
| 宝永 6年（1709） | 3 | 5 | 銀95貨幣に改鋳 |
| 寛政 5年（1793） | 8 | 6 | 金 5・銀 1 新鋳，寛政分銅 |
| 天保13年（1842） | 11 | 29 | 金 3・銀23新鋳，天保分銅 |
| 嘉永 6年（1853） | 8 | 6 | 金 3・銀23天保分銅潰滅 |
| 明治元年（1868） | 1 | 0 | |

（注）遠藤佐々喜「徳川幕府非常用の金銀分銅の研究」（『史学』3-1）を修正。

これら莫大な量の金銀や非常用の銀分銅は江戸城天守閣下穴蔵に貯蓄されていたが、明暦三年（一六五七）の大火に罹災し熔流した。「銀座々人手帳」によれば、「三ノ丸吹所万治元年四月十五日ニ初、同三年八月十九日ニ仕廻」とあって、焼爛した金銀を吹き替え、金高一七〇万両・判金一万五千枚・金分銅二〇・銀分銅一一八（これを万治分銅という）に吹き分け、銀分銅はほかに焼残りが七八あったので合わせて二〇六となったことが記される(6)。また寛文元年（一六六一）七月の「御天守金銀帳(7)」には、

〇古　帳

ある人古き帳をもち来りて示す。

寛文元辛丑七月　日

御天守金銀帳

一小判百七拾万弐千弐百弐拾弐両壱歩

内三千六百両は三之丸吹所帳面之外色付納置候

一大判壱万五千五百弐拾壱枚

内四百四拾枚は色付

小判ニシテ拾弐万四千百六拾八枚大判壱枚ニ付小判八両ヅヽ之積

一金分銅弐拾は　　　　但壱ツニ付大判千枚吹積り

小判ニシテ拾六万両

一金小分銅百拾五は　　但壱ツニ付百目ヅヽ也

小判ニシテ弐千参百両　　但五拾目替之積り

一印子四百弐拾壱は　　但壱ツニ付百目ヅヽ也

小判ニシテ八千六百九両余　　小判位之積り

一碁石金百五拾九は　　大小六百五拾目

小判ニシテ百三拾両　　　　　　但五拾目替之積り
一金九拾貫七百拾四匁は　　　　　焼金丸流
小判ニシテ九千百三拾八両弐分余　但位付あり
一御天守鴟吻金四拾壱貫弐百五拾目ハ　無位付
一甲州判九千四百両は　　　　　　但内弐千両ハ壱分判也
小判ニシテ七千六百八拾九両余
都合小判弐百壱万四千弐百五拾六両三歩
大判ニシテ弐拾五万千七百八拾弐枚三歩
以上
卯十二月十二日
一小判千八百五両壱歩銀八匁五分は　　商人納　堀五兵衛
松本与三左衛門
坂井次右衛門
是は金ケ灰吹千弐百貫目ヨリ出金、具ニ目録ニ有之候
辰六月十七日
一小判九百拾五両は　　　　　　　　同人
是ハ金ケ灰吹六百貫目ヨリ出金、
御金出シ候覚〔割註〕戌年ヨリ酉年迄之出方帳ニ付有之、略シテ不書、ソノ内ニ、」

巳十二月廿八日
小判七万両〔割註〕是ハ甲府宰相殿へ御拝借金ニ渡也。」
未十一月廿九日
一小判七万両〔割註〕是ハ舘林殿へ御かし金也。」
正月十八日
一小判五万両〔割註〕是ハ尾張殿御かり金、外ニ大坂へ五万両渡シ、都合十万両拝借。」
此三ヶ条事奇ナルニヨリ抄出ス

御銀納覚

一丁銀拾万三千四百八拾四貫七百五拾三匁六分余　但灰吹銀は壱割七歩出目　焼丁銀は内四歩へり
枚ニシテ銀弐百四拾万六千六百弐拾弐枚余
一銀分銅弐百六は　但壱ツニ付試四拾八貫目之積　内七拾八は吹所帳面之外
丁銀ニシテ壱万千五百六拾八貫九百六拾目也
一銀銭五拾貫文　但長百也
丁銀ニシテ五拾八貫五百目　但壱割七歩出
一灰吹銀五千拾貫目　御蔵ニ納ル
丁銀ニシテ五千八百六拾壱貫七百目　但壱割七歩出
一銀銭五拾貫文　但長百也
丁銀ニシテ五拾八貫五百目　但壱割七歩出

一灰吹銀五千拾貫目　　御蔵ニ納ル

丁銀ニシテ五千八百六拾壱貫七百目　　但壱割七歩出

都合拾弐万九百七拾三貫九百拾三匁六分余

枚ニシテ弐百八拾壱万三千三百四拾六枚余

小判ニシテ百八拾三万弐千九百三拾八両余

大判ニシテ弐拾弐万九千百拾七枚弐両余

金銀帳二冊之寄

都合小判三百八拾四万七千百九拾四両三歩

大判ニシテ四拾八万八百九拾九枚弐両三歩　　但壱枚ニ付小判八両吹之積り

とあり、合計は金三八四万七一九四両三歩とある。

大火復興には本丸再建に九三万四三四七両余・米六万七八九三石を要したほか、万治元年（一六五八）の大火を含め大名拝借金・旗本恩賜金や銀一万三千貫に及ぶ江戸町人給与銀があったが、明暦三・四年駿府より銀一万貫、大坂より銀五万貫など金にして一〇三万両余を江戸に回送してこれに宛て、天守金銀には手を触れないで済んだ。けれども寛永以後技術的限界により金銀採掘量が激減し、貿易も不振であるのに、旗本子弟の新規召し抱えや寛文五・六年の役料創設などによる支出増、同五年甲府綱重七万両、七年館林綱吉七万両、八年尾張家一〇万両の拝借金があり、延宝六年（一六七八）・七年にも甲府・館林への金米下賜があるなど収支が償わなくなり、延宝四年には二〇万両の財政不足を生じたので、同年金分銅七、翌年銀分銅四〇を潰して貨幣とし、天守金銀にも手を付け始めたのである。

綱吉は前将軍遺金の分配を廃止し、延宝八年堀田正俊を農政・国用専管の老中として地方支配機構の改正に努め、天和二年（一六八二）勘定吟味役を創置し不正代官を処罰した。また新田開発の成果を吸収するため総検地を実施し、直轄領石高を四〇〇万石に増加させた。一方、同元年金分銅一〇・銀分銅六六を鋳潰し、大坂の陣の時の貸付金を諸大名から返上させ、元禄三年（一六九〇）小普請金を創設して収入増を図った。しかし綱吉扈従の館林家臣団の幕臣編入、元禄二年からの役料復活、大名邸への綱吉の頻繁な御成と多額な恩賜品、護国寺・護持院・寛永寺根本中堂造営と日光東照宮大修復など財政支出が膨脹したので、荻原重秀は元禄八年より慶長金銀を改悪し五〇〇万両の利益を収めた。『竹橋余筆』巻五では新金銀大判合わせて六二四万二四〇〇両余の利益を収め、うち四五二万七八〇〇両を金蔵に納め、一七一万四六〇〇両余を市中に出したという。同十年都市酒造業者から年間六〇〇〇両の酒運上を徴収し、同年ないし翌十一年に長崎会所を設け、銅代物替貿易利潤のうち年数万両を収公する長崎運上金制度を同十二年に設定した。けれども同年・翌十三年の凶作、十六年の関東大地震と大火、宝永四年（一七〇七）の富士山噴火、翌年の京都大火と禁裏・院御所の焼失などの災害復旧、貨幣経済の発展による物価上昇などによる支出増によって貨幣改鋳益金も霧消した。宝永五年富士山の灰除金を高一〇〇石につき二両の割合で四八万八七七〇両余を取り立てたが、灰除に一六万両（六万二五五五両余という数字もある）かけたのみで残りは財政に繰り入れ、同六年には銀分銅九五も鋳潰したので金分銅三・銀分銅五となってしまった。(8)

新井白石らの正徳の政治は、元禄十二年廃された勘定吟味役を正徳二年（一七一二）に再置し、代官の不正を糾弾し、大庄屋制度を廃止するなど収奪組織の整備、主穀生産の奨励を行った。また荻原重秀を罷免して貨幣改悪を停止し、貨幣制度を古制に戻して正徳金銀を鋳造し、金銀の海外流出を防ぐため正徳五年長崎貿易の年額を制限した（正徳新例）。しかし元禄以来の財政窮乏は享保改革まで持ち越されたのである。

吉宗は享保七年（一七二二）老中水野忠之を勝手掛に任じて勘定所機構を強化するなど財政改革を行うとともに、

同年上米の制を設け、直轄領に年貢定免制を施行した。これは奥金蔵金銀が享保八年六月以前には金一三万六六一八両余（金八万八三三四両一分・銀二八九七貫〇四六匁一分六厘一毛）と財政が急迫して、切米支給や商人への支払いが停滞しているのを解消しようとしたものである。表27は寛文元年の天守金銀および享保七年以降の奥金蔵金銀有高、それに大坂金蔵除金・二条城内除金・駿府貯金・甲府櫓金の貯蓄金銀を加えた合計の推移を示したものである。奥金蔵金銀は享保八年六月五日金六万両、九年五月三日金一四万両、十年六月九日金一〇万両、十一年七月二十九日金一一万八四四一両三分・銀八匁二分、十三年九月七日金二二万七三三四両三分・銀四一四三貫九〇七匁三分八毛、十四年十月二十六日金七万三七〇〇両・銀四四九〇貫三九三匁四分三厘一毛が納められ、金八〇万七八一〇両三分・銀一万一五三一貫三五五匁、合計一〇〇万両に達した。(9) これは不正代官を斥け、同十年代官所経費を別途支給して口米を収公し、新田開発を奨励するなど年貢増徴に努めた結果である。しかし米価低落を招き米価対策費を支出したほか、享保十五年五〇〇石以下に拝借金として渡し、同十七年西国筋虫附飢饉の拝借などに支出したため、享保末年には二一万両に減少した。元文元年（一七三六）元文金銀に改鋳され、拝借返納もなされたが、同二年勝手掛老中松平乗邑のもと神尾春央が勘定奉行に就任すると、有毛検見取法への転換による露骨な収奪強化によって年貢総量・賦課率とも飛躍的に増大し、延享元年（一七四四）の取箇は享保以降最大となった。この時期から大名御手伝金・御用金借上げを主とする年貢外金納収入も増加してくる。しかし頻発する江戸大火の際の諸大名・町人への拝借金貸付、類焼家屋再建時の瓦葺強制と塗屋・蠣殻葺奨励のための貸付、新田開発奨励に伴う治水工事費用など却って支出増大がみられた。しかし年貢増徴は財政収支を安定させ、奥金蔵除金銀は寛保二年（一七四二）四月金五〇万両（内一分判一三万両）・銀三万貫目、合計一〇〇万両に回復し、奥金蔵は留守居が預かるよう命ぜられた。(10)

その後奥金蔵金銀は延享四年二月金一一万八三七三両二分・銀一八〇〇貫目、合計一四万八三七三両二分が奥金蔵

に入れられ、合わせて一一四万八三七三両二分となった。寛延三年（一七五〇）二月には遣方から毎年二万両を除け置いたうち四万両を伺の上奥金蔵へ入れる積りとあり、[11]これは十二月に納められたらしい。宝暦三年（一七五三）九月御金銀有高覚[12]では奥金蔵金は一二六万三二七〇両余となっている。ついで同四年閏二月・六年十一月・八年七月・十年五月にも納金銀があり、明和七年（一七七〇）には奥・蓮池・大坂の三カ所金蔵有高は三〇〇万両に達した（表27参照）。ただしこの金銀は蓮池金蔵金銀を含む故すべてが貯蓄金銀ではない。安永四年（一七七五）十月奥金蔵銀六〇貫目を出し、小判五万両・歩判五万両を納めたので、除金銀は金一九万一六二五両余・銀三万一五五四貫二七〇目余、合計一七一万七五二九両余となり、享保以降の最高額となっている。[13]

表27　江戸幕府貯蓄金銀の推移

| 年　　代 | 奥金蔵有高 | 貯蓄金銀合計 |
|---|---|---|
| | 両余 | 両余 |
| 寛文元年（1661） | 3,847,194 | |
| 享保 7年（1722） | 136,618 | 280,639 |
| 〃 14年（1729） | 1,000,000 | 1,149,021 |
| 〃 末年 | 210,000 | |
| 寛保 2年（1742） | 1,000,000 | |
| 延享 2年（1745） | 1,000,000 | 1,173,890 |
| 寛延 3年（1750） | 1,148,373 | |
| 宝暦 3年（1753） | 1,263,270 | 2,522,621 |
| 明和 7年（1770） | 1,717,529 | 3,004,148 |
| 天明 8年（1788） | 417,529 | 817,207 |
| 寛政10年（1798） | 377,529 | 1,079,763 |
| 文化13年（1816） | 377,529 | 723,860 |
| 天保13年（1842） | 488,000 | 2,104,265 |

（注）　大田南畝「一話一言」,「大河内家記録」,「酒井家記録」,「誠斎雑記」による。

宝暦九年以降は取箇も漸減傾向を示し、田沼時代には財政収入の重点を年貢外収入に移していった。すなわち宝暦十三年御定高貿易の枠外で清商との間に向こう二〇年間の銀輸入を開始し、代物は銅・俵物とした。明和二年五匁銀、安永元年南鐐二朱判の定位貨幣を発行し、明和三年大坂に銅座を設けて産銅を独占し、棹銅・俵物・諸色（海産物）輸出を増やした。また朝鮮人参・明礬・竜脳などの専売政策を用い、株仲間に運上・冥加を課した。さらに印旛沼・手賀沼干拓、蝦夷地開発を企てたが、天明飢饉による年貢収入の減少と、収奪強化で再生産が困難になった農民の一揆による抵抗があり、天明六年（一七八六）閏十月将軍家治の葬祭・宝塔普請、家斉将軍宣下入用、半毛損亡の拝借金などに五〇万両、翌七年二月さらに五〇万両を放出、同年六月米価高騰による町方救済入用などに二五万両、八年十二月銀相場高値につき京都造営入用に加えて銀六〇貫目を大坂金蔵へ登せ、蓮池金蔵から田沼龍助上納金六万両のうち五万両を納めて、奥金蔵除金銀は金三六万一六二五両一分・銀九五四貫二七〇匁五厘一毛、計三七万七五二九両三分と、一三〇万両も激減したのである。なお別に宝暦十一年蓮池元方金蔵三棟のうち北の蔵に内仕切をし、翌十二年に納めて老中が封印をした金一二万五七一四両三分・銀一二匁は、天明六年関東筋出水の手当として同年九月残らず差出して皆無となってしまったのである。(14)

寛政の改革にあたっては倹約令を頻発したが年貢収入は余り増加せず、禁裏・日光・聖堂・上野・西ノ丸の修復、米買上げ、治水事業、それに直轄化した蝦夷地入用が加わって支出増となった。年貢外収入の主体は大名御手伝金と国役金であるが、荒地起返・小児養育手当など私領農民を対象とした公金貸付返納と利子が経常的収入として固定してくる。そして文政二年(一八一九)の貨幣改悪以降は改鋳益金が財政収入上少なからぬ比重をもつようになるが、同時に大坂・江戸などの町人に対する御用金および地方的な上納金が財政補塡策として重要な位置を占めるに至る。天保期には歳出が二〇〇万両を超す年があるのに歳入が伴わず、収支償う年は一年もない。その不足を補うのが貨幣改鋳益金であった。

天保十二年(一八四二)の奥金蔵有高は金四三万八〇〇〇両・銀三〇〇〇貫目、計四八万八〇〇〇両であるが、同十五年二月金六〇万両が奥金蔵へ納むべき分として記される。(15) 天保十四年水野忠邦の天保の改革失敗後、経費節減を目標とする老中土井利位の財政改革が実施されたが、翌年の江戸城本丸炎上、再建費用六七万両支出により失敗し、改鋳益金に依存する態勢が固定化し、幕末の破局的な財政崩壊に至るのである。

なお奥金蔵には除金銀・金銀分銅のほかに印子三〇六(内五ッ花印子・金目三〇貫一二九匁)・銀銭四二貫五〇〇文が

表28　延享２年（1745）幕府金蔵金銀有高

| | 金 | 銀（金換算） | 金銀計 | 大判 | 銭 |
|---|---|---|---|---|---|
| | 両 | 貫　匁　両 | 両 | 枚 | 貫　文 |
| 江戸金蔵　遣方有高 | 58,717 | 6,370,300（106,171） | 164,888 | 48 | 53,000 |
| 江戸金蔵　除金銀 | **89,046** | **1,268,620**（21,143） | **110,189** | **1,835** | **404,500** |
| 奥金蔵除金銀 | **500,000** | **30,000,000**（500,000） | **1,000,000** | | |
| 二条除金 | **16,500** | | **16,500** | | |
| 大坂金蔵　遣方 | 2,090 | 9,810,400（163,506） | 167,686 | | |
| 大坂金蔵　定式囲米払代 | | 276,600（4,610） | 4,610 | | |
| 大坂金蔵　新規囲米払代 | | 268,300（4,471） | 4,471 | | |
| 大坂金蔵　内仕切除金 | **20,000** | **7,604,900**（126,748） | **146,748** | | |
| 駿府貯金 | **1,650** | | **1,650** | **10** | |
| 甲府櫓金 | **9,000** | | **9,000** | | |
| 合計 | 697,003 | 55,599,120（926,652） | 1,623,655 | 1,443 | 457,500 |
| 除金銀合計 | **636,196** | **38,873,520**（647,892） | **1,284,088** | **1,395** | **404,500** |

（注）『酒井家記録』「御勝向御用定」による。太数字は除金銀，ただし江戸金蔵除金銀の中には経常収入も含まれている。

納められていた。板金は享保十五年六月二三枚（金目八九五匁八分）、延享二年七月三一枚（同一貫一〇〇目余）、佐州焼金は享保十五年に一〇三貫六四九匁七分二厘四毛、延享二年一九一貫二〇〇目余が納められ、ほかに享保十五年佐州焼金二三貫一五三匁八分三厘一毛が、延享二年の板金・佐州焼金・延金一枚・流金一枚が、ともに封印の蔵へ入れるべく当分金奉行預りの金蔵（蓮池）に納められていたのである。(16)

## 二　延享二年の幕府財政構造

次に酒井家記録「御勝手手向御用定」によって、延享二年（一七四五）の幕府金蔵金銀有高の全体を検討してみよう。

表28はこれを一覧表にしたものであるが、奥金蔵除金銀については前節で述べたし、大坂・二条・駿府・甲府の除金等は次節で扱う。表中太数字は除金銀すなわち貯蓄金銀であるが、江戸金蔵（蓮池）除金銀は経常収入の方が多い。また大坂金蔵新規囲米払代は、後述のように除け置いて内仕切除金に加えられる性質の銀である。除金銀合計には江戸金蔵除金銀高も加えてあるが、これは大部分が遣方有高とは違うが、経常収入のうち当面は除け置くだけで納払による増減があり、

表29　延享２年（1745）江戸金蔵除金銀有高項目別構成

| | 金 | 銀（金換算） | | その他 | 合計金 | 構成比 |
|---|---|---|---|---|---|---|
| | 両 | 貫　匁 | 両 | | 両 | % |
| 遣方より延享元年封印蔵へ可入除金 | 12,737 | 808,400 | (13,473) | | 26,210 | 18.60 |
| 年貢一来年遣方可成分 | 21,304 | 20 | | | 21,304 | 15.12 |
| 新除金 | 5,000 | 20,080 | (334) | | 5,334 | 3.79 |
| 鋳銭納払に付値段違出金 | | 9,250 | (154) | | 154 | 0.11 |
| 仙台足尾鋳銭運上 | 200 | 20 | | | 200 | 0.14 |
| 品々払物代 | 371 | 530 | (8) | | 379 | 0.27 |
| 弐度類焼拝借返納 | 49 | 930 | (15) | | 64 | 0.05 |
| 瓦葺蠣殻葺拝借返納 | 8,737 | 26,850 | (447) | | 9,184 | 6.52 |
| 寛保２年出水夫食種貸代拝借返納 | 17,683 | 2,380 | (39) | | 17,722 | 12.58 |
| 寺社修復金 | 145 | 2,280 | (38) | | 183 | 0.13 |
| 相州酒匂川通御普請入用金 | 7,500 | 70 | (1) | | 7,501 | 5.32 |
| 關所金 | 286 | 22,900 | (381) | 大判11枚，銭500文 | 749 | 0.53 |
| 家質屋敷地代金 | 11 | 40 | | | 11 | 0.01 |
| 御除 | | | | 古大判１枚 | 7 | 0.01 |
| 道中除金 | 4,313 | 96,070 | (1,601) | | 5,914 | 4.20 |
| 道中欠所金 | 29 | 140 | (2) | 銭8,000文 | 33 | 0.02 |
| 潰古金買入文字金吹立引替吹出目 | 2,900 | 60 | (1) | | 2,901 | 2.06 |
| 佐渡奉行納 | | | | 焼金42,500匁，灰吹銀44,100匁 | 20,077 | 14.52 |
| 佐竹右京大夫納 | | | | 灰吹銀3,900匁 | 141 | 0.10 |
| 西丸献上金銀 | 1,454 | 169,070 | (2,817) | 大判655枚，銀396,000文 | 9,282 | 6.59 |
| 西丸品々払物代 | 5,554 | 90 | (1) | 大判718枚 | 10,912 | 7.76 |
| 世子家重へ献上 | 774 | 109,446 | (1,824) | | 2,598 | 1.84 |
| 合計 | 89,046 | 1,268,620 | (21,143) | 大判1,358枚，銭404,500文<br>焼金42,500匁，灰吹銀48,000匁 | 140,896 | 100.00 |

（注）『酒井家記録』「御勝手向御用定」による。大判１枚は金７両２分，焼金・灰吹銀は品位によって元文金銀に換算した。

しかも元方金奉行扱いであろうから、表27ではこの金額を除外してある。

表29は史料記載の項目に従って、この江戸金蔵除金銀の構造をみたものである。まず遣方より延享元年封印蔵へ可入除金は元文三年（一七三八）より年二万両ずつ物成納方より引分け、封印蔵へ入れる積りで除け置いたものであり、奥金蔵へも入れ拝借取替にもなる。ほかに駿州清水囲米払代・後藤焼金拝借返納・本丸西丸小納戸より請取金・新田地代金・流作場地代金・日向椎葉山材木運上・役船賃金溜負金・長崎廻銅吹分灰吹銀を通用銀に引替納分・吹出目金が含まれている。新除金・御除古大判・道中除金を含め二六・二％は確実に除金とみられる。ほかに寛保二年（一七四二）出水夫食種貸代拝借返納をはじめ他の拝借返納も、奥金蔵金銀から拝借したのであれば奥金蔵に納められる可能性もある。当年年貢で来年遣方に可成分は経常収支分である。また寺社修復金・相州酒匂川通御普請入用金は支出予定金である。仮にこれ以外のものが全て除金になるとすれば七万八二九五両（金銀のみ）となる。既述の如く延享四年二月金銀一四万八三七三両二分が奥金蔵に入れられたが、寛保二年からの除金の蓄積であろうから、年平均三万両弱となる。延享二年江戸金蔵除金銀有高一一万〇一八九両（金銀のみ）のうち除金と記される一ないし三項目（二万六二一〇両〜三万七四五八両）が同四年奥金蔵納金のうちになったと考えられる。

なお江戸金蔵除金銀有高には、ほかに鋳銭納払に付値段違出金の項に銭三一三六貫文余が浅草蔵にあること、寺社修復金に外金一〇〇〇両が三嶋明神寄附料渡として除き置かれたことが記されている。

## 三　大坂金蔵内仕切除金銀とその他の除金

さて、本節以下で分析の対象とする常陸笠間牧野家文書は、史料1「両御金蔵御金銀有高」一冊、史料2「新御金蔵内仕切御除金銀覚」一冊、史料3・4「元御金蔵仮納銀覚」二通の四点である。いずれも戌十一月付で作成者は御金奉行である。

戌十一月は史料に二朱判が記載されているので、安永元年（一七七二）以降であることは明らかである。

牧野家は成貞が綱吉の側用人として延宝八年（一六八〇）一万三千石の大名に取り立てられたのに始まり、下総関宿五万三千石の城主となり、七万三千石、ついで成春が三河吉田八万石に移り、成央の日向延岡を経て、貞通の延享四年（一七四七）常陸笠間に移り、廃藩に至った。寛延二年（一七四九）貞長が貞通の遺領を継ぎ、宝暦九年（一七五九）奏者番、明和六年（一七六九）寺社奉行兼、安永六年（一七七七）九月十五日大坂城代となった。天明元年（一七八一）閏五月十一日京都所司代に転じ、同四年五月十一日老中となっている。七年十二月四日から寛政元年（一七八九）十二月二十五日まで国用出納（勝手掛）を司り、同二年二月二日老中を辞職し、四年三月二十一日致仕している。[17]

貞長がその職責上関与しうる幕府金蔵は大坂城代時代の大坂金蔵、老中時代の江戸・大坂金蔵であろうが、戌十一月に当たるのは安永七年のみである。従って牧野家文書中のこれら史料の年代は安永七年の戌十一月と確定でき、両金蔵（元・新）の語や記載内容からも大坂金蔵史料であることが立証しうる。すなわち貞長大坂城代勤役中に幕府金奉行から報告された大坂金蔵の記録である。

なお牧野家文書は茨城県笠間市笠間稲荷神社に保管されており、茨城県歴史館がマイクロフィルムに収録している。筆者はその紙焼を利用させていただいた。記して謝意を表する。

史料2「新御金蔵内仕切御除金銀覚」によって、安永七年（一七七八）十一月現在の大坂金蔵内仕切除金銀の高が判明する。そこでこれを中心に前に遡ってその推移を検討しよう。

まず大河内家記録享保十五年（一七三〇）六月の「江戸二条大坂御除金弁御囲米書付」によれば、大坂金蔵除金銀は合計一三万八〇一〇両三分余、うち金六万八五〇〇両・銀三六三一貫三〇〇目余で、銀は金換算六万九五一〇両三分（金一両＝銀五二匁二分四厘余）であった。ただし同史料の付札によると、元除金高は一三万九〇二一両一分余であったが、同年四月十八日から金一〇一〇両二分が紛失したためこの金額となっており、同年十一月御金奉行富士市左衛門・蜂屋多宮ら十数名が下獄され、翌年十二月追放や遠流の刑に処せられている。(18)

次に酒井家記録「御勝手向御用定」によれば、延享二年（一七四五）七月現在の大坂金蔵内仕切除金は金銀合計一四万六七四〇両余、うち金二万両・銀七六〇四貫九〇〇目余（金にして一二万六七四〇両余）であった。「誠斎雑記」によると一四万六七四九両余とある。(19)「御勝手向御用定」の数字は一〇両以下の端数を切捨てた概数である。後述のように宝暦七年（一七五七）現在の銀高は一万〇八〇〇貫であるところから逆算すると、延享二年銀高は七六〇四貫九九三匁余となり、やはり一〇〇匁以下の端数を切捨てた概数である。

享保十五年と比較すると金は四万八五〇〇両減、銀は三九七三貫六九四匁余増となる。享保の元高は同十七年西国筋虫附の節の夫食貸および遣方（経常支出）としたが、段々と償還し、また文字銀吹替増歩および出目が加わって延享二年の除金銀高となり、内仕切へ入れて城代が封印を付け置いたのである。

宝暦七年二〇万両の都合すべきを命じられ、新規囲米払代より銀九〇貫九九二匁余、在方囲米払代より銀三一〇四貫〇一三匁余を加え、銀高は一万〇八〇〇貫目、これに二万両の金を合わせて除金銀高は二〇万両となった。

宝暦九年大坂金奉行より江戸への申し越しでは、大坂金蔵内仕切除金銀収納の二カ所の蔵のうち元金蔵が破損し、元金蔵修復のさい除金銀と平生納払金銀とも新金蔵へ詰め替えなくてはならなくなった。しかし一八万両分（一万〇八〇〇貫目）ある銀が嵩むため新金蔵一棟には詰めることができない。除銀の過半も金に直したなら別に新しく金蔵を建てるにも及ばず、元金蔵修復の支障にもならないとのことで、評議の上老中堀田相模守正亮に上申したところ、伺の通り許可され、金一二万両・銀四八〇〇貫目、合計二〇万両の除金銀高になったのである。[20]

さて史料2によると、新金蔵内仕切除金銀は金一二万両・銀四八〇〇貫目、合計金二〇万両で宝暦九年と全く変わりがない。金一二万両のうち一分判が六〇〇〇両分ある。内訳は金二万両が後藤庄三郎へ古金銀（享保金銀）を渡し代わりに請取った文字金で、延享二年除金二万両に相当するであろう。金一〇万両は二条大坂新規囲米払代銀のうちからの買上金である。享保十七年西国筋虫附のさい譜代大名領に設置されていた所々城詰米をもって罹災大名に貸渡し、返納米は城詰米の代わりに二条一万石・大坂七万七五〇〇石・駿府清水一万石、合計九万七五〇〇石の詰め置きが命ぜられたが、それ以前の定式囲米に対してこれを新規囲米と呼んだ。大坂新規囲米は同十八年冬ごろより翌四月ごろまで年貢をもって玉造・難波蔵へ詰め置き八～九月ごろより払い、二条のそれは翌三月ごろまで詰めて五月ころより段々払い、代銀はいずれも大坂金蔵に除け置いた。最初はこの代銀を遣方としていたが、元文三年（一七三八）以来払代年一〇万両ほどずつを除け置くこととした。しかし寛保二年（一七四二）関東筋出水入用に貯蓄銀を江戸に送り、そのほか長崎廻銅代取替銀渡の返納銀も除け置いたのである。[21]銀四八〇〇貫目のうち小玉銀三四五貫目が含まれる。このうち銀三一九五貫〇〇六匁六分四厘七毛は在々囲籾払代ならびに二条大坂新規囲米払代銀で、前述した宝暦七年に加えられた銀高に一致する。銀一六〇四貫九九三匁三分五厘三毛は大名領虫附損亡飢人救米払代銀であり、延享二年大坂金蔵内仕切除銀のうちから銀六〇〇〇貫目を宝暦九年金一〇万両に換えた残額である。

天明六年（一七八六）の大坂金蔵除金銀は金二万両（うち金一万両・銀六〇〇貫目）に激減した。原因は同三年浅間山噴火による上州信州砂降場所普請入用、同四年江戸町方救米買上代、同六年関東筋出水につき入用手当として伺の上追々取下げになったためである。同八年六月老中松平越中守定信が上京の節、大坂城代堀田相模守正順へ命じて、銀五九九貫九六〇匁八分をもって金一万〇五六六両を買上げ、除金銀は金二万〇五六六両（うち一分判六〇〇〇両）・銀三九匁二分（小玉）となった。ほかに買上金五万両のうち一万両を遣方に渡し、残金四万両を除金内仕切に納めたのである。[22]天保十五年（一八四四）二月の大坂金蔵内仕切有高は金六万両であるから、[23]天明八年の二万両余に買上金残四万両がほぼそのまま納められていたとみられる。

次に二条・駿府・甲府の除金をみよう。

二条城除金（二条城内御用金）は、寛永年中三輪七蔵へ銀を預けるよう命ぜられ、法事入用に渡し江戸にも差下した。元禄年中一万両を納めてあったが、納替の稽古金五〇〇〇両を引き替えになり、享保七年老中水野和泉守忠之の差図で二条囲米払代のうち金五〇〇〇両を二条城に納めて合計一万両となった。[24]元文二年には文字金に引き替え、増歩があって金一万六五〇〇両となり、延享二年・宝暦三年現在も変わっていない。[25]明和八年の取調では、このほかに新銭座運上金銀のうち金四〇〇両・銀四九匁六厘余、古物払代のうち銀一八匁四分四厘、浚院（家治）附組明小屋払代銀三〇匁三分五厘、元銀座闕所銀のうち金一〇両・銀八〇貫八一七匁七分五厘、同大判引替銀のうち銀二二四匁六厘余、御用金とも合計金一万六九一〇両・銀八一貫一三九匁六分六厘となった。ほかに金一〇五三両一分が取替ならび拝借返納金、銀三〇〇貫七五六匁余・銭一五六貫七六〇文が京都町奉行所に預金になり追々納めるべき分であった。ただし京都町奉行所貸附分は利倍し、安永五年一三七〇両を元に立て、貸附利金は以後大坂金蔵へ納めた。[26]

駿府貯金は駿府城内にあり、享保古金一〇〇〇両があったところ、元文元年または二年文字金に引き替え、金一六五〇両・大判一〇枚となり、それに前々より古金四両一分・銀六匁三分七厘五毛があった。駿府城番・同町奉行が立ち合い封印し、長持に入れ駿府金蔵に納められていた。[27]

甲府櫓金あるいは甲府蔵金は、柳沢吉里大和郡山転封後の享保九年より年貢金のうち九〇〇〇両を年々詰め置き、甲府勤番ならびに地役人の切米金に渡し、残金があれば江戸金蔵へ納め、甲府代官が引請け納払をした。ただし米価

が高く渡不足の節は払方金蔵より金を渡した。安永四年より金三〇〇〇〇両が足し詰めされている。(28)

## 四　安永七年大坂金蔵金銀有高の構造

牧野家文書史料1「両御金蔵御金銀有高」は、安永七年(一七七八)十一月現在の大坂元金蔵・新金蔵に収納されている金銀有高を金種別に項目・年代に分けて記したものである。大坂金蔵の収支構造を知りうる史料は現在のところ筆者が紹介した元禄十六年(一七〇三)・宝永元年(一七〇四)二カ年分の「大坂御金蔵金銀納方御勘定帳」(29)以外にない。史料2「新御金蔵内仕切御除金銀覚」が内仕切除金銀つまり非常用の貯蓄金銀であるのに対し、史料1は経常収入的側面をもつものである。残念ながら「勘定帳」すなわち決算簿ではなく有高調であるので収支構造を明確になしえないが、田沼時代の財政の特色を示しており、史料的価値は高いと考える。

表30は史料を金種別・項目別に整理し、その金銀および構成比をみたものである。

まず元金蔵・新金蔵の有高の別では、殆どが元金蔵に納められており、新金蔵には金五六五〇両余・銀一〇〇〇貫目・灰吹銀若干量が入っているだけである(灰吹銀の両金蔵有高内訳は挿入紙が欠落していて不明である)。新金蔵内仕切に非常用の除金銀が貯蓄されていたためであろう。

金種別では金換算額で銀が七一・二二%を占め、重量では九五%近くを占めているが、銀遣い経済圏の中核たる大坂金蔵であるから当然ともいえよう。安永元年鋳造開始の南鐐二朱判は手本上納以外には遣方のみであることが注目される。また長崎会所銀上納と唐国(清)より持渡の唐金・唐銀(紅毛銀銭を含む)が納められていることが特色であるが後に詳述する。

| 唐　金 | 唐　銀 | 灰吹銀 | 金換算計 | 構成比 |
|---|---|---|---|---|
| (6.34%) | (1.39%) | (3.19%) | (100.00%) | |
| 貫　匁 | 貫　匁 | 貫　匁 | 両 | % |
| 51,386.9 | 475,286.65724 | 271,303 | 307,986.1600 | 100.00 |
| 51,386.9 | 475,286.65724 | ? | | |
| | | ? | | |
| | | | 102,157.1645 | 33.17 |
| | | | 17,375.9312 | 5.64 |
| | | | 51,186.626 | 16.62 |
| | | | 101.5765 | 0.03 |
| | | 170,000 | 7,509.5953 | 2.44 |
| | | 101,303 | 3,670.3986 | 1.19 |
| | | | 3,872.5433 | 1.26 |
| | | | 12,623.8305 | 4.10 |
| 22,909.3 | 93,689.45724 | | 37,719.9168 | 12.25 |
| 28,477.6 | 381,597.2 | | 15,615.3700 | 5.07 |
| | | | 1,026.25 | 0.33 |
| | | | 0.125 | 0.00 |
| | | | 17,986.5 | 5.84 |
| | | | 4,000 | 1.30 |
| | | | 1,238.5591 | 0.40 |
| | | | 30.5833 | 0.01 |
| | | | 131.7834 | 0.04 |
| | | | 1,086.4030 | 0.35 |
| | | | 24,965.3367 | 8.11 |
| | | | 650.7417 | 0.21 |
| | | | 267.5 | 0.09 |
| | | | 367.5509 | 0.12 |
| | | | 53.5012 | 0.02 |
| | | | 633.9431 | 0.21 |
| | | | 15.6692 | 0.01 |
| | | | 85.175 | 0.03 |
| | | | 329.5317 | 0.11 |
| | | | 833.4320 | 0.27 |
| | | | 2,550.6745 | 0.83 |
| | | | 0.0005 | 0.00 |

形足紋銀＝同１匁75，唐銀銭１匁＝同１匁369836，安南銀１匁＝１匁527で更に金換算。紅毛銀銭は

表30　安永7年（1778）大坂金蔵金銀有高金種別項目別構成

| 項目 | 金 | 二朱判 | 銀 |
|---|---|---|---|
| （金種別構成比） | (9.75%) | (8.11%) | (71.22%) |
| | 両分 | 両分朱 | 貫　匁 |
| 両金蔵有高 | 30,031-3 | 24,971-2-2 | 13,160,503.933 |
| 内｛元金蔵 | 24,381-1 | 24,971-2-2 | 12,160,503.933 |
| 内｛新金蔵 | 5,650-2 | | 1,000,000 |
| 遣方 | | 24,971-2 | 4,631,139.8683 |
| 去年遣方残 | | | 1,042,555.87 |
| 当年物成 | | | 3,071,197.56 |
| 願石代銀買上米 | | | 6,094.588 |
| 但馬播磨国村々物成 | | | 81,010.5 |
| 石州銀山運上物成代 | | | |
| 大坂蔵遣方残米払代 | | | 232,352.6 |
| 二条大坂新囲米払代 | | | 757,429.8317 |
| 長崎会所銀上納 | 7,000 | | 1,345,440 |
| 唐国より持渡 | | | |
| 買上金 | 1,026-1 | | |
| 手本上納 | | 0-0-2 | |
| 二朱判貸付返納 | 17,986-2 | | |
| 銀座貸渡・佐竹氏拝借返納 | 4,000 | | |
| 佐竹氏貸渡・笘屋拝借返納 | | | 74,313.545 |
| 宇治茶師古拝借 | | | 1,385 |
| 京都町奉行所入用残 | | | 7,907.003 |
| 〃　欠所取上過料 | 19 | | 64,044.181 |
| 淀川大坂川浚冥加 | | | 1,497,920.2 |
| 大坂堀江他地代金 | | | 39,044.503 |
| 大坂堀江上荷船運上 | | | 16,050 |
| 大坂諸川船沢田左平太船運上 | | | 22,053.054 |
| 大坂両町奉行所取立年貢銀 | | | 3,210.07 |
| 〃　地子銀 | | | 38,036.588 |
| 〃　運上銀 | | | 940.15 |
| 〃　舟床銀 | | | 5,110.5 |
| 〃　地代銀 | | | 19,771.9 |
| 〃　油掛冥加 | | | 50,005.919 |
| 〃　所々冥加 | | | 153,040.47 |
| 〃　欠所過料 | | | 0.032 |

（注）　銀60匁＝金1両。なお唐金1匁＝元文銀30匁，安南金1匁＝同19匁2，西蔵金1匁＝同23匁，中史料記載の金額を使用。灰吹銀は元文銀位0.46で元文銀換算で更に金換算。

さて項目別にみると、遣方（経常支出）が最も大きく、去年遣方残・当年物成（翌年支出に宛てる）・願石代銀買上米代・但馬播磨国村々物成（灰吹銀を含む）・石州銀山運上物成代灰吹銀および大坂蔵遣方残米払代は経常支出に宛てられるもので、六〇・三五％と過半数を占める。

二条・大坂新囲米払代は大坂蔵遣方残米払代と類似のものであるが、前節で述べたように除銀とされ、内仕切に納められる性質の銀である。

長崎会所銀上納はこの時期年額金一万五〇〇〇両とされたが、明和五年（一七五八）よりはうち七五〇〇両分を御用銅をもって上納、残額を金・銀または唐金・唐銀で代納した。表30のそれは安永二年から六年までの五カ年にわたる上納分であって、棹銅以外の定納金銀のほぼ半量に当たる。唐国（清）より持渡は唐金・唐銀（紅毛銀銭を含む）のみである。

当時の長崎貿易は御定高制であり、唐貿易は一五艘、銀三〇五〇貫目を限り、輸出銅は一五〇万斤に限定していた。宝暦十三年（一七六三）唐船主王履階との間に、向こう二〇年間輸入元糸銀三〇〇貫目、輸出銅三〇万斤（うち三割は俵物をもって代用）の貿易契約を御定高の枠外として締結した。その直接の契機は清国の乾隆銭鋳造のための銅需要であったが、幕府はすでに不足がちの銅輸出増加や俵物を代価として、敢え

| 人頭銭 | 安南板金 | 安南上棹銀 | 安南次棹銀 | 西蔵金 |
|---|---|---|---|---|
| | 798 | 1,494 | 1,505 | |
| | 7,392.9 | | | 1,157.2 |
| | 6,999.3 | | | 220.3 |
| | | | | 2,707.7 |
| | | | | 1,249.5 |
| | | | | 1,521.5 |
| | | | | 1,357 |
| 15,642.2 | | | | 3,198.7 |
| 15,642.2 | 15,190.2 | 1,494 | 1,505 | 11,411.9 |
| | 7,797.3 | 2,597.2 | | 8,224.5 |

表31　唐船持渡唐金銀（元糸銀・花辺銀銭・安南金銀・西蔵金仕法）

| | 元糸銀 | 中形足紋銀 | 元宝足紋銀 | 足赤金 | 九程金 | 八程金 | 花辺銀銭 |
|---|---|---|---|---|---|---|---|
| 宝暦13年 | 240,073.2 | 37,752.9 | 17,979 | 146.4 | 146.4 | 146.4 | |
| 明和元年 | 100,000 | 93,000 | 93,000 | | | | |
| 〃　2年 | 150,424.8 | 9,584 | 37,000 | 4,530.3 | 1,000 | 1,000 | 35,391.7 |
| 〃　3年 | 50,000 | 46,500 | | | | | 69,289.5 |
| 〃　4年 | 200,000 | 186,000 | | 4,054.7 | | 2,698.9 | 100,000 |
| 〃　5年 | | 279,000 | | | | | 100,000 |
| 〃　6年 | | 93,000 | | | | | |
| 〃　7年 | 100,036.1 | 186,000 | | 5,994.4 | | 7,993 | 50,124.6 |
| 〃　8年 | | 93,000 | | | | | 128,055.9 |
| 安永元年 | 100,346.5 | 278,677.7 | | | | | 174,000.1 |
| 〃　2年 | 85.3 | 53,035 | | 2,996.3 | | 3,995.1 | 119,646.8 |
| 〃　3年 | | 319,000 | | | | | 128,895.9 |
| 〃　4年 | | 372,000 | | | | | 100,797.7 |
| 〃　5年 | 50,000 | 325,500 | | | | | 49,248 |
| 〃　6年 | | 186,000 | | | | | 97,855 |
| 小　計 | 990,966.0 | 2,558,049.6 | 147,979 | 17,722.1 | 1,146.4 | 15,833.4 | 1,153,305.2 |
| 大坂金蔵 | | 279,000 | | 35,564.3 | | | 100,000 |

（注）『通航一覧』第5-248頁。大坂金蔵は安永7年（1778）有高。

て枠外で銀輸入を決定したのには、それなりの意図が存したからであろう。幕府は必要な銅三〇万斤をオランダ貿易分から振替えることを翌十四年決定したが、その年唐商崔景山の花辺銀銭五〇貫目持渡があり、翌明和二年許可されたが、三年一〇〇貫目の願い出があり、四年から実施された。明和三年安南金銀、同四年西蔵金の臨時持渡があり、安永二年西蔵金、同六年唐商顧舒長の願いにより安南金の定例持渡が許可された。さらにオランダ商館によるヨーロッパ銀貨の輸入も明和二年から始まり、同七年その限度額を一万五〇〇〇デュカットと定めている。これら唐・蘭商による輸入金銀には、一旦流出したわが国の慶長金から文字金までも含まれていた。[30]

史料1のうちで単に唐金と記すものは、以下に明らかなように足赤金・九程金・八程金であり、他に安南金（安南板金）・西蔵金がある。また唐銀は、ここでは安南録（安南上棹銀・安南次棹銀）・中形足紋銀・唐銀銭（花辺銀銭。人頭銭も含むか）・紅毛銀銭（テカトン＝デュカトンなど）である。

宝暦十三年以降の輸入金銀額が知りうるのは『通航一覧』[31]であるが、表31はこのうち安永六年までの各年の量を仕法別・金種別に示したものである（史料1が安永七年であるため前年で打ち切った）。

宝暦十三年よりの輸入契約は元糸銀三〇〇貫目であった。けれども、この年初めて持渡の元糸銀は二四〇貫〇七三匁二分二厘六毛で、ほかに中形足紋銀三七貫七五二匁九分・元宝足紋銀一七貫九七九匁、さらに足赤金・九程金・八程金おのおの一四六匁四分であった。中形足紋銀・元宝足紋銀は九三匁が元糸銀一〇〇匁に当たり、足赤金一匁は元糸銀一六匁、九程金一匁は同一四匁、八程金一匁は同一三匁の交換率が定められていた。この交換率で修正すると、この年の輸入額は元糸銀三〇六貫二九五匁二分余となり、同三〇〇貫目の定高にほぼ相当するのである。

史料1記載の唐金は宝暦十三年以降唐船舶載の足赤金・九程金・八程金が長崎会所より大坂金蔵に納められたことを示している。すなわち史料1の「去ル未（宝暦十三）年為手本持渡候唐金三品手本金」一四六匁四分は、宝暦十三年の三種の唐金のうちのどれか一種が手本金として大坂金蔵に納められたことを示す。次に史料1「去ル亥（明和四）年唐国ゟ持渡候唐金」六貫七五三匁六分は、同年持渡足赤金四貫〇五四匁七分・八程金二貫六九八匁九分、合計六貫七五三匁六分に一致する。史料1「長崎会所之内……去ル丑（明和六）年長崎町年寄ゟ上納唐金」七貫六八五匁五分は、同年唐金持渡がなく、宝暦十三年持渡の他の二種の唐金計二九二匁八分と、明和二年持渡足赤金四貫五三〇匁三分、九程金一貫目・八程金一貫目、合計六貫八二三匁一分に相当するのであろうか。持渡金の方が八六二匁四分少ないので疑問が残る。史料1「去ル寅（明和七）年唐国ゟ持渡候唐金」六貫九九七匁五分・六貫九八九匁九分、二口合計一三貫九八七匁四分は、同年持渡足赤金五貫九九四匁四分・八程金七貫九九三匁、合計一三貫九八七匁四分に一致する。史料1「去ル辰（安永元）年唐国ゟ持渡候唐金」六貫九九一匁四分は、安永元年唐金持渡がなく、翌二年持渡足赤金二貫九九六匁三分・八程金三貫九九五匁一分、合計六貫九九一匁四分に一致する。これ以外の年は唐金三種の持渡はなく、史料1にも他に唐金記載はない。すなわち宝暦十三年開始以来、安永七年以前の唐金持渡額は、足赤金一七貫七二二匁一分・九程金一貫一四六匁四分・八程金一五貫八三三匁四分、合計三四貫七〇一匁九分に対し、史料の大坂金蔵金銀有高のうち唐金合計は三五貫五六四匁三分、持渡額が八六二匁四分少ないのである。

次に史料1の唐金の項には安南金・西蔵金の記載がある。安南金銀は明和三年、西蔵金は同四年持渡が開始された。史料1「去ル戌（明和三）年唐国ゟ持渡候安南金」五九八匁八分は、同年持渡安南板金七九八匁のうちであろう。史料1「長崎会所銀之内……安南金西蔵金を以去ル巳（安永二）年分長崎町年寄共ゟ上納」唐金九貫七〇七匁は、明和八年持渡安南板金六貫九九九匁三分と安永元年持渡西蔵金二貫七〇七匁七分、合計九貫七〇七匁に一致する。安南板金は明和四年七貫三九二匁九分が持渡されているが、史料1には記載がない。明和四年西蔵金臨時持渡一貫一五七匁二分があり、ついで同八年二二〇匁三分、以後ほぼ毎年西蔵金持渡がみられ、前述の安永元年持渡西蔵金二貫七〇七匁七分もあった。史料1「長崎会所銀之内……西蔵金を以去ル午（安永三）年分長崎町年寄ゟ上納」二貫七七〇匁五分は、安永二年持渡一貫二四九匁五分・同三年持渡一貫五二一匁五分、合計二貫七七一匁に相当すると思われる。ついで史料1「長崎会所銀之内……西蔵金を以去酉（安永六）年分長崎町年寄共ゟ上納」二貫七四六匁三分は、同年持渡三貫一九八匁七分のうちとみられる。史料1にはこのほかに西蔵金の記載はないが、西蔵金持渡は先の明和四年（一貫一五七匁二分）・八年（二二〇匁三分）・安永五年（一貫三五七匁）がある。すなわち明和四年から安永六年までの西蔵金持渡額は合計一一貫四一一匁九分であるのに対し、大坂金蔵有高は合計八貫二二四匁五分である。

次に唐銀についてみると、まず明和三年手本として安南上棹銀一貫四九四匁・安南棹銀一貫五〇五匁、合計二貫九九九匁の持渡があった。「諸国灰吹銀寄」の安南銀の項には「明和三戌年十一月十四日大坂御金蔵へ相納ル」とあって、[32]持渡安南銀が同年大坂金蔵へ納められたことが知られるが、史料1「去ル戌（明和三）年唐国ゟ持渡候安南銀」は二貫五九七匁二分で、大坂金蔵納高の方が四〇一匁八分少ない。けれども『通航一覧』巻一九九の舶来金銀数量の安南銀は二貫五九七匁二分とあり、[33]史料1の額と全く一致するのである。以後安南銀持渡は安永七年までない。

史料1には元糸銀・元宝足紋銀の記載はないが、「去酉（安永六）年唐国ゟ持渡候唐銀」として中形足紋銀二七九貫目の記載がある。同年持渡中形足紋銀は一八六貫目で符合しないが、宝暦十三年の仕法開始以来中形足紋銀は毎年持渡があり、安永六年までの累計は二五五八貫〇四九匁六分にのぼる。従って大坂金蔵納の額はこのうちの一部であるが、二七九貫目は基準の元糸銀三〇〇貫目に相当するのである。

史料1「去酉（安永六）年唐国ゟ持渡候唐銀銭」一〇〇貫目は、同年持渡花辺銀銭九七貫八五五匁、同年初めて持渡の人頭銭一五貫六四二匁一分、合計一一三貫四九七匁一分のうちであろうか。花辺銀銭持渡開始は明和二年で、同六年を除いて毎年持渡があったが、安永七年から人頭銭がこれを上回り、天明元年以降は人頭銭のみになる。なお明和二年から安永六年までの花辺銀銭持渡累計は一一五三貫三〇五匁二分になる。

ほかに史料1には「長崎会所銀之内……紅毛銀銭を以去酉（安永六）年分長崎町年寄共ゟ上納」として、紅毛（オランダ）銀銭九二貫六八九匁四分五厘七毛二弗四の記載がある。同年持渡額を知りうる史料はないが、「三貨図彙」宝暦癸未唐船齎来金銀之図[34]によれば、銀銭テカトン（デュカトン）・同ハロフテカトン（半分）・同ロヘイ・同咬𠺕吧ロヘイ・同スハンマットが明和二年紅毛船により始めて持渡されており、後二者は同年のみであるが、テカトンは安永二年まで明和八年以外毎年、ハロフテカトンも明和四年・七年以外毎年、ロヘイは明和二・三・五・六年に持渡されている。持渡量からみて紅毛銀銭の主体はテカトンであったと考えられる。ところで安永六年分長崎町年寄上納紅毛銀銭は長崎会所銀のうち金二九〇三両一分・銀六匁九分五厘の代わりに上納したものであるから、元文銀換算一七四貫二〇一匁九分五厘に相当し、紅毛銀銭一匁は元文銀一匁八分五厘九毛三弗五四八八五という計算になる。史料1に記載される紅毛銀銭有高はこれだけであるが、他の項目（金種）のうち長崎会所銀長崎町年寄上納の記事中には、安永二年から五年まで毎年紅毛銀銭上納のことがある。すなわちそれは、安永二年分金二五六四両・銀一四匁八分六厘三毛、同三年分金四二八七両三分・銀八匁二分五厘、同四年分金一四二四両、同五年分三八〇〇両の代わりである。安永六年分を加えた合計は金一万四九七九両二分・銀六厘三毛となり、先の換算を用いて紅毛銀銭に直すと四八三貫三七七匁三分六厘三毛六弗となる。既述の「三貨図彙」記載の五種の銀銭総計は安永二年までで三九三貫四九八匁七分となるから、舶載紅毛銀銭の大部分が大坂金蔵納となり、うち九三貫六八九匁余が安永七年現在有高として収蔵されたと推測しうる。

さて「光被録」の記すところによって宝暦十三年より天明二年（一七八二）までに輸入された金銀を集計すれば、清商による金輸入八八貫四七四匁余、同銀輸入六三七四貫七七二匁余、蘭商による銀輸入一四一七貫〇六八匁余、銀輸入計七七九一貫八四〇匁余となる。(35)

表31において大坂金蔵唐金銀有高と比較してみても、輸入金は殆どが大坂金蔵に納められているが、輸入銀は四八六五貫九四一匁九分（除安南銀）のうち僅か三七九貫目（七・八％）しか大坂金蔵に残されていない。とすればこれら巨額の輸入銀が、幕府の貨幣鋳造原料として使用されたであろう。宝暦十三年から天明元年までに輸入した唐銀七〇一六貫一一〇匁余のうち一七五〇貫六七八匁余をもって文字銀三四二八貫〇六一匁余（金にして五万七一七四両一分余）を、三八二九貫一一九匁余をもって南鐐二朱判を鋳造し、金にして一五万七五八一両一分であったという。(36)田谷博吉氏は南鐐二朱判の安永元年以来天明八年までの鋳造高三八三万一八〇〇両、文政七年（一八二四）までの鋳造高五九三万三〇〇〇両という厖大な発行高からみれば、僅かなものであったとされる。(37)

長崎奉行石谷備後守が宝暦十三年の唐銀三〇〇貫目を、帰府の際自ら持参して江戸金蔵に収めるよう命ぜられたことが「長崎会所上納一件」にみえ、以後も「奉行交代の節、為持候て、可致上納旨被仰渡候」とあるから、爾後も同様の方法で江戸に運ばれたものと中井信彦氏は述べるが(38)、大坂金蔵の機能からすると、一旦大坂金蔵へ納められ江戸へ逓送されたと考えたい。

明和九年九月に、南鐐二朱判の原料として最初に佐渡灰吹銀四〇貫目が銀座に下付されたが、深川万年町の専用鋳造所が本格的に操業を開始した翌安永二年十月には、石州灰吹銀と唐銀を「通用銀」（文字銀）の原料に使用することを禁ずる旨の指令が出されていることから、輸入銀の大部分が二朱判の鋳造原料となったと推測される。大坂金蔵から現送されてくる通用銀もまた二朱判原料に宛てられたものが少なくないが、二朱判発行に果たした輸入銀の役割は重要なものであった。だからこそその見返り輸出用の銅と俵物の確保にも幕府は力を注ぎ、明和三年六月の銅座設立、同二年六月の俵物会所および笘屋伝兵衛による買集強化令がその表現にほかならないという中井信彦氏の指摘に賛意を表したい(39)。

表30の銀座・佐竹氏（秋田藩主、長崎御用銅生産）・笘屋（廻船業者）への拝借は右の体制維持のためであり、その返納金銀が大坂金蔵に納入されている。

二朱判貸付辺納は二朱判の流通促進のため明和九年十月五万両を両替屋その他へ無利息・無担保で二カ年賦返納の条件で貸付けたが(40)、これを指すものであろうか。その後畿内以西の代官にも流通促進のために貸付けているが利貸付である(41)。

淀川大坂川浚冥加の比率が目立つが、淀川河口および市中の川浚費として、安永四年八月家質差配所を廃止し、益金九九五〇両を全部市民に課し、毎年二月・五月・十月の三回に分納させた。そして残額あれば城内金蔵に納めさせ、翌五年大浚を行ったものである。[42]

このほか大坂両町奉行所取立銀のうちでは、油掛冥加・所々冥加が注目されよう。明和七年出油屋や油仲買の株立てが行われ、またこの期はその他の株仲間が設置されて冥加銀が課せられているのである。[43]

# おわりに

宝暦十二年（一七六二）四月、幕府は元禄四年（一六九一）以来慣例となっていた大坂金蔵金銀の江戸への為替送金を中止し、大坂金蔵収納の年貢銀六〇〇〇貫目（金一〇万両）を現銀送致させ、以後一〇万両に達すれば早速江戸に下すよう、そして大坂における支出は江戸から為替送金することに改めた。[44] 同年だけみても五月二十三日・二十五日・二十七日・二十九日・七月五日・六日・九月十三日・十五日・十八日・二十日と大坂よりの金銀が江戸金蔵に到着し、十月七日老中・勘定奉行・吟味役・組頭立ち合いのもと元方北金蔵中仕切の内へ収納された。[45]

当時大坂金蔵為替を請負っていた三井組・十人組・銀座および上田組には四月六日江戸城御殿勘定所で申し渡されたが、評定所・勘定所の専断で急遽実施されたのである。[46] これについて、中井信彦氏は宝暦期に入って大坂での金貨および銭に対する銀貨の相対的価値が著しく低下を示し、大坂の経済的機能にその経済基盤を大きく依存してきた幕府にとって、危険信号として受取られたに相違ないと述べている。[47]

こうして明和二年（一七六五）の五匁銀、四年の真鍮四文銭、安永元年（一七七二）の南鐐二朱判発行という、幕府の一連の貨幣政策が実施されるのである。

幕府金蔵のうち、大坂金蔵は幕府領の銀建て年貢諸国の物成銀の大部分と諸向納金銀の収納を行い、江戸金蔵は金建て年貢諸国の物成・諸向納金の収納および大坂金蔵よりの現金銀、為替金銀逓送による収納を行った(48)。このように両地の金蔵は分業しつつ相互に密接に関連しあい、江戸金蔵はとくに中央金庫としての性格を濃厚にもっている。ただし上方の先進性を基盤とする大坂金蔵は幕府にとって不可欠のものであろう。しかしながら宝暦末年以降の貨幣政策は、「銀製の金貨」ともいうべき南鐐二朱判鋳造に典型的にみられる金貨本位の貨幣を指向したものであり、また他の経済政策も年貢収奪の限界から年貢外収入の拡大をめざしたものといえよう。いわゆる田沼時代はこのような意味でも転換期であり、奥金蔵や大坂金蔵の除金銀が最大に達し、その政策の失敗後減少に向かうのである。

注

(1) 拙稿「江戸幕府財政の成立」（北島正元編『幕藩制国家成立過程の研究』〈本書第一章収載〉）、同「元禄末期における幕府財政の一端」（『史料館研究紀要』四号〈本書第六章収載〉）、同「浅草米蔵について」（同九号）、同「大坂城米について」（『政治経済の史的研究』森杉夫先生退官記念論文集〈本書第九章収載〉）。
(2) 神宮文庫所蔵「金奉行公用嚢中勤仕録」。
(3) 『大阪編年史』第八巻一七頁。
(4) 同右一七頁「町奉行所旧記」。
(5) 『徳川実紀』第二篇（『新訂増補国史大系』第三九巻）六二五頁。
(6) 遠藤佐々喜「徳川幕府非常用の金銀分銅の研究」（『史学』三巻一号）。
(7) 大田南畝「一話一言」（『日本随筆大成別巻』）1、なお七八～八一頁。御銀納覚は銀銭・灰吹銀が重複記載されている。
(8) 享保十五年六月「江戸二条大坂御除金幷御囲米書付」（拙稿「享保改革期の幕府勘定所史料大河内家記録(一)――『史学雑誌』八〇編一号）・延享二年「御勝手向御用定」（拙稿「延享期の幕府財政史料酒井家記録(一)」――同八九編六号）・「奥

(9) 御金蔵」(「江戸実情誠斎雑記」―『江戸叢書』巻の九、一四～一六頁)・「御勝手方覚書」(同巻の一一、一三頁)によれば、金分銅三の金目は四四貫六五〇目・四三貫三〇〇目・四二貫四〇〇目、銀分銅五の銀目は四四貫七七〇目・四四貫六三〇目・四三貫九八〇目・四三貫三五〇目・四三貫〇五〇目である。
(10) 前掲「江戸二条大坂御除金幷御囲米書付」。
(11) 前掲「御勝手向御用定」。
(12) 「江戸実情誠斎記」(『江戸叢書』巻の九、一四～一六頁)。
(13) 同右一七～一九頁。
(14) 同右巻の一一、一二～一三頁。
(15) 同右一三～一四頁。
(16) 「甲辰金銀御有高」(同右巻の九、一二一～一二三頁)。
(17) 「江戸二条大坂御除金幷御囲米書付」「御勝手向御用定」。
(18) 『新訂寛政重修諸家譜』第八、二七六～二八〇頁。
(19) 『徳川実紀』第八篇(『新訂増補国史大系』第四五巻)五四五頁・五八七頁、『大阪編年史』第八巻五八～六三頁。
(20) 「江戸実情誠斎記」(『江戸叢書』巻の一一、一四頁)。なお宝暦三年「宝暦金銀有高」(「江戸実情誠斎雑記」―『江戸叢書』巻の九、一七～一九頁)には大坂金蔵内仕切にある分は金一四万六七四八両余と変化がない。
(21) 同右巻の一一、一四～一五頁。
(22) 前掲拙稿「大坂城米について」一八八頁。
(23) 「江戸実情誠斎雑記」(『江戸叢書』巻の一一、一五～一六頁)。
(24) 同右巻の九、一二二～一二三頁。
(25) 「江戸二条大坂御除金銀幷御囲米書付」。
(26) 「御勝手向御用定」「宝暦金銀有高」。
(26) 「御勝手方覚書」。

(27) 「御勝手向御用定」「御勝手方覚書」。
(28) 同右。
(29) 前掲拙稿「元禄末期における幕府財政の一端」。
(30) 内田銀蔵「徳川時代特に其の中世以後に於ける外国金銀の輸入」(『日本経済史の研究』上巻四二三〜四八一頁)、中井信彦『転換期幕藩制の研究』七二〜一〇九頁。
(31) 『通航一覧』第五、二四八頁。
(32) 榎本宗次『近世領国貨幣研究序説』一九四頁。
(33) 『通航一覧』第五、二四八頁。
(34) 「三貨図彙」附録巻之五（『日本経済大典』四〇巻三二八〜三六〇頁）。
(35) 内田前掲書四五四〜四五六頁。
(36) 『通航一覧』第五、二四八頁。
(37) 田谷博吉『近世銀座の研究』二九七頁。
(38) 中井前掲書九三頁。
(39) 同右九三〜九四頁。
(40) 田谷前掲書三一五頁。
(41) 竹内誠「幕府経済の変貌と金融政策の展開」（『日本経済史大系』4近世下）二〇六頁。
(42) 『大阪市史』第一、九一八〜九一九頁。
(43) 津田秀夫『封建経済政策の展開と市場構造』一六〜七〇頁。
(44) 『御触書天明集成』二八三七号、『大阪編年史』第一〇巻一五六〜一五七頁。
(45) 「金奉行公用嚢中勤仕録」。
(46) 中井信彦「大坂御金蔵為替の中絶始末(上)」『三井文庫論叢』一号)。
(47) 中井前掲書七六頁。

(48) 拙稿「元禄末期における幕府財政の一端」(本書第六章収載)。

〔付記〕本稿作成にあたり、史料利用については、茨城県笠間市笠間稲荷神社宮司塙瑞比古氏、茨城県歴史館植田敏雄・高橋実両氏、唐金銀については日本銀行郡司勇夫氏の協力を得た。記して謝意を表する。

〔**後記**〕本論文には牧野家文書大坂金蔵史料として、「両御金蔵御金銀有高」「新御金蔵内仕切御除金銀覚」「元御金蔵仮納覚」(二通)の四点を紹介したが、本書収載に当たって割愛した。

# 第九章　大坂城米について

——その政治・財政上の意義——

## 一　大坂城米と諸国城詰米

元和五年（一六一九）七月、江戸幕府は松平忠明を大和郡山に移し、大坂は幕府直轄領となった。八月伏見城を廃し、伏見城代内藤信正を移して大坂城代とした。同時に伏見在番の大番頭も大坂に移し、九月大坂両町奉行の任命があり、以後大坂城の職制が整備された。城代は大坂在勤幕府諸役人の首班として政務を統轄するほか、大坂城を守衛し、西国諸大名の動静を監察した。老中・京都所司代に次ぐ役職で、軍事的・政治的にも大坂の位置の重要性を示すものであった。また大坂は全国的な流通の結節点であり、諸藩の年貢米市場およびこれを担保とする大名金融市場、さらに商品市場として発展し、幕藩制市場の中核たる位置を獲得した。

江戸幕府は、大坂の陣後、関東・東海・畿内を中心とする直轄領配置を基本的に成立せしめた。この幕領の年貢米は城米と呼ばれ、寛永末期～慶安期には江戸浅草・京都二条・大坂・大津等の幕府直轄蔵に納入し、幕臣団の俸給・行政経費等の支出にあてられた(1)。城米は非常時における城付の兵粮米としての意味をもったが、かかる側面をもつ城詰米は、幕府直轄城地および街道宿駅に置かれたものと、主として譜代大名の城に置かれたものがある。城詰米は表32に一覧したが、その意義の詳細については柳谷慶子氏の研究(2)に委ねたい。ただその要旨は次のようである。譜代大名領の城詰米は例外もあるが寛永十年（一六三三）にほぼ一斉に設定され、幕府が幕領年貢米または代金を供与し詰米させることによって成立した。寛永十年は米価下値の時期ではないので価格調節のためではなく、政治的な意味合いが強い政策であった。領主間矛盾が緩和し、譜代藩を取り込む形で幕藩体制が成立し、年貢米は直轄蔵体制により、兵粮米は城詰米制度による備蓄体制の成立を意味する。城詰米は基本的には兵粮米・軍事米としての性格を有していたが、戦争状況の緩和の中で、その運用と機能の面で変化が生じていった。たとえば宇都宮藩の城詰米は、寛永二十年以降しばしば日光道中への売米、日光社参供奉衆や普請扶持に渡され(3)、会津藩では浅草廻米や凶作につき御用払いをするなど(4)、飢饉時の救米や米価調節にも利用されるようになる(5)。

城詰米は鉄砲などの城付武具と同性格のいわば公儀のもので、城主の交代においても引き継がれ、また城主が年々詰め替えを行った。享保十五年（一七三〇）七月、城詰米焼失の場合は今後幕府が詰めることとし、八月にはこれまで城米と唱えてきた城詰米を今後御用米と称することを令した(6)。その理由は、恐らく伊勢桑名城詰米一万石がこの年焼失し、うち五〇〇〇石を幕領年貢米をもって詰米したことが(7)、その後の制度化になったのである。

城詰米は表32のように全国的に配置されたが、必ずしもすべての譜代藩に設置された訳ではなく、若狭小浜・出羽鶴岡などの藩には設けられていない。『憲教類典』の「所々御城米弁城付御米高」は各地の城米を左のように分類している（表32左端記号参照）。

A　急々御用之時は早速江戸江運送仕候分

B　江戸江運送自由之場所ニ候得共、早速之御用には難立候

C　江戸江運送は罷成候得共早速之御用には難立、大坂御蔵には手寄能御座候

D　大津御蔵江之手寄は能御座候、二条・高槻・大坂御蔵には陸遠く候而大分駄賃懸り申候

表32 諸国城詰米一覧

| | 諸国城米 | 延宝4年 | 貞享4年 | 延享2年 | 宝暦元年 | 設置年代 | 増詰年・石数 |
|---|---|---|---|---|---|---|---|
| A | 武蔵　忍 | 3,000 | 6,000 | 3,000 | 3,000 | 万治以前 | 寛文元年 1,500, 貞享2年 3,000 |
| A | 〃 岩附 | 3,000 | 6,000 | 3,000 | 2,000 | 〃 | 〃 2,000, 〃 3,000 |
| A | 〃 川越 | 3,000 | 6,000 | 3,000 | 3,000 | 〃 | 〃 1,500, 〃 3,000 |
| A | 相模小田原 | 7,000 | 8,000 | 7,000 | 7,000 | 〃 | 〃 2,000, 〃 1,000 |
| | 上総大多喜 | | | 370 | | | |
| A | 下総　古河 | 3,000 | 6,000 | 3,000 | 2,000 | 万治以前 | 寛文元年 2,000, 貞享2年 3,000 |
| A | 〃 佐倉 | 2,000 | 4,000 | 2,000 | 2,000 | 寛文元年 | 貞享 2年 2,000 |
| A | 〃 関宿 | 2,000 | 4,000 | 2,057余 | 2,000 | 〃 | |
| A | 上野　厩橋 | 3,000 | 5,000 | 3,000 | 3,000 | 〃 | 貞享 2年 2,000 |
| A | 〃 高崎 | 2,000 | 4,000 | 2,000 | 2,000 | 寛永16年 | 〃 2,000 |
| A | 下野宇都宮 | 5,000 | 7,000 | 4,194余 | 5,170 | 〃 10年 | 〃 2,000 |
| A | 〃 大田原 | 1,000 | 1,000 | 1,000 | 1,000 | 〃 4年 | |
| A | 〃 壬生 | 1,000 | 2,000 | 1,000 | 1,000 | 寛文元年 | 貞享 2年 1,000 |
| A | 常陸　土浦 | | 2,000 | 1,037 | | 貞享元年以前 | 〃 1,000 |
| | 〃 下館 | | | 400 | | | |
| B | 駿河　田中 | 2,000 | 3,000 | 2,000 | 2,000 | 万治以前 | 貞享 2年 1,000 |
| B | 遠江　掛川 | 2,000 | 4,000 | 2,000 | 2,000 | 〃 | 〃 2,000 |
| B | 〃 浜松 | 3,000 | 5,000 | 3,000 | 3,000 | 〃 | 〃 2,000 |
| B | 〃 横須賀 | 2,000 | 3,000 | 2,000 | 2,000 | 寛文元年 | 〃 1,000 |
| B | 三河　吉田 | 3,000 | 5,000 | 3,000 | 3,000 | 万治以前 | 〃 2,000 |
| B | 〃 岡崎 | 3,000 | 5,000 | 3,000 | 3,000 | 〃 | 〃 2,000 |
| B | 〃 西尾 | 1,000 | 2,000 | 1,000 | 1,000 | 寛文元年 | 〃 1,000 |
| B | 〃 刈屋 | 1,000 | 2,000 | 1,000 | 1,000 | 〃 | 〃 1,000 |
| B | 伊勢　桑名 | 10,000 | 10,000 | 10,000 | 10,000 | 万治以前 | |
| B | 〃 亀山 | 3,050 | 5,050 | 3,050 | 3,050 | 〃 | 貞享 2年 2,000 |
| B | 志摩　鳥羽 | 3,000 | 5,000 | 1,500 | 3,000** | 寛文元年 | 〃 2,000 |
| B | 美濃　大垣 | 5,000 | 7,000 | 5,000 | 5,000 | 万治以前 | 〃 2,000 |
| B | 〃 岩村 | 1,000 | 2,000 | 1,000 | 1,000 | 〃 | 〃 1,000 |
| B | 〃 加納 | 2,000 | 4,000 | 2,000 | 2,000 | 〃 | 〃 2,000 |
| B | 摂津　尼崎 | 10,000 | 10,000 | 10,000 | 10,000 | 寛永13年 | |
| | 〃 高槻 | | | 2,000 | 3,000 | | |
| B | 和泉岸和田 | 3,000 | 5,000 | 3,000 | 3,000 | 万治以前 | 貞享 2年 2,000 |
| B | 山城　淀 | 10,000 | 10,000 | 10,000 | 10,000 | 〃 | |
| | 大和　郡山 | | | 4,000 | 5,000 | 〃 | |
| B | 播磨　姫路 | 10,000 | 10,000 | 10,000 | 10,000 | 〃 | |
| B | 〃 明石 | 3,000 | 5,000 | 3,000 | 3,000 | 〃 | 貞享 2年 2,000 |
| B | 〃 龍野 | 2,000 | 4,000 | 2,000 | 6,000 | 延宝 4年 | 〃 2,000 |
| B | 伊予　松山 | 10,000 | 10,000 | 10,000 | 10,000*** | 万治以前 | |

| | 諸国城米 | 延宝4年 | 貞享4年 | 延享2年 | 宝暦元年 | 設置年代 | 増詰年・石数 |
|---|---|---|---|---|---|---|---|
| C | 丹波　亀山 | 2,000 | 3,000 | 2,000 | 2,000 | 〃 | 貞享 2年 1,000 |
| C | 〃　笹山 | 3,000 | 5,000 | 3,000 | 3,000 | 〃 | 〃　2,000 |
| C | 〃 福知山 | 2,000 | 2,000 | 2,000 | 2,000 | 〃 | |
| C | 備後　福山 | 10,000 | 10,000 | 10,000 | 10,000 | 〃 | |
| C | 石見　浜田 | 3,000 | 3,000 | 3,000 | 3,000 | 〃 | |
| C | 豊後　府内 | 3,000 | 3,000 | 3,000 | 3,000 | 〃 | |
| C | 〃　木付 | 3,000* | 1,000 | 1,000 | 1,000 | 〃 | |
| C | 豊前　小倉 | 10,000 | 10,000 | 10,000 | 10,000 | 〃 | |
| D | 近江　彦根 | 20,000 | 20,000 | 20,000 | 20,000 | 〃 | |
| D | 〃　膳所 | 5,000 | 5,000 | 5,000 | 5,000 | 寛永10年 | |
| D | 〃　水口 | | 2,000 | 2,000 | 3,000 | 万治以前 | |
| E | 肥前　唐津 | 10,000 | 10,000 | 10,000 | 10,000 | 〃 | |
| E | 〃　島原 | 5,000 | 7,000 | 5,000 | 3,000 | 〃 | 貞享 3年 2,000 |
| F | 〃　平戸 | | 4,000 | 5,000 | 5,000 | 貞享 3年 | |
| | 〃　大村 | | | 3,000 | 5,000 | 〃 | |
| F | 信濃　松代 | 1,000 | 1,000 | 500 | 1,000 | 万治以前 | |
| F | 〃　松本 | 2,000 | 2,000 | 1,000 | 2,000 | 寛永10年 | |
| F | 〃　小諸 | 2,000 | 2,000 | 1,000 | 2,000 | 万治以前 | |
| F | 〃　諏訪 | 2,000 | 2,000 | 1,000 | 2,000 | 寛永10年 | |
| F | 〃　飯田 | 1,000 | 1,000 | 500 | 1,000 | 〃 | |
| F | 出羽上ノ山 | 1,000 | 1,000 | | 1,000 | 万治以前 | |
| F | 〃　山形 | 4,863 | 4,863 | 5,200 | 5,200 | 寛永12年以前 | |
| F | 陸奥　岩城 | 3,000 | 3,000 | 3,000 | 3,000 | 寛永10年 | |
| F | 〃　会津 | 7,000 | 7,000 | 7,000 | 7,000 | 寛永20年以前 | |
| G | 〃 二本松 | 3,000 | 3,000 | 3,000 | 3,000 | 万治以前 | |
| G | 〃　白川 | 5,000 | 5,000 | 5,000 | 5,000 | 〃 | |
| H | 越後　高田 | 10,000 | 5,000 | 7,000 | 7,000 | 〃 | |
| 幕府直轄城米 | | | | | | | |
| | 摂津　大坂 | 70,000 | 70,000 | 70,000 | 70,000 | | |
| | 〃　高槻 | 10,000 | 10,000 | | | | |
| | 山城　二条 | 10,000 | 17,000 | 10,000 | 10,000 | | |
| | 近江　大津 | 50,000 | 50,000 | | 20,000 | | |
| | 〃　永原 | 1,000 | | | 1,000 | | |
| | 〃　水口 | 1,000 | | | | | |
| | 武蔵神奈川 | 1,000 | 1,000 | | 1,000 | | |
| | 相模　藤沢 | 1,000 | 1,000 | | 2,000 | | |
| | 伊豆　三島 | 3,000 | 3,000 | | 3,000 | | |
| | 駿河　駿府 | 10,000 | 10,000 | 3,500 | 10,000 | | |
| | 〃　蒲原 | 1,000 | 500 | | 1,000 | | |
| | 尾張　熱田 | 1,000 | 300 | | | | |
| | 甲斐　甲府 | | | 1,800 | 5,000 | | |
| | 信濃　伊奈 | | | | 1,000 | | |

（注） 延宝４年「所々御城米」（姫路市立図書館所蔵酒井家文書），貞享４年・年月日不知「所々御城米幷城付御米高」（『憲教類典』5-9），延享２年「御勝手向御用定」（大野瑞男「延享期の幕府財政史料酒井家記録（一）」『史学雑誌』89編６号），宝暦元年「諸国御詰米」（「憲教類典」5-9）―なおこれは天明３年12月とあるも内容は宝暦元年。＊1,000石カ，＊＊当時1,500石，＊＊＊脱落後補，設置年代のうち寛永期の年代確定は柳谷慶子氏の研究による。なお『玉露叢』巻43に諸国処々御城米の事（下265～268頁）があり，天和元年と推定されるが，齟齬があるので省略した。

E　大坂御蔵江は手寄能御座候得共、運送は遠方にて船賃大分懸り申候
F　江戸江運送難成場所にて御座候
G　陸付にて銘々より江戸運送仕候場所にて候、然とも御入用多く懸り申候
H　海陸遠く候得共近年江戸運送仕付ケ申候

非常の際の城詰米江戸廻送を中心に、あるいは大坂廻送をも考慮して配置しており、極めて軍事的性格が強い。寛文元年（一六六一）に創設ないし増詰された箇所は関東・東海地方、貞享二年（一六八五）の増詰もA・B地域すなわち関東・東海・畿内であることもこれを証明するものであろう。なお貞享の増詰分は、元禄二年（一六八九）八月、上方は一〇〇俵につき金二八両、関東は金三〇両の積りで売却させ、幕府の財政に補填されたのである。(8)

享保十七年（一七三二）五月、幕府は対馬府中の火災のため伊予松山城詰用米三〇〇〇石、備後福山二〇〇〇石、肥前唐津五〇〇〇石、計一万石の城詰用米を宗方煕へ賜わった。(9)しかし城詰用米がその機能を最も発揮したのは、同年の西国・中国・四国筋蝗害による飢饉の救済であった。

享保十七年八月三十日、幕府は大坂城代に大坂城囲米五万石を私領の蝗害地に輸送させ、ついで九月四日江戸買上米三万石を蝗害地払下米にあて、十一月には当年年貢一〇万石を大坂に輸送した。なお蝗害地の要求に不足するため、十二月大和郡山、山城淀、摂津尼崎・高槻、近江彦根・膳所・水口、播磨明石・龍野・姫路、伊勢亀山・桑名の一二カ所の城詰用米元高七万六〇五〇石の半分三万八〇二五石の大坂回送を達し、(10)翌十八年正月には一八藩五万七五〇〇石の城詰用米を割いて輸送を命じた。丹波篠山・亀山・福知山、美濃加納・岩村・大垣、志摩鳥羽、和泉岸

和田、伊予松山のそれは大坂に回送させ、豊前小倉、石見浜田、豊後府内・杵築、肥前平戸・島原・大村・唐津、備後福山の三万八五〇〇石は直接蝗害地へ輸送せしめた[11]。廻米量総計は二七万五五二五石、うち大坂市中払下げ一万石、破船損失六〇〇〇石、欠米三〇〇〇石、実米は二五万六五二五石であり[12]、大坂城米五万石、城詰用米九万五五二五石と両者で過半を占めるのである。

延享二年（一七四五）現在の諸国城詰用米の調査[13]によると、先年江戸へ廻米していまだ返済されていない分が関東一五カ所二万五〇六六石余、享保十五年焼失桑名足詰米未済五〇〇〇石、享保十七年西国筋廻米未済分三〇カ所九万七五二四石余あり、この三〇カ所のうち伊勢・志摩・美濃・播磨・伊予の一〇カ所を除く二〇カ所の大名に対して、寛延三年（一七五〇）十二月元高に足し詰めを命じている[14]。城詰米の元高への足し詰めは宝暦四年（一七五四）八月にも再令されるとともに、九月城詰用米見分のため、代官・勘定方徒目付の派遣がなされた[15]。

享保改革に際して財政逼迫のため享保七年上ヶ米を徴するに至ったことはよく知られるが、それ以前からの不足状況に対して、所々城米を廻送して凌ぐこともあった[16]。また先の西国筋飢饉の享保十八年二月、陸奥磐城・越後高田用米合計一万石の三分の二の六七〇〇石の江戸廻米の用意がなされた[17]。

天明飢饉の時には城詰米による大規模な救済を示す史料は天明三年（一七八三）を除いて多くない。天明三年十二月勘定所より城詰米の廻米を命じられた藩の数は三六、総計は一一万二四九二石八斗であり、その地域は、表32のB・C・D、それに平戸・大村を含むEである[18]。また寛政三年（一七九一）十月には米穀融通のため城詰用米を江戸廻米させられている[19]。

幕府は享保・天明の飢饉の経験に基づき、本格的な貯穀を大名に命じる。既に天和三年（一六八三）十月国主領主に米穀貯置を[20]、享保十五年（一七三〇）七月には年貢米をもって幕領に置籾六〇万石を[21]、また諸大名にも凶年手当のため貯米を命じているのであるが、[22]天明飢饉後の寛政元年（一七八九）九月、大名に高一万石に米五〇石の割で翌年より五カ年の囲穀を命じた。これは幕府の財政支出が重なったために、享保の例に従って上納米（上ヶ米）をさせるべきところ、代わりに囲穀をさせたと称する。[23]この囲穀は文化元年（一八〇四）には高一万石に籾一〇〇〇俵とされ、[24]漸次囲穀制は江戸などの都市、旗本領、農村にも及ぼされていく。

連年のように起こる飢饉・凶作に対しては、この囲穀制で対処し、城詰用米は本来の軍事的支出のための備蓄という制度に戻そうという政策の現われであろう。

## 二　大坂城米の備蓄

幕府直轄城地に置かれた城米の起源についてこれを明らかにする史料は少ない。城米自体は戦国大名領にも見られる。豊臣秀吉は文禄元年（一五九二）五月「城米トシテ京都ニ積置クモノハ手ヲ著クヘカラス」と令し、[25]不時の用に城米を備蓄していたことが知られる。

幕府直轄城米の中では大坂城米が最大かつ最も重要である。元和五年（一六一九）七月、幕府の直轄となった大坂城は、畿内・西国の要として、内なる戦争に備え、最大の武器と城米が備蓄された。城米は兵粮米であり、大坂城代・定番・大坂町奉行の管理するところであったが、直接の出納は元和七年に置かれた大坂蔵奉行が当たった。

さて本論ではこの大坂城米の政治・財政上の意義につき述べるもので、若干の史料を分析の主対象とする。それは大阪府立中之島図書館所蔵「大坂御勘定方記録」で、うち四冊は幕府勘定所宛の勘定帳つまり決算簿である。その四冊は、

| % | 合　　計 | % | 渡　　方 | % | 残 | % |
|---|---|---|---|---|---|---|
| 0.1 | 38,419石2337 | 100.0 | 22,917石4895 | 59.7 | 15,501石7482 | 40.3 |
| 0.1 | 283,216石953 | 100.0 | 18,238石15 | 6.4 | 264,978石803 | 93.6 |
| | 2,142石6583 | 100.0 | 648石0533 | 30.2 | 1,494石605 | 69.8 |
| 100.0 | 160貫000匁 | 100.0 | 160貫000匁 | 100.0 | | |
| | 18,981石19 | 100.0 | | | 18,981石19 | 100.0 |
| | 4,025,855斤900余 | 100.0 | 200,000斤 | 5.0 | 3,825,855斤900余 | 95.0 |
| | 113,537斤319余 | 100.0 | 1,406斤25 | 1.2 | 112,131斤069余 | 98.8 |

| % | 合　　計 | % | 渡　　方 | % | 残 | % |
|---|---|---|---|---|---|---|
| | 34,874石7934 | 100.0 | 16,045石003 | 46.0 | 18,829石7904 | 54.0 |
| 0.1 | 140,442石7542 | 100.0 | 1,449石 | 1.0 | 147,993石7542 | 99.0 |
| | 1,801石621 | 100.0 | 857石204 | 47.6 | 944石417 | 52.4 |
| | 18,981石19 | 100.0 | | | 18,981石19 | 100.0 |
| | 2,335,811斤400余 | 100.0 | | | 2,335,811斤400余 | 100.0 |
| | 98,068斤569 | 100.0 | | | 98,068斤569余 | 100.0 |

| % | 合　　計 | % | 渡　　方 | % | 残 | % |
|---|---|---|---|---|---|---|
| 1.7 | 63,310石2567 | 100.0 | 45,824石0995 | 72.4 | 17,486石1572 | 27.6 |
| 0.0 | 140,751石186 | 100.0 | 12石835 | 0.0 | 140,738石351 | 100.0 |
| | 5,000石 | 100.0 | | | 5,000石 | 100.0 |
| 0.8 | 1,963石6173 | 100.0 | 1,470石2463 | 74.9 | 493石371 | 25.1 |
| 100.0 | 291貫000匁 | 100.0 | 291貫000匁 | 100.0 | | |
| | 18,981石19 | 100.0 | | | 18,981石19 | 100.0 |
| | 3,195,000斤400余 | 100.0 | | | 3,195,000斤400余 | 100.0 |
| | 84,435斤651余 | 100.0 | 2,118斤75 | 2.5 | 82,316斤901余 | 97.5 |
| 0.3 | 2,406貫400匁 | 100.0 | 400貫000匁 | 16.6 | 2,006貫400匁 | 83.4 |
| 100.0 | 33,961両 | 100.0 | 33,961両 | 100.0 | | |
| 100.0 | 19貫319匁87 | 100.0 | 19貫319匁87 | 100.0 | | |

表33―A　大坂御城米籾大豆等納渡勘定（文政6年1～7月）　文政6年7月

| | 蔵有高 | % | 文政4年納・出目 | % | 文政5年納・出目 | % | その他 |
|---|---|---|---|---|---|---|---|
| 米 | | | 3,490石2446 | 9.1 | 34,901石6131 | 90.8 | 27石38 |
| 籾 | 282,631石353 | 99.8 | | | | | 585石6 |
| 大豆 | 〔1,500石〕 | 70.0 | 640石7483 | 29.9 | 1石91 | 0.1 | |
| 粉 | | | | | | | 160貫000匁 |
| 糒 | 18,981石19 | 100.0 | | | | | |
| 銅 | 4,025,855斤900余 | 100.0 | | | | | |
| 鉛 | 113,537斤319余 | 100.0 | | | | | |

（注）〔　〕内は脱漏により後補。

表33―B　大坂御城米籾大豆等納渡勘定（天保4年8～12月）　天保4年12月

| | 蔵有高 | % | 天保3年納・出目 | % | 天保4年納・出目 | % | その他 |
|---|---|---|---|---|---|---|---|
| 米 | | | 23,204石1454 | 66.5 | 11,670石648 | 33.5 | |
| 籾 | 147,993石7542 | 99.0 | | | | | 1,499石 |
| 大豆 | | | 1,495石621 | 83.0 | 306石 | 17.0 | |
| 糒 | 18,981石19 | 100.0 | | | | | |
| 銅 | 2,185,811斤400余 | 93.6 | | | 150,000斤 | 6.4 | |
| 鉛 | 98,068斤569余 | 100.0 | | | | | |

表33―C　大坂御城米籾大豆等天保14年勘定　弘化2年7月

| | 天保13年末蔵有高 | % | 天保13年年貢納 | % | 天保14年年貢納 | % | その他納 |
|---|---|---|---|---|---|---|---|
| 米 | 17,117石1773 | 27.0 | 36,248石9265 | 57.8 | 8,874石 | 14.0 | 1,070石1529 |
| 籾 | 113,899石761 | 80.9 | 26,837石85 | 19.1 | | | 13石575 |
| 玄米 | 5,000石 | 100.0 | | | | | |
| 大豆 | 648石7215 | 33.0 | 1,300石 | 66.2 | | | 14石8958 |
| 粉 | | | | | | | 291貫000匁 |
| 糒 | 18,981石19 | 100.0 | | | | | |
| 銅 | 3,100,000斤400余 | 97.0 | | | 95,000斤 | 3.0 | |
| 鉛 | 84,435斤651余 | 100.0 | | | | | |
| 小割鉄 | 2,400貫000匁 | 99.7 | | | | | 6貫400匁 |
| 金 | | | | | | | 33,961両 |
| 銀 | | | | | | | 19貫319匁87 |

| % | 合　計 | % | 渡　方 | % | 残 | % |
|---|---|---|---|---|---|---|
| 1.4 | 98,685石29434 | 100.0 | 60,171石44734 | 61.0 | 38,513石847 | 39.0 |
| 0.6 | 182,577石622 | 100.0 | 3,480石79 | 1.9 | 179,096石832 | 98.1 |
| | 5,000石 | 100.0 | | | 5,000石 | 100.0 |
| 0.2 | 2,070石709 | 100.0 | 1,468石144 | 70.9 | 602石565 | 29.1 |
| 100.0 | 2,725貫400匁 | 100.0 | 2,725貫400匁 | 100.0 | | |
| 100.0 | 1,656貫400匁 | 100.0 | 1,656貫400匁 | 100.0 | | |
| | 18,981石19 | 100.0 | | | 18,981石19 | 100.0 |
| | 1,570,760斤400余 | 100.0 | 98,672斤5 | 6.3 | 1,472,087斤900余 | 93.7 |
| | 74,141斤901余 | 100.0 | 2,043斤75 | 2.8 | 72,098斤151余 | 97.2 |
| 1.8 | 2,042貫600匁 | 100.0 | 2,042貫600匁 | 100.0 | | |
| 100.0 | 38,070両 | 100.0 | 38,070両 | 100.0 | | |
| 100.0 | 949貫617匁03 | 100.0 | 949貫617匁03 | 100.0 | | |

(1)　文政六年（一八二三）七月「大坂御城米籾大豆納渡方未正月ゟ同七月迄御勘定目録」（「大阪御勘定方記録」二）

(2)　天保四年（一八三三）十二月「大坂御城米籾大豆納渡方巳八月ゟ同十二月迄御勘定目録」（「大阪御勘定方記録」一）

(3)　弘化二年（一八四五）七月「大坂御城米籾大豆天保十四卯年御勘定帳」（「大阪御勘定方記録」四）

(4)　嘉永五年（一八五二）九月「大坂御城米籾大豆嘉永元申年御勘定帳」（「大阪御勘定方記録」三）

であり、いずれも控写本である。(1)・(2)は大坂町奉行与力・定番与力・城代家来・大番組衆より、(3)・(4)は大坂蔵奉行より勘定所へ宛てられたもので、(1)・(2)は半年分決算で簡略、(3)・(4)は一年分決算で詳細である。(1)・(2)は大坂在番が八月交代であるので、一応半年決算を行ったものであろう。表33―A・B・C・Dは、この四冊の納渡勘定の品目別合計量を一覧としたものである。

さて、大坂城米に関する史料の初見は寛永七年（一六三〇）六月二十一日の下知状[26]で、「御城米之儀、弥入念可申付事」とあるが、城米員数記載の最初は、承応三年（一六五四）八月二十五日の下知状[26]に、「相定員数弐拾万俵之分不足無之様」とあるものであり、一俵三斗五升入で七

表33—D　大坂御城米籾大豆等嘉永元年勘定　嘉永５年９月

| | 弘化４年末蔵有高 | % | 弘化４年年貢納 | % | 嘉永元年年貢納 | % | その他納 |
|---|---|---|---|---|---|---|---|
| 米 | 14,859石33994 | 15.1 | 39,671石2371 | 40.2 | 42,815石1799 | 43.4 | 1,339石5374 |
| 籾 | 167,841石293 | 91.9 | 13,638石2 | 7.5 | | | 1,098石129 |
| 玄米 | 5,000石 | 100.0 | | | | | |
| 大豆 | 565石9822 | 27.3 | 1,500石 | 72.4 | | | 4石7268 |
| 摺糠 | | | | | | | 2,725貫400匁 |
| 粉 | | | | | | | 1,656貫400匁 |
| 糒 | 18,981石19 | 100.0 | | | | | |
| 銅 | 1,570,760斤400余 | 100.0 | | | | | |
| 鉛 | 74,141斤901余 | 100.0 | | | | | |
| 小割鉄 | 2,006貫400匁 | 100.0 | | | | | 36貫200匁 |
| 金 | | | | | | | 38,070両 |
| 銀 | | | | | | | 949貫617匁03 |

万石となる。寛文七年（一六六七）十一月十七日の御城米幷大豆納払之儀ニ付御書付[28]では、大坂城米は毎年七万石を納め置き、七月までは三年米、八月よりは二年米を大番衆合力米に渡し、毎年三〇〇〇石ずつ納める大豆もこれに準じ、残余の三年米・大豆は売払うべきことを城代・定番・町奉行に申し渡している。延宝四年（一六七六）五月十日老中へ進上の「所々御城米」という帳面[29]にも摂州大坂七万石、貞享四年（一六八七）と推定しうる年月日不知「所々御城米幷城付御米高」[30]でも七万石であったが、その後五万石となったようであり、享保六年（一七二一）再び七万石ずつの詰米を命じられている。[31]同十年二月九日江戸大坂御蔵向後貯米可成石高伺[32]によると、只今より江戸は一万石減の三万石、大坂は二万石減の五万石の貯米を伺い、十一日江戸五万石、大坂七万石差置きが命ぜられ、大坂石数は変更がなかった。

大坂詰米七万石は年々年貢米をもって冬ごろより翌年二月までに大坂西丸・玉造蔵に詰め、五月ごろよりふけ懸った分二万石を払って新米と詰め替え、代銀は大坂金蔵へ除け置き、残五万石ほども新米出来次第詰め替えて払い、代銀はすべて為替として江戸遣方にあてられた。[33]

延享二年（一七四五）よりは、年貢から籾で一四万石（米七万石分）を詰め、年々詰め替えをせずに一〇カ年を過ぎて詰め替えることとなった。(34) いっぽう享保十七年西国筋虫附のさい、所々城詰米をもって大名領分に貸渡し、返納米は城詰米の代わりに二条一万石、大坂七万七五〇〇石、駿州清水一万石、合計九万七五〇〇石の詰め置きが命ぜられた。それ以前の定式囲米に対してこれを新規囲米と呼んだ。大坂新規囲米は同十八年冬ごろより翌四月ごろまで年貢米をもって玉造・難波蔵へ詰め置き、八、九月ごろより払い、二条のそれは翌三月ごろまで詰めて五月ごろより段々払い、代銀はいずれも大坂金蔵に除け置いた。最初はこの代銀を遣方としていたが、元文三年（一七三八）以来払代年一〇万両ほどずつ除け置くこととした。しかし寛保二年（一七四二）関東筋出水入用に江戸へ送り、そのほか長崎廻銅代取替銀渡の返納銀も除け置いた。また大坂新規囲米のうち三万五〇〇〇石は延享元年冬浅草蔵詰とされているのである。(35)

| 天保13年末 | 天保14年末 | 弘化４年末 | 嘉永元年末 |
|---|---|---|---|
| 5,847.869 | 同　左 | 同　左 | 同　左 |
| 6,403.328 | 同　左 | 同　左 | 同　左 |
| 17,787.218 | 同　左 | 17,054.305 | 16,632.073 |
| 同　左 | 同　左 | 同　左 | 14,811.127 |
| 14,266.456 | 同　左 | 13,684.063 | 12,171.581 |
| 11,552.684 | 同　左 | 10,451 | 10,224.5 |
| 3,694.74 | 同　左 | 3,593.14 | 同　左 |
| 3,928.547 | 同　左 | 3,634.047 | 同　左 |
| 同　左 | 同　左 | 977 | 同　左 |
| 2,696.14 | 同　左 | 同　左 | 同　左 |
| 1,110.481 | 同　左 | 1,035.336 | 同　左 |
| 107.969 | 同　左 | 72.5 | 同　左 |
| 17,645.92 | 同　左 | 同　左 | 同　左 |
| 12,577.355 | 39,415.945 | 39,407.85 | 同　左 |
| | | 23,245.36 | 同　左 |
| | | 2,051 | 同　左 |
| | | | 13,644.519 |
| 113,899.761 | 140,738.351 | 162,837.751 | 174,093.29 |
| 83,676.486 | 83,676.486 | 80,487.621 | 78,098.641 |
| 30,223.275 | 57,061.865 | 82,350.13 | 95,994.649 |

表34 大坂城米勘定納年代別籾数量

| 納年代 | 文政5年末 | 文政6年7月 | 天保4年8月 | 天保4年末 |
|---|---|---|---|---|
| 天明 5年 | 5,314.54 | 3,060.561 | | |
| 寛政元年 | 18,938.725 | 11,631.147 | | |
| 〃 2年 | 17,708.555 | 9,617.562 | | |
| 〃 4年 | 30,636.921 | 同 左 | | |
| 〃 5年 | 28,078.085 | 同 左 | | |
| 〃 6年 | 22,445.01 | 同 左 | 同 左 | 同 左 |
| 〃 7年 | 19,555.666 | 同 左 | 同 左 | 同 左 |
| 〃 8年 | 24,688.576 | 同 左 | 同 左 | 同 左 |
| 〃 9年 | 24,528.937 | 同 左 | 同 左 | 同 左 |
| 〃 10年 | 15,038.893 | 同 左 | 同 左 | 同 左 |
| 〃 12年 | 14,896.95 | 同 左 | 同 左 | 同 左 |
| 文化元年 | 45,416.087 | 同 左 | 13,113.775 | 同 左 |
| 〃 3年 | 6,019.7 | 同 左 | 4,361.2392 | 同 左 |
| 〃 4年 | 4,011.047 | 同 左 | 同 左 | 同 左 |
| 〃 5年 | 1,242.161 | 同 左 | 同 左 | 同 左 |
| 〃 11年 | 2,856.05 | 同 左 | 同 左 | 同 左 |
| 〃 12年 | 1,147.481 | 同 左 | 同 左 | 同 左 |
| 〃 13年 | 107.969 | 同 左 | 同 左 | 同 左 |
| 天保12年 | | | | |
| 〃 13年 | | | | |
| 〃 14年 | | | | |
| 弘化 2年 | | | | |
| 〃 4年 | | | | |
| 散 籾 | 585.6 | | 1,449 | |
| 合 計 | 283,216.953 | 264,978.803 | 149,442.7542 | 147,993.7542 |
| 10年以上 | 278,519.853 | 260,867.303 | 147,993.7542 | 147,993.7542 |
| 10年以内 | 4,111.5 | 4,111.5 | | |

（注） 10年以上・以内は計算集計，散籾はこれに含めず。

さて大坂囲米が籾納となる前年延享元年の蔵米有高を記す史料がある。三月四日有高は九万五八七五石九斗四升六合八勺六才、うち西丸蔵一万七七一九石二斗二升七合、玉造蔵六万八九八八石四斗九升一合八勺六才、難波蔵九一六八石二斗二升八合、ほかに大豆一〇五三石七斗七升である。(36)

後期では天保十四年（一八四三）十一月調の全国蓄穀有高があり、(37)うち大坂囲籾元高二八万石、籾一三万八〇〇〇石（うち天保十二年年貢籾一万九五二四石）である。ところで文政五年（一八二二）末の大坂蔵有籾高は二八万石を超し、元高が確保されているが、翌六年七月の籾高は若干減少している。また天保四年勘定では一四万石台と半減し、十三年末には一一万三八九九石余と減少している。これはすべて定式囲籾であるが、十四年末には一四万〇七三八石三斗五升一合となり、うち定式囲籾一三万石、新規囲籾一万〇七三〇石二斗五升六合、差出籾八石九斗五合とあって、この時期の定式囲籾石高は一三万石とされ（ほかに定式囲玄米五〇〇〇石があり、元高米七万石＝籾一四万石の変更はない）、弘化四年（一八四七）、嘉永元年（一八四八）も変わらない。なお弘化四年は残三万二八三七石七斗五升一合、嘉永元年四万四〇八六石九斗七升一合が新規囲籾であり、嘉永元年六石三斗一升九合が差出籾である（以上表34参照）。

さて四冊の大坂城米勘定帳には納年代ごとの籾石数が記されており、これを一覧にしたものが表34である。それぞれ勘定の年から起算した最初の納年を示せば、文政六年より三八年前の天明五年（一七八五）、天保四年より三九年前の寛政六年（一七九四）、天保十四年より四八年前の寛政七年、嘉永元年より五三年前の寛政七年と古く、寛政元年から文化五年まではほぼ連年の納籾が貯蓄されている。城米が延享二年より籾納となり、一〇年経過して詰め替えとなったが、規定の一〇年以上経過籾が極めて多く、文政六年・天保四年勘定は殆どまたは全部がこれであるが、半年勘定という史料の性格にもよろう。天保十四年・嘉永元年勘定では前年納分も多く、一〇年以内籾も増しているし、古籾も徐々に払ってはいる。しかし定式ないし新規囲籾石数を確保するためにかなりの古籾を保存したと思われる。

次に古籾の払いについてみると、文政六年から天保四年の間において一一万六九八五石四升八合八勺、うち七〇％余に当たる寛政五年以前納籾八万三〇二四石二斗七升六合は全払いしている。天保四年から十三年の間は六万四三一七石二斗六升八合二勺、うち寛政六年分全払いを含む同九年以前分は六万一一七九石七斗七升四合と相当量を払い、払籾の九五％余に当たる。天保十四年から弘化四年の間は古籾払いが少ない。文化六年より十年、同十四年より天保十一年の間の納籾はそれぞれの勘定の時点で全く残されていない。これはその年納籾が年内に費消されたこともあろうが、天明・天保飢饉、文政末年の風水害、天保八年の大塩の乱などに支出されたことも十分想像しうるのである。以上みてきたように、城米としての本来的機能は、後期においては囲籾にみられ、後述する糒や、味噌・塩・鰯漬・松魚節・荒和布・干蕨・薪・炭などとともに非常的の兵糧の性格を持ち、時に米価調節や救済のための支出という面をも併せ持っていたといえる。

貯蔵用の乾燥飯である糒は湯水を加えれば直ちに食用となる兵粮であるが、大坂城米勘定帳四冊を通じて糒石数は一万八九八一石一斗九升と変化がない。享保三年（一七一八）現在備蓄の糒は一万九七四〇石八斗余であり、内訳は、伏見城より引継三〇一石三斗九升六合、正保四年（一六四七）六〇〇〇石余、慶安元年（一六四八）一一三〇石八斗三合五勺、同二年五六一七石二斗七升六合、寛文六年（一六六六）二六三三石四斗、延宝六年（一六七八）五〇〇〇石を詰めたものである。(38)寛文五年一月雷火により大坂城天守閣以下が焼け、多門櫓の糒二六〇〇石余が焼失した。(39)同六年城代は糒二六三三石四斗の大坂蔵納入を申渡し、伏見奉行雨宮権左衛門（正種）は同年納米をもって翌年夏糒製造を代官所に高一万石につき八五石四斗二升五勺の割で申付け、山城・和泉には一九六石三斗を割当てている。(40)従って寛文六年納糒は焼失分の足し詰めである。ついで延享元年（一七四四）現在の糒は一万九一〇四石六斗二升二合という数字がある。(41)これらのことから、大坂城糒は延宝六年まで足し詰めされ、以後本丸糒櫓多門と西丸蔵に備蓄され、朽損のため若干量が減少していったのであろう。

## 三　大坂城米の納方勘定

天保十四年（一八四三）と嘉永元年（一八四八）の大坂城米・籾・大豆等勘定の納方は、天保十四年差出等番号一

表35—A　大坂御蔵納年貢米籾大豆（天保14年）

| 天保13年分 | | | 米 | 籾 | 大豆 |
|---|---|---|---|---|---|
| 藤方　彦市郎 | 備中倉敷代官 | 備中・讃岐・(摂津)(和泉) | 38.5 | 3,034 | |
| 岩田　鍬三郎 | 石見大森代官 | 備後・石見 | 400 | 2,170 | |
| 竹尾清右衛門 | 西国郡代 | 豊後・豊前・肥前・(摂津) | 43.9 | 4,599.2 | |
| 竹垣三右衛門 | 大坂谷町代官 | 播磨・(摂津)(伊予)(豊後) | 9.75 | 1,158.5 | 457 |
| 大草太郎左衛門 | 但馬生野代官 | 美作・播磨 | | 710.5 | |
| 小堀　主税 | 京都代官 | 摂津・(伊予)(豊後) | | | 14 |
| 築山茂左衛門 | 大坂鈴木町代官 | 摂津・(伊予)(豊後) | | | 750.5 |
| 小笠原　信助 | 越後水原代官 | 越後 | 6,263.4135 | 1,318.8 | |
| 岡崎　兼三郎 | 丹後久美浜代官 | 丹後・摂津 | 29 | 2,019.5 | |
| 豊田　藤之進 | 飛驒郡代 | 越前・(豊後) | 6,201.4143 | 1,177 | |
| 篠本　彦次郎 | 越後出雲崎代官 | 越後・(豊後) | 4,501.535 | 2,218.69 | |
| 大貫次右衛門 | 出羽尾花沢代官 | 出羽・(佐渡)(加賀) | 4,814 | | |
| 添田　一郎次 | 出羽柴橋代官 | 出羽・(越前)(越後) | 3,587 | | |
| 平岡　熊太郎 | 越後脇野町元代官 | 越後 | 603.2 | | |
| 内藤　豊後守 | 山城伏見奉行 | 山城・(摂津) | 60.605 | | |
| 脇坂　淡路守 | 播磨龍野城主 | 美作・播磨・(河内) | 14.695 | 2,303.61 | |
| 松平　主殿頭 | 肥前島原城主 | 豊後・(河内) | 7.501 | 420.5 | |
| 松平　三河守 | 美作津山城主 | 美作・(摂津) | 5.75 | 287.5 | |
| 永井　飛驒守 | 摂津高槻城主 | 摂津・(伊予)(豊後) | | | 78.5 |
| 毛利　伊勢守 | 豊後佐伯城主 | 豊後・(摂津)(和泉) | 916.9976 | 163 | |
| 立花左近将監 | 筑後柳河城主 | 筑後・(河内) | 1 | 447 | |
| 松平　肥後守 | 陸奥会津城主 | 越後 | | 2,341 | |
| 松平　和之進 | 伊勢桑名城主 | 越後・(摂津) | 4.5961 | 1,191.5 | |
| 〃 | (商人引請買納) | 越後・(摂津) | 5.6539 | | |
| 溝口　主膳正 | 越後新発田城主 | 越後 | | 314 | |
| 榊原式部大輔 | 越後高田城主 | 越後 | | 702 | |
| 上杉弾正大弼 | 出羽米沢城主 | 越後・(和泉) | 4.225 | 261.55 | |
| 苫屋久兵衛等4人 | 佐州御蔵廻米 | 佐渡 | 8,736.1901 | | |
| 小　計 | | | 36,248.9265 | 26,837.85 | 1,300 |
| 天保14年分 | | | | | |
| 竹垣三右衛門 | 大坂谷町代官 | 摂津・河内 | 1,927 | | |
| 築山茂左衛門 | 大坂鈴木町代官 | 摂津・河内 | 5,831 | | |
| 小堀　勝太郎 | 京都代官手伝 | 河内 | 617 | | |
| 都筑　金三郎 | 近江大津代官 | 河内 | 499 | | |
| 小　計 | | | 8,874 | | |
| 合　計 | | | 45,122.9265 | 26,837.85 | 1,300 |

（注）（　）内は買納のみの国。

表35―B　大坂御蔵納米籾大豆（嘉永元年）

| 弘化4年分 | | | 米 | 籾 | 大　豆 |
|---|---|---|---|---|---|
| 竹垣三右衛門 | 大坂谷町代官 | 播磨・(摂津)(伊予)(豊後) | 355.522 | | 525.1 |
| 池田　岩之丞 | 西国郡代 | 豊前・肥前・(摂津)(播磨) | 86.75 | 3,474.5 | |
| 藤方　彦市郎 | 備中倉敷代官 | 備中・讃岐・(佐渡)(河内) | 3,105.5 | 2,751 | |
| 設楽　八三郎 | 大坂鈴木町代官 | 摂津・(伊予)(豊後) | | | 566.1 |
| 森　八左衛門 | 石見大森代官 | 石見・(筑後) | 15.75 | 1,160.5 | |
| 小笠原　信助 | 越後水原代官 | 越後・(佐渡)(豊後) | 3,416.2185 | 1,516.5 | |
| 石井　勝之進 | 出羽尾花沢代官 | 出羽・(備中)(越後) | 4,073.75 | 3,088.5 | |
| 増田作右衛門 | 丹後久美浜代官 | 丹後・(豊後) | 24.75 | 450.5 | |
| 篠本　彦次郎 | 越後出雲崎代官 | 越後・(佐渡) | 359.2233 | | |
| 脇坂　淡路守 | 播磨龍野城主 | 播磨・(摂津) | 1,223.7 | | |
| 内藤　豊後守 | 山城伏見奉行 | 山城・(摂津) | 44.407 | | |
| 永井　遠江守 | 摂津高槻城主 | 摂津・(伊予)(豊後) | | | 408.8 |
| 〃 | (竹垣・設楽引請) | 摂津・河内 | 188.25 | | |
| 毛利　安房守 | 豊後佐伯城主 | 豊後 | 1,016.6181 | | |
| 松平　越前守 | 越前福井城主 | 越前・(備中) | 7,000 | | |
| 松平　肥後守 | 陸奥会津城主 | 越後・(豊後) | 4,300.096 | 759.4 | |
| 酒井左衛門尉 | 出羽鶴岡城主 | 出羽・(備中)(佐渡) | 2,681.35 | 437.3 | |
| 上杉弾正大弼 | 出羽米沢城主 | 出羽 | 1,436.784 | | |
| 苫屋久兵衛等4人 | 佐州御蔵廻米 | 佐渡 | 10,342.5682 | | |
| 小　　計 | | | 39,671.2371 | 13,383.2 | 1,500 |
| 嘉永元年分 | | | | | |
| 竹垣三右衛門 | 大坂谷町元代官 | 摂津・河内 | 2,706.5 | | |
| 設楽　八三郎 | 大坂鈴木町代官 | 摂津・河内 | 2,490.2 | | |
| 都筑　金三郎 | 近江大津元代官 | 河内 | 3,088.9 | | |
| 多羅尾久右衛門 | 近江信楽代官 | 河内 | 737 | | |
| 永井　遠江守 | 摂津高槻城主 | 摂津・河内 | 1,785.42 | | |
| 小　　計 | | | 10,808.02 | | |
| 嘉永元年江戸廻米可成分納 | | | | | |
| 竹垣三右衛門 | 大坂谷町元代官 | 摂津・河内 | 18,066.6759 | | |
| 設楽　八三郎 | 大坂鈴木町代官 | 摂津・河内・和泉 | 11,699.405 | | |
| 都筑　金三郎 | 近江大津元代官 | 河内 | 973.6 | | |
| 多羅尾久右衛門 | 近江信楽代官 | 河内 | 100 | | |
| 永井　遠江守 | 摂津高槻城主 | 摂津・河内 | 1,167.479 | | |
| 小　　計 | | | 32,007.1599 | | |
| 合　　計 | | | 82,486.417 | 13,638.2 | 1,500 |

(注)　(　) 内は買納のみの国。

〜四六番（差出三八通・出目等八・番附ナシ一）、嘉永元年差出等番号一〜四九番（差出三七通・出目等一五・番付ナシ一）であるが、出目・唐箕繰二番・差出米等その他納の比率は極めて小さい（表33―C・D参照）。そこで主たる年貢納米・籾・大豆を納代官・預所ごとに表35―A・Bとして示し、検討を加えることとする。

みるとおり、天保十四年と嘉永元年とを比較して、米納は三万七三六三石四斗九升五勺、大豆納は二〇〇石嘉永元年の方が多く、籾納は一万三一九九石六斗五升天保十四年が多い。天保十四年勘定の籾納量が多いのは、前年末蔵有高籾が一一万三八九九石六斗一升と、当時の定式囲籾元高一三万石に不足していた故であろう。十四年末蔵有籾は一四万石を超している。これに対し嘉永元年勘定の籾納が少ないのは、前年末蔵有籾が元高を超していることによるのであろう。嘉永元年勘定米納が多いことは、「御年貢江戸御廻米可相成分納」が三万二〇〇七石一斗五升九合九勺もあるためである。従ってこの分を除外した米・籾・大豆納合計は、米換算（大豆同量、籾半量で計算）で、天保十四年五万八五四一石余、嘉永元年五万七二九八石余となり、大差はない。

表36　天保12年幕府御蔵納米量

| | 米 | % | 大　豆 |
|---|---|---|---|
| 江戸御蔵納 | 426,465石余 | 76.9 | 111石633 |
| 大坂御蔵納 | 24,762 | 4.5 | 1,500 |
| 二条御蔵納 | 41,368 | 7.5 | 430 |
| 大津御蔵納 | 7,584 | 1.4 | |
| 駿府御蔵納 | 10,415 | 1.9 | |
| 清水御蔵納 | 641 | 0.1 | |
| 甲府御蔵納 | 8,729 | 1.6 | |
| 佐州御蔵納 | 34,587 | 6.2 | |
| 計 | 554,562 | 100.0 | 2,041.633 |

（注）「天保十二年書抜帳」より集計。原史料総計は554,871石65203，数字に誤りが多いので石未満切り捨て。

天保十四年勘定は同十三年と摂津・河内の十四年納年貢が記されているが、いまこの直前の天保十二年における全幕領年貢米金量と現地入用渡および残蔵納量が「天保十二年書抜帳」(42)によって知りうる。表36はこの年貢米・大豆を納蔵別に集計したものである。米納についてみると、全幕領年貢米蔵納分の四分の三以上が江戸に集中しているのに反し、大坂蔵納は四・五％と低率であることがめだつ。表37はそのうち大坂蔵納をしているすべての代官・預所について一覧したものであるが、代官上林、預所大名溝口・毛利、伏見奉行内藤の四人を例外として、大坂蔵納代官・預所が同時に江戸蔵納をしており、しかもその量は大坂蔵納量の六倍以上に達しているのである。このことは、大坂蔵納代官・預所は年貢米量のうち一定量の大坂蔵納を指示され、残は江戸廻米を命じられていることを証するものである。

次に天保十二年と十四年（十三年・十四年納）との年貢蔵納先を比較してみると、両度とも大坂蔵納をしている代官は、飛騨郡代（豊田）と近江大津（石原→都筑）・出羽尾花沢（大貫）・越後水原（平岡→小笠原）・大坂鈴木町（築山）・出羽柴橋（添田）・越後出雲崎（青山→篠本）・石見大森（岩田）・大坂谷町（竹垣）・越後脇野町（平岡）・備中倉敷（小堀）の各代官、預所は出羽米沢（上杉）・越後高田（榊原）・伊勢桑名（松平）・越後新発田（溝口）・摂津高槻（永井）・豊後佐伯（毛利）の大名、それに伏見奉行（内藤）の一九人である。これに対して天保十二年に大坂蔵納をしていながら十三・十四年にそれをしていない者は、山城宇治代官（上林）、越前福井（松平）・和泉岸和田（岡部）の預所大名であり、逆に十二年に大坂蔵納がなく、十三・十四年に登場する代官は、西国郡代（竹尾）・但馬生野代官（大草）、預所は美作津山（松平）・筑後柳河（立花）・肥前島原（松平）・播磨龍野（脇坂）の各大名である。

さらに天保十四年勘定（十三・十四年納）と嘉永元年勘定（弘化四・嘉永元年納）とを比較すると（表35―AとB間）、両度に登場する者は、西国郡代（竹尾→池田）、大坂谷町（竹垣）・同鈴木町（築山→設楽）・備中倉敷（藤方）・丹後久美浜（岡崎→増田）・石見大森（岩田→森）・越後水原（小笠原）・同出雲崎（篠本）・出羽尾花沢（大貫→石井）の代官、山城伏見奉行（内藤）、播磨龍野（脇坂）・摂津高槻（永井）・豊後佐伯（毛利）・陸奥会津（松平）・出羽米沢（上杉）の預所大名、計一五人、それに佐州御蔵廻米である。天保十三・十四年にあり弘化四・嘉永元年にないものは、飛騨郡代（豊田）・京都（小堀）・但馬生野（大草）・越後脇野町（平岡）・出羽柴橋（添田）の各代官、美作津山（松平）・筑後柳河（立

| 江戸御蔵納 | その他御蔵納 |
|---|---|
| 米　6,920.68184 | |
| 米　9,208.8378 | 二条 米 4,900<br>大津 米 5,614.67326 |
| 米　4,443.522 | |
| 米　7,497.2165 | |
| 米　11,953.271 | 二条 米10,688<br>〃大豆　187 |
| 米　3,775 | |
| 米　8,337.6769 | |
| 米　12,233.788 | |
| 米　18,981.5529 | 二条 米 8,023<br>〃大豆　147 |
| 米　1,708.798 | |
| 米　16,983.6884 | |
| | 二条 米 4,404.8093 |
| 米　24,971.40294 | 二条 米 5,686<br>〃大豆　4 |
| 米　5,070 | |
| 米　3,852.7242 | |
| 米　750 | |
| 米　4,164.48 | |
| 米　819.468 | 二条 米 2,393 |
| 米　10,559.5642 | 二条 米 5,274<br>〃大豆　92 |
| 米 426,465.90741 | |
| 大豆　111.663 | |

花）・肥前島原（松平）・伊勢桑名（松平）・越後新発田（溝口）・同高田（榊原）の預所大名であり、逆に弘化四・嘉永元年に登場するのは、近江信楽代官（多羅尾）と越前福井（松平）・出羽鶴岡（酒井）の預所大名である。このようにこの三年次を比較してみても、大坂蔵納代官・預所大名は年によってかなりの変動があることが判明したのである。

さらに、常陸土浦土屋家文書[43]「雑書」の壱にある御割賦帳の写によれば、午年（天保五年と推定）の割賦は表38―Aに示したように、米三万五〇〇〇石・大豆一三〇〇石（他に巳年米来年越米二〇〇〇石、米繰のため当秋割賦の内減米四五〇〇石、巳年大豆来年越大豆七〇〇石）を代官六人・預所大名三人・伏見奉行・佐渡奉行に割当てており、本来米四万一五〇〇石・大豆二〇〇〇石のうち未年（天保六年）遣方米三万八五〇〇石・大豆一五〇〇石、臨時手当米三〇〇〇石・大豆五〇〇石と記載されている。ついで大阪府立中之島図書館所蔵「御塩噌方御書付類并其他共留蝶（ママ）」（「大阪御勘定方記録」五）の中に安政五年（一八五八）九月晦日の御割賦石高書付があり、これを表38―Bとして掲げた。代官

表37　天保12年大坂御蔵納米・大豆量

| 代　官　等 | 役職・城地 | 支　配　国 | 大坂御蔵納 |
|---|---|---|---|
| 豊田　藤之進 | 飛驒郡代 | 飛驒・越前・美濃・越前加賀白山麓 | 米　761.5 |
| 石原清左衛門 | 近江大津代官 | 大和・近江・河内 | 米　1,090 |
| 大貫次右衛門 | 出羽尾花沢代官 | 出羽 | 米　1,725.5 |
| 平岡　文次郎 | 越後水原代官 | 越後 | 米　1,122.5 |
| 築山茂左衛門 | 大坂鈴木町代官 | 摂津・河内・和泉 | 米　3,767 |
| | | | 大豆　652 |
| 添田　一郎次 | 出羽柴橋代官 | 出羽 | 米　1,675.224 |
| 青山　八九郎 | 越後出雲崎代官 | 越後 | 米　1,166.5 |
| 岩田　鍬三郎 | 石見大森代官 | 石見・備後 | 米　400 |
| 竹垣三右衛門 | 大坂谷町代官 | 摂津・河内・播磨 | 米　2,829 |
| | | | 大豆　512 |
| 平岡　熊太郎 | 越後脇野町代官 | 越後・信濃 | 米　330 |
| 高山　又蔵 | 備中倉敷代官 | 備中・讃岐 | 米　670 |
| 上林　六郎 | 山城宇治代官 | 山城・河内 | 米　654 |
| 父主税　小堀勝太郎仕上 | 京都代官 | 山城・河内・摂津・丹波・播磨 | 米　1,860 |
| | | | 大豆　13 |
| 松平　越前守 | 越前福井 | 越後 | 米　880.3 |
| 上杉弾正大弼 | 出羽米沢 | 出羽・越後 | 米　404.5 |
| 榊原式部大輔 | 越後高田 | 越後 | 米　508.5 |
| 松平　和之進 | 伊勢桑名 | 越後 | 米　1,013 |
| 岡部　内膳正 | 和泉岸和田 | 和泉 | 米　407 |
| 溝口　主膳正 | 越後新発田 | 越後 | 米　1,773.699 |
| 永井　飛驒守 | 摂津高槻 | 摂津・河内 | 米　1,860 |
| | | | 大豆　323 |
| 毛利　伊勢守 | 豊後佐伯 | 豊後 | 米　1,001.1519 |
| 内藤　豊後守 | 山城伏見奉行 | 山城伏見附 | 米　62.204 |
| 計 | | | 米　24,762.5789 |
| | | | 大豆　1,500 |

(注)「天保十二年書抜帳」より作成。大坂御蔵納のない代官・大名預所は省略。

表38—A　大坂蔵納米大豆割賦（天保５年）

| | 支　配　所 | 米 | 内年内早納 | 支配所 | 大豆 | 内年内早納 | |
|---|---|---|---|---|---|---|---|
| 小堀　　主税 | 五畿内・播磨 | 3,332 | 1,000 | 摂津 | 200 | | 京都代官 |
| 塩谷　大四郎 | 豊後・豊前 | 1,500 | | | | | 西国郡代 |
| 石原清左衛門 | 五畿内 | 1,852 | | 摂津 | 250 | 250 | 近江大津代官 |
| 添田　一郎治 | 五畿内・播磨 | 5,591 | 2,400 | | 400 | | 大坂代官 |
| 根本善左衛門 | 石見 | 1,000 | | | | | 〃 |
| | 五畿内・播磨 | 5,377 | 2,900 | 摂津 | 350 | 350 | 石見大森代官 |
| 古橋新左衛門 | 備中・美作・讃岐 | 1,009 | | | | | 備中倉敷代官 |
| 松平三河守預所 | 備中 | 800 | | | | | 美作津山城主 |
| 永井飛驒守預所 | 五畿内 | 3,500 | 1,900 | 摂津 | 100 | | 摂津高槻城主 |
| 毛利伊勢守預所 | 豊後 | 959 | | | | | 豊後佐伯城主 |
| 伏見奉行附 | | ? | | | | | |
| （佐渡奉行附） | 佐渡 | 10,000 | | | | | |
| 計 | | 35,000 | 10,000 | | 1,300 | 600 | |

表38—B　大坂蔵納米大豆割賦（安政５年）

| | 支　配　所 | 米 | 内年内廻シ | 支配所 | 大豆 | |
|---|---|---|---|---|---|---|
| 多羅尾　民部 | 河内 | 3,074 | 1,248 | | | 近江信楽代官 |
| 石原　清一郎 | 河内 | 517 | 210 | | | 近江大津代官 |
| 白石　忠太夫 | 摂津・河内 | 2,113 | 858 | 摂津 | 450 | 大坂谷町代官 |
| 小堀　勝太郎 | 摂津・河内 | 1,192 | 482 | 摂津 | 60 | 京都代官 |
| 屋代　増之助 | 摂津・河内・和泉 | 3,471 | 1,519 | 摂津 | 657 | 大坂鈴木町代官 |
| 加藤　余十郎 | 石見 | 1,038 | | | | 石見大森代官 |
| 里見源左衛門 | 越後 | 15,100 | | | | 越後水原代官 |
| 永井飛驒守預所 | 摂津・河内 | 1,679 | 681 | 摂津 | 333 | 摂津高槻城主 |
| 毛利安房守預所 | 豊後 | 966 | | | | 豊後佐伯城主 |
| 伏見奉行附 | 山城 | 80 | | | | |
| 佐渡奉行附 | 佐渡 | 9,000 | | | | |
| 計 | | 38,500 | 5,000 | | 1,500 | |

表38―C　大坂蔵納米大豆割賦（文久２年）

| | 支配所 | 凡積米納高 | 米 | | 支配所 | 大豆 | |
|---|---|---|---|---|---|---|---|
| 羽田十左衛門 | 摂津 | 18,445 | 1,593 | 年内廻シ | 摂津 | 455 | 大坂谷町代官 |
| 松永　善之助 | 摂津・和泉 | 28,048 | 2,422 | 〃 | 摂津 | 634 | （不明） |
| 永井飛驒守預所 | 摂津 | 11,400 | 985 | 〃 | 摂津 | 281 | 摂津高槻城主 |
| 伏見奉行附 | 山城 | 70 | 70 | | | | |
| 斎藤　六蔵 | 丹後 | 16,300 | 2,930 | | | | 丹後久美浜代官 |
| 里見源左衛門 | 越後 | 14,000 | 6,600 | | | | 越後水原代官 |
| 佐渡奉行附 | 佐渡 | 10,000 | 10,000 | | | | |
| 小堀　数馬 | | 1,200 | | | 摂津 | 30 | 京都代官 |
| 計 | | 99,463 | 24,600 | 5,000 | | 1,400 | |
| 追割賦 | | | | | | | |
| 小堀　数馬 | 河内 | | 1,039 | | | | 京都代官 |
| 多羅尾　民部 | 河内 | | 4,961 | | | | 近江信楽代官 |
| 計 | | | 6,000 | | | | |

七人・預所大名二人・伏見奉行・佐渡奉行への割賦米三万五〇〇〇石・大豆一五〇〇石である。そして「吹塵録」（米穀之部）[44]にも、文久二年（一八六二）の年貢大坂詰米二万四六〇〇石・大豆一四〇〇石が表38―Cのように代官五人・預所大名一人・伏見奉行・佐渡奉行に割付けられた史料があり、さらに水戸殿（徳川慶篤）在京につき米二〇〇〇石、松平肥後守（容保、会津藩主・京都守護職）へ米一万俵（三斗五升入）貸渡のために代官二人に対して米六〇〇〇石が追割付されているのである。

以上の「天保十二年書抜帳」、天保十四年・嘉永元年の大坂城米勘定、天保五年・安政五年・文久二年の割賦史料を通じてみると、常に大坂蔵納を指定されているのは大坂代官・伏見奉行・摂津高槻城主だけである。また佐渡奉行はいったん佐渡蔵納ののち一万石程度の大坂廻米を命じられている。この佐渡よりの廻米引請人は天保十四年・嘉永元年とも笘屋久兵衛・佃屋勘左衛門・広嶋屋平四郎・嘉納屋次作の四人であるが、笘屋久兵衛は寛保二年（一七四二）廻米廻船定支配となり、佃屋勘左衛門とともに廻米御用支配人であった。また四人とも廻米御用達でもある[45]。

時代は遡るが、正徳四年（一七一四）の五畿内・近江・丹波・播磨「八ケ国御納米大豆支払目録之事」[46]によれば、この年の取米一九万一四五五石六斗四升六合、十分一大豆銀納（現大豆納を含む）・三分一弁定銀納所大和米所々地払共を除いた米納七万八二〇五石五斗六升九合が万払と大坂・二条・大津蔵詰となっている。このうち大坂蔵詰は三万〇六一八石七斗一升二合であるが、蔵詰五万八〇〇〇石に不足する分が他国米をもって納めたとある。また摂津・近江・丹波・播磨の大豆二三三七石六斗四升一合が大坂・二条蔵詰となり、うち一九三七石が大坂蔵詰となっている。

次に享保二年（一七一七）改めの「大坂・二条・大津御蔵詰米大豆之事」[47]では、大坂蔵詰米五万八〇〇〇石を、五畿内・近江・丹波・播磨の八カ国より納め、不足の時は、丹後・石見・出羽・越後米等を勘定所より割賦足し詰めするとあり、大坂蔵詰大豆二〇〇〇石余は摂津・近江・丹波・播磨より納めるが、年々不同とある。

本来、大坂蔵詰米は八カ国に納米割符をしていたのであるが、元禄十一年（一六九八）より大坂在番合力米銀渡りが蔵米渡りとされ、九万石蔵詰に不足の分は勘定所より他国米割符があったのである。[48]こうして五畿内筋八カ国のほか、中国筋・四国・西国・北国筋の代官・預所大名に年々割賦を行って、三、四万石あるいは五万石前後の米、千数百石ないし二〇〇〇石の大豆を大坂蔵納させ、大坂諸役人の役料・切米・扶持・合力を中心とする必要米・大豆を確保し、残余は江戸廻米を行うという制度が確立されてきたことが理解できよう。そして足し詰めの割賦は勘定所廻米掛が行ったのである。なお正徳二年（一七一二）大坂町奉行所与力・同心加役として設けられた廻米方は、享保五年（一七二〇）勘定所の命により大坂両代官手限となったが、この職務は単に船改めに与ったものである。[49]

次に表39―A・Bは天保十四年・嘉永元年勘定における年貢米・籾・大豆の国別賦課量と実納量を表わしたもので、実納量は賦課に対して他国米買納を含めた量である。このほか同国米買納も若干量ある。米納は五畿内（全銀納の大和を除く）と豊後・北国筋に多く、籾納は中国筋・讃岐・西国・越後などである（伊予・但馬は別子・生野など鉱山廻米

表39—A 天保13・14年年貢国別賦課実納量

| 国 | 米 | | 籾 | | 大豆 | |
|---|---|---|---|---|---|---|
| | 賦課量 | 実納量 | 賦課量 | 実納量 | 賦課量 | 実納量 |
| 摂津 | 5,888.5 | 6,072.0026 | | | 1,300 | |
| 河内 | 3,014.5 | 3,037.696 | | | | |
| 和泉 | | 47.475 | | | | |
| 山城 | 60.605 | | | | | |
| 播磨 | 12.945 | | 1,505.61 | 同左 | | |
| 丹後 | | | 2,019.5 | 同左 | | |
| 美作 | 17.25 | | 2,954.5 | 同左 | | |
| 備中 | 35.5 | | 2,718 | 同左 | | |
| 備後 | 400 | 同左 | | | | |
| 石見 | | | 2,170 | 同左 | | |
| 讃岐 | 3 | | 316 | 同左 | | |
| 伊予 | | | | | | 389.9 |
| 豊前 | 19.75 | | 2,525.5 | 2,685.5 | | |
| 豊後 | 931.7486 | 970.021 | 1,256 | 1,096 | | 910.1 |
| 筑後 | 1 | | 447 | 同左 | | |
| 肥前 | 16.9 | | 1,401.2 | 同左 | | |
| 越前 | 6,201.4143 | 6,198.6303 | 1,177 | 同左 | | |
| 加賀 | | 569.636 | | | | |
| 越後 | 11,382.6235 | 11,618.0915 | 8,347.54 | 同左 | | |
| 佐渡 | 8,736.1901 | 8,783.0171 | | | | |
| 出羽 | 8,401 | 7,426.357 | | | | |
| 計 | 45,122.9265 | 同左 | 26,837.85 | 同左 | 1,300 | 同左 |

表39—B 弘化4・嘉永元年年貢国別賦課・実納量

| 国 | 米 | | 籾 | 大豆 | |
|---|---|---|---|---|---|
| | 賦課量 | 実納量 | 賦課実納量 | 賦課量 | 実納量 |
| 摂津 | 31,788.4259 | 31,925.1489 | | 1,500 | |
| 河内 | 10,624.899 | 10,635.399 | | | |
| 和泉 | 590.105 | 同左 | | | |
| 山城 | 44.407 | | | | |
| 播磨 | 1,579.222 | 1,571.906 | | | |
| 丹後 | 24.75 | | 450.5 | | |
| 備中 | 3,105.5 | 3,243.69 | 2,368 | | |
| 石見 | 15.75 | | 1,160.5 | | |
| 讃岐 | | | 383 | | |
| 伊予 | | | | | 225.235 |
| 豊前 | 57 | | 2,286 | | |
| 豊後 | 1,016.6181 | 1,156.3806 | | | 1,274.765 |
| 筑後 | | 15.75 | | | |
| 肥前 | 29.75 | | 1,188.5 | | |
| 越前 | 7,000 | 6,853.109 | | | |
| 越後 | 8,075.5378 | 8,007.744 | 2,275.9 | | |
| 佐渡 | 10,342.5682 | 10,580.3775 | | | |
| 出羽 | 8,191.884 | 7,906.807 | 3,525.8 | | |
| 計 | 82,486.417 | 同左 | 13,638.2 | 1,500 | 同左 |

のため大坂蔵納はない)。籾納は一例を除いて買納はなく、大豆は賦課は摂津、実納は伊予・豊後と明瞭に分かれている。表35—Bの摂津・河内・和泉の米納量が多いのは江戸廻米可成分納を含んでいるためである。

これら買納は現地における買納よりも大坂における買納を主とするとみた方がよい。加賀米の実納はそのことを証するものと考えられ、後述のように大坂蔵米には土佐・薩摩・紀伊米など幕領の存在しない国の米も含まれている故である。

## 四　大坂城米の渡方勘定

大坂城米・籾・大豆等の天保十四年（一八四三）・嘉永元年（一八四八）両年分の渡方つまり支出を表40として示した。天保十四年は手形等番号四七―一九五番で総数一四九番（払手形・納札・書付四三八通、金札五枚、落札帳一冊、欠二）、嘉永元年は手形等番号五〇―二二二番で総数一七三番（払手形五〇五通、金札六枚、落札帳五冊、欠三）を項目別に整理したものである。構成比は米に換算して計算をした（米・大豆同量、籾半量、金銀は石代値段による元石とした）。粉・摺糠・銅・鉛・鉄は米換算構成比から除外してある。

両年の支出のうち最大の比率を示すのは、大坂定番・大坂町奉行以下の大坂諸役人に対する役料・切米・扶持・合力である。すなわち、大坂定番・大坂町奉行・大坂船手・大坂目付・太鼓坊主、および大坂六役（大坂鉄炮奉行・同弓奉行・同具足奉行・同破損奉行・同蔵奉行・同金奉行）の役料・役扶持・合力・扶持等と、その与力・同心・手代らの切米・扶持の合計は、天保十四年二九・五五％、嘉永元年二四・七四％となり、大坂在番・加番合力は天保十四年五六・二一％、嘉永元年四七・二七％であるから、これらを合計した大坂役人・番衆への給与は、天保十四年八五・七六％、嘉永元年七二・〇一％と、極めて大きい比重を占めている。

ところで天保十四年の大坂城代は青山忠良（丹波篠山六万石）、嘉永元年は松平忠優（信濃上田五万三〇〇〇石）である。城代の役知は一万石であるが、知行であるため当然大坂蔵からの支出はなく、城代家来が城外修復の奉行を勤め

表40　大坂城米籾大豆等渡勘定

| 項　　　　目 | 天保14年 | % | 嘉永元年 | % |
|---|---|---|---|---|
| ①大坂定番役料 | 米　2,400石 | 2.96 | 米　2,400石 | 2.48 |
| ②大坂町奉行役料・切米足高 | 米　1,115 | 1.38 | 米　1,375 | 1.42 |
| ③大坂船手役扶持 | 米　192 | 0.24 | 米　177.5 | 0.18 |
| ④大坂目付(目付代)合力・扶持 | 米　582.48 | 0.72 | 米　484.9 | 0.50 |
| ⑤大坂六役合力・扶持 | 米　1,687.1225 | 2.08 | 米　1,735.835 | 1.79 |
| ⑥大坂定番与力・同心切米・扶持 | 米　7,903.3 | 9.76 | 米　7,817.75 | 8.08 |
| ⑦大坂町奉行与力・同心切米・扶持 | 米　6,414.76 | 7.92 | 米　6,431.9 | 6.64 |
| ⑧大坂船手与力・水主切米・扶持 | 米　854 | 1.05 | 米　843.125 | 0.87 |
| ⑨大坂六役与力・同心・手代・杖突・小揚等切米・扶持 | 米　2,680.575 | 3.31 | 米　2,579.0425 | 2.66 |
| ⑩太鼓坊主切米・扶持・代米 | 米　108.6 | 0.13 | 米　106.74 | 0.11 |
| ①～⑩小計 | 米　**23,937.8375** | **29.55** | 米　**23,951.7925** | **24.74** |
| ⑪諸役人御用勤方扶持 | 米　674.6462 | 0.83 | 米　997.8 | 1.03 |
| ⑫作事扶持・職人飯米 | 米　225.4065 | 0.28 | 米　1,052.6045 | 1.09 |
| ⑪・⑫小計 | 米　**900.0527** | **1.11** | 米　**2,050.4045** | **2.12** |
| ⑬代官入用堤奉行廻船改役料 | 米　586.239 | 0.72 | 米　522.383 | 0.54 |
| ⑭牢舎扶持 | 米　345 | 0.43 | 米　505 | 0.52 |
| ⑮大坂在番合力 | 米　3,415.7178<br>大豆　360.1507<br>金　14,183両 | 22.64 | 米　3,428.6878<br>大豆　363.2842<br>金　16,978両 | 19.19 |
| ⑯大坂加番合力 | 米　8,160.2436<br>大豆　906.2063<br>金　18,945両 | 33.57 | 米　8,155.2469<br>大豆　898.5366<br>金　20,969両 | 28.08 |
| ⑮・⑯小計 | 米　**11,575.9614**<br>大豆**1,266.357**<br>金　**33,128両** | **56.21** | 米　**11,583.9347**<br>大豆**1,261.8208**<br>金　**37,974両** | **47.27** |
| ⑰味噌大豆・麹米・薪代米 | 大豆　200<br>米　65.862 | 0.33 | 大豆　200<br>米　67.584 | 0.28 |
| ⑱番衆返納金 | 金　833両 | 1.00 | 金　123両 | 0.11 |
| ⑲差出籾・粉・散米・散大豆・摺糠払代 | 米　176<br>籾　12.835<br>粉　291貫000匁 | 0.23 | 米　402.1<br>籾　1,091.81<br>大豆　0.7<br>粉2,725貫400匁<br>摺糠1,656貫400匁 | 0.98 |
| ⑳廻米不足石代納 | 銀　10貫675匁09 | 0.25 | 銀　34貫211匁87 | 0.42 |
| ㉑江戸廻米可成分払 | | | 米　10,321.7112 | 10.66 |
| ㉒二条移替米 | 米　7,508.82 | 9.27 | | |
| ㉓水戸取替米 | | | 米　10,000 | 10.33 |
| ㉔欠 | 米　728.3269<br>大豆　3.8893 | 0.90 | 米　766.53744<br>大豆　5.6232<br>籾　2,388.98 | 2.03 |
| ㉕宗氏買請分銅座蔵下 | | | 棹銅　98,672斤5 | |
| ㉖鉄砲稽古渡鉛 | 鉛　2,118斤75 | | 鉛　2,043斤75 | |
| ㉗鉄砲地鉄 | 小割鉄400貫000匁 | | 小割鉄<br>2,042貫600匁 | |
| ㉘普請用 | | | | |

(注)　米換算は張紙値段による元石，天保14年分は米35石につき同13年夏金40両・冬36両・14年夏37両，嘉永元年分は弘化４年冬41両，嘉永元年夏40両である。

て、天保十四年米六石九斗、嘉永元年米五石二斗二升の扶持を支給されているのみである。なお大坂城代は、大坂城中にあって大坂在勤幕府諸役人の首班として政務を統轄するほか、大坂城を守衛し、西国諸大名の動静を監察した。元和五年（一六一九）大坂直轄とともに伏見城代内藤信正がこれに任ぜられたのが始めで、原則として五、六万石以上の譜代大名の中から選任された(50)。

大坂定番（はじめは城番）は大番（在番）・加番とともに大坂城を警衛するための軍事組織であり、ともに老中支配であった。大坂定番は元和九年（一六二三）高木正次を京橋口定番、稲垣重綱を玉造口定番に任じたのが最初であり、おおむね一、二万石の小大名より選任された。天保十四年には京橋口米倉昌寿（武蔵金沢一万二〇〇〇石）、玉造口酒井忠毗（越前敦賀一万石）、嘉永元年は京橋口米倉昌寿、玉造口米津政懿（出羽長瀞一万一〇〇〇石）であった。延享四年（一七四七）以来定番在番中は役料三〇〇〇俵が給されたが、本勘定においても一人三〇〇〇俵（四斗入）＝一二〇〇石の役料が支給されている。定番には各与力一〇騎・同心二〇人が付属したが、慶安元年（一六四八）これを増員し、与力三〇騎・同心一〇〇人となった。与力には現米八〇石、同心には現米一〇石・三人扶持ずつが給与された。

大番の大坂在番の嚆矢は元和五年（一六一九）八月伏見在番の大番頭松平勝政・松平輝澄が大坂に移されたことによる。毎年二組ずつ交代で本丸および追手から玉造に至る南面の警衛を東西に分けて担当した。大番組は天正十五年（一五八七）に初め三組が設けられ、のち増加して寛永九年（一六三二）一二組が定数となった。将軍直属軍団のうち最大のもので、平時には江戸城二ノ丸・西丸などの勤番とともに江戸市中非常警戒の任に当たった。また大坂城・二条城へ一年交代で二組ずつ在番した。二条在番は四月、大坂在番は八月交代で東海道を上下した。大番頭は老中支配で、寛永ごろまでは大名級の者もあったが、その後旗本上層が任ぜられ、寛文五年（一六六五）役料二〇〇〇俵、元禄五年（一六九二）五〇〇〇俵、享保八年（一七二三）役料廃止、知行五〇〇〇〇石高基準となり、家禄がこれ未満の者には足高が与えられた。各組は大番頭一人・組頭四人・番士五〇人・与力一〇騎・同心二〇人で編成され、享保八年の定制では、大番頭は知行五〇〇〇石高、組頭は六〇〇石高、番士は二〇〇俵高、与力は八〇石高、同心は三〇俵二人扶持高で、寛永九年からそれぞれ一倍（職禄と同額）の合力米を支給された。合力米は、大番頭は知行高四ツ物成、組頭・番士も知行高四ツ物成、与力は知行高三ツ半物成、同心は一人現米三石二人扶持であるが、十分一大豆と残十分九米のそれぞれが五分一を現米・大豆で月々渡し、五分四は張紙値段で金渡されたが、半分は夏張紙値段で八月渡、半分は冬張紙値段で正月渡であった。[51]なお同心には十分一大豆渡はせず、合力米五分一米渡、五分四金渡、扶持は全部米渡であった。番士の合力米は文化九年（一八一二）三月従来すべて高一倍であったものを、五〇〇石までは分限高一倍、以上はすべて五〇〇石、組頭は一〇〇〇石までは高一倍、以上は一〇〇〇石限りとされた。[52]

なお本勘定の在番合力は右の規定に従って支給されているが、天保十四年八月までは四番高井式房（六〇〇〇石）組、八番酒井忠丈（五〇〇〇石）組、八月より七番小笠原信名（七〇〇〇石）組、十番大久保忠学（六〇〇〇石）組であり、嘉永元年は八月まで十二番近藤致用（五四五〇石余）組、七番遠山景高（六五三一石余）組、八月より四番朽木綱常（六〇〇〇石）組、八番本多助信（五〇〇〇石）組であった。

加番は正番である大番が小人数の旗本役であるため、人数持ちの大名をその加勢としたもので、寛永三年（一六二六）水谷勝隆らが任ぜられたのに始まり、老中支配で毎年八月に交代した。一加番（山里）、二加番（中小屋）、三加番（青屋口）、四加番（雁木坂）の定員四名、一・三加番は東大番の加勢、二・四加番は西大番の加勢で、一加番は山里曲輪および極楽橋外二ノ丸の東西両仕切内を、二加番は二ノ丸青屋口、三・四加番は半月交代で二ノ丸雁木坂を守った。在番中は高一倍の合力米が支給されたが、大番が本高一倍に対して、加番は役高一倍の物成が支給された。すなわち延享三年（一七四六）七月、役高が山里二万七〇〇〇石、中小屋一万八〇〇〇石、青屋口・雁木坂各一万石と定められ、[53]一加番は三万石程度、その他の加番は一、二万石の譜代大名から選定された。これは享保末期より合力米の支出額を抑制し、三万石一人、二万石一人、一万石二人の四人編成方式が固定化し、勤番大名の選択の範囲が狭められたためか、選択を容易にするため持場ごとに役高を制定し、支出予定を確定することにもなったのである。[54]加番に対する合力米の支給方法は大番と同様であり、明和七年（一七七〇）より在番・加番とも合力金請取高のうち半分を時相場をもって銀渡になったが、[55]のち金渡に戻っている。

本勘定の加番合力は延享三年以降の役高に基づき支給されており、天保十四年は八月まで山里―朽木綱張（丹波福知山三万二〇〇〇石）、中小屋―分部光貞（近江大溝二万石余、安部信古―武蔵岡部二万〇二五〇石余―病死代）、青屋口―京極高景（丹波峯山一万一一四四石余）、雁木坂―前田利豁（上野七日市一万石余）、八月より山里―大久保忠保（下野烏山三万石）、中小屋―土井利祐（三河刈谷二万三〇〇〇石）、青屋口―柳沢光昭（越後黒川一万石）、雁木坂―田沼意尊（遠江相良一万石）であり、嘉永元年は八月まで山里―板倉勝顕（陸奥福島三万石）、中小屋―保科正丕（上総飯野二万石、六月酒井忠良―出羽松山二万五〇〇〇石―に交代）、青屋口―本多忠都（伊勢神戸一万五〇〇〇石）、雁木坂―堀田正誠（近江宮川一万三〇〇〇石）、八月より山里―松平信宝（出羽上山三万石）、中小屋―酒井忠良、青屋口―関長道（備中新見一万八〇〇〇石）、雁木坂―堀直武（信濃須坂一万〇〇五三石余）であった。[56]

大坂目付ははじめ上方目付と呼び、老中支配で、大坂城二ノ丸に勤務し、大坂在勤中の万石以下の行動を監督するとともにその実情を老中に報告をするを任務とした。寛永五年（一六二八）六月大久保忠知・神尾元勝を任じたのが最初で、当時は使番・両番（書院番・小姓組）から各一名を任じ、年一回の交替であったが、寛文三年（一六六三）年三回、翌四年年二回交替に改められ、寛政五年（一七九三）再び一年交替に戻った。天保十二年（一八四一）以降は両番からの任命を止め、二名とも使番から任ずることとなった。在番中は知行の高下に拘わらず現米一〇〇石の加恩があった。天保十四年勘定には十三年九月二人、十四年九月二人の目付代、嘉永元年勘定にも弘化四年九月二人、嘉永元年二人の目付代派遣大坂逗留中の扶持米支給があり、天保十四年・嘉永元年には各二〇〇石、それぞれ四〇〇石の切米支給の記載がある。

大坂町奉行は原則として一〇〇〇石以上三〇〇〇石以下の旗本から選任され、大坂三郷および町続きのほか、兵庫・西宮の民政ならびに地方・川方・寺社方など広範に管掌したが、享保以後は摂津・河内・和泉・播磨四カ国内の幕府領の貢租徴収・公事裁判を掌った。元和五年（一六一九）九月久貝正俊・嶋田直時の補任が最初といわれ、元禄年間に一名を増して堺奉行を兼ねさせた以外は定員二名であった。奉行所ははじめ京橋口門外に東西両番所が並存したが、享保九年（一七二四）三月の大火焼失ののち、東町奉行所は旧位置に再設、西町奉行所は本町橋東詰に移った。役料は元禄四年（一六九一）以来一五〇〇俵。両組与力は初め各三〇騎、その後変動があったが、慶安元年（一六四八）両組三〇騎ずつの旧制に復した。与力は知行二〇〇石を河内交野郡において給されたが、元禄四年蔵米に引替え知行四ッ物成すなわち八〇石が給与された。同心は五〇人ずつであり、一人現米一〇石三人扶持を給せられた。町奉行与力の分課は、文化年間において、諸御用調役・同心支配・目付役・遠国役・勘定役・寺社役・用役・地方役・吟味役・盗賊役・極印役・御金役・鉄砲改役・糸割符方・御普請役・御石役・唐物取締定役・流人役・目安役幷証文役・小買物役・御蔵目付・火事役・牢扶持方・塩噌役・欠所役・定町廻方・兵庫西宮上知方・塩飽島掛・銅座掛・廻米方・御為替方となっており、同心は与力の役付とほぼ同じであるが、組頭・筆頭・書役・牢屋敷取締役・同詰合役・町目付・盗賊方御役所定詰方・高原溜取締役などもあった。[57]

大坂船手は元和六年（一六二〇）小浜光隆に始まり、寛文五年（一六六五）より二名、天和三年（一六八三）再び一名となった。大坂にある官船を管掌、両川口出入の商船を監視し、古くは両町奉行とともに小豆島・塩飽島を支配した。塩飽島の支配はその後変遷があったが、享保六年（一七二一）船手の支配となり、寛政八年（一七九六）町奉行支配とされた。老中支配で、延享四年（一七四七）五〇〇〇石以下の者が任ぜられた時は、以後役料一〇〇人扶持とされた。[58] 与力六騎、現米六〇石ずつ、水主五〇人、現米七石一人半扶持が給された。屋敷は与力・水主の屋敷と並んで九条島北端にあり、船番所は九条島最北端・四貫島・南伝法・勘助島に各一カ所、船蔵は船手屋敷の南と対岸百石島に各一カ所あった。天保十四年の船手は本多成孚、嘉永元年は甲斐正誼である。

大坂鉄炮奉行・同弓奉行・同具足奉行・同金奉行・同蔵奉行・同破損奉行を六役という。蔵奉行以外はいずれも定番支配、六役とも一人合力米八〇石が給された。

大坂鉄炮奉行は寛永二年（一六二五）大番組頭今村正信が始めて任ぜられ、同八年より二名、時に三名となったが後期は二名、一組は同心三〇人、一組は同心二〇人を支配し、同心は現米一〇石三人扶持を給された。城中の鉄砲火薬・武器庫を管理し、銃器の修繕、硝薬の製造を掌る。武器庫は本丸に石火矢蔵二カ所、二ノ丸は西丸に石火矢蔵・火薬蔵各二カ所、西丸以外に火薬蔵二カ所・王蔵一カ所、また青屋口外玉造蔵場に石火矢蔵一カ所あり、城中所蔵の石火矢二八六門、小銃一万九五〇〇余挺という。

大坂弓奉行は寛永二年（一六二五）大久保忠良に弓手を預けたのが嚆矢で、定員二名、一組同心一〇人で、城中の弓・弦・鏃の修繕保管を掌った。同心は現米一〇石三人扶持を給された。城中所蔵の弓一五〇〇余張、弦六六〇〇余懸、矢一二万三〇〇〇余筋で、本丸・二ノ丸の矢倉に配置され、弦は天満空心町糟屋遠江に毎年調製せしめ、禄五〇俵を給した。

大坂具足奉行は寛永十六年（一六三九）糟谷吉成に始まり、定員二名、一組同心六人で、同心は各一〇石三人扶持が給された。城中の具足・馬験・旗・旗竿等の修繕保管を掌る。城中所蔵の具足四六〇〇余領、本丸桜門南北に続く矢倉多門および西丸内の蔵一棟に貯蔵していた。

大坂金奉行は寛永二年（一六二五）大番組頭深津正吾を金奉行に任じ、鉄炮奉行今村正信をこれに兼任させたことに始まる。定員四名、各手代二人を附す。本丸天守台の東南に二棟ある金蔵を管理し、金銀一切の出納を掌る。金蔵北手の泊番所に金奉行昼夜部下を率いて勤番し、毎月五・十六・二十三の三日を御金日と定め、金奉行のほか、城代・両定番より家士、両町奉行所より御金役与力を派遣して臨検せしめた。金奉行は元文五年（一七四〇）以来定員四名中二名を定役とし、二名を仮役とした。仮役は毎年八月交代とある。なお金奉行には組同心一七人が所属した。

大坂蔵奉行は元和七年（一六二一）二名を置き、のち増して四名となった。最初は勘定奉行支配、のち城代支配、元禄二年（一六八九）京都町奉行支配、同八年大坂町奉行支配となったが[59]、寛保三年（一七四三）勘定奉行支配となった。同時に定員三名となり、翌延享元年（一七四四）定役三名のほかに仮役二名を置き、毎年八月交代としたが、定役は一名を減じた。配下に手代一八人、玉造蔵番二人、難波蔵番九人、小揚頭四人、杖突六人、小揚一〇〇人がおり[60]、城内の米・籾・糯・大豆等の出納・購入・払下を掌り、蔵を管理した。所管の建物は玉造蔵場に米蔵三一棟・米改所三カ所、西丸に米蔵一二棟、糯蔵四棟、米改所一カ所、本町浜に塩噌場があった。出納には蔵奉行・大番組蔵目付・城代家士・両定番与力・両町奉行配下の蔵目付が臨検するのを常とし、これを五カ所蔵目付といった。

大坂破損奉行はもと材木奉行と称し、設置年月は不明、定員二名、元禄十一年（一六九八）破損奉行と改め、一人増して三名となった。手代各五人を統轄、蔵番六人が所属した。城内外諸建物の造営修理を掌り、兼ねて川崎材木蔵を管理する。青屋口引橋・鴫野橋、京橋口外側仕切曲輪の塀・石垣・門ならびに同所柵門の修繕には、城代・両定番の家士、両町奉行所より普請役を派遣して立合わせた。川崎材木蔵は材木貯蓄場で、惣坪数三五六〇坪、内に細工小屋・丸太小屋・材木蔵一〇余棟があった。

以上に述べた大坂諸役人への役料・切米・扶持・合力という経常的な俸禄給与以外に、諸役人御用勤方扶持および作事扶持・職人飯米の支給がある。構成比は天保十四年一・一一%、嘉永元年二・一二%と大きくはない。御用勤方扶持支給は、修復普請奉行と見分・勤番・出役等に分けられる。天保十四年では修復普請奉行として、①玉造蔵普請立会、②大坂城外修復、③摂州河州川筋普請、④大坂町内川浚、⑤摂津河内国村々土砂留所見分、⑥大坂天満橋・京橋・野田橋・天神橋・難波橋修復、⑦大坂高原溜所修復、⑧牢屋敷修復、⑨天満鈴鹿町与力同心炮術稽古場修復、⑩天満川崎辺竹垣・岸岐石垣修復、⑪城外廻辻番所修復、⑫京橋南詰土手上竹垣修復、⑬大坂川口九条難波小屋・船・船具等修復、⑭蔵小破修復を、見分・勤番・出役としては、⑮銅座立会、⑯兵庫西宮勤番、⑰牢屋敷取締出役、⑱讃州塩飽島見分、⑲天草流人宰領、⑳加役金蔵出役、㉑破損奉行組出役、㉒唐銅筒打様、㉓蔵手代組頭助役、㉔北国米二条蔵移替、㉕蔵場草取掃除を行った。担当は、城代家来②、定番与力・同心②⑳㉑、町奉行与力・同心①③④⑤⑥⑦⑧⑨⑩⑪⑫⑮⑯⑰⑱、船手与力・水主⑬、船手水主⑲、蔵奉行①、蔵手代・杖突・小揚等①⑭㉔、難波蔵番㉕、白石吉郎・石川定之丞・普請役⑮である。嘉永元年では、修復普請奉行として、①大坂城本丸御殿向その外惣修復、②同追手口ならびに続多門普請、③大坂玉造蔵普請、④大坂城外瓦塀修復、⑤摂州河州川筋普請、⑥大坂町内川浚、⑦摂津河内国村々土砂留所見分、⑧大坂難波橋・本町橋・高麗橋・農人橋・天神橋・京橋修復、⑨天満鈴鹿町炮術稽古場修復、⑩大坂高原溜牢屋敷修復、⑪京橋南詰土手上竹垣修復、⑫追手先金改小屋・辻番所修復、⑬摂州河州水場村々悪水路模様替普請、⑭木津川口大湊普請、⑮堺南橋修復、⑯大坂川口九条浪速丸小屋・船・船具等修復、⑰蔵小破修復を、見分・勤番・出役としては、⑱銅座立会、⑲兵庫西宮勤番、⑳讃州塩飽島見分、㉑牢屋敷取締出役、㉒天草流人宰領、㉓加役金蔵出役、㉔蔵手代組頭助役、㉕蔵場草取掃除、㉖蔵奉行病死後役宅昼夜番を行った。担当は、城代家来④、定番与力・同心④、町奉行与力・同心①②③⑤⑥⑦⑧⑨⑩⑪⑫⑬⑭⑱⑲⑳㉓、町奉行同心㉑、堺町奉行与力・同心⑮、船手与力水主⑯、船手水主①㉒、蔵奉行③、蔵手代・杖突・小揚等③⑰、蔵手代㉔、難波蔵番㉕、小揚㉖、破損奉行①②、破損手代①、材木蔵番①②、弓同心・具足同心・鉄炮同心①②、星野一郎兵衛（勘定か）、山村与介①、河久保又助・普請役⑱である。

右を通していえることは、町奉行与力・同心が最も多くの修復普請奉行・立会や他の見分・勤番・出役等に動員されて扶持を給せられていること、修復普請が多くその割に破損奉行および属僚の動員がないこと、毎年定められた見分・勤番が課せられていることである。

なお作事扶持・職人飯米は、天保十四年は大坂城本丸・城内外修復、大坂城青屋口引橋修復、西丸北外側瓦塀修復、嘉永元年は大坂城本丸・城内外破損修復、大坂城本丸御殿向其外惣修復、追手口門台・続多門普請の入用として支給されている。

大坂蔵よりは何人かの代官入用・堤奉行廻船改役料が渡されており、その比率は天保十四年〇・七二％、嘉永元年〇・五％と小さい。支給された代官は、天保十四年・嘉永元年とも大坂鈴木町・同谷町・大和五条代官である。大坂鈴木町代官は天保十四年築山茂左衛門（代官所摂津・河内・和泉七万石、当分預所和泉・摂津一万石、前年増地摂津一万石、別廉当分預所山城・河内・摂津五万石、九月より播磨も加わり一二万石、計二〇万石）、嘉永元年設楽八三郎（代官所摂津・河内五万石、当分預所摂津・河内・和泉三万石、計八万石）、大坂谷町代官は天保十四年・嘉永元年とも竹垣三右衛門（天保十四年代官所摂津・河内・播磨五万石、当分預所播磨二万石、別廉当分預所大和三万石、計一〇万石。嘉永元年代官所摂津・河内・播磨七万石、当分預所播磨二万石、計九万石）、大和五条代官小田又七郎（天保十四年五月〜嘉永元年二月、天保十四年代官所大和五万石、嘉永元年大和五万石、当分預所大和二万石、計七万石）、嘉永元年三月より山上藤一郎（代官所大和

六万石）であり、代官入用支給基準は五万石につき七〇人扶持、以上一万石につき一〇人扶持という元文元年（一七三六）改定基準通り支給されているが、天保十年より五カ年、さらに弘化元年より五カ年の倹約中につき手附の扶持方が減額されている。また両年度とも大坂鈴木町・谷町の両代官には堤方廻船方役料各一五人扶持が支給されている。

元禄十一年（一六九八）それまで大番士が奉行していた塩噌舂屋を本町蔵に移して蔵奉行の支配とし、毎年大豆二〇〇石と麴米・塩をもって五〇〇貫目入三七桶一万八五〇〇貫目の味噌を製造、常に西丸蔵に二年分を貯えて、三年古味噌は毎春町奉行所で入札し商人に払下げた。延享元年（一七四四）の城内貯蔵味噌は五万五四三〇貫目余が一一一桶に入っており、[61]ちょうど三年分となる。天保十四年・嘉永元年勘定における支出では、両年とも大豆二〇〇石・麴米四三石八斗七升一合、薪代米は二一石九斗九升一合、二三石七斗一升三合とあり、総支出中〇・三三％、〇・二八％の比率である。

次に米・籾・大豆に粉・摺糠をも含めた払代は、天保十四年〇・二三％、嘉永元年〇・九八％と、そう多くはない。売払代は、天保十四年銀八貫六四四匁七分八厘、嘉永元年銀四七貫六七七匁六分八厘である。米・籾・大豆のみでは米に換算して、天保十四年一八二石四斗一升七合五勺、嘉永元年九四八石七斗五合であって問題になる量ではない。しかし嘉永元年勘定には別に江戸廻米可成分払米が一万〇三二一石七斗一升一合二勺、構成比一〇・六六％もあり、代銀は八六七貫七二七匁四分八厘である。産年産地は弘化四年摂津・越前・越後・佐渡・出羽・播磨・備中・豊後米、嘉永元年摂津米である。これらは本来江戸廻米となるべき分を大坂蔵納の上で払いを命ぜられ、大坂三郷町触の上難波役所で入札払とし、代銀は十一月に納められた。払値段は石当銀八二匁三分から八七匁二分まで、平均八四匁七厘弱であった。

筆者はかつて寛永十八年（一六四一）より正保二年（一六四五）に至る五カ年間の大坂城米納渡勘定について関説

したことがある。[62] すなわち納勘定における年間米一〇ないし一四万石余、大豆三五〇〇ないし一万余の数量は、浅草蔵渡勘定一七万石前後と比較しても大きく、この期の大坂の経済的地位の高さ、幕領年貢米集中状況が判ること、しかし渡方においては江戸廻米はそれほど多くなく、上方幕領米は大坂に蔵詰し、そのある部分はさらに江戸廻米をし、残は大坂で売払われたものと想定したのである。

元禄末期の大坂金蔵の勘定帳には、元禄十六年（一七〇三）・宝永元年（一七〇四）の大坂・二条・大津蔵納米の売払代が記されているが、大坂蔵売払石数は、元禄十六年二万一八七四石三斗八升九合七勺（金一万二七四〇両・銀七六六貫九八〇匁五分五厘）、宝永元年九二一一石三斗四升八合六勺（金四三〇五両・銀二五九貫一七六匁四分）であり、比較的安値の故に米価調節機能をそこにみたのである。[63]

鶴岡実枝子氏はその論稿[64]において、京都町代古久保家文書の元禄五年（一六九二）七月から享保二十年（一七三五）十一月まで三〇〇回以上の大坂・大津・二条蔵払米の京都市中への入札触記録を整理されている。そして元禄期から享保五、六年までは一～二万石前後、米価低落の始まった享保六年冬以降は、払米入札触の頻度を増すとともに石数も増加し、享保八、九年は一〇～一五万石、十二～十九年も一〇万石台を示し、うち十四年は一七万五八六三石と最高を記録している。大坂・二条・大津蔵囲米定数を上まわるものの、これは入札触石数であって落札石数ではないので、上方での幕府米の換金化は囲米の処分以外を多く含むものではないと述べている。これは京都市中に対する入札触であり、大坂市中のみを対象としたものを含んでおらず、事実先の元禄十六年・宝永元年の米売払の記事は入っていないが、結論はほぼ承認しうる。しかし享保六年以降の米価低落とともに幕府は米価引上げのため米の売買を盛んに行い、享保十四年二条・大坂囲米八万石の払代は銀二四八二貫六〇〇目余（石当銀三一匁二厘余）であり、これを含めた二条・大坂・大津払米は一三万一〇九八石余、二条・大坂払米大豆一二九七石余であるから、囲米以外の払代は五万二三九五石余＝銀一六八八貫六〇〇目余（石当銀二三匁二分三厘弱）となる。また翌十五年には米七万二二二五石を大名へ払米している。いっぽう江戸・大坂での買上米二八万一三二六石余、江戸買上大豆三五〇石にのぼり、享保七年より十五年までは上ヶ米もあるので、米の売買は極めて多い。(65)従って享保期の大坂蔵払米石数は例外といってよいであろう。

さて先述の京都入札触には払米産地が記されているが、五畿内・播磨・丹波・近江のほか、元禄六、七年に土佐、十五年に伊予・美作、享保五年以降丹波、六年以降石見・備中・備後・美作・豊後・筑前、七年以降越前・紀伊・豊前・薩摩の諸国米があり、八年以降は五畿内筋・中国・四国・九州二二カ国にのぼる。享保六年以降の払出蔵は大坂・二条・大津の三蔵であるため国数も増えるが、土佐・紀伊・薩摩など幕領の所在しない国もあり、ここでも当然大坂における買納めを考慮すべきであろう。なお元禄十六年・宝永元年の大坂蔵売払米産地は五畿内・播磨・美作・備中・石見・筑前・豊後・豊前である。

なお享保十三年（一七二八）・十四年に「御蔵詰米之儀、田舎米買込、五畿内米ニ紛ハシ可相納様ニたくみ」として、河内幕領村における畿内外産米買納上納を禁ずる触が出されているが、(66)これが主として大坂入津米の購入であったことは明らかである。これは農村段階のことであろう。代官納入米・大豆には前節においてみたように買納があるのである。

## むすび

以上を取り纏め、残された課題を述べて結びとしたい。

大坂城米は少なくとも寛永七年（一六三〇）にはその存在が認められ、元和五年（一六一九）の大坂直轄後そう懸隔ない時点で創設されたとみられる。幕府直轄地に置かれた城米や、寛永十年に設置された譜代大名領の城詰米の中でも最大級の規模を持ち、戦時や将軍の上洛などに備えた軍事的性格の強いものであった。城詰米は公儀の詰米であり、幕府の必要に応じて江戸ないし京坂に廻米することを前提に配置された。しかし時代が下るに従い、その運用と機能の面で変化が生じ、扶持米払下げや売米、さらに飢饉救済に利用された。享保十五年（一七三〇）諸藩の城米が御用米と名称が変更され、十七年の西国筋蝗害による飢饉に際して廻米された時、最もその機能が発揮された。大坂城米は五万石が、城詰用米も九万五五二五石が西国筋へ廻米され、うち五万七〇二五石は一旦大坂へ回送させている。飢饉鎮静後は救済大名からの返納米九万七五〇〇石を、城詰米の代わりに大坂・二条・駿州清水の蔵に詰めさせ新規囲米とした。城詰米はその後天明三年（一七八三）飢饉に際して大量に廻米されたようであるし、寛政三年（一七九一）にも米穀融通のため江戸廻米がなされた。文久三年（一八六三）には将軍家茂が上洛したが、京都・東海道宿々手当米として大津蔵詰米一万三〇〇〇石を含む年貢米三万二八七三石、ほかに二条蔵定式・新規囲米・囲籾・丹波亀山・山城淀の城詰米等計米二万石・籾一万三〇〇〇石、東海道宿々手当米二万石余、さらに甲斐よりの川下げ廻米・東海道筋城詰米・熱田囲籾が準備された。[67]

大坂城米は延享二年（一七四五）より籾納とされた。米に比して更け痛みが少なく、長年の備蓄に耐え、かつ運用に便利なためであろう。天保十四年・嘉永元年勘定における元高籾一三万石・玄米五〇〇〇石がこの本来の兵粮米としての城米備蓄を示す。表33において籾の収支の少ないことはこれを証するのである。ただし古籾は逐次入札払いされたが、その払い方には飢饉対策・救済や米価調節のための運用という側面をもみることができる。たとえば享保十八年（一七三三）五〇〇〇石ずつ三回にわたる払米は当時値段に銀二〇匁安で払われているのである。[68]

さて近世中後期における大坂入津米総量は、文政期をピークとして少なくとも一〇〇万石以上に達し、その主要部分は中国・四国・九州など西日本諸藩の蔵米によって構成され、この蔵米の四分の一程度の納屋米の供給が存在する。

享保十年十二月幕府は江戸町人紀伊国屋源兵衛ら三人に浅草蔵を貸与し、江戸回送の大坂城米のうち一〇万俵の為替御用を命じ、大坂に御為替米会所の設立を許可した。米仲買はすべてこの会所において売買に従事し、蔵米買取商人は買米一石に銀二分ずつの口銭を出し、その一分を三人に、他の一分を大坂米仲買人中に配分するものとしたが、堂島北浜の米仲買の廃止要求もあって一年にして中止した。しかし川口茂右衛門ら三人が大坂蔵米為替御用請負を引継いだものの、米会所廃止出願が受理され、同十三年十二月に廃止された。同十五年五月幕府は江戸町人冬木善太郎ら五人の出願を容れて米会所を許可したが、八月停止され、堂島における帳合米取引が公認された(69)。このように米価決定権をもつ堂島米市の機能を江戸町人を通じて掌握しようとした幕府の意図は挫折したが、元来、大坂城米払米は諸藩蔵米に比して量が少なく、建物米とすることは無理であり、若干の米価調節機能しか持ちえない。基本的には軍事的性格の兵粮米的性格は幕末まで変化しなかったといえよう。

天保十四年（一八四三）・嘉永元年（一八四八）の大坂城米勘定には五畿内・中国・四国・西国・北国筋の幕領からの米・大豆納がある。その数量は基本的には五万石ほどであるが、幕府は毎年大坂における必要量の納入・回送を命じ、他は江戸廻米をさせた。これを割賦といい、幕府勘定所廻米方が行った。天明五年（一七八五）「下御勘定所掛々にて取扱候事」によれば、廻米方取扱業務は一二を数えるが、その第一が、

一　二条　大城　駿府　甲府　佐渡　長崎　大津　今市　詰米江戸御廻米割賦

是は、銘々定式石代諸渡方置米為書出、惣米納を見る、詰米詰来之通其向寄之国々にて詰米割賦いたし、残米は江戸廻に割賦可致、尤銘々より御取箇書出候はゞ、御取箇帳へ突合見るべし、飛驒・信濃・大和・甲斐之国之内

郡内領者皆金納也[70]（後略）

とある。いいかえれば、大坂諸役人の俸給、在番加番合力、大坂・大和代官の経費、城など諸修復の費用などを積り、それに要する米・籾・大豆を割賦したのであり、二条・駿府・甲府等も全く同様であった。ここに幕領米は基本的に江戸に集中する体制をみることができ、恐らくは寛文ないし元禄期までにこの体制が確立したのである。大坂金蔵が西日本幕領の物成・諸向納金銀の収納を行い、江戸金蔵に対して現金銀・為替金銀の逓送を行う[71]のに対比すれば、大坂蔵の米穀収支の比重はそれほど大きくないのである。

大石慎三郎氏は米穀を中心とする日用生活必需品に関する限り、江戸経済の大坂への依存度は認められないとし、江戸と大坂を核とする二元市場論を提起された[72]。本論は大坂における幕領米の比重の小ささとともに、その江戸集中について述べたが、全国的な米穀市場論に関説する限り、諸藩蔵米と並んで幕領米をもその視座に入れて考察しなければならないであろう。また城米機能に関しては、大塩の乱や幕長戦争・戊辰戦争における運用のさいにその特質をみることができると思われる。今後この面での史料発掘が望まれる。

注

（1）大野瑞男「江戸幕府財政の成立」（北島正元編『幕藩制国家成立過程の研究』（本書第一章収載））。

（2）柳谷慶子「寛永期国家支配と城詰米制度」（未刊、幕領研究グループの総合研究成果報告に収載予定）。

（3）『栃木県史』史料編・近世一、七三頁。

（4）『会津藩家世実紀』第一〜四巻。

（5）一九八一年歴史学研究会大会報告『地域と民衆』近世史部会討論要旨、一二一頁。

（6）『徳川禁令考』前集第四、二四七七号。『御触書寛保集成』一八九五・一九〇〇号。

(7) 大野瑞男「延享期の幕府財政史料酒井家記録㈠」(『史学雑誌』八九編六号)。
(8) 「御当家令条」四〇七号(『近世法制史料叢書』第二)。
(9) 『御触書寛保集成』一九〇九号。
(10) 同書、一九一二号。
(11) 『大阪市史』第一、六八九~六九〇頁。『虫附損毛留書』中、三一〇~三二〇頁、下、三~一二頁。なお蝗害地輸送米は『大阪市史』では三万九〇〇〇石とあるが、『虫附損毛留書』によって本文のように修正した。
(12) 『大阪市史』第一、六八九~六九三頁。
(13) 大野「延享期の幕府財政史料酒井家記録㈠」。
(14) 『徳川禁令考』前集第四、二四八〇号。
(15) 同書、二四八一号。
(16) 『御触書寛保集成』一七〇九号。
(17) 『虫附損毛留書』下、一三頁。江戸廻米がなされたかは明らかではない。
(18) 『憲教類典』五—九。
(19) 『日本財政経済史料』巻一、四九一頁。
(20) 『徳川禁令考』前集第四、二四七六号。
(21) 『御触書寛保集成』一八九七号。
(22) 同書、一八九八号。
(23) 『御触書天保集成』六〇三二・六〇三三号。
(24) 同書、六〇四二号。
(25) 『大日本租税志』後篇・雑篇四七〇頁。
(26) 『徳川禁令考』前集第四、一九九九号。
(27) 同書、二〇〇五号。

(28) 同書、二〇〇八号。なお同令では大豆三十石とあるが、『条令拾遺』には大豆三千石とあり、これが正しい。
(29) 姫路市立図書館所蔵酒井家文書。
(30) 『憲教類典』五―九。
(31) 大野瑞男「享保改革期の幕府勘定所史料大河内家記録(一)」(『史学雑誌』八〇編一号)。
(32) 「誠斎雑記」(『江戸叢書』巻の九、二一二頁)。
(33) 大野前掲稿(一)。
(34) 『日本財政経済史料』巻一、四七六頁。大野「延享期の幕府財政史料酒井家記録(一)」。
(35) 大野同稿。
(36) 姫路市立図書館所蔵酒井家文書。
(37) 「吹塵録」米穀之部(『海舟全集』三巻、二一三頁)。
(38) 『京都御役所向大概覚書』下巻、四〇二～四〇三頁。
(39) 「一話一言」3(『日本随筆大成別巻』)三一四～三一五頁。
(40) 「竹橋蠹簡」巻四(『竹橋余筆』九一～九二頁)。
(41) 姫路市立図書館所蔵酒井家文書。
(42) 『日本財政経済史料』巻一〇、二六六～四三五頁。
(43) 国立史料館所蔵。
(44) 『海舟全集』三巻、二一七～二一八頁。
(45) 『大阪市史』第一、六四五頁。第二、一六四頁。第四、二二四二頁。
(46) 『京都御役所向大概覚書』上巻、三〇四頁。
(47) 同書、上巻、三九六～三九七頁。
(48) 同書、下巻、四〇三頁。
(49) 『大阪市史』第二、一六四頁。

(50)『大阪市史』第一、二七七頁以下、大阪在勤の諸職員の項。以下の諸役人の説明は主として同項により、注記を省略。
(51)「誠斎雑記」(『江戸叢書』巻の一一、三〇頁)。
(52)同書(同巻の八、一八頁)。
(53)『徳川禁令考』前集第四、二〇一一号。
(54)松尾美恵子「大坂加番制について」(『徳川林政史研究所研究紀要』昭和四九年度)。
(55)「誠斎雑記」(『江戸叢書』巻の一一、三二頁)。
(56)嘉永元年「武鑑」は中小屋・青屋口加番に入れ違っており、本文のように訂正する。
(57)『大阪市史』第二、一四七〜一七一頁。
(58)「誠斎雑記」(『江戸叢書』巻の八、五五〜五六頁)。
(59)「竹橋余筆別集」巻七(『竹橋余筆』五六四頁)。
(60)小揚は一二〇人であったが、元禄二年(一六八九)一〇〇人に減員された(「竹橋余筆別集」巻七―『竹橋余筆』五六五頁)。
(61)姫路市立図書館所蔵酒井家文書。
(62)大野「江戸幕府財政の成立」。
(63)大野瑞男「元禄末期における幕府財政の一端」(『史料館研究紀要』四号、〈本書第六章収載〉)。
(64)鶴岡実枝子「享保改革期の米価政策からみた江戸の位置」(『史料館研究紀要』一〇号)。
(65)大野「享保改革期の幕府勘定所史料大河内家記録(二)」(『史学雑誌』八〇編二号)。
(66)森杉夫「商品生産と農民層の動向」(木村武夫編『近世大坂平野の村落』)。
(67)「吹塵録」米穀之部(『海舟全集』三巻、二一八〜二二〇頁)。
(68)「大坂三郷御救米古格」(『大阪編年史』二六巻)。
(69)『大阪市史』第一、六七〇〜六七二頁。鶴岡前掲稿。
(70)『日本財政経済史料』巻四、一一一頁。

(71) 大野「元禄末期における幕府財政の一端」。

(72) 大石慎三郎「享保改革期江戸経済に対する大坂の地位」(『日本歴史』一九一号、のち『日本近世社会の市場構造』に収載)。

[付記] 史料の閲覧複写を許された大阪府立中之島図書館郷土資料課長多治比郁夫氏・同主査森中和子氏に謝意を表する。

# 補論一　幕藩制的市場構造論

## 一　問題の提起

石高制にもとづく幕藩制社会は、一定度の商品・貨幣経済の発展を前提として成立する。したがって市場関係の展開がみられるが、それは幕藩権力の再生産にとって必要な市場であり、商品・貨幣経済が発展するからといってただちに幕藩制社会を解体に導くものではなく、幕藩制的な市場である。

本稿は鎖国制の下でのこの幕藩制的市場の編成とその特質を整理し総括することを課題とする。十七世紀における生産諸力と社会的分業、初期豪商や城下町商人等商人各階層の歴史的役割、幕府・諸藩・旗本・給人など領主財政の構造と相互関係、交通・運輸体系、領域市場と中央市場など市場関係の確立する諸段階などについて、主として権力——幕藩制国家の編成の仕方について論じる。年代は織豊政権から十八世紀はじめまでを視野に入れるが、中心は十七世紀の幕藩制国家成立ないし確立期におき、中後期は展望するにとどめる。

## 二　幕藩制下の社会的分業

### イ　石高制と兵農分離制

太閤検地によって成立した石高制は、第一に武力統一に必要な米・大豆という兵糧確保に迫られて採用され、第二に当時の日本社会における自然経済的条件に基礎づけられて成立した。とくに太閤検地が「作あい」否定によって、小作料を生産物もしくは労働で地主に支払っていた直接生産者を年貢負担者＝百姓としたことから、年貢収取は従来どおり現物形態で搾取する以外に方法がなかった。石高制が米・大豆という兵糧調達手段として戦時非常の年貢制を伴い畿内近国に成立したのは、年貢米を換金しうる都市市場がすでに存在していたからである。中世末の都市と貨幣経済の発展のうえに、織豊期において課役免除という特権付与によって城下町商業が展開し、上から貨幣経済の発展を促進させて年貢米の販売をいっそう可能ならしめたのである（安良城盛昭『太閤検地と石高制』）。石高制・米納年貢制採用を兵糧米の性格で判断するのは誤りという見解もあるが（脇田修『近世封建社会の経済構造』）、「内なる戦争体制」である織豊政権下では、米の商品価値はなによりも兵糧や普請作事の扶持米需要に表現され、石高制は領主需要から設定されたものといえるであろう。

豊臣政権のもとでは、銭貨流通は不安定かつ未整備であり、商品価値をもつ米が貨幣と同様な価値基準とされたのである。とくに、兵農分離制によって、農民は自給経済に基礎をおく農村に緊縛され、工商は武士の需要を満たすために都市に集住させられたので、農民は商品・貨幣経済からは原則的に遮断された。このため生産物地代はほぼ米に一元化され、稲作が強制された。そして畑・屋敷も石高で表示され、米納年貢形態を基本として全剰余労働が収奪されたのである。

## ロ　社会的分業の形態

豊臣政権とこれにつづく幕藩制の社会は、兵農分離制にもとづく身分制社会であった。土地所有の面からみれば、武士（領主としての公家・寺社も含む）は土地領有者、農民は農地の保有者、町人は都市の宅地保有者として現れる。各身分内の下層には土地を領有・保有しない者があって、三つの身分社会内部を複雑なものとしているが、これら身分のうち武士が軍事的・政治的職業を独占的しかも世襲的に専有しており、土地所有権の実現としての貢租の受給者として生活を支え、生産から分離していた。

さて、武士・農民・商工業者という身分社会の間は、社会的分業によってとり結ばれていた。中井信彦は、「分業という人間行為の社会的交換に、〝直接生産者自身による商品の市場における交換〟なる特定の要素が加えられるに至ったのが」、幕藩制社会であったとする（『幕藩社会と商品流通』）。

兵農分離制は幕藩制の基本原則であり、領主・家臣団およびそれらの奉公人はすべて米の消費者であった。米納年貢は武士と家族および奉公人の飯米として消費される。大名は参勤交代制によって隔年に江戸在府の義務があり、相当数の家臣団も同行するので、武家飯米の一部は江戸で消費され、このため江戸廻米がなされた。次に、商人と職人からなる町人や宿駅の交通業者、鉱山の鉱業者らの米需要は武士のそれとは異なり、年貢米市場としての意味をもつ。領主への御用勤めに対する扶持米などもあるが、ごく一部にすぎなかった。

このような社会的分業にもとづく武士・町人の米需要と並んで、自然的分業にもとづく地域的分業が米需要をもたらす。大名領において、平坦部（里方）に対し、山間部（山方）・海岸部（浜方）住民は年貢米の需要者であった。元和元年（一六一五）尾張藩領となった木曽では「下用米」制により米納年貢を全免し、現物年貢としての榑木徴収が行われた。長州藩山代地方の請紙制も類似の施策であり、一方、加賀藩能登地方の「塩手米」制は年貢米を貸付けて塩を引取る制度である。以上のような木材・紙・塩など山方・浜方の生産物は、町方・里方の必需物資であり、それらが年貢米を媒介として分業関係に結ばれていた。鉱山も大きな米需要があり、広島藩鉄山における「為替米」制や、秋田藩の院内銀山等への払下米は、城下町米相場より割高な価格で販売されており、狭隘な領域市場内に「領内の上方」を創出したのである。このほか町方の酒造米消費や宿駅への給米等も年貢米によって賄われ、領主の貨幣需要を満たした（中井前掲書）。

幕領においても鉱山付の幕領がある。佐渡一国の年貢米は相川鉱山の需要に地払いされ、伊予幕領米もすべて別子・立川銅山買請となった。また元禄期に一国幕領となった飛驒も「山方米」制によって材木を年貢として確保した。大名領に比較すると広域であるが、やはり地域的分業であり、同時に社会的分業の側面を有している。

この社会的・地域的分業は、大名領では城下町・在町等と農山漁村、全国市場では三都など中央市場と領域市場間にとり結ばれたのである。

## 三　幕府財政の構造

### イ　幕府財政機構の成立

幕藩領主の財政は、社会的分業にもとづく一定度の商品生産・流通すなわち市場関係を、その再生産構造として編成・支配することによって成立する。そこで、ここでは中央政権たる豊臣政権と江戸幕府の財政構造について概述しよう。

豊臣氏の蔵入地は慶長三年（一五九八）蔵納目録によると、畿内・近国・北九州を中心に二二二万石余あり、ここからの年貢収入のほか、鉱山運上、後藤・常是判料、大津駄所、大坂新旧過書舟料、江州舟役料、堺地子・諸座役料の貨幣収入があった。つまり鉱山収入、貨幣鋳造収益、湖上・河川運輸機構、堺の商業特権掌握などが財政的基礎であった。豊臣政権の経済政策は全国市場の中核としての畿内を掌握することによって展開されるが、全国的な市場関係の未熟さを克服する過渡的措置として、堺の今井兵部、平野郷の末吉勘兵衛らの初期豪商を蔵入地代官に任用しなければならなかった。

江戸幕府の財政は、関東領国時代にその原型が形成されたが、関ケ原戦後、豊臣政権の財政政策を基本的に踏襲した。幕領を支配し、貢租徴収・財政経理を担当する勘定所機構の成立過程は必ずしも明確ではない。幕初は年寄（老中）が兼務し、実質は大久保長安・伊奈忠次が地方奉行などこれに近い役割を果たしていたと考えられる。勘定所長官は元禄ころまでは勘定頭と称した。松平正綱は慶長十四年（一六〇九）会計総括を命ぜられ、元和元年奉書加判とともに勘定頭を兼務している。曽根吉次も寛永七年（一六三〇）「関東勘定頭」となり、寛永十三年（一六三六）「惣勘定頭」となった。

これより前寛永十一年（一六三四）三月「老中職務定則」（『徳川禁令考』前集第二、七五一号）によると、酒井忠世・土井利勝・酒井忠勝の三人の年寄衆では職務が停滞するので、職務を六人衆と町奉行に分割し、「御蔵入代官方之御用」、「金銀大分遣方」、「知行割」など後の勘定奉行の職務に属するものが三人の年寄の職務の中に規定された。翌十二年十一月、「金銀納方」は酒井忠世・松平重則・牧野信成・酒井忠吉・杉浦正友の五人の留守居の職務、「証人御用幷訴訟」はこの五人と松平家信の留守居の職務、「関東中御代官方百姓等御用訴訟」は松平正綱・伊丹康勝・伊奈忠治・大河内久綱・曽根吉次の五人の勘定頭の職務と規定された。これは評定所における審理規則との関係で捉えるべき内容で、職務の一端を示しているにすぎない。酒井忠世は寛永十一年の西丸失火により免職、翌年五月留宅居首座に復職とともに失脚前の年寄の職務であった「金銀納方」が留守居の職務とされたと推測される。松平正綱と伊丹康勝は秀忠の死後失脚していたが寛永十年十月閉門を宥され、失脚前年寄として担当していた財政職務が分離し、勘定頭となったのであろう。康勝は寛永十六年勘定頭兼任のまま留守居に任じられた。

寛永十九年（一六四二）八月、酒井忠吉・杉浦正友は「諸色入用之儀」吟味（国用査検）、曽根吉次・酒井忠吉・杉浦正友・伊丹康勝の四人は「御代官其外諸色御勘定之儀」吟味（租税財穀出入の事）、を命ぜられ、伊奈忠治は勘定頭を免除、のちの関東郡代相当の職についた（「寛永日記」『徳川実紀』）。大河内久綱は寛永十五年「地方奉行（勘定頭）」を免ぜられているので、正綱を別格として、曽根に対し伊丹を含む三人の留守居とともに租税財穀出納すなわち勘定頭の職務を命じたもので、この時点で農政部門と財政経理部門が合一して勘定頭制が成立したのである。

勘定所の役人である勘定をはじめ、米蔵における蔵奉行―手代―小揚、金蔵における金奉行等は寛永十年代から正保三年（一六四六）には成立し、勘定頭制が成立した寛永十九年八月には切米手形改役（書替奉行）の新置をみた。このような勘定頭制、勘定所機構の成立は、進行する寛永飢饉、勘定方役人や代官・庄屋の不正への対応として、財政経理を統轄し、幕領を統一的に支配する体制を整備する必要に迫られたからであった。こうした体制は、すでに金銀出納に携わり、寛永十六年には勘定頭とともに「庖所費用」の査検や節倹の指揮を勤めた経験をもつ留守居の参画なくしては成立しえなかったのである（大野「江戸幕府財政の成立」、松尾美恵子「江戸幕府職制の成立過程」）。

寛永十九年の幕府財政機構成立以後も留守居の財政関与は続き、金銀出納は留守居の職務に所属した。貞享四年（一六八七）払方金奉行が金蔵支出報告を留守居にしており、また銀座も留守居支配であった。金奉行と銀座が勘定頭支配に変わるのは元禄二年（一六八九）であり、この時にいたって幕府財政機構は勘定頭によって全面的に掌握されたのである（松尾前掲論文、藤田覚「元禄期幕府財政の新史料」）。

**ロ　幕領の支配と性格**

江戸幕府の財政的基盤は、第一に全国的に散在する幕府直轄領（御料・天領）で、そこからの貢租収入が中核であることはいうまでもない。初期は二三〇〜二四〇万石、以後大名の改易・減知による収公と新田開発によって十七世紀末には四〇〇万石に達した。旗本知行所を加えると総石高の四分の一にあたり、諸大名に卓越したが、その中心は関東や畿内近国など政治・軍事・経済上の重要地域である。第二に江戸・京都・大坂の三都をはじめ、堺・奈良・長崎など旧来の政治・商工業の中心地や港湾都市を直轄して商業・貿易・運輸の要点を押え、都市商工業者を掌握したこと。第三にキリスト教禁圧に乗じ、鎖国体制を完成させ、糸割符仲間を通じて生糸を主とする貿易独占を達したこと。第四に貨幣鋳造権を独占し、貨幣材料の金銀、主要輸出品にもなった銅などの主要鉱山を直轄したこと。第五に城郭や都市建設材産地である木曽・飛驒・赤石山系などの原始林を直轄し、軍馬産地としての佐倉・小金などの牧場を支配したこと。第六に宿駅・街道や川船に対する交通運輸支配である。以上は豊臣政権の政策を継承発展させたもので、統一権力の強大な財政的基盤としての特質を示すものであった。

幕府の最大の財政的基盤である関東では、関ケ原戦以前から伊奈忠次・大久保長安・彦坂元正・長谷川長綱の代官頭が圧倒的な支配力を保持していたが、慶長末年までに死去するか処罰され、伊奈氏の武蔵国支配地を除いては、大久保配下の関東一八代官らの下代が相代官制を残しつつ独立して代官となった。上方では伊勢・美濃から備中まで幕領所在一一カ国には国奉行が置かれ、その職掌の一つとして幕領を預かり年貢を収取していたが、その機能を中央に吸収され、寛永中期までには国郡奉行・国廻り役などにその任務を継承された。寛永十二年（一六三五）十一月、国郡奉行が設けられ、三河より西は市橋長政、東（関東を除く）は小出三尹が幕領のことを司り、関東幕領は松平正綱ら五人の支配体制が成立した。九州では関ケ原戦後長崎が直轄になり、慶長十一年（一六〇六）長谷川藤広が長崎奉行となった。寛永十年から中津藩・杵築藩預所であった豊後日田は寛永十六年永山布政所が設置されて代官支配地となり、土豪・給人代官が排除されて関東下りの官僚代官小川正長・同氏行が代官となった。また肥後天草は島原の乱後幕領となり代官鈴木重成が入った。こうして寛永十年代には幕領が成立した（大野前掲論文）。

幕領は幕府の軍事力を支える兵糧米供給地としての機能をもち、関ケ原戦以降の幕領拡大がなされた。安藤正人は幕府の軍役が「公儀」役の体系の一環として公的・国家的な側面を有しているという考え方に従い、軍役に対する扶持米支給も、国役に対する扶持米支給も同一の論理で捉えることができるとした。そして豊臣政権が全国的な蔵入地の設定による伝統的な国家的役賦課原理として扶持米給付の条件を獲得し、石高制にもとづく統一的な「公儀」の役の体系を構築したが、徳川政権は慶長期に幕領を全国的に拡大することによってこれを継承し、扶持米給付条件を獲得することによって、幕領は他の領域と異なる「公儀御料」として独自の性格を付与されることとなった。国奉行は御料・私領を問わず一国中の「公儀」の役を賦課する権限行使のため、扶持米供給地である幕領を掌握した。寛永中期以降「公儀」の課役形態も千石夫のような国役的要素が薄れ、大名手伝形態に移り、「公儀」の扶持米の位置は低下し、夫役の銀納化、扶持米の日用飯米などへの組込みがみられる。

元和六年（一六二〇）幕府の浅草米蔵が成立、寛永末～慶安期にいたってこれを中核とする幕府直轄蔵体制が整備され、上方幕領米の江戸廻米開始などによって、作事・普請入用米は幕府蔵から支出されるようになり、幕領は「公儀」財政の財源として画一的性格を強めていく（安藤正人「幕藩制国家初期の『公儀御料』」）。

かくして幕領は最大の領主徳川氏の直轄領―財政的基盤たる性格にとどまらず、幕藩制国家の国家的所領として公的な性格を付与された。幕領年貢米がもっている軍事的機能と非軍事的機能は、寛永十年（一六三三）以降譜代藩に設置された兵糧米備蓄制としての城詰米制度と、国家的財源としての直轄蔵体制に分化し、幕領は初期にもっていた臨戦的な兵糧米供給地としての性格を薄めていった。寛永末期の老中の幕領統轄権確立、国郡奉行制成立、勘定頭制確立等の政策は、このような性格も付与された幕領支配体制の整備にほかならないのである。

## 八　幕府財政の成立

幕領の拡大成立に対し、幕府は慶長十六年（一六一一）諸国の年貢を江戸城に納入させ、美濃・伊勢および近江のうちの一三万石を駿府（家康）、駿河・遠江・尾張は義直・義宣の蔵入とし、駿府政権を分立して将軍財政の成立を図り、翌年慶長五年（一六〇〇）以来の収支を安藤重信が査検して財政実態を把握した。これは慶長十四年（一六〇九）に松平正綱がそれまで乱雑であった会計を整理したものにさらに検討を加えたものであった。秀忠死後の寛永九年（一六三二）久能金銀を江戸へ移し、寛永十一年（一六三四）三人の年寄の職掌を定め、勘定頭伊丹康勝に佐渡金山を掌握させて家光政権の財政的基礎を固めた。幕府は貨幣獲得のため年貢米の地払い強制を行っていたが、農民は幕府および狭隘な米穀市場との二重の搾取を受け疲弊を招いた。とくに小百姓は初期本百姓からの年貢夫役の転嫁によって貧窮化はいっそう進んだ。ここに寛永十年代にいたっていわゆる初期幕藩国家の内包する矛盾が露呈され、「荒廃」が表面化し、旗本・大名財政の窮乏となって現れ、寛永十九年（一六四二）の大飢饉となって爆発した。この矛盾克服のため同年勘定所制度を成立させ、鎖国制完成に伴う大坂・江戸を中心とする幕藩制的市場を編成し、小農自立策から維持策に転換して小農の再生を図った。こうして寛永十九年から慶安二年（一六四九）にいたる幕政改革が実施されるのである。すなわち、寛永十九〜二十年は勘定頭制の確立、田畑永代売買禁止、譜代大名参勤交代制の確定、旗本の切米取りの地方直しの実施などで、ここに旗本財政は将軍財政に包摂されて幕府財政が成立した。ついで二十一年関東・上方の口米・口銭を公定し、代官所ごとに人数帳を作成、勘定頭伊丹康勝・曽根吉次に提出させたが、夫役の定量化を目的とする勘定所による人別の直接的把握であり、代官に対する勘定所統制は強化された。四九年幕府財政確立とともに一連の農政を最終的に確定するが、その中で幕領の取箇郷帳作成は、代官に委ねられていた年貢収奪方法の勘定所による統一的掌握の政策であった。幕府は幕領支配において勘定所から代官にいたる年貢の統一的掌握を基礎に、幕府直轄蔵体制を成立せしめ廻米体制を整備したのである。慶安元年（一六四八）納戸方制度が確定、慶安三年（一六五〇）納戸方・細工方・台所方などの奥方御用についての御役条目が制定され、私財政すなわち狭義の将軍財政と公的な幕府財政の関係が定められ、最終的に幕府財政の確立をみたのである（大野前掲論文）。

## 四　藩財政と領域市場

### イ　藩財政の成立

藩財政は統一権力の諸政策、すなわち検地施行にもとづく石高制の成立、兵農分離制、ついで寛永期の鎖国制の完成、参勤交代制の確立によって、給人財政を包摂したかたちで形成した。ただし藩の地理的・政治的・経済的条件によってその展開に差違が認められる。生産力の高低、中央市場との距離、流通機構や商人資本のあり方、領国の大小と純粋領国か非領国かの問題、親藩・譜代・外様によっても異なった展開を示す。藩財政は鎖国制に規定されるが、松前藩はアイヌ交易、対馬藩は朝鮮貿易、薩摩藩は琉球貿易を行い、鎖国制の枠外で藩政を成立・展開せしめている。

藩財政研究は、戦前においては土屋喬雄『封建社会崩壊過程の研究』（一九二七年）があり、金沢・鹿児島・仙台藩の財政状況を知りうるが、財政窮乏論に終始しているといえる。戦後は藩政史や地方史研究の盛行により多くの業績が生まれたが、成立期に関してはそれほど多くはない。ここではそのすべてにふれることはできないが、いくつかの藩をとりあげて藩財政構造の特質、財政政策の展開と領域市場の形成について整理を加えよう。

**ロ　秋田藩**

秋田藩佐竹氏は慶長七年（一六〇二）常陸より転封、土豪一揆を鎮圧し、隣藩への対処から支城駐屯軍を配置、城下町と支城城下町を建設し、藩権力を上から設定した。そしてその基礎確立のため用水・鉱山・山林を開発、新田開発を推進した。これら諸政策の経費、家臣団の維持、大坂の陣動員、参勤や上洛供奉、普請手伝などの軍役賦課は財政負担を巨大にし、搾取・収奪強化は生産力発展を制約した。そこで北海路によって鉄砲など武具や必需品を上方から購入し、先進技術と資本を導入した。年貢米販売は上方や藩外への廻米に制約があり、領内での米販売に努力した。すなわち城下町商工業者を優遇し酒造米にまわすとともに、鉱山町に米専売をしき山子へは米で支払った。横物成（小物成）・諸役銀・諸運上金銀・沖ノ口役等の流通課税と、山林における本木入と材木払代の差額を収入とし、貨幣鋳造によって年貢米市場を形成した。蔵入地が少ないので家臣団に上納銀を賦課し、馬市場運上、米など移出物への運上など各種の銀納、能代などの材木代、銀山上納銀が収入の特徴であり、蔵物としては生蠟があった（山口啓二「秋田藩成立期の藩財政」、古島敏雄「商品流通の発展と領主経済」）。

秋田藩の蔵米支出は扶持米・鉱山払米・材木代米・敦賀登米・雑支出米であった。寛永五年（一六二八）の例では有米三万四八〇七石のうち、鉱山払米六九六三石、野城（能代）・舟越・窪田材木代四九一〇石、敦賀登米八四四〇石で、領内販売分が三四％、敦賀登米は二四％で、領内市場が主体であった。上方廻米は慶長十五年（一六一〇）から寛永八年（一六三一）までほとんど毎年行われたが、払先は敦賀と大津が大部分で、ほかに若狭・越後・佐渡がある。

上方廻米は手船と雇船によったが、雇船は敦賀の糸屋・道川、加賀の助次、京の嶋屋等おもに北国海運の廻船であった。大津までの運賃は慶長五〜寛永八年、登米の一七〜一八％から一二または一四％に下がり、雇船主は運賃と粮米のみを取得する廻漕業者で販売には関係がなかった。

秋田藩の敦賀蔵宿は糸屋彦二郎（打它宗貞）・具足屋久介・高島屋伝右衛門・同長之丞・洞波九左衛門ら初期豪商で、廻漕・保管・販売の諸機能を有していたが、販売機能は副次的であった。大津蔵宿は中村兵太郎でおもな機能は蔵米売払にあった。大津は秋田藩の主要な払米市場で、払米は払米衆（家臣）の責任で蔵宿を通じて売払われた。大津蔵宿は払米を京都その他で売払って商業利潤を取得したが、秋田・大津間の価格差による利潤は第一に藩が取得し、船持商人や蔵宿は船賃・蔵敷料の収取者であった（渡辺信夫『幕藩制確立期の商品流通』）。

## ハ　米沢藩

米沢藩上杉氏は越後よりの減封移転により領地高に比し相対的に過大な家臣団を保持し、低生産力地帯の領地は海港・河川交通を保持せず、畿内先進地向けの大量蔵米輸送は不可能で輸送費負担は大きく領内米価は著しく低廉であった。商人資本が未熟なため藩による米や生産物販売を余儀なくさせる。財政の基礎は不安定で、半石半永制を特質とする独自の貢租体系を生みだした。すなわち半永納分が農民からの米・特産物買上代金によって相殺される「年貢差継」制である。これに対する藩の財政政策は、寛永十五年（一六三八）惣検地により平均免を採用し、給人物成を固定化して蔵入高を漸次的に増加し、藩財政を確立させた。明暦元〜三年（一六五五—五七）貢租体系を整備、未進の増大に対処した。すなわち軒役負担を石高基準とし、地足軽扶持給与廃止、物成米六斗に永楽銭一〇〇文替の半石半永銀納を五斗一〇〇文替として増徴を図った。これは農民の再生産の限界線であった。

財政収入についてみると、新田開発ほかの増石分は蔵入地の拡大に向けられた。蔵入地物成の半石分のみという年貢米収入の絶対的不足補塡のため、慶長九年（一六〇四）ごろから買米制が実施され、寛永末年に一万三〇〇〇石の定買米（本買米）額が固定した。ほかに臨時買米籾もあったが、明暦期に本買米買上値段が一俵四匁三分に固定し、増買米も本買米と同様に村々へ割符し蔵納され、寛文四年（一六六四）の半高削減後は本買米に吸収され、総買米高は二万六〇〇〇俵に定まった。買米制は年貢納入後の農民の余剰米を半強制的に年貢納入機構を通じて藩が直接買上げる法であった。また半永分は領主米の領内払値段の二倍近い換算率で金納させる苛酷な制度であった。蔵米販売は直接領外への売出米は少なく、領外商人との接触の統制、寛文四年以後の穀留番所新設などがあり、米の売買は半永納分代銀獲得のためにも城下町・在町に一定の市場を確保した。藩は城下米問屋を通じて米価の決定と統制を行い、領外移出先として酒田・越後の中間的市場が登場してくるのは十七世紀末であった。

財政収入は寛永十六年（一六三九）米方約三万石、うち半石分三七％、定買米四二％、銀方九一〇貫余、うち半永分一五％、米販売代銀八四％を占めた。銀方収入には特産物の蠟・漆・青苧の専売益金、鉱山や貨幣鋳造収入がある。

青苧・紅花は慶長年間より藩が一定額を買上げ上方へ販売していたが、慶安四年（一六五一）青苧畑検地をもとに、役苧・相場苧五三〇駄の買上げ額を定め、青苧流通を独占的に掌握した。その後万治元年（一六五八）買上げ以外の青苧の自由販売を認めた。藩の蔵苧を一手に奈良に輸送販売していたのが特権商人西村久左衛門である。明暦年間の漆木検地によって役木数が定まり、貢租として徴収する蠟取立額が確定したが、これらの蠟も西村らに請負わせて江戸・京都に輸送販売したのである。

産出銀である米沢銀を貨幣的に通用し、貨幣操作を容易にした。すなわち寛永新極印銀鋳造、慶安二年（一六四九）の貢租上銀納入制は、半永分・専売収益・買米制代銀・年貢差継制を通じて民間銀の吸収を可能にしたのである。財政支出は、第一に大坂の陣・城請取・手伝普請などの軍役負担と幕府への献上、第二に領内普請、参勤交代等の出費の比重が大きい。寛文削封は財政構造に決定的変化を及ぼしたが、天和元年（一六八一）でも貯蓄金は六万両に及んだ。藩借財は万治ころにもあるが多分に臨時的で、元禄期にいたると、三都・領外商人から借財返済のための借金が現れる。それは専売制や商品流通を通じ領主的流通機構に寄生する領外商人との接触によって生じたものであった（鎌田永吉「成立期の藩財政」、横山昭男「米沢藩における青苧専売制の展開過程」）。

## 二　佐賀藩

佐賀藩においては、有力在地領主層は天正末期豊臣秀吉から個別に知行割の朱印状が宛行われ、大名財政と給人財政は併存していた。しかし公儀の軍役履行のために大名統制権が在地領主層に強力に浸透し、朝鮮侵略の軍役遂行によって鍋島氏の覇権が強まり進展した。慶長十六年（一六一一）領内総検地にもとづく家臣への知行宛行状発給により三割の知行が上知されて鍋島氏の蔵入地が拡大し、大名領主権が確立、財政基盤が強化された。かくして給人層の知行権制約、城下町集住による兵農分離過程は、給人財政を大名財政に包摂し、藩財政を成立せしめる過程でもあった。統一政権の貿易統制によって、自領内における外国船との取引が制限され、鎖国体制の形成は、西国大名にとって石高制にもとづく米納年貢制による財政維持をいっそう強固に体制化する必要に迫られた。一方、長崎警固体制は鎖国制維持のために福岡藩と佐賀藩が分担せしめられ、寛永十九年（一六四二）から長崎御番に従事し、慶安初年警固体制は確立、参勤は半年在府となった。勤番の年は一三〇〇人余の藩兵を繰出し、艀子支配が強化された。オランダ・中国船以外の外国船来航に備える出陣体制は、陣夫役確保を前提とした領民の土地緊縛と個別的人身支配のための地方知行制の存続を必然化させた。頻繁な普請役賦課は農民の逃散と家臣の疲弊を招き、夫役の手直しが行われた。普請役も寛永期には軽減され、夫役の代米銀化を促進させる要因となった。参勤交代制は領主財政に、領外支出の増大、年貢米の換銀とそれによる参勤費用等の調達という構造をもたらした。こうして年貢米販売のための大坂市場が重要な機能を果たすことになり、上せ米体制の整備は大坂における町人蔵元制に結果する。このことは大名貸の確立でもあり、藩借銀の存在は、年貢米換銀化額内ならば必要とされ、ただちに財政逼迫の指標とはならなかった（長野暹『幕藩制社会の財政構造』）。

**ホ　小浜藩**

若狭小浜藩は地方知行廃止による支配の一元化をテコとして年貢収入に財政基盤をおき、大津・京都など畿内市場に近接し、幕閣重臣として経済情報を先取りし年貢米を有利に換銀した。また北国市場と畿内との中継地越前敦賀・若狭小浜を掌握、駄別・沓代・米仲という流通課税によって多大の収入を得た。これらの収入は平時藩財政支出を十分賄い、寛永期には備蓄が進んで幕府普請役に対処しえた。支出は、俸禄知行への移行の結果、家臣への物成米支出が大きな比率を占める。江戸入用の大きさも目立つが、その比率は一二％で、過半を占める他藩とは異なる。十七世紀半ば以降は年貢収入の不安定・減少、米価低落、江戸入用増加に加え、寛文十二年（一六七二）西廻航路整備、大坂市場の展開により敦賀・小浜を通過する北国荷が減少した結果、商品流通課税は減り、藩財政悪化の一因となった（藤井譲治「幕藩体制初期の藩財政」）。

### ヘ　水戸藩と川越藩

三家の一水戸藩の領地は表高二八万石、寛永十八年（一六四一）検地打出・新田分を加えた内高四〇万石と少なく、天和元年（一六八一）の収支は籾一一％・金二二％の不足であった。籾支出は水戸分七〇％・江戸分三〇％、これに対し金支出は同一三％・八七％と圧倒的に江戸邸経費が嵩んだ。家臣への給金が他の費用を圧し、三家の体面を保つための儀礼的出費（諸役所経費・贈答費・禁裏進献・幕府献上・三家連枝大名進物・史館経費等）も多かった。なお御城米金納（田方年貢米一部代金納）と代方金（畑方正税代金納）の制度のため年貢米の直接売却は少なく、流通市場への直接介入の度合は低かった（伊東多三郎「水戸藩財政収支の検討」）。

譜代大名川越藩の寛文三・四年（一六六三・六四）の財政収支についてみると、田方は米、畑方は永納制で、田方納米の九〇％以上が切米・扶持にあてられ、残米払金に畠方金を加えた金方収入からの支出は、江戸における藩主と奥方の経費が大部分を占める。金方収入には野銭・荏払代金・麦種利足払代がわずかあるが、流通収入である新河岸舟役銭はきわめて少ない。領地支配の経費としての普請方や日光今市勤番経費は多くないが、金方収支は両年とも一三・六％、一七・六％の不足である。表高七万五〇〇〇石に対し、寛永末年から二〇年余で内高一〇万八六四二石余となったが、慶安検地と武蔵野開発によって四五％の増加をみたのに、なお増大する支出が財政赤字をもたらしている（大野「関東における譜代藩政の成立過程」）。

右の関東の二藩は定府制や幕府役職などによって江戸経費が大きな比率を示し、流通市場への介入や流通課税はみるべきものがなかった。関東・畿内など非領国地域は領域市場を形成しえず、初期専売や藩札発行は行われなかった。

### ト　領域市場の形成

藩は領域内の商品流通の頂点に位置する城下町を統制・掌握することによって領域市場を形成せしめた。その時期は一六五〇～八〇年代といわれる。その前段階は、藩領域はそれ自体経営内部に分業関係を内包する複合家族経営の非自給物資交換の場である在町を中心とした。自然的地理的分業にもとづく「小市場」の集合体として存在した。城下町も大差はなく、一国一城令以来武士集住のため、年貢米販売にあたる商人や、武士の日常消費物資を供給する商人・職人が存在し、武具などの手工業品調達のために畿内諸都市と結びつかざるをえなかった点が在町と異なる。

幕府の軍事動員や普請役賦課が減少した一六四〇年代になって、陣夫役徴発に必要な複合家族経営維持の必要性は消滅し、広範な小農経営の自立がみられる。こうして小農経営相互間あるいは小農と手工業者間に新たな地域的・社会的分業がとり結ばれ、領主も領内の分業体系を再編し、「小市場」を解体した。そこで「小市場」の中心であった在町を城下町の出町として組織し、城下町商業を育成して在町商人を城下町商人の下問屋的位置に立たせた。小農経営の非自給部分供給はこのような在町を通じて、究極的には城下町商業を媒介として行われることを意味した。領主は城下町商業を把握することで、領内の小農経営が生みだした分業関係の統一的掌握を行い、その発展を図った。こうして藩領域は城下町を中心とした一藩的規模で統一された市場である領域市場に編成されていく。また別の面からみると、領域市場は地方知行の廃止ないし形骸化に伴う給人財政の大名財政への包摂によって、蔵入地支配機構の全藩的規模への拡大の結果として形成されるともいえる（小野正雄「寛文・延宝期の流通機構」）。

藩は領内で自給できない原料・製品（塩・鉄・塩魚・綿・茶・紙・油・衣料・小間物・武具・工芸品等）の領外からの購入、領内特産品の領外への販売は、原則として城下町を通じて行わせた。領外市場と領内農村を城下町によって遮断し、商品経済が農村内部に浸透するのを防ぐためで、もっとも直接的には口留番所を設置し、臨時に津留を行った。領主は町地を町人に無償で提供して地子を免除し、また営業の自由を保障し、あるいは特権的営業権を付与し、町人を優遇して城下町の繁栄に努めた。初期の商品流通の場は定期市が主で、城下町商人の大部分は市場商人であった。しかし寛文～元禄期には常設店舗商人がふえ、問屋・仲買が成立し、領内商品流通の中軸となった。

各藩の領域市場は、個別の年貢制度、流通機構の整備・統制やそれへの吸着、初期専売仕法と藩札発行など独自の経済圏の確立を志向しつつ、全国市場を共通の基盤とし、とくにその中軸としての中央市場と流通関係を結んで形成されていった（竹内誠「近世前期の商業」）。

## 五　幕藩制的市場の編成

### イ　中央市場三都の成立

永禄十一年（一五六八）織田信長入京、天正元年（一五七三）上京焼討は、京都が統一権力に屈服する一歩であった。豊臣秀吉は天正十一年（一五八三）柴田勝家を滅ぼし、織田信長は前田玄以を京都奉行とした。秀吉は京都を改造、天正十五年聚楽第を完成して移り、天正十八年新しく町割を行って御土居を作った。洛中寺社・公家よりの指出、天正十七年（一五八九）からの検地によって秀吉が洛中の領主的土地所有者となり、天正十九年地子免除を与えた。なお畿内に多い寺内町は、秀吉の検地と都市政策の展開の中で自治特権を消滅していった。秀吉は遠国大名に「在京賄料」を近江などで与え、毛利氏には知行の中から「京都台所入」「京進方」を指定、その年貢を京都に運ばせたが、京都はこれら年貢米を換金する米市場としての性格をもった。

徳川家康は秀吉死後の慶長四年（一五九九）伏見城に入り事実上「天下」を掌握した。慶長六年（一六〇一）伏見城を再建、翌年二条城を諸大名に普請させた。慶長五年（一六〇〇）京都には前田玄以の後に奥平信昌をおき、翌年板倉勝重・加藤正次を京都の奉行とし、米津親勝を堺政所としたが、三人とも伏見にいて畿内支配にあたった。家康が将軍になると勝重が所司代となったが屋敷は伏見にあり、京都に邸地をもったのは慶長十六年（一六一一）のことであった。

大坂は天正十一年（一五八三）秀吉の本城として大規模な築城と城下町建設が行われ、統一権力の所在地となった。京都・堺に近く、後背地の平野は広大で先進的であり、瀬戸内海や淀川などの海陸交通の便に恵まれ、秀吉の商工業者集住策によって中央市場としての機能を強めていった。慶長十九年（一六一四）と翌年の大坂の陣で豊臣秀頼は滅亡し、家康の外孫松平忠明が大坂一〇万石を与えられた。彼は幕府の援助をえて市街の復興整理にあたり、元和五年（一六一九）大和郡山に転封されて、大坂は幕府直轄となった。同年伏見城代内藤信正が大坂城代となり、番衆も伏見より大坂に移された。ついで久貝正俊・島田直時が大坂町奉行に任ぜられ、幕府の大坂築城が開始されたが、軍事的拠点の性格が重視された。寛永十一年（一六三四）家光は上洛後大坂に入城し地子銀免除を与えた。このことは大坂が江戸・京都と同じく特権都市化したといえよう。

ところで畿内の生産力の高さを知りうる史料として、寛永十五年（一六三八）成稿の松江重頼の俳書「毛吹草」がある。これに記す近世初期の特産品の全国的分布は圧倒的に畿内五カ国に集中し、五畿内では京都をもつ山城国が全国第一で、他国と比べ京都の手工業が群を抜いている。京都をはじめ大坂・堺・奈良や在郷町を含む畿内諸都市が中央市場を構成し、分業関係の中枢にあったとみてよい（脇田前掲書）。

京都は古代以来の伝統と高度な生産技術を保持し、公家・寺社や学芸に携わる者が多く居住し、経済的には消費都市として近江・丹波など畿内からの食料その他の日常物資を移入した。同時に全国から原料および半製品を移入して、西陣織に代表される絹織物や染色加工・小間物等、武具・高級美術工芸品を生産し、江戸その他の諸都市に移出する機能を果たしていた。そこには問屋組織の発達もみられ、元禄二年（一六八九）の「京羽二重織留」記載の問屋商人の業種には、糸割符商人を過半とする外国貿易関係商人が多く、これと両替商を除く国内商品取扱問屋は専業問屋と国問屋に分かれる。国問屋の中にも専業化がみられ、江戸の大商店の仕入店も特設されており、諸商品が消費都市江戸へ向けての生産という側面をもっていた。なお京都問屋の取引地域は全国的であるが、東海・北陸・近畿が多い（中井信彦「近世都市の発展」）。

大坂は早くから西国米の販売市場として成立した。元和五年（一六一九）広島入部の浅野氏は翌年大坂蔵屋敷を普請し、大坂詰役人が上せ米相場を国元勘定奉行へ報告し、その下知によって少しずつ販売したが、広島・尾道相場にほとんど変わらぬ大坂相場では必ずしも有利でなく、廻米は少なかった（畑中・隼田「近世初期における加子役の成立と市場構造」）。豊前小倉細川藩は元和五年大坂米奉行を設置し、元和九年の大坂売米代価は丁銀四〇貫目と小判一〇〇〇両で推定払米三五〇〇石ほど、寛永六年（一六二九）九二二五石と増加したが、借銀は京都借銀が多かった（朝尾直弘「上方からみた元和・寛永期の細川藩」）。福岡黒田藩は慶長末年堺に蔵屋敷を設け、元和初年大坂・鳥羽にも蔵屋敷を設置、米相場と運賃に応じて、大坂・江戸・長崎に廻米している（中野等「幕藩体制成立期の米穀流通」交通史研究会大会報告）。

西廻海運刷新後は諸藩の大坂登米はさらに増加し、岡山藩の寛文九年（一六六九）から翌年までの大坂廻米は二万八〇〇〇石ほど、広島藩は寛文期以降五～八万石、加賀藩は天和二年（一六八二）六～八万石、元禄四年（一六九一）には二〇万四八七三石となっている（宮本又郎「近世初期の大坂における米穀流通」、中部よし子「近世大坂の確立」）。その結果それまで大津や敦賀などにあった北国諸藩の蔵屋敷は漸次大坂に移り、延宝年間の大坂蔵屋敷総数は九三邸にのぼった。

大坂は初期豪商が少なく、材木・木綿・菜種等の集荷・加工業者が展開した。有力商人は貿易に進出し、寛永八年（一六三一）惣年寄の願いにより題糸二〇丸の配符を得、翌年幕府に出願し、白糸三〇丸が割符され五カ所商人が成立した。京都から進出した泉屋（住友）は寛永七年大坂に吹屋を設け長崎へ送る製銅を行った。鎖国後幕府は製銅を大坂の一二人の業者の独占とした。

こうして大坂は畿内における年間一〇〇万石を超す領主米販売市場として、また畿内産の鉄砲をはじめとする手工業製品、酒・醤油など醸造業製品、油・木綿・繰綿など農産加工品などの供給地として登場する。と同時に蔵米を抵当とした町人蔵元・掛屋・両替商を中心とした大名貸が開始され、両替商鴻池の経営の中で大名貸の比重がこの時期急速に増加する（作道洋太郎「近世大坂における町人蔵元の出現と大名貸の成立」）。幕府は寛文二年（一六六二）両替商三人を定め、増加して寛文十年（一六七〇）十人両替の成立をみた。幕府金銀の出納、小判買上げ、一般貸付、金銀相場書上げ、両替商の統制をさせることにより、大坂の金融市場としての地位も確定したのである。

正徳四年（一七一四）の大坂移出入品をみると、移入品は米をはじめ、菜種・材木・干鰯・木綿・紙・鉄・銅など原料や半製品が圧倒的に多く、移出品は菜種油を筆頭に縞木囲・長崎下り銅ほか完成品が多く、都市加工業の展開がみられ、商品の集散地としての「天下の台所」の性格を示している（大石慎三郎「『正徳四年大阪移出入商品表』について」）。

江戸は天正十八年（一五九〇）徳川家康が入部し、開幕後全国政治の中心地として都市改造が加えられ、旗本・御家人が集住していた。参勤交代制の確立により隔年に江戸居住を義務づけられた諸大名や、江戸居住の家族、江戸諸家臣団がおり、武士の必需品を調達する商人や職人が多数来住し、厖大な消費人口を抱えた都市となった。徳川氏は武士・町人に多くの拝領地を与え、町屋敷は地子を免除し、国役町以外の町は公役として江戸城御用人足役を課したにすぎない。

江戸周辺の関東農村の生産力は低く、江戸需要を満たしえないので、多くを大坂・京都など畿内生産地の供給に仰がなければならなかった。しかし江戸は同時に関東・東北の領域市場と密接に結びつき、米穀については、慶長～元和期から仙台藩米が江戸市場に大きな比重をもち、南部藩は慶長末、津軽藩は寛永二年（一六二五）、秋田藩は明暦元年（一六五五）、米沢藩は万治元年（一六五八）から江戸廻米を開始したという。しかし江戸が東北諸藩の蔵米販売市場として確立するのは寛文～元禄期であり、東廻海運の成立は、幕領米輸送のみならず、東北諸藩の蔵米販売を大いに促進した（竹内前掲論文）。なお江戸の米相場の標準は仙台米のほか、伊勢・尾州米・三州米・地廻米であり、東海・甲信・関東・東北からの廻米量が多い。他の商品についてみると、元禄七年（一六九四）結成の十組問屋の営業品目は、油・綿布・繰綿・絹・塗物・小間物・人形・荒物・打物・釘・鉄・銅器・畳表・青莚・紙・蠟燭・薬種・酒の一八品目であり、上方に依存していることがわかるが、江戸はこれら移入品の一部を関東・東北の諸都市へ出荷する仲継商業都市の機能をも果たしていたのである（中井前掲論文）。

### ロ　交通と河川舟運

幕府は戦国大名の分国中心の交通路から、江戸中心の五街道を幹線とする陸上交通体系に改編した。近世の陸上交通は街道に設置された宿駅の人馬継立を基本とする。徳川家康は慶長六年（一六〇一）東海道宿駅に伝馬制度を設け、江戸―京坂間の陸上交通をいち早く掌握し、翌年には中山道と奥州道中にも伝馬制を設け、宿駅を設置して地子免除を与えた。寛永十年（一六三三）幕府は東海道各宿に継飛脚給米を与え、これを契機にそれまでおもに老中所管であった街道関係の職掌は、老中下部の勘定頭に移行した。さらに寛永十九年（一六四二）の勘定頭制成立を画期に、勘定頭・町奉行・大目付の三者の支配となり、万治二年（一六五九）大目付高木守久が道中奉行兼帯となって五街道・水戸佐倉道を管轄し、勘定頭も関与した。かくして元禄十一年（一六九八）勘定奉行の道中奉行加役が開始されたのである。

伝馬役は宿駅によって維持された町役であり、交通運輸に関する役人として問屋・年寄が置かれた。宿駅は公用交通貨客への人馬提供のために人馬が常備されたが、幕藩権力によってその政治的・軍事的要求にもとづき、一定の経済的発展を前提として領主的に設定された。すなわち市町・門前町など特定集落を基礎として取立てられたものが多く、これら宿駅在町は伝馬役負担目的だけでなく、領主が領内商業の統制を意図し、貢租米等を商品として領内に再投下するための市場整備という経済政策でもあった。

幕府は商品荷物の街道輸送を統制し、これを各宿の継送による駄賃稼ぎとすることで宿駅の収入を保証し、代わりに指定の常備人馬で公用とこれに準ずる特権通行の継送義務を課したが、寛永十二年（一六三五）の参勤交代制確立は宿駅に重圧をかけた。しかし公用交通中心と宿継制によって大量の商品輸送路としては十分機能せず、物資輸送には水運の展開をみたのである（丸山雍成「近世の陸上交通」、渡辺信夫「街道と水運」）。

次に水運では、京都と大坂さらに瀬戸内海とを結ぶ淀川には、中世以来石清水八幡宮に隷属していた淀船ほかが就航していたが、信長入京後川船免許を出願し、二〇〇石船のほか三〇石船が許可された。朝鮮の役にも徴用され、慶長三年（一五九八）秀吉の関銭免除の朱印状が与えられ、河村与三右衛門・木村宗右衛門が川船支配方に命じられて「過書船」の名称が与えられた。関ケ原の戦に東軍につき、慶長八年（一六〇三）家康朱印状が交付された。元和元年（一六一五）河村氏死後角倉氏が過書奉行に任命され、木津川上荷船・桂川筋川船も過書船支配に属した。大堰川（保津川）は慶長十一年（一六〇六）角倉了以によって開削され、丹波方面の物資の京都への輸送路となった。了以はまた賀茂川の水を引き京都・伏見間の水路高瀬川をつくり、慶長十二年（一六〇七）には富士川を開削した。

北上川は元和期川村孫兵衛による治水工事の結果、流路変更による河口石巻港がつくられ、盛岡への舟路が開かれた。仙台藩内陸部からの藩米輸送路となったばかりでなく、南部藩の江戸廻米は正保二年（一六四五）に三陸沿岸出帆から北上川舟運に移行した。

関東では文禄三年（一五九四）をはじめ、元和七年（一六二一）、寛永十八年（一六四一）、承応三年（一六五四）と引続いて大土木工事を行い、現在みる利根川水系を作り、江戸川下流では小名木川・船堀川を掘割り、直接江戸市中に川船が乗入れるようにした。洪水被害の防止、新田開発のための治水事業は、同時に江戸への水運の便を考えたものであった。こうして領主や町人・農民によって諸河川に多くの河岸が設定された。河岸成立の要因は領主米の輸送需要にあった。幕府は寛永十年（一六三三）川船奉行を設け、関東諸河川の川船統制にあたらせ、延宝六年（一六七八）には幕領・私領をとわず諸河川の川船に極印改めを実施し、年貢・諸役銀を徴収した。河岸の成立はこの時期に求められるが、元禄三年（一六九〇）の河岸吟味により一応の完成をみた。極印改めは享保五年（一七二〇）も実施され、幕府が関東の河川舟運を領主的輸送機構として掌握するとともに、川船を徴租源として取扱ったことを示している（渡辺前掲論文、丹治健蔵『関東河川水運史の研究』、川名登「川舟奉行の廃止と享保改革」）。

北陸・東北の物資は中世以来越前敦賀に陸上げし、陸路琵琶湖畔の塩津・海津・大浦の三湊に運ばれ、山陰・北陸の物資は若狭小浜から熊川宿を経て今津・木津両湊に陸送された。東海方面からは中山道を通って湖東の長浜・米原などの湊に送られた。いずれも湖上を大津に向かい、再び陸上を京都または山科を経由して淀川を下った。

中世以来湖上水運を支配していたのは湖西の堅田衆で、信長も近江進出にあたって自己の支配下に収めたが、湖上諸関の撤廃、海賊禁止のため新たに栗太郡芦浦観音寺に寺領を与え、秀吉も天正十一年（一五八三）同寺住職を高島郡代官に任じ、早崎平三とともに湖水船奉行を命じた。慶長三年（一五九八）には毎年銀子七〇〇枚の運上で請負制とし、徳川の時代になっても、同寺住職は近江・大和のうち四万石の代官兼船奉行を勤め、大津観音寺町に船改極印所を設立、貞享二年（一六八五）までその職務を執行した。また天正年間浅野長政の下知によって大津百艘船が成立し、代償として諸役免除、湖上湊出入自由の特権を与えられた。大津は湖上航路の中心地で、京都・大坂への連絡にきわめて重要な位置を占め、幕府米蔵が二〇棟あり、諸藩の倉庫数十が建っていた。しかし寛永十六年（一六三九）から加賀藩が日本海を西進、下関を迂回して大坂へ蔵米輸送を開始し、寛文十二年（一六七二）西廻り海運の刷進以後これの急激な利用増大によって、敦賀・小浜—大津の輸送路が衰退に向かい、元禄十二年（一六九九）幕府の大津蔵奉行が廃止され、翌年幕府米蔵一四棟が取払われた（『体系日本史叢書24　交通史』、大野「江戸幕府財政の成立」）。

## 八　東廻・西廻海運の成立

江戸—大坂間の海運は、大坂直轄の年に開始されたといわれる菱垣廻船と、のちに成立した樽廻船があるが、江戸十組問屋の問題とともに次巻賀川論文に委ね、海運の画期たる東廻・西廻海運の成立をとりあげる。

東廻海運とは日本海沿岸を出帆し、北回りで津軽海峡を経て太平洋を南下し、房総半島を迂回して江戸に達する海路である。奥州から常陸那珂湊あるいは下総銚子まで行き、それより川船または陸運で江戸に達する水運は、江戸幕府成立期に開拓されていた。西廻海運は日本海沿岸を西南に回り、下関から瀬戸内海に入り、大坂を経て紀伊半島を迂回して江戸にいたる海路であり、早くから開拓されつつあった。寛永十五年（一六三八）鳥取藩は一万五〇〇〇石の藩米を大坂に廻米し、翌年には加賀藩が米一〇〇〇石を大坂に廻漕している。新発田藩など越後諸藩の大坂廻米も明暦期には開始された。幕府は万治二年（一六五九）より出羽国村山幕領米の江戸廻送を江戸商人正木半左衛門らに請負わせ、酒田経由で西廻航路を利用した。しかし諸設備の未整備から迅速性・安全性に欠け、請負料は割高であった。

寛文十年（一六七〇）冬、幕府は江戸商人河村瑞賢に陸奥国信夫・伊達両郡の幕領米数万石を江戸に廻漕するよう命じた。寛文四年（一六六四）米沢藩上杉家が削封されて幕領となったところで、寛文五年（一六六五）以降江戸商人渡辺友以の請負によって年貢米の江戸廻漕が行われてきた。彼は阿武隈川を改修、小鵜飼船を使用して仙台領荒浜から廻船で銚子に運び、利根川を通る内川江戸廻りで廻漕していた。瑞賢は下調査をさせて計画を立て建議書を幕府に提出した。その大要は、官船を造らず商船をあて、水夫は強健で航路に精通する者を雇い、貢米は荒浜で海船に積替え、房総半島を迂回して相州三崎か下田へ向かい、西南の風を待って江戸湾に入る。平潟・那珂湊・銚子口・小湊などに番所を置いて調査・取締や沢手米の地払いなどにあたらせ、緊急時沿海諸侯・代官に救護にあたらせるというものであった。この建議は幕府の採用するところとなり、寛文十一年（一六七一）春瑞賢は江戸廻米に着手した。少しの損傷もなく日数・費用とも従来の半分で済んだという。翌寛文十二年幕府は出羽国の幕領米を江戸に直漕することを瑞賢に命じた。彼は西廻を採用し下調査をして建議した。廻漕船は北国海運に慣れた讃岐の塩飽島、備前の日比浦、摂津の伝法・河辺・脇浜等の船を用い、城米を下す最上川川船運賃は幕府の負担とし、酒田に専用の米倉を設け廻船積込費用は幕府支弁、城米船に「官幟」をたて寄港地入港税を免除、下関湊に水先案内船を備え、志摩鳥羽港口の菅島に毎夜烽火をあげ目標とし、寄港地は佐渡小木・能登福浦・但馬柴山・石見温泉津・長門下関・摂津大坂・紀伊大島・伊勢方座・志摩畔乗・伊豆下田とし、番所を設け、沿岸諸侯・代官に城米船の保護にあたらせるというもので、この建議も幕府が採用し、五月二日初出帆、七月には海難もなく順次江戸に廻着したという。

河村瑞賢による東廻・西廻海運の成立は、この事業によって両海運が開拓されたのでなく、それ以前の方法を刷新したのである。渡辺信夫はその意義について、第一にそれまでの高率請負料の方式に代えて幕府が廻漕船を直接雇うこととし、安い運賃で江戸廻米を実施したことで、雇船方式は諸藩の江戸・大坂廻米に採用された。第二は阿武隈・最上両川の舟運機構と積出港の設備を整備し、私領の荒浜・酒田に城米専用倉庫を設け蔵敷料を節約したこと。第三は東廻りは夏船を採用し大型船による廻漕を可能にし、房総半島を迂回して江戸廻米を行ったこと。第四は航路に安全施設を設け、沿道の諸侯・代官に船の保護にあたらせたことをあげる（渡辺前掲論文）。

瑞賢の海運の刷新は、従来の瀬戸内海海運・北国海運に近世初期に開発された江戸—大坂航路に結合して全国的海運系統を確立せしめた。賃積船による幕領米廻漕はその後の幕府の江戸・大坂廻米の原則となった。各地の幕領年貢米を江戸・大坂廻分に振り分け、廻漕時期・数量にもとづき、幕府指名の廻船差配人が空船を調達、船改めを経て指定の積出場所に船をまわし、そこから江戸・大坂のいずれかに廻米するという方法であった。

寛文以前の大坂は主として中国・四国・九州に繋がり、海運の便に恵まれ商業的地位が高かった。一方、敦賀・小浜を通じて北国と結ぶ大津はある意味で大坂と対抗する関係にあった。しかし西廻海運の刷新は、安価な運賃諸経費と江戸直漕によって、日本海沿岸から江戸・大坂への廻漕はしだいに西廻りによる廻漕が増大し、瀬戸内方面の西国船の北国進出も著しく、北国海運の地位は低下していく。こうして敦賀・小浜—大津と北国諸藩との輸送体系は衰退し、北国諸藩と大坂との流通を密接なものとし、大坂が中央市場の中核としての経済的地位を確定したのである。

## 二　通貨と度量衡の統一

石高制は一定度の商品経済の展開を前提として成立している。このため貨幣流通を必要としたが、これを可能としたのは金銀の増産であった。すでに十六世紀中ごろから金銀山の開発が盛んとなり、豊臣政権や江戸幕府はその多くを直轄し金銀を独占した。十七世紀はじめには慶長金銀が幕府の統一貨幣として全国に流通し、寛永十三年（一六三六）以降銅銭の寛永通宝が鋳造された。しかし近世に入っても砂金が貨幣的に流通し、領外に送られて幕府貨幣と交換され、灰吹銀や極印銀が領国貨幣として領内で流通し領外支出にもあてられたが、諸藩の経済が中央市場と結びつき、年貢米その他の販売によって幕府貨幣が領内に流入することによりしだいに消滅した。寛文八年（一六六八）段階ではなお辺境一四カ国で一部領国貨幣の流通がみられるものの、寛永通宝の大量鋳造もあって、十七世紀末までには甲州金・佐渡印銀などを除いて幕府貨幣に統一された。

近世初頭、銀札（私札）が畿内や伊勢など先進地帯の都市を中心に発行された。いわゆる非領国・特殊領国地域に成立したのに対し、寛文元年（一六六一）福井藩による発行を嚆矢とする銀札は、大名領国（純粋領国地域）で発行され、札遣いが先進地域から地方に波及した。近世初頭の私札は銀一匁以下の小額札であったが、寛文・延宝期の銀札は小額札とともに高額札が出現し、私札のかたちをとっていた札遣いは、領主権力に把握された藩札の成立に帰結した。藩札発行は藩や札元商人の準備金の用意、領内での正貨流通禁止と引替規定の制定、他国商人への藩札による取引の強制などの措置が必要で、領域市場の形成と領主権力による掌握を前提として可能であった。藩札は宝永四年（一七〇七）通用が禁止されたが、享保十五年（一七三〇）解除された。

貨幣とともに幕府は度量衡の統一にも努力した。尺は曲尺を基準としたが、検地の間竿は完全に統一されたわけではない。

これに対して秤については、幕府は承応二年（一六五三）東三三カ国の秤の販売権は守随家、西三三カ国は神家に認めた。守随家は天正十一年（一五八三）家康から旧領五カ国の秤の独占権が認められ、慶長十九年（一六一四）関東の独占支配が認められていた。京都の神家は元和元年（一六一五）家康から特権を得たが、全国的に市場をもっていた神家が関東に進出して守随家と争いを起こし、訴訟の結果東西二分制度になったのである。寛文八年（一六六六八）幕府は老中連署状をもって東三三カ国秤分掌の特権を示す「国分秤証文」を守随家に与えた。秤に使用する分銅はさまざまなものが用いられていたが、寛文五年後藤四郎兵衛家製作の分銅に統一された。

枡については、寛文九年（一六六九）幕府は江戸枡を廃止し京敍に統一した。全国枡統一政策は、江戸枡座樽屋藤左衛門一人にやらせようとしていたが、江戸枡座および京都枡座福井氏の二名から諸大名が枡を購入することとし、枡座の印のない枡の使用は禁止され、枡も東西枡座の分掌となった。

秤・分銅・枡の統一は全国的な商品流通の展開によって寛文期に急速に進んだ。貨幣使用においても秤量貨幣である丁銀の使用が進行しており、容積と重量を計量する手段の統一は不可欠であったのである（安岡重明「幕藩制の市場構造」）。

### ホ　幕藩制的市場の編成

幕藩制国家の土地所有体系である石高制は、生産物地代としての米納年貢の商品化による領主の貨幣経済と農民の自然経済との併存を必要条件とした。国家支配の原理である兵農分離制は、武士・町人・農民間の、都市と農村の、そして三都＝中央市場とそれ以外の地域との間の社会的分業を必然化した。この意味で国家は商品流通に対する編成と掌握なしには石高制を基本とする幕藩制的土地所有は確定しえず、これが流通編成の先行性と重要性の理由である。国家的再生産の体系である鎖国制は、社会経済的には流通編成の確定であった。すなわち全国的流通経済は領主経済を基軸として展開したので、幕府の経済政策は、畿内諸都市と周辺地域支配、交通運輸制度の整備・支配、貨幣鋳造・統一と鉱山開発など流通政策として進められ、貿易独占の鎖国に結果した。

石高制にもとづく幕藩制的市場編成の問題は、鎖国制のもとで国家的な再生産機構をどのように構築するかということである。編成の中心となったのは大坂・京都・堺など畿内諸都市と江戸とであった。これについて佐々木潤之介は、大坂を中心とする畿内諸都市は、①大名領域経済との間に、(a)年貢米の移入と手工業品を主とする商品の移出とを通じて、(b)年貢米や特産物と統一貨幣との交換を通じて、②江戸との間に必要物資の供給を通じて、③長崎との間に輸出入品の需給を通じて、④周辺畿内農村との間に生活物資や加工業原料品の需給を通じて、それぞれ経済的に結びついており、⑤同時に、武器生産・織物生産・冶金精錬等について手工業技術を独占していた。大坂等畿内諸都市をこのような性格のものとして確定することが、幕藩制国家の流通編成の基本であったという。

そのために、幕府は本節でみたように、商人手工業者に特権を認めながら手工業技術の独占を図り、菱垣・樽廻船・東廻西廻海運など大坂と江戸や全国都市との間の交通運輸制度を確定し、銭貨の増鋳や領国貨幣の制限、統一貨幣通用を強制し、輸入品について江戸・京都・大坂・堺・長崎五カ所の特権商人の独占を認め、また商業組織についても市場や問屋組織などが一六七〇年前後までに急速に行われ、前記①〜⑤の特質をもつ畿内諸都市の確定がなされた（佐々木潤之介「序説　幕藩制国家論」）。

ところで初期においては、領主経済の自立的個別性を基礎に、運輸手段をもつ地方の初期豪商が遠隔地商業を行っていた。これと基本的に変わりはないが、中央権力と結合した代官的豪商が畿内支配において代官として機能していた。この二通りのあり方の初期豪商の発展した姿が朱印船貿易商人であった。幕藩制国家の流通編成は代官的豪商を基軸に進められ、その結果地方の初期豪商が衰退し、代官的豪商も御用達特権商人に変質した。敦賀・小浜についてみれば、舟持商人が北国海運の担い手として登場、秀吉や城主の大谷吉継・浅野長政、諸大名の保護を得て北国・奥羽と畿内を結び、蔵米委託販売・必需品調達を行って莫大な運賃収入を得た。朝鮮出兵の兵糧米運送、伏見築城材調達を勤め、初期豪商として発展を遂げたが、価格差の大きい遠隔地取引がその発展の条件であった。初期豪商は鎖国の影響をうけ寛文期までにしだいに解体し、商品輸送と売買の二つの機能に分化した。さらに敦賀の高島屋・道川らは町年寄となって商業活動から脱却、朱印船貿易に従事していた小浜組屋は寛永期に小浜藩代官に転身した（山口徹「小浜・敦賀における近世初期豪商の存在形態」）。かくして城下町や三都の問屋商人が新興し、特権商人化して流通編成の担い手となったのである。

幕府財政は、勘定所機構・幕領支配機構・幕府直轄蔵体制とそれへの廻米機構を成立させ、旗本財政を包摂することによって一六四〇年代に成立した。大名は給人の地方知行を廃止ないし形骸化させ、財政基盤を強化し、城下町を中核とする領域市場を成立せしめて給人財政を包摂して藩財政を成立させた。領域市場はそれ自身では完結しえず、軍役奉仕・必需物資購入に必要な幕府貨幣獲得のため年貢米・特産物販売市場としての畿内とくに大坂への結合を余儀なくされた。こうして藩財政は大坂を通じての幕府の流通編成によって幕府財政にとりこまれ、領国貨幣や津留は否定されてその独自性は限定され幕府財政に従属した。将軍財政・大名財政・旗本財政・給人財政の自立的個別性は最終的に否定され、全領主階級の財政としての幕藩制国家財政が成立した。そしてそれは国家の再生産体系としての幕藩制的市場が編成された一六七〇年代といってよいであろう。

### へ　中後期への展望

自給経済のもとに封じこめられた農村は、十七世紀末から十八世紀には、畿内農村をはじめ各地の特産物地帯を中心に商品生産の展開と貨幣経済の浸透、農民層分化、農民的剰余の成立がみられた。年貢収入の停滞・減少と物価騰貴は領主財政の悪化に結果し、一六七〇年以降は大名貸が増大した。都市なかんずく江戸における物価騰貴が問題となり、幕府は物価調整機能を果たさざるをえなかった。享保九年（一七二四）の物価引下げ令、享保三〜九年の株仲間結成の先駆は新たな商業統制策であった。幕府は財政回復策として元禄八年（一六九五）からの金銀改鋳、元禄十年の酒運上、元禄十二年の長崎運上金設定など年貢外収入増加に努め、享保改革期には商品作物栽培など生産力上昇の成果を収奪する有毛検見取法を採用した。市場関係に介入するかたちでの年貢外収入への吸着は田沼の政治に継承されていく。

幕藩制的市場において大坂は江戸をはじめ全国への物資供給機能をもつ。しかし享保期においては江戸への大坂よりの下り米は予想外に少ない。仙台米をはじめ東北・関東・東海の蔵米が多量に江戸廻米されていたが、江戸は大坂のごとく切手発行による信用取引を展開させてはいなかった。これに対し大坂は上方経済圏に属す諸藩の蔵米が、堂島米市場において信用取引され、金融市場として展開していた。享保十年（一七二五）から十五年にかけて江戸商人による江戸・大坂における米会所設立は、幕府から相対的に独自に形成される堂島米価に対して江戸商人を介して幕府が決定権を掌握しようとした政策であり、その失敗により十五年米会所を停止し堂島における帳合米取引を公認する。米に対しては大石慎三郎が主張するように江戸・大坂二元市場を容認しえようが（「享保改革期江戸経済に対する大坂の地位」）、両替商資本との提携なしに堂島の掌握がありえないとともに、両和の後背地の生産力、両地の信用制度の展開度の差が、江戸と大坂の中央市場としての質的な差違を示している。

幕府は江戸を中央市場の中核に位置づけようと諸政策を展開するが、生産技術の地方伝播、十八世紀半ば以降の大坂の地位の低下にもかかわらず、江戸地廻り経済の展開が未熟で達成しえなかったといえよう。

## 文献一覧


朝尾直弘「上方からみた元和・寛永期の細川藩」、大阪歴史学会編『幕藩体制確立期の諸問題』、吉川弘文館、一九六三年。

安良城盛昭『太閤検地と石高制』、日本放送出版協会、一九六九年。

安藤正人「幕藩制国家初期の『公儀御料』」、『歴史学研究別冊（一九八一年度）』、一九八一年。

伊東多三郎「水戸藩財政収支の検討」、『日本歴史』三四八、一九七七年。

大石慎三郎「享保改革期江戸経済に対する大坂の地位」、『日本歴史』一九一、一九六四年。

大石慎三郎「『正徳四年大坂移出入商品表』について」、『経済論集』三—一、一九六六年。

大野瑞男「江戸幕府財政の成立」、北島正元編『幕藩制国家成立過程の研究』、吉川弘文館、一九七八年（本書第一章収載）。

大野瑞男「関東における譜代藩政の成立過程」、『関東近世史研究』一五、一九八二年。

小野正雄「寛文・延宝期の流通機構」、『日本経済史大系3　近世上』、東京大学出版会、一九六五年。

鎌田永吉「成立期の藩財政」、『藩制成立史の綜合研究　米沢藩』、吉川弘文館、一九六三年。

川名登「川舟奉行の廃止と享保改革」、『日本歴史』二六七、一九七〇年。

作道洋太郎「近世大阪における町人蔵元の出現と大名貸の成立」、前掲『幕藩体制確立期の諸問題』。

佐々木潤之介「序説　幕藩制国家論」、『大系日本国家史3　近世』、東京大学出版会、一九七五年。

竹内誠「近世前期の商業」、『体系日本史叢書13　流通史Ⅰ』、山川出版社、一九六九年。

丹治健蔵『関東河川水運史の研究』、法政大学出版局、一九八四年。

土屋喬雄『封建社会崩壊過程の研究』、弘文堂、一九二七年。

中井信彦『幕藩社会と商品流通』、塙書房、一九六一年。

中井信彦「近世都市の発展」、『岩波講座日本歴史11　近世3』、岩波書店、一九六三年。

長野　暹　『幕藩制社会の財政構造』、大原新生社、一九八〇年。
中部よし子　「近世大坂の確立」、『講座日本の封建都市』3、文一総合出版、一九八一年。
畑中誠治・隼田嘉彦　「近世初期における加子役の成立と市場構造」、福尾猛市郎編『内海産業と水運の史的研究』、吉川弘文館、一九六六年。
藤井譲治　「幕藩体制初期の藩財政」、『史林』五六―一、一九七三年。
藤田　覚　「元禄期幕府財政の新史料」、『史学雑誌』九〇―一〇、一九八一年。
古島敏雄　「商品流通の発展と領主経済」、『岩波講座日本歴史12　近世4』、岩波書店、一九六三年。
松尾美恵子　「江戸幕府職制の成立過程」、児玉幸多先生古稀記念『幕府制度史の研究』、吉川弘文館、一九八三年。
丸山雍成　「近世の陸上交通」、『体系日本史叢書24　交通史』、山川出版社、一九七〇年。
宮本又郎　「近世初期の大坂における米穀流通」、宮本又次編『大阪の研究』4、清文堂出版、一九七〇年。
安岡重明　「幕藩制の市場構造」、『岩波講座日本歴史10　近世2』、岩波書店、一九七五年。
山口啓二　「秋田藩成立期の藩財政」、『社会経済史学』二四―二、一九五八年。
山口　徹　「小浜・敦賀における近世初期豪商の存在形態」、『歴史学研究』二四八、一九六〇年。
横山昭男　「米沢藩における青苧専売制の展開過程」、『歴史学研究』二五〇、一九六一年。
横山昭男　『近世河川水運史の研究』、吉川弘文館、一九八〇年。
脇田　修　『近世封建社会の経済構造』、御茶の水書房、一九六三年。
渡辺信夫　『幕藩制確立期の商品流通』、柏書房、一九六六年。
渡辺信夫　「街道と水運」、前掲『岩波講座日本歴史』10。

# 補論二　幕藩財政

## はじめに

本論は主として江戸幕府財政および藩財政の成立過程を十八世紀の初頭まで追究し、幕府財政と藩財政の相関関係を幕藩制国家の成立と構造の中に位置づけることを目的としている。なお、財政の語を適用するのは、近代における国家あるいは地方自治体の財政が最もふさわしいが、江戸幕府と藩がかなり精密な財政組織を持ち、その財政政策によって幕藩政を左右することから、幕藩財政の語を使用したい。

幕府財政に関する研究は、幕府勘定所史料のほとんどが失われてしまったという史料的制約があるために、十分な蓄積があるとはいい難い。なかんずく享保期以前の研究は極めて少ないといえよう。従って本論は幾つかの論考を整理し、また藩財政との関係を幕府を視点に置いて検討し課題に応えたい。なお幕藩制成立期とりわけ慶長・元和期の勘定所職制について新たな検討を加えることに力点を置いたことをお断りする。

## 一　幕府の財政的基盤の特質

江戸幕府の財政的基盤は、まず第一に徳川氏が最大の封建領主として他大名に卓越した直轄領（御料・天領）を保持したところにあったといえよう。そこからの貢租収入が中核であることはいうまでもない。豊臣氏の蔵入地が慶長三年（一五九八）の蔵納目録によると、畿内・近国・北九州を中心に二二二万石余あり、ここからの年貢収入のほか、鉱山収入、貨幣鋳造収益、交通運輸と商業特権掌握などが財政的基礎であった(1)。豊臣政権の経済政策は全国市場の中核としての畿内を掌握することによって展開されるが、全国的な市場関係の未熟さを克服する過渡的措置として、堺や平野郷などの初期豪商を蔵入地の代官に任用しなければならなかった。江戸幕府の財政は、関東領国時代にその原型が形成されたが、関ケ原戦後、豊臣政権の財政政策を基本的に踏襲した。

江戸幕府の直轄領はその初期は二三〇〜二四〇万石、以後大名の改易・減知による公収と新田開発に伴って元禄ごろ四〇〇万石に達し、延享元年（一七四四）の四六三万石余を最大として以後減少するが、幕末まで四一〇万石以上の規模を保った。その分布は中期には全国六八カ国中四七カ国に散在し、旗本知行所を加えると総石高の四分の一に当たる。その中心は関東や畿内近国など政治・経済・軍事上の重要地域であり、幕府は勘定奉行管轄下これを数十人の郡代・代官・遠国奉行に分割支配させ、一部は最寄り大名に預所として委託した。

第二は江戸はもちろん、京都・大坂・奈良・堺・長崎など旧来の政治・商工業の中心地や港湾都市を直轄して商業・貿易・運輸の要点を押さえ、都市商工業者を掌握したこと。明和六年（一七六九）幕府は尼崎藩の西宮・灘目などの領村を公収し、天保十四年（一八四三）越後長岡藩領であった新潟湊を上知したことも、この政策の延長線にある。

第三にキリスト教禁圧に乗じ鎖国体制を完成させ、糸割符仲間を通じて生糸を主とする貿易独占を達したこと。

第四に貨幣鋳造権独占と、貨幣材料の金銀、主要輸出品にもなった銅の主要鉱山を掌握したこと。

第五に城郭や都市建設材産地である木曽・飛驒・赤石山系などの原始林を直轄し、軍馬産地としての佐倉・小金などの牧場を支配したことである。

第六に宿駅・街道や廻船・川船に対する交通運輸支配である。

以上は豊臣秀吉の政策を継承発展させたもので、統一権力者幕府の強大な財政的基盤としての特質を示すものであった。また直轄領の全国的分散性は、その支配のための官僚制的組織を必然化させ、精緻な行政・財務機構や会計帳簿組織を発達させたし、収納貢租を江戸・大坂などへ運送する体系、とくに沿岸航路の発達を促すとともに、その掌握をも必要とさせたのである。こうして江戸幕府の財政は領主的経済体制の中核を占める条件を手中に収め、他大名を圧する強大なものとして成立した。


直轄領の年貢は主たる米・貨幣のほか少量の荏・大豆・菜種・麦などの雑穀、漆・蠟・塩の形態で各代官所に集め、現地の行政支出を除き大部分が江戸・大坂などの蔵・金蔵に回送された。また佐渡・石見・生野などの鉱山産出の焼金・筋金・延金・砂金や灰吹銀は、そのままかあるいは貨幣に鋳造して金蔵に、都市株仲間の運上・冥加、長崎会所運上も金蔵に送付された。江戸幕府の会計制度は暦年を基本とし、年貢収入は翌年の支出に宛て、諸向納と呼ぶ他の収入は当年支出に宛てた。勘定所は代官所・大名預所より検見後取箇帳を徴して米立年貢である取箇と石代値段を決定し、年貢皆済前大積明細帳によって概略の予算を立て、皆済後勘定帳を提出させて厳重な決算を行うなど、財政の事務と機構の整備を図った。決定した取箇の総計が『誠斎雑記』収載の享保元年（一七一六）から天保十二年までの連年の「御取箇辻書付」であり、また地方勘定帳ほか各勘定帳を集約した「金銀納払御勘定帳」「米大豆納払御勘定

帳」の総計が同じく享保七年から天保七年までの「御年貢米・金其外諸向納渡書付」の数字とみられる。(2)

さて、豊臣秀吉死後の五大老・五奉行制下の豊臣蔵入地算用は徳川家康と前田利家の承認を必要としたが、慶長四年（一五九九）三月の利家の死後は五大老のうちの徳川家康の独裁的支配が行われた。関ケ原戦後家康は西軍諸大名の領地と豊臣蔵入地を収公したが、それは直ちに実行されたわけではない。豊臣蔵入地は徳川方諸大名にそのまま預けられたものが少なくなく、豊臣氏の家老片桐且元と小出秀政の二人によって年貢算用が行われた。(3)片桐且元と小出秀政は大久保長安・彦坂元正・加藤正次らと戦後の知行宛行に携わり、且元は摂津の国奉行を勤めている。豊臣蔵入地は「公儀」の御料としての性格をもっており、その算用は慶長十年の国絵図・御前帳徴収の前提であろう。

徳川氏は関ケ原戦後約一二〇万石といわれる蔵入地を獲得し、従来の関東蔵入地を含めて二三〇〜二四〇万石と増大した。新たに獲得した蔵入地は関東以外徳川氏の旧領三河・遠江・駿河・甲斐・信濃の五カ国のほか、畿内近国・備中、長崎などと、石見・佐渡・生野などの金銀山およびその周辺である。畿内近国では豊臣秀頼の領地が摂津・河内・和泉の六五万石余に減封された。大和・摂津・美濃・備中などに蔵入地が設定されたが、近江では家康が秀吉より在京賄料として与えられた九万石のほかに大津を中心に数万石の蔵入地を得たものと思われる。また京都・伏見・堺・奈良・大和郡山・大津・尼崎など畿内主要都市も支配下に入れた。家康は秀吉死後の慶長四年伏見城に入り「天下」を掌握した。関ケ原戦後事実上支配権を家康が握った京都では、同五年九月前田玄以の後に奥平信昌を所司代として置き、ついで加藤正次と松田政行、板倉勝重・松田政行の二人の所司代の時期を経て同八年板倉勝重の単独支配となった。堺も慶長五年米津親勝と成瀬正成を堺政所（のち堺奉行）とし、同十九年直轄に移した。

元和元年（一六一五）大坂の陣によって豊臣秀頼が滅亡すると、家康の外孫松平忠明が大坂一〇万石を与えられて市街復興に当たり、元和五年大和郡山に転封されて大坂は幕府の直轄都市となった。そして伏見城代内藤信正が大坂城代になり、番衆も伏見から大坂に移された。海陸交通の便に恵まれ、早くから西国米の販売市場として成立していた大坂は、市場関係の発達とともに幕藩制的中央市場としての位置を獲得していく。

幕府の最大の財政的基盤である関東では、文禄元年（一五九二）関東八州庶務奉行を置いていたが、慶長六年にこれを整備して青山忠成・内藤清成・本多正信を関東総奉行に任じた。また伊奈忠次・大久保長安・彦坂元正・長谷川長綱らの代官頭が関ヶ原戦以前から圧倒的な支配力を保持していた。しかし彼等は慶長末年までに死去するか処罰され、伊奈氏の武蔵国支配地を除いては、大久保配下の関東十八代官らの下代が相代官制を残しつつ独立して代官となった。上方では伊勢・美濃から備中まで幕領所在一一カ国には国奉行が置かれ、その職掌の一つとして幕領を預り年貢を収取していたが、その権能を中央に吸収され、寛永中期までに国郡奉行・国廻り役などにその任務を継承された。寛永十二年（一六三五）十一月国郡奉行が設けられ、幕領の分割支配体制が成立した。九州では関ヶ原戦後長崎が直轄となり、慶長十一年長谷川藤広が長崎奉行となった。寛永十年から中津藩・杵築藩預所であった豊後日田は、十六年永山布政所が設置されて代官支配地となり、土豪・給人代官が排除されて関東下りの官僚代官小川正長・同氏行が代官となった。また肥後天草は島原の乱の乱後幕領となり代官鈴木重成が入った。こうして寛永十年代には全国的な幕領が成立したのである(4)。

幕領は幕府の軍事力を支える兵糧米供給地としての機能をもち、関ヶ原戦以降の拡大がなされた。安藤正人は幕府の軍役が「公儀」役の体系の一環として公的・国家的な側面を有しているという考え方に従い、軍役に対する扶持米支給も、国役に対する扶持米支給も同一の論理で捉えることができるとした。そして豊臣政権が全国的な蔵入地の設定による伝統的な国家的役賦課原理として扶持米給付の条件を獲得し、石高制にもとづく統一的な「公儀」の役の体系を構築したが、徳川政権は慶長期に幕領を全国的に拡大することによってこれを継承し、扶持米給付条件を獲得す

ることによって、幕領は他の領域と異なる公儀御料として独自の性格を付与されることになったとする。(5)

この幕領の支配体制とりわけ畿内支配について言及すれば、豊臣政権期において五奉行による支配・裁許がなされていた畿内近国は、徳川氏の支配下に入ると京都所司代の支配・裁許を受けた。しかし寛永十一年の家光上洛を画期として、所司代板倉重宗・淀城主永井尚政・勝竜寺城主永井直清・大坂町奉行久貝正俊・同曽我古祐・堺奉行石河勝政・郡代（伏見奉行）小堀政一・同（丹波郡代・河内代官）五味豊直の上方八人衆による支配体制になり、寛文八年（一六六八）八人衆体制の解体により京都町奉行の支配・裁許の体制に変わり、享保七年（一七二二）の畿内八カ国の裁判管轄の国分けによって、山城・大和・近江・丹波の四カ国は京都町奉行、摂津・河内・和泉・播磨の四カ国は大坂両町奉行の支配になるという変遷をたどっている。(6)

ところで勘定所の業務はその対象地域を上方と関東方に二分し、上方組頭・関東方組頭あるいは上方勘定・関東方勘定というように人員が振り分けられていた。また後述のように御蔵奉行・御金奉行も上方が関東よりも早期に成立していた。さらに幕府直轄領は、寛永期における勘定所機構の整備とともに、関東・上方の二分支配方式すなわち関東代官と上方代官によって掌握されたとみることができる。(7)寛永二十一年の勘定頭連署状は、上方代官と関東代官に宛てられており、上方・関東と二分の方式ではあるが、勘定頭―代官の指揮・支配系統が明確にされている。(8)

享保六年（一七二一）閏七月、勘定所が公事・訴訟を受け持つ公事方と、年貢・普請・出納・知行を受け持つ勝手方に分課し、翌七年五月十五日老中水野忠之が勝手掛老中に任命され、同八年八月細分化された勘定所の職務分担が定められ、下勘定所の御取箇方・帳面方・伺方、御殿勘定所の御殿詰・御勝手方という、幕末まで継承される分課の原型が成立した。ここにそれまでの関東方（伊豆・甲斐を含む関東と陸奥・出羽の一二カ国）と、上方（それ以外の幕領所在三三カ国）の掛りや関東方役所・上方役所を廃止し、幕領支配も七筋区分方式に改変された。幕藩制成立以来、関東に対して独自性をもって展開してきた上方の支配体制を克服し、勘定所による一元的支配体制を機構的に整備したのが享保改革期における勘定所分課であり、全国の代官所も勘定所のもとに統一的に編成されることになったのである。享保七年町奉行大岡忠相は関東地方御用掛を命じられ、大岡配下の代官グループは勘定所支配を一定度受けつつ、勘定所支配下代官と競合的に独自の農政を展開した。しかし大岡は延享元年（一七四四）勘定所体制の強化を理由に関東地方支配の辞意を示し、翌二年五月三日に許された。大岡配下の代官は勘定所支配に移り、大岡グループは消滅した。また強大かつ多様な支配権をもち、確立しつつある勘定所体制と対立していた関東郡代伊奈氏の勢力を後退せしめた。美濃で川通掛（水行奉行）を代々勤めてきた高木氏は、享保二十年勘定吟味役在任のまま美濃郡代に就任した井沢為永によって権限の掣肘をうけ、勘定所による河川管理体制が強化された。こうした勘定所支配体制の確立は、元文二年（一七三七）六月以来の勝手掛老中松平乗邑・勘定奉行神尾春央体制下における延享二年の勘定所分課が、享保改革における農政機構改革の到達点を示しているのである。(9)

## 二　勘定頭制と勘定所機構の成立

幕府直轄領の貢租徴収・訴訟などを取扱い、幕府財政経理を統轄する行政機構は勘定所であり、その長官は勘定奉行であることはいうまでもない。勘定所の長官は元禄ごろまでは勘定頭と称しており、以後大体は勘定奉行の呼称になる。しかしその成立の経緯は必ずしも明らかではない。関東入部から幕府の成立までは本多正信ら「年寄」（のちに老中）がこれを兼務し、実質は大久保長安や伊奈忠次ら代官頭が地方奉行としてこれに近い役割を果たしていたと考えられる。

慶長八年（一六〇三）の江戸幕府の成立後はやはり大久保長安や伊奈忠次ら代官頭が引き続き財政実務を担当したが、これを「吏徴別録」（上巻）では、「慶長八年癸卯十二月大久保石見守長安為所務奉行是今御勘定奉行也」とし、慶長八年代官頭である大久保長安を勘定頭の最初とする。さらに『明良帯録』では、勘定奉行は慶長十四年「松平右衛門大夫正綱始て勤む」とあり、『柳営補任』も就任の年月日を記していないが、正綱をもって最初としている。このように勘定頭の起源については各書の記述により相違があって定かではない。

勘定所の成立についても明らかでない点が多いが、その史料的初見は、慶長十年五月二十三日毛利伊勢守高政から「御勘定所」に宛てた慶長六年分の「豊後国之内御蔵入納本帳」(10)、ついで慶長十一年八月二十七日の近江蒲生郡年貢免状で、林伝右衛門から「御勘定所」宛に行ったものである(11)。恐らく慶長八年の江戸幕府成立後間もなく設置されたと思われるが、その場所は江戸と並んで伏見の可能性もある。

慶長八年大久保長安がいわゆる「所務奉行」に任ぜられていて、勘定頭的役割を果たしていたと推察されるが、この勘定所は慶長十二年の二元政治成立以後は、各々駿府と江戸に置かれていたと考えられる。駿府で慶長十四年勘定頭に任命されたのが松平正綱であり、江戸政権では慶長十六年伊丹康勝が勘定頭に任命されたといえよう。二元政権下での駿府政権は全国の蔵入地を実質的に支配しており、松平正綱がその下で会計経理の実務を担当していたとみられる。例えば慶長十二年二月二十一日「遠州伊谷筋卯辰巳御勘定之事」によれば、遠江井伊谷代官飯田助右衛門は慶長八・九・十年分の年貢勘定目録を(12)、慶長十一年十二月十三日木曽代官山村良勝も慶長七年より十一年までの年貢勘定書を駿府勘定所へ提出している(13)。

豊後の毛利高政は慶長六年日田から佐伯一万九〇〇〇石へ転じた。彼は日田において秀吉の蔵入地代官をしていたが、これをそのまま引き継いだ豊後玖珠郡・日田郡の徳川蔵入地の代官となった。この地域のこれ以前の代官は片桐且元であり、慶長六年九月二十六日の「予州替地幷豊後国内御知行方目録」[14]に彼が毛利民部大輔（高政）宛に「当座之御蔵入」として二万七九五三石一斗五升を預けたことが記される。そして以後も二万三〇〇〇石ないし二万八〇〇〇石の規模を保っている。翌七年六月九日の「豊後国日田郡玖珠郡御預米帳」[15]においても未進があることを記している。また慶長十八年八月二十日の「慶長拾七年壬子八月ゟ癸丑八月迄分買米御蔵本へ納申覚帳」[16]によれば、日田からの上米勘定のうち戌年分すなわち慶長十五年分は「駿府にて御勘定ニ未進」とされており、慶長十五ないし十七年までは駿府政権が全国の幕領支配を行い、以後江戸政権がこれを引き継いだことを裏付けている。

大久保長安はもと甲斐の武田遺臣で、天正十年（一五八二）家康に付属し、その側近として鉱山開発をはじめ財政経済に極めて大きな業績を挙げ、「天下の総代官」と呼ばれた。彼は関ヶ原の戦いにおいて、木曽路を攻め上った秀忠軍の先鋒として木曽遺臣の山村良勝・千村良重らの起用を進言し、自ら秀忠の幕僚として木曽衆を指揮して木曽攻略を成功に導いた。戦後彼が異例の抜擢を受けるのはこのことが家康に高く評価されたからであろう。すなわち美濃代官として美濃一国の欠所を支配、山村道祐を木曽代官に推挙し、飛驒川、木曽川の支配を委ねた。これによって木曽の森林資源と運材河川の利権を確保することになった。慶長六年正月彦坂光正とともに東海道・中山道の伝馬制を定め、ついで伊奈忠次と関東諸国の検地を奉行し、甲州総代官・大津町奉行を承り、伏見銀座の開設に関与し、更に石見・佐渡両鉱山の増産に実績を挙げた。また駿府城再建工事をはじめ、丹波篠山城・亀山城などの普請に関わり、建築用材輸送と内陸舟運路の開発に尽力していたとみられる[17]。

以上のような長安の事績をみると、関ヶ原戦直後はまだ勘定頭制は成立しておらず、彼が事実上の勘定頭とみてよいであろう。さてその支配領域であるが、慶長十八年四月二十一日の大久保長安「覚書」[18]によれば、彼が支配する石見・佐渡・伊豆の金銀山とその地方は慶長十四年と同十七年に勘定仕上げを行って皆済となり、このほか大和・伊勢・

美濃や、甲斐・関東・木曽・甲州などの代官所も彼の管轄するところとなっており、彼の強大な勢力のあり方が判る。これは、松平正綱が慶長十四年会計の総括を命じられ、同十七年八月二日安藤重信が駿府において慶長五年以来十余年の収支を査検して財政実態を把握したという事実と照応するのである。[19]慶長十六年二月二十八日付の家康自筆の年貢皆済状が知られている。すなわち、伊勢代官笹山資俊は同五年から、大和・近江代官楢村監物・中坊秀政、大和代官藤林政勝、丹波代官山口直友は慶長六年から、近江代官猪飼光治は同八年から、いずれも同十四年までのものである。[20]これらは松平正綱が会計総括をした結果、家康が年貢皆済状を発行したとみてよいであろう。むしろ長安のような奉行代官の不正の横行があり、これらに対する措置として、会計の検査を実施したとみるのが適当であろう。そしてこれは次に述べるように、秀忠の江戸将軍政権の財政基盤を強化し、豊臣政権に対決する政策の一環として行われたものとみられる。

「当代記」巻七[21]によれば、慶長十六年より全国の蔵入地のうち美濃・伊勢および近江のうち一三万石は「駿府」（家康）、尾張は「右兵衛主」（徳川義直）、駿河・遠江は「常陸主」（徳川頼宣）分国とし、残りは全て「江戸将軍」（秀忠）へ納めることとしたといわれるが、長安の覚書によれば、佐渡は慶長十五年、石見は同十七年に将軍に引き渡しているので、「当代記」の記事とずれがあるのである。「当代記」巻五の慶長十五年九月二十九日の条によれば、家康の命により上方の知行は同年に秀忠に移されることになったが、同じ十月三日の条に上方諸代官の江戸納めが実現したのは十六年以降のことであることが知られる。[22]いずれにしても、それ以前は蔵入地の支配を駿府が一手に行っていたとみられる。そして美濃と近江一三万石が家康代官所として残り、伊勢と近江の残りは慶長十六年前後に秀忠領となり、どちらも長安の管理するところであったと思われる。彼の権限が自己の所領である武蔵八王子周辺だけでなく、関東や甲斐の蔵入地、石見・佐渡・伊豆の銀山とその地方、国奉行として支配した大和・美濃の諸国、そして近江や木曽山林に至る一二〇万石ともいわれる広範囲の地域に及び、その権勢が強大であったことが、死後の処罰に繫がったといえよう。

元和二年（一六一六）四月十七日の家康の死去により駿府政権が解体し、江戸の秀忠政権に統一されると、勘定所機構も江戸に一元化される。松平正綱は伊丹康勝とともに江戸政権の勘定頭となった。

松平正綱は慶長十四年会計総括を命じられ、元和元年奉書加判命令ののちも勘定頭を兼任している。慶長十一年七月二十九日の千村平右衛門良重宛の遠山加兵衛知行地跡の処理に関する書状に伊丹康勝とともに連署している(23)。次に、慶長十四年九月三十日の「中井大和守金銀請取状控」(24)によれば、大工頭中井正清が駿府浅間・京都東山知恩院・江戸増上寺山門普請の代金請取を松平正綱宛にしており、同文書二二二の中井大和宛の書状は松平正綱・伊丹康勝の二人が連署、二二六の松平正綱書状は伊丹康勝が不在のため加判しない旨の追而書がある。二二二は年未詳八月十八日の日付であるが、内容は二条城と薄（箔）入札に関するものであり、二二六は年未詳七月二十四日のもので、二条城の作事に関するものである。これらが二条城造営についてのものとすれば慶長八年となるが、中井正清の大和守叙任が慶長十一年七月（『寛政重修諸家譜』では慶長十三年）であるから、それ以降の慶長十年代である。

伊丹康勝は、『寛政重修諸家譜』によれば、父康直は摂津伊丹より伊勢に逃がれ、上野を経て駿河の今川義元に仕え、氏真没落ののち武田信玄、武田氏滅亡ののち家康に仕えて代官、ついで駿河清水の御船奉行になったという。康勝は天正十四年（一五八二）秀忠に近侍し納戸頭を兼ね、関ケ原の戦に当たって秀忠の上田城攻撃に供奉し、その直後代官を兼務、のち勘定奉行に進み、寛永元年（一六二四）二月家光に付属し、同十二年五月二十二日佐渡奉行を兼務している(25)。『徳川実紀』によれば、慶長十九年九月二十日、康勝は鎮目惟明とともに会計上申のために江戸より駿府へ参上し(26)、十月伯耆の代官賦税を納め(27)、元和元年閏六月九日信濃松本山中の鉱山銀鉛産出の注進に松平正綱と沓検し[28]、翌二年五月十一日鐚銭・撰銭禁止を老臣とともに諸大名に伝えている[29]。

康勝は慶長十六年六月二十二日の千村良重らに対する千石夫徴収に関する奉書に酒井忠利・土井利勝・安藤重信らの年寄とともに連署している[30]。また翌十七年九月十三日の「石見国銀山幷地方御仕置覚[31]」によれば、酒井忠世・酒井忠利・土井利勝・安藤重信・伊丹康勝・鎮目惟明との連署で、竹村丹後守・山田清太夫に宛て、石見国銀山と地方仕置について書き上させ、覚書としている。鎮目は当時大番頭であり、元和三年佐渡の代官となっているが、連署者の前四人は年寄であり、伊丹もその一人か、勘定頭として連署しているとみられる。次に元和元年の「下野国安蘇郡春日岡惣宗寺領渡下知状[32]」においては、酒井忠世・土井利勝・酒井忠利・安藤重信・大久保忠尚・鎮目惟明の末筆で連署している。大久保六右衛門忠尚は、大坂の陣に井上正就組に列して供奉し、陣後から寛永三年（一六二六）までの間のうちに勘定奉行を勤めたとあるから、勘定頭に就任した可能性もある[33]。

伊丹は元和二年五月から八年十二月までの二二通の奉書に連署している例をみると（表5参照）、扶持米手形、知行渡下知、物成・切米・種貸渡下知、材木・石工供出下知、畳替、猿楽配当米賦課などの年寄奉書に末座で連署しており、これ以外では元和二年五月の撰銭および金銭売買の定に連署するのみである。寛永三年閏四月二十四日の浅井朝正宛の遠江三カ村千石の引き渡しに関する覚でも[34]、土井利勝・井上正就・永井尚政・松平正綱・伊丹康勝の年寄・勘定頭が連署しており、知行渡下知には年寄を補佐して命令を下しているのである。また年未詳六月九日の中井大和守宛の書状に土井利勝・安藤重信とともに連署している[35]。従ってこの時期の松平正綱と伊丹康勝は財政にのみ関与する秀忠付の「年寄並」の権限をもつ職すなわち勘定頭になったといえよう。

ところで、慶長十九年二月十四日の「公事裁許役人起請文前書[36]」の血判連署人は、江戸年寄衆・江戸老中・町奉行・留守居であって、勘定頭としての伊丹康勝・松平正綱らの連署はない。従って彼等は評定所出座の資格はなかったとみえる。

元和九年七月二十二日秀忠は退隠し、将軍職を家光に譲って江戸城西丸に入り、ここに本丸（家光）、西丸（秀忠）の二元政治が展開する。「部分御旧記」御書附并御書部六[37]の載せる元和九年十月十六日の書状によれば、この時秀忠から家光に譲られたのは、金五〇万枚、五畿内全部、関東二〇〇万石、金銀山全部、それに大番衆を少しと記されている。これに対し、秀忠は忍で一〇万石、大坂で一〇万石、伊豆・駿河・遠江・三河のうち五〇万石余が「御蔵入」として残された。今この記事を立証する他の史料が見当たらないので、直ちに事実とはいい難いが、本丸・西丸の二元政治においても、将軍・大御所のそれぞれの財政基盤があったといえよう。

寛永九年正月大御所秀忠が没し、本丸・西丸の二元政治は解消した。ここに家光の親政期が始まる。これより前の寛永七年（一六三〇）、曽根吉次は「関東勘定頭」となり諸国を巡視しており[38]、十三年になって「惣勘定頭」となったが、これ以前も関東以外の御用を勤めた形跡があり、寛文元年（一六六一）の辞職まで終始勘定頭であった[39]。

寛永十一年三月三日、「老中職務定則」と「若年寄職務定則[40]」が定められ、これによると、酒井忠世・土井利勝・酒井忠勝の三人の年寄衆だけでは職務が停滞するので、職務を年寄と松平信綱・阿部忠秋・堀田正盛・三浦正次・阿部重次・太田資宗の六人衆と町奉行に分割し、「御蔵入代官方之御用」、「金銀納方并大分遣方」、「知行割」などの後の勘定奉行の職務に属するものが三人の年寄の職務の中に規定された。翌十二年十一月十四日「老中并諸役人月番ノ始及分職庶務取扱日定則[41]」が定められた。すなわち、「金銀納方」は酒井忠世・松平重則・牧野信成・酒井忠吉・杉浦正友の五人の留守居の職務、「証人御用并訴訟」はこの五人と松平家信の六人の留守居の職務、「関東中御代官方百姓等御用訴訟」は松平正綱・伊丹康勝・伊奈忠治・大河内久綱・曽根吉次の五人の勘定頭の職務と規定された。これはこの年の十二月十一日伝奏屋敷で寄合が行われて規定された評定所の審理規則との関係で捉えるべき内容で、職務の一端を示しているに過ぎない。酒井忠世は前年の西丸失火により免職され、この年五月留守居首座に復職とともに失脚前の年寄の職務であった「金銀納方」が留守居の職務とされたと推測される。松平正綱と伊丹康勝は秀忠の死後寛永十年九月家光の勘当をうけ失脚していたが、天海の執り成しで同十一年五月閉門を宥されたが、失脚前年寄並の権限をもっていた両人の地位は大きく変化した。藤井譲治は、幕府発給文書への署判と寄合席の検討から、両人勘当後年寄衆と並ぶ権勢は否定され、両人の持っていた権限のかなりの部分は伊奈忠治・大河内久綱・曽根吉次の新しい「勘定方」が掌握したとする。(42) 康勝は十六年勘定頭兼任のまま留守に任じられた。

ついで寛永十二年十一月二十七日、幕府は小出三尹と市橋長政を国郡奉行に任じ、三河より西は市橋、東は小出と分けて幕領のことを司らせ、関東幕領は正綱ら五人、関東を除く三河以東の幕領は小出、三河以西の幕領は市橋の支配が成立した。

「徳川実紀」によれば、寛永十四年「勘定頭曽根源左衛門吉次は評定の席に列り。衆訴をきかしめらる。(44)」とあり、勘定頭曽根吉次の評定所への出席が認められ、地位が向上したことが判る。

さらに寛永十五年十二月五日、幕府は上方を小姓組武藤理兵衛安信・勘定組頭諸星清左衛門盛政・代官下島市兵衛政真・勘定能勢四郎右衛門頼安の四名、関東方を井上新左衛門某・井上宇右衛門某・糸原甚左衛門重正・壺井金大夫永重の四名にそれぞれ分け、各々に会計を司ることを命じ、勘定所職掌を上方と関東方に分課している。(45)

寛永十九年八月十六日、酒井忠吉・杉浦正友は「諸色入内之儀」吟味（国用査検）、曽根吉次・酒井忠吉・杉浦正友・伊丹康勝の四人は「御代官其外御勘定之儀」吟味（租税財穀出入の事）を命じられ、伊奈忠治は勘定頭を免除され、後の関東郡代の職に就いた。大河内久綱は十五年「地方奉行（勘定頭）」を免ぜられているので、(46) 正綱を別格として、曽根に対して伊丹を含む三人の留守居とともに租税財穀出納すなわち勘定頭の職務を命じたもので、この時点で農政部門と財政経理部門が合一して勘定頭制が成立したのである。

勘定所の役人である勘定は、慶長十八年には明らかにその存在が知られ(「大久保長安覚書」に「御勘定壱人罷下」とある)、米蔵における御蔵奉行—手代—小揚、金蔵における金奉行等は寛永十年代から正保三年(一六四六)までには成立している。

次に、勘定所支配で米金の出納を行う米蔵・金蔵役人の創置についてみると、まず米蔵役人である御蔵奉行は、畿内では元和三年に淀御蔵奉行、同四年伏見御蔵奉行の存在が確認され、同七年大坂御蔵奉行の新置とともにこれに吸収されたとするが、大坂御蔵奉行新置は元和五年とみたほうがよい。二条御蔵奉行は寛永二年に創置されたが、大津御蔵奉行の創置年代は不明である。浅草の御蔵奉行は寛永十三年五月一日に初めて三人が置かれ、同十九年五月二十六日六人、同八月十八日大番・小十人より一二人、寛文五年(一六六五)八人、延宝二年(一六七四)一〇人と変わり、貞享四年(一六八七)十月に半数五人が初めて勘定から命じられた。勘定頭制が成立した寛永十九年八月十八日には切米手形書替割印を行う切米手形改役(書替奉行)二人の新置をみた。一人は定役、一人は大番出役であった。このように御蔵奉行・御切米手形改役が大番の出役であることは、米蔵が軍事体制下の兵糧米貯蔵所の機能を基本的に持ち、幕藩制確立に伴って財政経済的機能を濃くするとともに、勘定出身者が任命されるようになったのである。

金蔵の出納を司る御金奉行は正保三年正月二十二日に初めて四人が、御金同心は同二月十六日に置かれたとするが、これも元和四年松風権右衛門が任ぜられていて、創置の時代は遡る筈である。また大坂御金奉行の初任は寛永二年といわれる。

以上、要するに、まず慶長十年代に駿府と江戸の勘定所において勘定頭—勘定という単純な構成が成立し、元和二年の二元政治の解消とともに将軍秀忠のもと江戸の勘定所に統一された。また米蔵では寛永十年代に御蔵奉行—手代

―小揚という組織が成立し、ついで同十九年八月に四人の勘定頭と御切米手形改役二人が置かれて、地方支配機構と財政経理機構が合一し、勘定所機構が成立整備された。そして勘定頭―勘定組頭―勘定―支配勘定という精緻な組織は万治・寛文期に確立したのである。(47)

このような勘定頭制および勘定所機構の成立は、進行する寛永飢饉、勘定方役人や代官・庄屋の不正への対応として、財政経理を統轄し、幕領を統一的に支配する体制を整備する必要に迫られたからである。こうした体制は、すでに金銀出納に携わり、十六年には勘定頭とともに「庖所費用」の査検や節倹の指揮を勤めた経験をもつ留守居の参画なくしては成立しえなかったのである。(48)

寛永十九年の幕府財政機構の成立以後も留守居の財政関与は続き、貞享四年（一六八七）払方金奉行が金蔵支出報告書を留守居に提出しており、また銀座も留守居支配であった。金奉行と銀座が勘定頭の支配に変わるのは元禄二年（一六八九）であり、この時に至って、幕府財政機構は勘定頭によって全面的に掌握されることになったのである。(49)

## 三　近世前期江戸幕府財政状態の変遷

### 1　成立期の幕府財政と浅草米蔵

成立期の幕府財政を知りうる勘定帳類はほとんどなく、僅かに『竹橋余範』巻七に収載される正保三〜承応元年（一六四六〜五二）の「正保三年戌亥慶安元年子丑寅卯承応元年辰浅草御蔵御勘定帳」(50)や、寛永十八〜正保二年（一六四一〜四五）の「大坂御城米巳午未申酉納幷渡方御勘定目録」しかない。(51)

まず前者における慶安四～承応二年（一六五一～五三）の浅草米蔵納勘定についてみると、記されている納人名は郡代・代官が大部分であり、この勘定帳の納米・荏・大豆の大部分は年貢とみられること、納米・荏・大豆の範囲は伊豆を含む関東が主で、関東以外の納米比率はかなり小さく、関東以外の納米がすべて浅草米蔵になされているわけではないこと、この納勘定に記載されない諸国の幕領年貢は、畿内では二条・大坂・大津をはじめ高槻・枚方・堺などの諸米蔵、西国（九州）は長崎米蔵、佐渡は佐州米蔵というように、在地の郡代・代官・奉行らの米蔵に納められ、勘定がなされていたと思われる。なおこの納勘定の元となる代官勘定は「中勘定」の可能性が強いことが指摘しうる。

次に渡勘定についてみると、慶安四年～承応二年浅草御蔵勘定渡のうち最大の比率を占めるものは、御切米渡（二八万二三六二石余、五五・九三％）であり、御扶持方渡（五万一九九六石余、一〇・三％）も含めてほぼ三分の二に当たる。米蔵支出の中核はいうまでもなく切米・扶持米であり、いまこの前後の年次で知りうる慶安三年・寛文二年・同五年・同九年分の切米・扶持方・馬飼料等の数量と比較すると、慶安三年を基準として、同四年・承応元年の浅草米蔵渡のおのおのの指数は四〇ないし五〇となる。つまり、浅草米蔵の幕臣団俸給総支出（米のみ）のうちこの二カ年の比率は約半分ということになる。

このことから、第一に慶安四年・承応元年の浅草米蔵渡の切米等は果たしてこの年次の切米等の約半分であろうか。そうであれば元文元年（一七三六）以後の浅草・本所米蔵が幕府切米支出の大部分を担っていたのと違い、浅草米蔵の役割は傑出して高くはなく、幕府直轄蔵体制は確立していないといえる。このことに関連して、第二に幕府の他の米蔵との係わり方をも検討して浅草米蔵の位置づけをしなければならない。第一の点については、この浅草米蔵納渡勘定は「中勘定」に基づく数字の可能性が濃厚であるので、年次決算の総量を示していないと思われる。代官勘定は元禄ごろまでは去年を「中勘定」、去々年を「皆済勘定」仕上げとし、中間決算をするのが一般であった。[52] 中勘定を廃止し、去年分を皆済勘定仕上げとしたのは、享保の財政改革期もしくは遡っても正徳ごろである。また元禄以前では、二年以上にわたる収支決算が一度になされることが多かった。従って慶安～承応期のこの勘定も、代官納米・荏・大豆勘定がもう一度なされたと推測したと同様に、渡勘定ももう一度以上なされた可能性があり、そうであれば慶安四年・承応元年の数字も若干増えると思われる。

第二の点に関して、江戸以外の米蔵、浅草以外の江戸諸米蔵と、浅草米蔵との関係について考察する必要がある。江戸以外の米蔵では、元和五年（一六一九）大坂直轄以降における大坂・京都など畿内米蔵の相対比重の高さを指摘できるであろう。寛永十八～正保二年の大坂城米は年に一〇ないし一四万石であったことを考え合わせると、寛永末ないし慶安・承応期の畿内米蔵詰米容量は元禄ごろと大差なく、二〇万石は越していたと推測してよいであろう。

いっぽう、江戸の米蔵は、慶長三年（一五九八）ごろとみられる「慶長江戸図」には、「一の蔵地」（和田倉）、「二の蔵地」（のちの大手外）、「三の蔵地」（平川門外）が所在し、同十三年ごろの「慶長江戸絵図」では、和田蔵、伊奈備前（忠次）・大久保石見（長安）・彦坂小刑部（元正）の御蔵（一の蔵地に相当）、青山播磨（忠成）御蔵など一一カ所の蔵（三の蔵地に相当するか。竹橋外）を認めることができる。すなわち関東総奉行・所司代・使番・御金奉行および二、三の代官の御蔵である。ところが「正保元年江戸図」では、和田倉は阿部豊後（忠秋）屋敷に替わり、浅草のほか代官町・清水門外の米蔵が認められ、伊奈ら代官頭・有力奉行の米蔵が払拭されている。[53]

慶長期における江戸城外郭所在の代官頭・奉行預蔵体制に代わって、浅草米蔵は元和六年に創設された。その規模は一橋大学付属図書館所蔵の文化十三年（一八一六）写「御蔵之始末」によれば、坪数三万六六四八坪三合、上東の角より北の角まで五八間、下南の角より西の角まで一三一間、町通り三〇六間、大川通り三四四間、棟数は天明年中までは五一棟二五八戸前であった。浅草米蔵に付属する米蔵として本所米蔵があり、享保十八年（一七三三）四月十八日より地形にかかり、翌十九年冬に完成、元文元年（一七三六）より買米を入れて使用開始され、棟数一二棟八八戸前であった。浅草・本所両蔵の詰米容量は五〇万石程度であろう。弘化四年（一八四七）閏四月二十九日の在高が米三四万七五六八石二斗八升八合であり、毎年ほぼ四〇万石余ずつが動くとみてよい。(54)

以上のことから、代官頭ないし奉行らが江戸城外郭に個別に米蔵を預り支配していた代官頭・奉行預蔵体制が、慶長末期の代官頭の死去もしくは処罰によってその巨大な在地支配力が消滅するとともに解体し、寛永末〜慶安期に至って浅草米蔵を中核とする幕府直轄蔵体制の成立をみたと考えることができよう。しかし、これは浅草および谷の蔵（矢倉）が中心となって成立しつつある過程でもあり、寛永期においても他の和田倉・北の丸・谷の蔵・雉子橋の米蔵の持つ役割を全く無視することもできない。ただこれらの米蔵も元禄ごろまでには解体され、享保末期までに浅草・本所に集中されたのである。このほかにこの時期に存在する江戸の米蔵は浜米蔵・竹橋籾蔵である。

いっぽう、畿内米蔵の比重は、その生産力的水準の高さの故にまだ相対的に大きく、地方米蔵も独自の機能を果たしていたと思われるが、これらが江戸なかんずく浅草米蔵に最終的に集中するには、寛文末期の東西海運の成立による廻米体制の整備を持たなければならない。(55)

幕領年貢米が本来もっている軍事的機能と非軍事的機能は、寛永十年（一六三三）以降譜代藩や街道宿駅に設置された兵糧米備蓄制としての城詰米制度と、国家的財源としての直轄蔵体制に分化し、幕領は初期にもっていた臨戦的な兵糧米供給地としての性格を薄めていったのである。(56)

## 2　貞享・元禄期の幕府財政

東京大学史料編纂所所蔵特殊蒐書中の「近藤重蔵遺書」[57]にある貞享四年（一六八七）作成「貞享三寅年御入用払高大積」によれば、貞享三年の幕府江戸金蔵支出のうち、最大の支出は幕臣団への俸禄である切米金（四一・五％）、ついで普請作事経費（三一・九％）、将軍家政関係費目（一八・八％）となっている。また同じく元禄七年（一六九四）九月作成の「御蔵入高並御物成元払積書」は、元禄七年の近年（一～二年前）入用が増えた状況と、一〇カ年程以前（貞享期とみられる）入用中分つまり平均的支出積とが記される。この貞享期と元禄初年とを比較すると、作事ついで細工方・畳方入用・納戸入用・合力金が両年間の支出増の平均指数を上回っている。造寺造仏などの作事普請経費の急増、綱吉の奢侈による将軍家政経費の支出増もあって、結果は元禄期には収支不足となっている。なおこの史料は収支不足に対する財政策の評議の基礎資料として勘定所内で作成されたものと推定され、翌元禄八年の貨幣改鋳令の発布、改鋳益金による財政補塡という政策実施に至ったのである。

このように、元禄期の普請作事修復関係費の延びが幕府財政支出増をもたらしているのであるが、この期の普請修復に関する史料として、遠国関係のものではあるが、元禄十年（一七九七）幕府勘定方・作事方作成の「十ケ年以来遠国所々御普請御修復御入用覚」「十ケ年以来遠国寺社御普請御修復御入用覚」[58]がある。両方とも元禄元年から九年まで幕府によって修復され、または修復料を下された分で、遠国所々には、御所・城郭・船蔵・米蔵・茶壺蔵・火消小屋・目付小屋・番所・城代や奉行屋敷・橋が含まれている。これによれば、寺社修復費が非常に大きい比率を示すが、とりわけ日光山大修復費用が大きい。寺社修復のうち三州六所大明神・高月院・高野山大徳院・日光山・三州鳳来寺・鎌倉八幡宮・伊豆権現社・箱根権現社・摂州多田院・三州大樹寺・遠州一宮・駿州村山浅間・三州信光明寺・

松応寺は大名手伝で行われたが、この史料に載せる支出金額はすべて幕府の負担である。

綱吉在職中の延宝八年（一六八〇）から宝永六年（一六〇九）までの寺社修復（修復料下付も含む）件数は一〇六件にも上り、城郭・御所・橋・河川・堤防から犬小屋に至るまでの普請修復も非常に多い。それとともに、元禄期には寺社領の寄進加増が多く、将軍権威を装飾するためか、朝廷を尊崇し、禁裏御料一万石の増献、仙洞御料の進献、御水尾皇女家領、公家方領の進献を行い、山陵の修理を実施した。

一般に元禄期特に末期の幕府財政は、将軍綱吉の奢侈と造寺造仏などによる支出の増大と、商品生産および都市の発展に触発された物価騰貴によって悪化の一途をたどったとされる。しかし綱吉が将軍を襲職する以前の延宝四年（一六七六）には年間二〇万両の財政不足を生じたとあり、非常用の金銀分銅に手をつけはじめたのも同四・五年のことであった。初期において財政収入の比重を占めていた鉱山収入も、寛永末期以後諸国金銀山の衰退によって大幅に減少し、明暦の大火およびその復興に要した多大の失費によって、幕府の収入ならびに貯蓄金銀は減少する一方であった。(59) 綱吉は将軍職に就くに当たってこのような財政状態に取り組む必要に迫られたのであり、二度にわたって日光社参を中止せざるをえなかった。

綱吉は前将軍遺金の分配を廃止し、延宝八年堀田正俊を農政・国用専管の老中（翌年大老昇進）として地方支配機構の改正に努め、天和二年（一六八二）勘定吟味役を創置し、また代官の不正を糺して、会計遅滞・年貢未進を理由に、給人的性格の濃い世襲代官を中心に五一名の代官を死罪あるいは免職とした、いっぽう天和元年金分銅一〇・金分銅六六を鋳潰し、大坂の陣の時の貸付金を諸大名から返上させ、元禄三年小普請金を創設して収入増を図った。綱吉の代に彼の専権に触れて改易された大名は四五名にものぼり、その没収高は一七〇万石に達する。これに対し恩寵を受けて大名に取り立てられ、あるいは加増を受けた大名もいるので、そのすべてではないが、幕府領に編入された石高も少なくない。前代に引き続いて幕府領総検地が実施され、その多くが大名助役によってなされた。さらに町人請負新田を中心とする新田開発の結果が幕府領となり、元禄末期には幕府領石高は四〇〇万石に達した。(60)「御蔵入高並御物成元払積書」によると、元禄七年の石高は四一八万一〇〇〇石余とある。

元禄十六年（一七〇三）・宝永元年（一七〇四）「大坂御金蔵金銀納方御勘定帳」によれば、両年の大坂金蔵納金銀のうち、年貢・物成・小物成の比率が高いのは当然ともいえるが、新田開発と幕府領の増加、代官不正の糾弾、蔵米地方直しなど一連の地方対策が年貢増徴策に連なり、財政収入の増加に結果した。元禄七年の年貢量・年貢率、同十五年の上方代官納の物成金銀は、ともに享保期に比して劣ることなく、高いともいえる。(61)元禄十六・宝永元両年の大坂金蔵納金銀のうち、元禄期に新設された長崎運上・酒造運上・地代金・大坂諸川船運上・堀江上荷船運上などの上納金銀は、元禄十六年二三・七％、宝永元年二七・七％を占める。都市商工業者を主対象としたこれら上納金銀が、地方支配に関する諸政策とともに幕府財政収入の増大をめざしたものにほかならず、年貢物成収入も増加したとすると、勘定奉行荻原重秀を中心とした財政補塡ないし強化策が一応の成果をみたものといえよう。(62)

しかしながら、綱吉扈従の館林家臣団の幕臣編入、元禄二年からの役料復活、大名邸への綱吉の頻繁な御成と多額な恩賜品、普請作事への多大な財政支出、そして物価騰貴などにより、財政収支は償わなかったのである。(63)

## 3　享保期の幕府財政

いわゆる正徳の治は元禄十二年（一六九九）に廃止された勘定吟味役を正徳二年（一七一二）に再置し、代官の不正を糾弾し、大庄屋制度を廃止するなどの収奪組織の整備、主穀生産の奨励を行い、勘定奉行荻原重秀を罷免して貨幣改悪を停止して正徳金銀を鋳造し、金銀の海外流出を防ぐために正徳五年海舶互市新令を発布して長崎貿易の年額を制限した。

享保改革に当たって吉宗は享保七年(一七二二)老中水野忠之を勝手掛に任じて勘定所機構を強化し、同年上米の制を設け、直轄領に年貢定免制を施行した。当時の幕府財政状態は奥金蔵金銀が金一三万六六一八両余と急減し、切米支給や商人への支払いが停滞しているのを解消しようとしたものである。

享保元年(一七一六)から天保十二年(一八四一)まで連年の「御取箇辻書付」[64]によれば、幕領石高の最高を示すのは延享元年(一七四四)の四六三万四〇七六石、年貢率の最高は宝暦二年(一七五二)で三八・九%である。享保期は元年の幕領石高四〇八万八五三〇石から七年までほとんど変化がなく、八年から十六年までに五〇万石近い石高の増加がみられる。この年貢の増加は上米の制によるものではなく、享保改革の政策による新田開発と年貢増徴策、および享保十年の口米公収と代官所経費別途支給などの政策がほぼ成功したことを意味する。このことによって享保十四年奥金蔵の貯蓄金銀は一〇〇万両に達し、幕府財政は回復をみせる。しかし、年貢増徴は米価の下落を招き、米価対策費を支出したほか、享保十五年五〇〇石以下の旗本御家人に拝借金として渡し、同十七年の西国筋虫附飢饉への拝借などに支出したため、奥金蔵金銀は享保末年には二一万両に減少した。したがって元文元年(一七三六)享保金銀は質を落とした元文金銀に改鋳され、拝借返納もなされたが、同二年勝手掛老中松平乗邑のもと勘定奉行神尾春央の有毛検見取法への転換による露骨な収奪強化によって年貢総量・賦課率ともに飛躍的に増大し、延享元年(一七四四)の取箇は享保以降最大となった。年貢増徴は財政収支を安定させ、奥金蔵金銀は寛保二年(一七四二)に一〇〇万両に回復した。しかし、米価の低落は以後の財政政策において大きな課題となり、また大名手伝金・御用金など年貢外収入に比重を移すことになる。[65]

さて、幕府財政の基本的形態としての、享保十五年(一七三〇)の「享保十四酉年御物成米金銀諸運上幷戌年諸向納を以戌年御払方御勘定帳」[66]を分析した大要は、享保改革の成功を反映した結果としてその資格を備えている。まず金方の歳入は合計金五九万五一四四両余・銀一万二二一六貫五〇〇目余、金換算総計七九万八七五二両余に達している。歳出は金五六万五一五六両余・銀九九六〇貫七〇〇目余、金換算総計七三万一一六七両余であって、六万七五八五両余の歳入超過となっている。米方の歳入は米八五万四二四〇石余・荏大豆六八〇三石余、歳出は米五九万二九九八石余・荏大豆五一五七石余であり、二六万一二四二石余の黒字となっている。[67]

## 四　藩財政の成立と幕藩関係

幕藩関係を規定するものは、徳川将軍が全国の土地所有を実現し、帰属した大名らの領地を安堵によってその領有権を保証することにあり、いっぽう大名旗本らは幕府に対する御恩奉仕として軍役を負担することにあった。大名・旗本・寺社領などいわゆる私領に対しては、小物成の一部を除いて年貢は賦課しないのが幕府の収奪体系の基本であったが、享保七年（一七二二）の上米の制採用は、諸大名からの米・貨幣上納を恒常化する点で、同五年開始の関東・畿内主要河川普請に対する国役金制度が私領農村から賦課金を幕府勘定所へ徴収する途を開いたこととともに、幕藩関係の年貢搾取の原則に修正を加えたが、上米の制は同十六年に廃止し、国役金も部分的に留まり、収奪原則の変更はなかった。

| 御　所 | その他 | 合　計 |
|---|---|---|
| 2(0.15) | 0 | 22(1.83) |
| 0 | 0 | 13(1.44) |
| 0 | 0 | 7(0.88) |
| 0 | 0 | 14(1.17) |
| 0 | 0 | 22(2.75) |
| 1(0.10) | 0 | 23(2.30) |
| 2(0.10) | 0 | 20(1.00) |
| 1(0.03) | 4(0.14) | 65(2.24) |
| 1(0.14) | 0 | 21(3.00) |
| 0 | 0 | 17(0.57) |
| 7(0.05) | 4(0.03) | 224(1.57) |

一部補訂し，加工した。
光将軍前期（秀忠大御所期），Ⅳ期は家光将
家宣・家継将軍期，Ⅹ期は吉宗将軍期とし

表41　手伝普請時代別対象別件数（カッコ内は年平均件数）

| 年　代 | | 城　郭 | 河　川 | 日光山 | 寛永寺 増上寺 | その他の 寺社 |
|---|---|---|---|---|---|---|
| I | 慶長 8 (1603)～元和元(1615) | 20(1.54) | 0 | 0 | 0 | 0 |
| II | 元和 2 (1616)～同　9 (1623) | 10(1.25) | 0 | 2(0.25) | 1(0.13) | 0 |
| III | 寛永元(1624)～同　8 (1631) | 6(0.75) | 0 | 1(0.13) | 0 | 0 |
| IV | 寛永 9 (1632)～同　20(1643) | 8(0.67) | 0 | 4(0.33) | 2(0.05) | 0 |
| V | 正保元(1644)～慶安 4 (1651) | 16(2.00) | 0 | 4(0.50) | 1(0.13) | 1(0.13) |
| VI | 慶安 4 (1651)～万治 3 (1660) | 11(1.10) | 0 | 6(0.60) | 5(0.50) | 0 |
| VII | 寛文元(1661)～延宝 8 (1680) | 1(0.05) | 0 | 0 | 5(0.25) | 12(0.60) |
| VIII | 天和元(1681)～宝永 5 (1709) | 16(0.55) | 4(0.14) | 2(0.07) | 9(0.31) | 29(1.00) |
| IX | 宝永 6 (1709)～正徳 5 (1715) | 3(0.43) | 6(0.86) | 1(0.14) | 6(0.86) | 4(0.57) |
| X | 享保元(1716)～延享 2 (1745) | 5(0.17) | 2(0.07) | 3(0.10) | 2(0.07) | 5(0.17) |
| 計 | | 96(0.67) | 12(0.08) | 23(0.16) | 31(0.22) | 51(0.36) |

（注）松尾（善積）美恵子「手伝普請一覧表」（『学習院大学文学部研究年報』15輯）を『日光市史』中巻などによって
時代別は，I期は家康将軍期と秀忠将軍前期（家康大御所期），II期は秀忠将軍後期（親政期），III期は家
軍中期，V期は家光将軍後期，VI期は家綱将軍前期，VII期は綱吉将軍後期，VIII期は綱吉将軍期，IX期は
た。

諸大名は所領の安堵と引き換えに課された軍役やこれの変形した普請役、ならびに寛永十二年（一六三五）から制度化された参勤交代の義務、それと幕府役職などの勤役を果たさなければならなかった。

幕府の普請役の発動として手伝普請についてみよう。豊臣政権や江戸幕府は城郭その他の大規模な土木・普請・作事に、諸国の大名・給人・百姓・職人らを動員し、労働力や技術・資材を提供させた。江戸初期においては、給人知行地・蔵入地を問わず、国を単位に千石夫を徴発し、その機能の一つとして国奉行が徴発権を発動していたし、諸国の大工が大工頭の下に編成されて公儀の役を果たしていた。さて、慶長八年（一六〇三）の家康将軍宣下から幕末までの手伝普請件数は、城郭一〇七件、河川・橋六〇件、社寺のうち日光山三六件、寛永寺・増上寺四四件、その他の社寺七四件、御所一二件、その他（聖堂・犬小屋）四件、合計三三七件を数える。表41は近世前半に限ってこの件数を時代別・対象別に整理したものである。[68] 手伝普請の多い時期は慶長・元和期と家光将軍中後期、それに社寺普請役が増加する家綱将軍後期および綱吉将軍期・家宣将軍期いわゆる文治政治の時代である。幕初から

家綱将軍前期までの普請役は、江戸城をはじめ彦根・伏見・駿府・丹波篠山・名古屋・丹波亀山・二条・越後高田・大坂などの城郭が対象であるが、寛永末期以後は江戸城が中心となる。将軍霊廟としての日光山や寛永寺・増上寺の手伝普請は当然家康の死後元和二年（一六一六）以降のことになる。家綱将軍後期から綱吉・家宣将軍期になると社寺が主たる対象となる。河川が手伝普請の対象となるのは元禄十六年（一六〇三）大和川川浚いの助役を姫路藩主本多忠国ら六人の大名に命じたのが最初で、享保期になると国役普請の登場とともに減少する。その他では、湯島聖堂と四谷・大久保・中野の犬小屋で、綱吉政権の特徴をなす。

なお手伝普請は城郭が幕府の直轄城を中心とし、社寺は日光山・寛永寺・増上寺などの将軍霊廟・宝塔と、公儀として造営・維持する大社寺、それに禁裏・仙洞・女院などの御所である。河川は畿内・関東・東海・甲信の大河川が対象であり、幕領が集中している地帯である。

大名や旗本にとって軍役・普請役の負担は非常に重く、参勤交代や江戸在府の費用も大きく財政を圧迫した。たとえば、佐賀藩鍋島氏の明暦元年（一六五五）の予算では、米にして年間七万八四四八石の支出のうち、参勤費用は米一二〇〇石・銀四七二貫目で、全支出の約二〇％に当たる。これと江戸屋敷経常費約二八％が藩財政を圧迫していた(69)。庄内藩酒井氏は元禄十五年（一七〇二）の国元の支出が金五一八〇両、江戸経費は六倍の三万〇五六〇両に達し、藩主忠徳は参勤の道中で旅費が足りなくて国元から金が到着するまで滞留せざるをえないほどであった(70)。

土屋喬雄の研究によれば(71)、加賀藩は新田開発によって初期は富裕であったが、延宝期以後財政困難になり、天和二年（一六八二）国用不足銀七〇〇〇貫目余となり京都・大坂の借銀によらなければ財政を維持できなくなっている。原因は大坂の陣出兵の戦費、将軍の饗応、普請役賦課、金沢大火、江戸邸類焼、凶作飢饉などである。薩摩藩は琉球貿易の利益、砂糖・生蠟・菜種・鬱金・朱粉・薬種など産物収益、金山開発利益があるという特徴があったが、初期にはむしろ財政困難があり、元和五年（一六一九）万石以下一〇〇石まで二分半を、以下は三分の一を上知させている。薩摩藩も江戸城の普請役をはじめとする負担は重く、家中出銀、知行上知などの財政整理を行わざるをえず、琉球を仲介とする中国貿易に乗り出したものの、寛永末の上方借銀は三四万五〇〇〇両に及んだという。仙台藩は既に伊達政宗の慶長年代に京都の富商から借金をし、寛永十一年（一六三四）には幕府から銀一〇〇〇貫目の借金をしている。借金はますます増加し、京都の富商阿形家の身代を潰したほどであった。

土屋の研究は財政窮乏論に終始しているといえるが、筆者は概略ながら秋田・米沢・佐賀・水戸・川越の諸藩の財政について述べたことがあるので参照されたい。(72)

ついで譜代藩についてみよう。磐城平藩の幕府に対する過重な公儀役は決定的な財政難を招来している。元和八年（一六二二）内藤政長の入部以来、忠興の時代に至って将軍上洛供奉・城番・加番・城請取・御殿修造・手伝普請・勤番、そして承応三年（一六五四）の大坂城代就任など次々と軍事奉仕を行っている。手伝普請には家中・郷村への人足賦課と給人財政の補塡を必要とし、万治三年（一六六〇）・寛文元年（一六六一）当時の江戸藩邸の台所米は二万〇七〇〇余俵で、うち二三〇〇俵を家中貸付米としていた。万治三年大坂在番中の大坂城落雷による修復は藩財政に大きな影響を与えた。万治三年の金納年貢は五二七九両余、寛文三年四六五〇両であり、江戸雑用金六三〇〇両に満たない。加えて大坂城修復や江戸の物価騰貴により、不足の補塡として真田家・諏訪家・菊田家など縁戚を頼っての借材を余儀なくされ、寛文三年の家中の半知借上や同七年の藩札発行に至ったのが、結果は家中への貸付を行わなければならず、半知借上も幕府の示威によって中止のやむなきに至った。そこで財政改革が実施され、倹約令の発布、経費節減、下級役人である扶持取の人員整理などがなされたのである。(73)

次に川越藩について付言してみると、検地・農政・家臣団の形成・藩財政・流通機構からみて、寛永末〜慶安期にその成立の指標を求められる。こうして成立した藩政は、幕府重職就任、江戸定府、軍課役の負担を負い、この負担を高率年貢として農民に転嫁するが、農民の生産条件を破壊し、愁訴などが起こり、小農維持策を基本とする政策を展開せざるをえない。藩財政の性格をみると、藩主や奥方経費のなかでも江戸藩邸経費が多く、領地支配の経費はそれほど多くはない。慶安検地や武蔵野開発の結果にもかかわらず、寛文初年において金方収支は不足であって、その原因の一つに分知旗本の創出による領地の減少がある。(74)

水戸藩や幕府役職に就任した譜代大名は定府制によって江戸経費が財政上大きな比重を占め、参勤交代を行う大名は参勤経費の負担を強いられた。関東・畿内など非領国地域の藩は領域市場に形成しえず、初期専売や藩札発行は行われなかったのである。

## 五　幕藩財政の成立 ——結びに代えて

藩は領域内の商品流通の結節点に位置する城下町を掌握・統制することによって十七世紀後半には領域市場を形成せしめた。領域市場は地方知行の廃止ないし形骸化に伴う給人財政の大名財政への包摂によって、蔵入地支配機構の全藩的規模への拡大の結果として形成された。藩は自給できない原料・製品の領外からの購入、領内特産品の領外への販売を、原則として城下町を通じて行わせた。商品経済が農村内部に浸透するのを防ぐため、領外市場と領内農村を城下町によって遮断し、口留番所設置・津留政策を実施した。藩主は城下町商工業者への地子免除、営業の自由の保障、特権的営業権の付与などにより彼等を優遇して城下町の繁栄に努めた。各藩の領域市場は独自の経済圏の確立を志向しつつ、全国市場の中軸としての中央市場と流通関係を結んで形成されていった。(75)

いっぽう、幕府は江戸・京都・大坂の三都を全国的な中央市場として確立させていく。なかんずく大坂は年間一〇〇万石を超す領主米販売市場として、また畿内産の鉄砲をはじめとする手工業製品、酒・醬油など醸造業製品、油・木綿・繰綿など農産加工品などの供給地として、同時に蔵米を抵当とした町人蔵元・掛屋・両替商の金融市場としての地位を確定する。

そしてこれら中央市場との全国的な運輸の体系として、元和五年大坂直轄の年に開始されたといわれる菱垣廻船と、のちに成立した樽廻船によって江戸・大坂間を結び、更に寛文十一年（一六七一）・十二年に幕領年貢輸送のために河村瑞賢によって刷新された東廻・西廻海運が、従来の瀬戸内海海運・北国海運に、近世初期に開発された江戸・大坂航路に結合して全国的海運系統を確立させた。それ以前の敦賀・小浜と大津を結ぶ北国諸藩との輸送体系は衰退し、北国諸藩と大坂との流通を密接なものとし、大坂が中央市場の中核としての経済的地位を確定したのである(76)。

寛永十九年（一六四二）の飢饉は「荒廃」となって初期幕藩制国家の内包する矛盾を露呈した。この矛盾克服のために鎖国制を完成させ、小農自立策から小農維持策に転換し、勘定頭・書替奉行の制度を成立させて田畑永代売買禁令以下の郷村法令を頻発し、旗本地方直し、新番組の創設など旗本対策を施行した。正保の国絵図・郷帳作成から、慶安二年（一六四九）における幕領の取箇郷帳の作成、慶安御触書・検地条目の発布、軍役の改定など一連の農政を最終的に確立させるのである(77)。

慶安元年の納戸役制度の確定、同三年九月の納戸方・細工方・台所方など奥方御用についての「御役方御条目(78)」が制定され、狭義の将軍財政と公的な幕府財政の関係が決められ、大名（藩）財政・旗本財政・給人財政は幕府の大坂廻米強制によって畿内に結合され、個別的・自立的性格を喪失して幕府財政に従属した。そして寛文期以降成立する幕藩制的市場関係の中で国家的流通編成の中に組み込まれ、幕藩制国家の財政が成立するに至る。

注

（1）山口啓二「豊臣政権の成立と領主経済の構造」（古島敏雄編『日本経済史大系3・近世上』）東京大学出版会、一九六五年、のち山口啓二『幕藩制成立史の研究』校倉書房、一九七四年所収。
（2）『国史大辞典』第二巻、吉川弘文館、一九六五年、〔江戸幕府・財政〕大野瑞男執筆。
（3）大野瑞男「江戸幕府財政の成立」（北島正元編『幕藩制国家成立過程の研究』）吉川弘文館、一九七八年（本書第一章収載）。
（4）曽根勇二「『豊臣体制』の解体をめぐって」『地方史研究』一八一号、一九八三年。算用＝勘定は通常遅れるので、関ヶ原後に豊臣蔵入地算用が行われても直ちに「豊臣体制」の残存というには検討を要する。
（5）安藤正人「幕藩制国家初期の『公儀御料』」『歴史学研究別冊・一九八一年度』一九八一年。
（6）朝尾直弘『近世封建社会の基礎構造』御茶の水書房、一九六七年。藪田貫「『摂河支配国』論」（脇田修編『近世大坂地域の史的分析』御茶の水書房、一九八〇年。および地方史研究協議会第二九回日本史関係卒業論文発表会の谷口美穂「村落間相論と『畿内裁許体制』」を参照。
（7）村上直「江戸幕府直轄領の地域的分布について」『法政史学』二五号、一九七三年。
（8）「御当家令条」二八〇号（石井良助校訂『近世法制史料叢書』第二）創文社、一九五九年。
（9）大野瑞男「享保以降の幕府勘定所機構改革」『日本歴史』四二〇号、一九八三（本書第七章収載）。
（10）大分県中世文書研究会編「佐伯藩史料」『大分県史料』三七巻・第二部補遺(9)、大分県教育委員会、一九八四年、二六八〜二八九頁。
（11）仲村研編『今堀日吉神社文書集成』雄山閣出版、一九八三年、六一〇頁・村田惣吉氏文書九五六。林伝右衛門は林伝右衛門春芳が『寛政重修諸家譜』二一、三四一頁にあるが、別人であろうか。
（12）飯田文書二（『静岡県史料』第五輯・遠州古文書、静岡県、一九四一年、一八二一〜一八四頁）。
（13）所三男『近世林業史の研究』吉川弘文館、一九八〇年、五六〇〜五六一頁。慶長十一年十二月十三日山村甚兵衛（良勝）より「御勘定所」（駿府）に宛てた慶長七年以降の「木曽御勘定幷方々ヨリ請取渡帳」。同書引用の史料は『信濃史料』一九巻、四五四〜四六〇頁・五六一〜五六五頁、二〇巻、五〇〜五六頁・一五八〜一六三頁・二一五〜二二三頁に分載されている。しかしこの段階で勘定所が駿府に置かれていたとは特定できない。また慶長十七・十八年分の「木曽土井・榑御勘定目録」を代官山村七郎右衛門（良安）が元和二年九月二十一日に「御勘定所」（駿府）に提出している（『近世林業史の研究』七七九〜七八一頁）。

(14)『大分県史料』三七巻・第二部補遺、大分県教育委員会、一九八四年、二二六〜二二八頁。

(15)同右、二三一〜二四五頁。

(16)佐伯毛利家文書（未刊）。

(17)所三男、前掲『近世林業史の研究』五二四〜五三六頁。林基「奥州・江戸間内陸舟運路の初期段階(四)」『専修史学』一九号、一九八七年。

(18)大野瑞男「大久保長安の『遺書』」『日本歴史』四七二号、一九七八年、および同「大久保長安の新史料」『東洋大学文学部紀要』四一集・史学科篇XIII、一九八八年、所収国立史料館所蔵紀伊国古文書「戸田藤左衛門所蔵文書写」。

(19)「駿府記」『史籍雑纂』第二、国書刊行会、一九一一年、二三七頁。北島正元『江戸幕府の権力構造』岩波書店、一九六四年、三四六頁。

(20)中村孝也『家康の政治経済臣僚』雄山閣出版、一九七八年、一〇八〜一〇九頁。慶長十五年三月十九日三河代官松平清蔵（親重）は米津親勝の命により代官所勘定を命ぜられ（『竹橋余筆別集』巻七）、慶長十四・五年と思われる五月十四日朝日近次に対して駿府年寄衆から信濃伊那郡朝日寿永代官所慶長七・八年勘定を命ぜられている（『信濃史料』一九巻、五二三〜五二四頁・日輪寺文書）。なお同文書は年代比定を慶長七年としているが、連署者からみて慶長十四・十五年とみられる。

(21)『当代記』巻七、『史籍雑纂』第二、国書刊行会、一九一一年、一七八頁。

(22)「当代記」巻五、『史籍雑纂』第二、一六九頁。

(23)『信濃史料』二〇巻、同刊行会、一九七三年、一九七〜一九八頁。

(24)高橋正彦編『大工頭中井家文書』慶応通信、一九八三年、八一号。

(25)『新訂寛政重修諸家譜』第五、続群書類従刊行会、一九六四～六六年、一二〇～一二二頁。
(26)『徳川実紀』第一篇、『新訂増補国史大系』三八、吉川弘文館、一九六四年、六八二頁。
(27)同右（同六九六頁）。
(28)『徳川実紀』第二篇、『新訂増補国史大系』三九、四九頁。
(29)同右（同九九頁）。
(30)『信濃史料』二二巻、六九～七〇頁。
(31)村上直・田中圭一・江面龍雄共編『江戸幕府石見銀山史料』雄山閣出版、一九七八年、吉岡家文書二九号。
(32)『栃木県庁採集文書』『大日本史料』第一二編之二三。
(33)『寛政重修諸家譜』第一一、三五六頁。
(34)日本歴史学会編『演習古文書選』近世編、吉川弘文館、一九七一年、六号文書、一四頁。
(35)前掲『大工頭中井家文書』一二五号。
(36)『御当家令条』五一七号。
(37)『部分御旧記』御書附并御書部六、『熊本県史料』近世篇第一、熊本県、一九六五年、四〇六～四〇七頁。左に紹介しておく。

（尚々書略）
態以飛脚致言上候、昨晩江戸ゟ飛脚差下候
一　大御所様（秀忠）ゟ将軍様（家光）へなけ頭巾・ゑくがう乃墨跡・金五十万枚、五畿内不残、関東ニて弐百万石、金山銀山不残、大番衆丁与被成御譲候、御祝儀ニ何も使者可被下之由申来候、拙者儀者女とも供ニ参候者の内にて御祝儀申させ候ハん由、知音衆ゟ被申越候事
（一条略）
一　大御所様ハおし（忍）にて十万石、大坂ニて十万石、伊豆・駿河・遠州・三河之間ニて五十万石余、此分御蔵入と

申候、大炊殿（土井利勝）へ弐万石御加増、酒井阿波殿（忠行）へ弐万石御知行被下候由候、此等之趣可有披露候、恐々謹言

十月十六日（元和九年）

魚住伝左衛門殿

(38)『徳川実紀』第二篇、『新訂増補国史大系』三九、五〇〇頁。
(39) 同右第三篇（同四〇、四六頁）。
(40)『徳川禁令考』前集第二、七七一号・七七三号。
(41) 同右、七五二号。
(42) 藤井譲治『江戸幕府老中制形成過程の研究』校倉書房、一九九〇年、一八九〜二〇一頁。
(43) 松尾美恵子「江戸幕府職制の成立過程」（児玉幸多先生古稀記念会編『幕府制度史の研究』）吉川弘文館、一九八三年。
(44)『徳川実紀』第三篇、『新訂増補国史大系』四〇、八〇頁。
(45) 同右（同一一九頁）。
(46) 同右（同二八四頁）。
(47) 大野瑞男、前掲「江戸幕府財政の成立」。
(48) 松尾美恵子、前掲「江戸幕府職制の成立過程」。
(49) 大野瑞男「幕藩制的市場構造論」（歴史学研究会・日本史研究会編『講座日本歴史5・近世1』）東京大学出版会、一九八五年（本書補論一収載）。
(50)『竹橋余筆』（影印本）巻七、汲古書院、一九七六年、三三〇〜三四三頁。
(51) 同右、三四五〜三四六頁。
(52) 慶安五年正月御代官衆心得之条々に「毎年三月五日より御勘定始、去年分は被致中勘定、其余ハ皆済尤ニ候、（後略）」とあり（『徳川禁令考』前集第四、二一〇八号）、また貞享四年十一月「御勘定組頭幷御代官可心得御書付」に

「御代官御勘定、去々年を皆済、去年を中勘定に可仕、勿論去年共ニ皆済可成分ハ、弥其通ニ可仕、（後略）」（同前集第三、一四四〇号、同前集第四、二一二二号）とある。

(53)「慶長江戸図」は都立中央図書館所蔵、『東京市史稿』皇城篇附図所収。「慶長江戸絵図」は都立中央図書館所蔵、『東京市史稿』皇城篇附図所収。「正保元年江戸図」は東京都公文書館所蔵、『東京市史稿』市街篇附図第一所収。

(54) 三田村鳶魚「札差考」『三田村鳶魚全集』中央公論社、一九七五年、第六巻、二四四頁。

(55) 大野瑞男、前掲「江戸幕府財政の成立」。

(56) 大野瑞男「大坂城米について」（森杉夫先生退官記念論文集『政治経済の史的研究』）巌南堂書店、一九八三年（本書第九章収載）。柳谷慶子「江戸幕府城詰米制の成立」『日本歴史』四四四号、一九八五年。同「江戸幕府城詰米制の機能」『史学雑誌』九六編一二号、一九八七年。

(57) 藤田覚「元禄期幕府財政の新史料」『史学雑誌』九〇編一〇号、一九八一年。

(58)『竹橋余筆』（影印本）汲古書院、四八四～四九三頁。村上直校訂『竹橋余筆別集』近藤出版社、一九八五年、一二一～一三一頁。

(59) 大野瑞男「江戸幕府貯蓄金銀について」『東洋大学文学部紀要』三七集・史学科篇IX、一九八三年（本書第八章収載）。

(60)(61)(62) 大野瑞男「元禄末期における幕府財政の一端」『史料館研究紀要』四号、一九七一年（本書第六章収載）。

(63) 大野瑞男「元禄期における幕府財政」『東洋大学大学院紀要』二二集、一九八六年（本書第五章収載）。

(64)「江戸実情誠斎雑記」『江戸叢書』巻の八、江戸叢書刊行会、一九一六年、一九三～二一九頁。

(65) 大野瑞男、前掲「江戸幕府貯蓄金銀について」。

(66) 大野瑞男「享保改革期の幕府勘定所史料大河内家記録(二)」『史学雑誌』八〇編二号、一九七一年。

(67) 大口勇次郎「天保期の幕府財政」『お茶の水女子大学人文科学紀要』二二巻二号、一九六九年。

(68) 松尾(善積)美恵子「手伝普請一覧表」『学習院大学文学部研究年報』一五輯、一九六九年。

(69) 長野暹『幕藩制社会の財政構造』大原新生社、一九八〇年、一九五～二一四頁。

(70) 児玉幸多『大名』中央公論社、『日本の歴史』一三、一九七五年、一七九頁。

（71）大野瑞男、前掲「幕藩制的市場構造論」。
（72）土屋喬雄『封建社会崩壊過程の研究』弘文堂、一九二七年。
（73）明治大学内藤家文書研究会編『譜代藩の研究』八木書店、一九七二年、九六～九八頁（神崎彰利執筆）。
（74）大野瑞男「関東における譜代藩政の成立過程」『関東近世史研究』一五号、一九八三年。
（75）小野正雄「寛文・延宝期の流通機構」（古島敏雄編『日本経済史大系3・近世上』）東京大学出版会、一九六五年。竹内誠「近世前期の商業」『体系日本史叢書13・流通史Ⅰ』山川出版社、一九六九年。
（76）大野瑞男、前掲「幕藩制的市場構造論」。
（77）大野瑞男、前掲「江戸幕府財政の成立」。
（78）『日本財政経済史料』財政経済学会、一九二三年、第八巻、五五八～五五九頁。

（付記）本論をなすに当たり、史料・文献の所在等について、林基・佐々木潤之介・小池進・和泉清司の諸氏の教示を得た。記して謝意を表する。また、成稿後に和泉清司「徳川幕府財政成立期における幕領（蔵入地）の年貢勘定と勘定所機能」（『日本歴史』四八七号、一九八八年）が本論2と類似の視点で発表され、筆者も「江戸幕府勘定頭制の成立」（『東洋大学文学部紀要』四四、史学科篇XⅦ、一九九一年）を発表した。本論においては、幕府財政の成立過程について紙数の関係で詳細に記せなかったので、注記に掲げた諸論考と併せて参照されたい。

［**後記**］本論文にも、元和期（秀忠時代）財政関係を主題とする年寄連署奉書の表が収載されていたが、後に発表した本書第三章の表5がさらに詳細であるので、本書収載に当たってこれを割愛した。

〔付表〕 御取箇辻書付・御年貢米金其外諸向納渡書付（史料・大河内家記録、享保元年以降は向山誠斎雑記及雑綴）

| 年次 | 高 石余 | 此取 石余 | 免% | 内米 石余 | 内金両余 | 注記 |
|---|---|---|---|---|---|---|
| 慶安四 | 一、五九〇、九一〇 | 六六五、二八〇 | 四一・八二 | | | 関東分御勘定帳無之 |
| 承応元 | 一、六〇三、二九〇 | 五九八、三三〇 | 三七・三四 | | | 〃 |
| 二 | 一、六二〇、九一〇 | 六〇八、七六〇 | 三七・七九 | | | 〃 |
| 三 | | | | | | 御勘定帳無之 |
| 明暦元 | | | | | | 〃 |
| 二 | 一、二二四、九〇〇 | 四二七、一二〇 | 三四・八七 | 二七五、二〇〇 | 六〇、七六九 | 上方分御勘定帳無之 |
| 三 | 二、九二五、四七〇 | 一、一一九、五三〇 | 三八・二七 | 九六六、〇三〇 | 六一、三九〇 | |
| 万治元 | 二、九一六、五四〇 | 一、〇三三、五五〇 | 三五・四四 | 八八七、九七〇 | 五八、二二〇 | |
| 二 | 二、九一八、六〇〇 | 一、一一四、二七〇 | 三八・一八 | 九六六、九五〇 | 五八、九二〇 | |
| 三 | 三、〇六四、七七〇 | 九七九、〇五〇 | 三一・九五 | 八三七、二一〇 | 五六、七三〇 | |
| 寛文元 | 一、一三三、七五〇 | 四二三、三九〇 | 三七・二九 | 二七四、九四〇 | 五八、九八〇 | 上方分御勘定帳無之 |
| 二 | 二、七三四、三九〇 | 一、〇九九、六〇〇 | 四〇・二一 | 九五七、二七〇 | 五六、九四〇 | |
| 三 | 二、六六三、一〇〇 | 八八〇、七六〇 | 三三・〇七 | 七六四、四九〇 | 四六、五〇五 | |
| 四 | 二、七九三、三六〇 | 一、〇七三、一七〇 | 三八・四二 | 九一八、九〇〇 | 五四、二〇五 | |
| 五 | 二、八二九、九五〇 | 一、〇五三、九七〇 | 三七・二四 | 八九七、七六〇 | 五四、九六〇 | |
| 六 | 二、八七二、二二〇 | 一、〇三三、三一〇 | 三五・九八 | 八九二、三三〇 | 四八、八一〇 | |
| 七 | 二、九〇〇、九五〇 | 一、〇四二、三六〇 | 三五・九三 | 八九五、六七〇 | 五一、〇八九 | |
| 八 | 二、八五三、六三〇 | 一、〇一〇、六一〇 | 三五・四三 | 九〇四、一八〇 | 三六、八二〇 | |
| 九 | 二、九二五、四五〇 | 九六五、九〇〇 | 三三・〇二 | 八一五、三〇〇 | 五三、一四〇 | |
| 一〇 | 二、九九四、六六〇 | 一、〇五七、四六〇 | 三五・三一 | 九〇二、一七〇 | 五三、一二〇 | |
| 一一 | 二、九七四、七五〇 | 一、一三〇、七五〇 | 三八・〇一 | 九七一、三九〇 | 五四、七二〇 | |
| 一二 | 二、八八二、九五〇 | 一、〇三一、五二〇 | 三五・七八 | 八五四、七九〇 | 六一、〇五〇 | |
| 延宝元 | 一、四〇六、五六〇 | 四六五、九四〇 | 三三・一三 | 二九七、〇〇〇 | 五八、七六〇 | 上方分御勘定帳不全 |
| 二 | 一、四三二、七二〇 | 四二七、七三〇 | 二九・八五 | 二六四、三七〇 | 五六、〇七〇 | 〃 |
| 三 | 三、一三六、二七〇 | 一、〇七四、八九〇 | 三四・二七 | 八七六、八〇〇 | 六九、五三〇 | |
| 四 | 三、一〇六、二五〇 | 一、一一〇、六二〇 | 三五・七五 | 八三一、一九〇 | 七三、九一〇 | |
| 五 | 三、〇九六、六三〇 | 一、一九六、四六〇 | 三八・六四 | 九六九、五二〇 | 八〇、九四〇 | |

| | | | | | | | |
|---|---|---|---|---|---|---|---|
| 延宝 | 六 | 三、一三〇、一六〇 | 一、二〇〇、四〇〇 | 三八・三五 | 九八五、五九〇 | 七七、三八〇 | |
| | 七 | 三、〇〇七、二〇〇 | 一、一三一、八四〇 | 三七・三一 | 九四八、五五〇 | 六八、九〇〇 | |
| | 八 | 三、二六二、二五〇 | 九四二、五九〇 | 二八・八九 | 七四〇、四四〇 | 七九、一一〇 | |
| 天和 | 元 | 三、四〇一、二七〇 | 一、〇二六、二七〇 | 三〇・一七 | 八五一、七五〇 | 六九、三九〇 | |
| | 二 | 三、六四〇、二〇〇 | 一、二六九、八八〇 | 三四・八八 | 一、〇一三、七二〇 | 九二、三〇〇 | |
| | 三 | 三、二一〇、五六〇 | 一、一一六、一五〇 | 三四・七六 | 八三九、一一〇 | 一〇〇、三四〇 | |
| 貞享 | 元 | 三、四三三、七七〇 | 一、一七七、三一〇 | 三四・二九 | 九一〇、九六〇 | 九七、七一〇 | |
| | 二 | 三、四一四、一三〇 | 一、〇九四、五七〇 | 三二・二六 | 八六九、五〇〇 | 九三、六三〇 | |
| | 三 | 三、五五四、九三〇 | 一、二一八、九四〇 | 三四・二九 | 九六一、一八〇 | 九七、三八〇 | |
| | 四 | 三、七三一、四〇〇 | 一、一七九、〇三〇 | 三一・六〇 | 九四二、二三〇 | 八九、二〇〇 | |
| 元禄 | 元 | 三、八一三、〇〇〇 | 一、二四二、三三〇 | 三二・五八 | 九八一、八三〇 | 九六、九四〇 | |
| | 二 | 三、九七二、九一〇 | 一、三四八、二七〇 | 三三・九四 | 一、〇六一、六九〇 | 一〇七、三五〇 | |
| | 三 | 三、八八〇、〇〇〇 | 一、三八五、八二〇 | 三五・七二 | 一、一〇一、一三〇 | 一〇六、一三〇 | |
| | 四 | 三、九七一、三〇〇 | 一、三五三、五八〇 | 三四・〇八 | 一、〇七八、五二〇 | 一〇三、三九〇 | |
| | 五 | 四、〇一三、八四〇 | 一、四〇二、一二〇 | 三四・九三 | 一、一一四、四二〇 | 一〇七、八〇九 | |
| | 六 | 四、〇三四、四九〇 | 一、三〇七、七四〇 | 三二・四一 | 一、〇三四、三七〇 | 一〇一、七一〇 | |
| | 七 | 三、九五五、五六〇 | 一、三一五、四八〇 | 三三・二六 | 一、〇五八、五一〇 | 九六、六一〇 | |
| | 八 | 三、八八七、一八〇 | 一、二七六、三七〇 | 三二・八四 | 一、〇〇〇、四七〇 | 一〇二、九九〇 | |
| | 九 | 四、一三六、九〇〇 | 一、三一四、八三〇 | 三一・七八 | | | 内訳無之 |
| | 一〇 | 四、三四六、五〇〇 | 一、三八六、四〇〇 | 三一・九〇 | | | 〃 |
| | 一一 | 三、八八九、四〇〇 | 一、二四〇、四三〇 | 三一・八九 | | | 〃 |
| | 一二 | 三、八九九、一〇〇 | 一、一〇〇、八八〇 | 二八・三三 | | | 〃 |
| | 一三 | 三、七六二、八〇〇 | 一、一三八、四〇〇 | 三〇・二五 | | | 〃 |
| | 一四 | 三、八四九、三〇〇 | 一、一一四、五九〇 | 二八・九六 | | | 〃 |
| | 一五 | 三、八四一、九〇〇 | 一、一九九、四九〇 | 三一・二二 | | | 〃 |
| | 一六 | 三、八八二、五〇〇 | 一、二六二、二八〇 | 三二・五一 | | | 〃 |
| 宝永 | 元 | 三、七五〇、三〇〇 | 一、一七八、三八〇 | 三一・四二 | | | 〃 |
| | 二 | 四、〇二二、九〇〇 | 一、二九九、六六〇 | 三二・三一 | | | 〃 |
| | 三 | 四、〇〇一、一〇〇 | 一、三五〇、八三〇 | 三三・七六 | | | 〃 |
| | 四 | 四、〇四七、五〇〇 | 一、二七〇、四九〇 | 三一・三九 | | | 〃 |
| | 五 | 三、九七二、九〇〇 | 一、二五一、九三〇 | 三一・五一 | | | 〃 |

| 年 | 御取箇辻書付 高 石余 | 此取 石余 | 免% | 内米 石余 | 内金 両余 | 御貢米其外諸向納渡書付 納 石余 | 渡 石余 | 差引 石余 | 御貢金其外諸向納渡書付（△＝不足） 納 両余 | 渡 両余 | 差引 両余 |
|---|---|---|---|---|---|---|---|---|---|---|---|
| 六 | 四、〇一七、八〇〇 | 一、二七五、一四〇 | 三一・七三 | | | 〃 | | | | | |
| 七 | 四、一五〇、七〇〇 | 一、三一七、三八〇 | 三一・七四 | | | 〃 | | | | | |
| 正徳元 | 四、一四四、二〇〇 | 一、二九九、七四〇 | 三一・三六 | | | 〃 | | | | | |
| 二 | 四、一六七、六〇〇 | 一、二六五、九七〇 | 三〇・三八 | 一、〇二二、六二〇 | 九七、三四〇 | | | | | | |
| 三 | 四、一一七、六〇〇 | 一、三九〇、五〇〇 | 三三・七七 | 一、一三一、二一五 | 一〇三、七〇九 | | | | | | |
| 四 | 四、一二六、〇〇〇 | 一、三一六、〇六〇 | 三一・九〇 | 一、〇五七、九六三 | 一〇三、二二六 | | | | | | |
| 五 | 四、一二七、〇〇〇 | 一、四五七、七〇〇 | 三五・三二 | 一、一五一、六二二 | 一一二、四〇六 | | | | | | |
| 享保元 | 四、〇八八、五三〇 | 一、三八九、五七〇 | 三三・九九 | 一、〇七四、〇三五 | 一一五、一七六 | 大河内家記録 米 一、〇七四、〇〇三 金 一一五、一七〇 | | | | | |
| 二 | 四、〇九八、三七一 | 一、三六五、〇六〇 | 三三・三一 | 一、〇八〇、〇九〇 | 一〇二、四九四 | | | | | | |
| 三 | 四、〇四四、五七〇 | 一、四三五、五四二 | 三五・四九 | 一、一二七、一八一 | 一一一、七六五 | 大河内家記録 米 一、一二七、一八九 | | | | | |
| 四 | 四、〇五〇、八五〇 | 一、三九三、五二九 | 三四・四〇 | 一、〇九二、五八一 | 一〇九、二三六 | | | | | | |
| 五 | 四、〇五七、一八〇 | 一、三九五、六八二 | 三四・四〇 | 一、〇九八、四九〇 | 一〇七、九四九 | | | | | | |
| 六 | 四、〇六六、五〇〇 | 一、三〇五、六五〇 | 三二・一一 | 一、〇二七、〇六一 | 一〇〇、七二三 | | | | | | |
| 享保七 | 四、〇四三、三二〇 | 一、四一四、二九〇 | 三四・九八 | 一、一一五、五〇八 | 一〇八、四七八 | 五二九、九一九 | 五五〇、七〇五 | △二〇、七八六 | 八四一、七八九 | 九五六、九五〇 | △一一五、一六一 |
| 八 | 四、一一二、三九〇 | 一、三〇三、九三〇 | 三一・七一 | 一、〇五〇、二八九 | 九一、五三四 | 七二〇・九五九 | 六九九、九九一 | 二〇、九六八 | 一、〇三三、七一五 | 七九七、七一三 | 二三六、〇〇二 |
| 九 | 四、二七八、三七〇 | 一、四八八、三六〇 | 三四・七九 | 一、一九〇、九九七 | 一〇七、九一〇 | 六〇三、九一〇 | 六四七、一五三 | △四三、二四三 | 一、〇三二、七九三 | 七一〇、四〇一 | 三二二、三九二 |
| 一〇 | 四、三六〇、六七〇 | 一、四六六、二一五 | 三三・六二 | 一、一六六、五四四 | 一〇八、八四九 | 六七〇、五八〇 | 六六五、六一二 | 四、九六八 | 八八五、七二五 | 七〇二、七六九 | 一八二、九五六 |
| 一〇年平均 | **四、一二〇、〇七五** | **一、三九五、七八二** | **三三・八八** | | | | | | | | |
| 享保一一 | 四、三一〇、一〇〇 | 一、五〇〇、六九一 | 三四・八二 | 一、二〇四、九六五 | 一〇七、一八二 | 六五四、六一四 | 六一六、六五五 | 三七、九五九 | 八七九、八三一 | 六四七、九四五 | 二三一、八八六 |
| 一二 | 四、四一四、八五〇 | 一、六二一、九八〇 | 三六・七四 | 一、三七四、五四五 | 一一〇、七五〇 | 六八八、五七五 | 六五二、五五四 | 三六、〇二一 | 九〇三、〇三九 | 六九八、〇四五 | 二〇四、九九四 |
| 一三 | 四、四〇九、七五三 | 一、四六五、四八六 | 三三・二三 | 一、一八一、六五九 | 一〇一、五〇一 | 六五三、五五九 | 六二七、三四一 | 二六、二一八 | 八六〇、四六一 | 六七三、六五八 | 一八六、八〇三 |
| 一四 | 四、四四六、六八八 | 一、六〇八、三五四 | 三六・一七 | 一、二九二、七〇三 | 一一四、三四六 | 六二一、三四七 | 六四八、九一六 | △二七、五六九 | 七七八、三一四 | 七二七、五六九 | 五〇、七四五 |
| 一五 | 四、四八一、〇五六 | 一、五五一、三四五 | 三四・六二 | 一、二三三、四二八 | 一一五、六五四 | 八五四、二四〇 | 五九二、九九八 | 二六一、二四二 | 七九八、七五二 | 七三一、一六七 | 六七、五八五 |
| 一六 | 四、五三〇、九〇八 | 一、三六五、〇四九 | 三〇・一三 | 一、〇九〇、五五七 | 一〇〇、七六九 | 五四〇、八九七 | 四八〇、一四二 | 六〇、七五五 | 七七〇、二六七 | 七七二、八九九 | △二、六三二 |
| 一〇年平均 | | | | | | **六五三、八六〇** | **六一八、二〇六** | **三五、六五四** | **八六九、四六八** | **七四一、六一一** | **一二七、五五七** |
| 享保一七 | 四、五二二、四〇一 | 一、三九二、三九一 | 三〇・八〇 | 一、〇六二、六三五 | 一一九、五五八 | 六一一、〇一七 | 六七六、二五九 | △六五、二四二 | 九二五、九〇九 | 八七九、二七一 | 四六、六三八 |
| 一八 | 四、五四一、七四四 | 一、四六一、九八六 | 三二・一九 | 一、一五三、一八七 | 一一三、四八九 | 八二九、四七四 | 七七六、九八五 | 五二、四八九 | 八六三、四七四 | 八九九、〇一七 | △三五、五四三 |
| 一九 | 四、五四一、八一六 | 一、三四三、五一九 | 二九・五八 | 一、〇六一、四四一 | 一〇一、六五五 | 七一〇、三二六 | 六八三、四九一 | 二六、八三五 | 一、〇九〇、二六五 | 七五九、一一八 | 三三一、一四七 |
| 二〇 | 四、五三九、三三一 | 一、四六二、七〇六 | 三二・二二 | 一、一三七、四三二 | 一一九、二三八 | 七七一、一五八 | 五九三、四四九 | 一七七、七〇九 | 九七四、二〇四 | 九三五、〇六七 | 三九、一三七 |

| | | | | | | | | | | | |
|---|---|---|---|---|---|---|---|---|---|---|---|
| 一〇年平均 | **四、四七三、七六四** | **一、四七七、三五〇** | **三三・〇二** | | | | | | | | |
| 元文元 | 四、五六五、三五九 | 一、三三四、四八一 | 二九・二三 | 一、〇一八、六六一 | 一一五、四四五 | 九七九、一一六 | 八九八、一八六 | 八〇、九三〇 | 一、八九〇、一二一 | 一、四八三、〇三〇 | 四〇七、〇九一 |
| 二 | 四、五六七、一五一 | 一、六七〇、八一九 | 三六・五八 | 一、三一四、七七九 | 一二八、六四三 | 六三五、二七九 | 六四四、〇三三 | △八、七五三 | 一、七七三、七六二 | 一、三九四、二五七 | 三七九、五〇五 |
| 三 | 四、五八〇、五五四 | 一、五三三、一三三 | 三三・四七 | 一、一八一、五二九 | 一二七、二八二 | 八三一、五七二 | 七六八、四三八 | 六三、一三四 | 二、一一九、五五〇 | 一、七二〇、八六八 | 三九八、六八二 |
| 四 | 四、五八三、四四六 | 一、六六八、五八四 | 三六・四〇 | 一、三一三、九〇七 | 一二七、八三八 | 六九七、六六六 | 六六一、六六八 | 三五、九九八 | 二、二九三、八一〇 | 一、三九一、九〇一 | 九〇一、九〇九 |
| 五 | 四、五八一、五二三 | 一、四九二、四九二 | 三三・五八 | 一、一五三、八八一 | 一二二、四三一 | 八六二、五九四 | 七八八、二六七 | 七四、三二七 | 一、八三八、九九六 | 一、三三六、五七五 | 六〇二、四二一 |
| 寛保元 | 四、五八六、四七二 | 一、五七〇、三八八 | 三三・五八 | 一、二二八、五五〇 | 一二三、四四五 | 七〇六、六九七 | 六五八、三六七 | 四八、三三〇 | 二、〇二八、〇四四 | 一、三五三、八四四 | 六七四、二〇〇 |
| 一〇年平均 | | | | | | **七六三、四八九** | **七一四、九一四** | **四八、五七五** | **一、五七九、八一三** | **一、二〇五、二九四** | **三七四、五一九** |
| 寛保二 | 四、六一四、五〇二 | 一、四一九、五五八 | 三〇・七六 | 一、一四〇、五九二 | 九八、九八九 | 八〇九、三六二 | 七六一、七九二 | 四七、五七〇 | 一、八六九、三八六 | 一、三九一、一〇九 | 四七八、二七七 |
| 三 | 四、六二四、六六四 | 一、六三六、四〇九 | 三五・三八 | 一、二九八、一四九 | 一二二、六六六 | 七一九、四九一 | 七一六、五〇一 | 二、九九〇 | 一、六七四、五一八 | 一、五七二、七六七 | 一〇一、七五一 |
| 延享元 | 四、六三四、〇七六 | 一、八〇一、八五五 | 三八・八八 | 一、四六二、七四九 | 一二三、二六二 | 八〇一、二六三 | 七一五、八六六 | 八五、三九七 | 一、三七〇、六九二 | 一、二三六、六三三 | 一三四、〇六〇 |
| 二 | 四、六二八、九三五 | 一、六七六、三三二 | 三六・二一 | 一、三三五、一一四 | 一二四、〇〇一 | 九七九、六六一 | 八六六、〇三五 | 一一三、六二六 | 一、五二三、五二三 | 一、一一七、九四九 | 四〇四、五七三 |
| 一〇年平均 | **四、五九六、六六八** | **一、五八〇、四〇四** | **三四・三八** | | | | | | | | |
| 延享三 | 四、六三四、〇六五 | 一、七六六、二一四 | 三八・一一 | 一、四二二、八七六 | 一二四、六〇二 | 七八三、二六四 | 六七九、九二五 | 一〇三、三三九 | 一、六一〇、三一七 | 一、二五七、五九四 | 三五二、七二三 |
| 四 | 四、四一五、八二〇 | 一、五五一、二一四 | 三五・一三 | 一、二三七、一五六 | 一一七、三三四 | 八七一、四四〇 | 七三五、六七六 | 一三五、七六四 | 一、四五〇、二二四 | 九六九、〇五〇 | 四八一、一七四 |
| 寛延元 | 四、四一一、二四一 | 一、五九〇、四九一 | 三六・〇六 | 一、二七〇、六六一 | 一一七、七〇二 | 七一〇、九八五 | 五九八、九一九 | 一一二、〇六六 | 一、四九五、三七〇 | 一、一二三、一〇三 | 三七二、二六七 |
| 二 | 四、三九七、〇八九 | 一、六七三、五七三 | 三八・〇六 | 一、三五三、九八四 | 一一七、四一一 | 七一〇、八二四 | 六二〇、六六四 | 九〇、一六〇 | 一、五七九、五三八 | 一、一二四、四七七 | 四五五、〇六一 |
| 三 | 四、三九〇、一〇九 | 一、六九三、七二六 | 三八・五八 | 一、三八〇、四二五 | 一一五、六九一 | 八一七、七四四 | 七五四、七六二 | 六二、九八二 | 一、七二四、八〇七 | 一、〇三九、六五七 | 六八五、一五〇 |
| 宝暦元 | 四、三九四、五二五 | 一、七〇四、六六四 | 三八・七九 | 一、三八九、二一一 | 一一五、四七一 | 八二三、一〇五 | 八二一、〇五八 | 二、〇四七 | 一、七六三、六七〇 | 一、〇七三、〇八三 | 六九〇、五八七 |
| 一〇年平均 | | | | | | **八〇三、七一三** | **七二七、一一九** | **七五、五九四** | **一、六〇六、一〇四** | **一、一九〇、五四二** | **四一五、五六二** |
| 宝暦二 | 四、四〇九、六三七 | 一、七一五、六三〇 | 三八・九一 | 一、三九八、九七五 | 一一五、九四七 | 七六七、一三六 | 七三八、九五七 | 二八、一七九 | 一、八三四、九九五 | 一、〇三〇、六七四 | 八〇四、三二一 |
| 三 | 四、四一三、五四一 | 一、六八〇、〇〇二 | 三八・〇六 | 一、三六五、五七八 | 一一五、一六五 | 八三八、六七三 | 七二〇、〇六六 | 一二八、六〇七 | 一、七八八、六七二 | 九九六、一二五 | 七九二、五四七 |
| 四 | 四、四〇七、五一五 | 一、六五〇、三八七 | 三七・四四 | 一、三三六、七四七 | 一一四、七八三 | 六七七、六四〇 | 七一五、五六七 | △三七、九二七 | 一、七六五、六三一 | 一、〇九三、三九三 | 六七二、二三八 |
| 五 | 四、四一二、三四七 | 一、六四二、五五一 | 三七・二三 | 一、三三六、二一三 | 一一三、三七一 | 八四二、七四二 | 八二三、七四七 | 一九、九九五 | 一、八〇九、三五八 | 九九三、〇六三 | 八一六、二九五 |
| 一〇年平均 | **四、四二八、五八八** | **一、六六六、八四五** | **三七・六四** | | | | | | | | |
| 宝暦六 | 四、四〇六、〇六四 | 一、六四九、三八四 | 三七・四三 | 一、三三一、二六四 | 一一六、三二八 | 八二一、五四六 | 八一五、五七六 | 五、九七〇 | 二、二八二、三九三 | 一、一七五、六二〇 | 一、一〇六、七七三 |
| 七 | 四、四二〇、五〇三 | 一、五五二、八四六 | 三五・一三 | 一、二六二、八九六 | 一〇五、六三〇 | 七八一、六三〇 | 七九一、一〇五 | △九、四七五 | 二、二二五、八二九 | 一、〇九九、一二九 | 一、一二六、七〇〇 |
| 八 | 四、四二六、八八九 | 一、六四九、五三二 | 三七・二六 | 一、三三二、四五六 | 一一六、二〇二 | 六九三、〇七〇 | 七二四、四九五 | △三一、四一五 | 二、三二六、三三四 | 一、一〇五、三九二 | 一、一三〇、九四二 |
| 九 | 四、四七一、七一二 | 一、七〇一、五六〇 | 三八・〇五 | 一、三八三、七五五 | 一一六、四六四 | 七七三、九一九 | 七九九、六六五 | △二五、七四六 | 二、四五九、八八三 | 一、三一〇、五〇五 | 一、一四九、三七八 |
| 一〇 | 四、四六一、六三一 | 一、六八五、三四五 | 三七・七七 | 一、三六九、五三九 | 一一五、六八二 | 七八三、九九三 | 七一六、三二一 | 六七、六七二 | 二、二五四、四八六 | 一、一二七、四一九 | 一、一二七、〇六七 |

| | | | | | | | | | | | |
|---|---|---|---|---|---|---|---|---|---|---|---|
| 一一 | 四、四六五、六五四 | 一、六八〇、一二七 | 三七・六二 | 一、三五九、九五八 | 一一七、五二三 | 六九二、八三四 | 六四五、八七五 | 四六、九五九 | 一、九九六、七七五 | 一、二〇九、四九〇 | 七八七、二八五 |
| 一〇年平均 | | | | | | **七六七、三一八** | **七四九、〇三七** | **一八、二八一** | **二、〇七四、四三五** | **一、一一四、〇八一** | **九六〇、三五四** |
| 宝暦一二 | 四、四五八、〇八三 | 一、六七四、六九九 | 三七・五七 | 一、三五四、八五二 | 一一七、三二〇 | 六五八、一六一 | 七三六、六六七 | △七八、五〇六 | 一、六五七、四八七 | 一、一九三、三六〇 | 四六四、一二七 |
| 一三 | 四、三七五、八三六 | 一、六四三、九六三 | 三七・五七 | 一、三三四、二〇四 | 一一三、二六二 | 八二〇、〇二七 | 八七〇、一九三 | △五〇、一六六 | 一、四四三、一〇五 | 一、二三一、四七一 | 二一一、六三四 |
| 明和元 | 四、三七六、四三二 | 一、六三六、三八六 | 三七・三九 | 一、三三四、八六二 | 一一三、九五四 | 八二八、八〇八 | 八七〇、九一二 | △四二、一〇四 | 一、六四一、八一〇 | 一、六九三、五一七 | △五一、七〇七 |
| 二 | 四、三八七、二九二 | 一、五九四、〇四〇 | 三六・三三 | 一、二八四、二四八 | 一一三、三三二 | 七五五、〇二六 | 八〇〇、九二七 | △四五、九〇一 | 一、六四四、八七七 | 一、七二二、五五三 | △七七、六七五 |
| 一〇年平均 | **四、四二五、〇〇九** | **一、六四六、七八八** | **三七・二二** | | | | | | | | |
| 明和三 | 四、三八七、〇四五 | 一、五三八、九七一 | 三五・〇八 | 一、二四一、六四一 | 一〇八、七二四 | 六六一、〇七九 | 七〇五、六六六 | △四四、五八七 | 一、七四六、五八九 | 一、七六八、二四二 | △二一、六五三 |
| 四 | 四、三九四、七五六 | 一、五九八、七六七 | 三六・三八 | 一、二八七、五二七 | 一一四、一六三 | 六八三、八四三 | 五五七、一一四 | 一二六、七二九 | 一、七九八、八五六 | 一、八四七、〇八八 | △四八、二三二 |
| 五 | 四、三七八、六八四 | 一、五四七、二四八 | 三五・三四 | 一、二二九、七九四 | 一一六、六一九 | 七一八、四七四 | 七五六、八七七 | △三八、四〇三 | 一、八一九、九五九 | 一、八六五、九三三 | △四五、九七四 |
| 六 | 四、三七八、五七四 | 一、五九四、四六一 | 三六・四二 | 一、二七五、七四〇 | 一一七、一五三 | 六一四、七八六 | 六六九、六六三 | △五四、八七七 | 一、九五八、一四五 | 一、九八六、九五八 | △二八、九一三 |
| 七 | 四、三七一、九二三 | 一、四六七、〇一〇 | 三三・五六 | 一、一三一、九七三 | 一一三、五四九 | 六九七、二五九 | 七四七、一七六 | △四九、九一七 | 二、一〇九、三一九 | 二、〇八九、二四〇 | 二〇、〇七九 |
| 八 | 四、三七五、六四七 | 一、三五三、二八二 | 三〇・九三 | 一、〇三一、五四三 | 一一三、三六三 | 五九四、二五二 | 五三四、一六二 | 六〇、〇九〇 | 一、〇四四、〇九二 | 一、〇三四、六三四 | 九、四五八 |
| 一〇年平均 | | | | | | **七〇三、一七一** | **七二四、九三五** | **△二一、七六四** | **一、六八六、四二三** | **一、六四三、二九九** | **四三、一二四** |
| 安永元 | 四、三七五、九六一 | 一、五二五、六二四 | 三四・八六 | 一、一九三、五三九 | 一二三、二八一 | 五九八、八二三 | 六一二、二五三 | △一三、四三〇 | 一、八三三、四七〇 | 一、三四二、七一六 | 四九〇、七五四 |
| 二 | 四、三七八、八一九 | 一、五〇八、〇二六 | 三四・四四 | 一、一七五、三二一 | 一二三、四一三 | 六五三、四一二 | 六八四、〇〇一 | △三〇、五八九 | 一、六八九、〇四六 | 一、二九五、一六四 | 三九三、八八二 |
| 三 | 四、三七九、六九九 | 一、五三〇、六一五 | 三四・九五 | 一、二〇八、一七〇 | 一一九、三四九 | 五五二、三〇四 | 五七七、九二五 | △二五、六二一 | 一、五四一、五九七 | 一、二九四、六九五 | 二四六、九〇二 |
| 四 | 四、三八七、〇九一 | 一、五二〇、八六六 | 三四・六七 | 一、一九九、九〇〇 | 一一七、七五〇 | 六〇三、九一三 | 六四六、一九九 | △四二、二八六 | 一、六九四、五五七 | 一、三七五、八二九 | 三一八、七二八 |
| 一〇年平均 | **四、三八〇、八一九** | **一、五一八、四八七** | **三四・六六** | | | | | | | | |
| 安永五 | 四、三八七、二〇一 | 一、五六九、九八八 | 三五・七九 | 一、二五〇、二六五 | 一一七、四〇五 | 六二一、五一六 | 七〇三、五〇三 | △八一、九八七 | 一、八一九、四一四 | 一、四〇七、七四三 | 四一一、六七一 |
| 六 | 四、三九二、七九一 | 一、五五六、六八一 | 三五・四四 | 一、二三七、三六七 | 一一六、七九三 | 六四四、四九一 | 七二七、三四四 | △八二、八五三 | 一、八〇四、一六一 | 一、四二六、七三三 | 三七七、四二八 |
| 七 | 四、三七二、四三五 | 一、五一七、八五八 | 三四・七一 | 一、一九〇、四四一 | 一一八、四六二 | 七三二、五三六 | 七二六、〇一一 | 六、五二五 | 一、九五八、四六九 | 一、六九七、五八三 | 二六〇、八八六 |
| 八 | 四、三七三、九九六 | 一、五二五、四五二 | 三四・八八 | 一、一九四、五七五 | 一一九、八五九 | 六四六、九〇一 | 六三八、三八二 | 八、五一九 | 二、〇四二、三七四 | 一、九六九、六一九 | 七二、七五五 |
| 九 | 四、三七一、六三九 | 一、四二七、七八九 | 三三・六六 | 一、一二四、八三九 | 一〇八、六九一 | 六二八、三八四 | 六一一、七四〇 | 一六、六四四 | 一、九七三、一〇一 | 一、九五七、五八九 | 一五、五一二 |
| 天明元 | 四、三四八、二七八 | 一、四六五、八三六 | 三三・七二 | 一、一四七、九三四 | 一一四、六六三 | 六一五、九一四 | 六六〇、三九二 | △四四、四七八 | 一、八四九、八三九 | 一、九四七、五〇三 | △九七、六六四 |
| 一〇年平均 | | | | | | **六二九、八一九** | **六五八、七七五** | **△二八、九五六** | **一、八二〇、六〇三** | **一、五七一、五一七** | **二四九、〇八五** |
| 天明二 | 四、三三三、四四一 | 一、四六〇、九三三 | 三四・七三 | 一、一三八、三七〇 | 一一六、五二九 | 六二七、七四五 | 六八四、九九九 | △五七、二五四 | 一、七七九、〇五六 | 一、八九二、二五八 | △一一三、二〇二 |
| 三 | 四、三五〇、七〇九 | 一、二一九、四八四 | 二八・〇三 | 九六八、四一八 | 九五、八六五 | 六三四、〇一六 | 六九九、四九二 | △六五、四七六 | 二、一二四、八四八 | 二、四二四、八九七 | △三〇〇、〇四九 |
| 四 | 四、三六〇、五二一 | 一、四九二、一三九 | 三四・二三 | 一、一七二、九三五 | 一一六、四六五 | 六一四、一一七 | 六五三、二三〇 | △三九、一一三 | 二、〇四四、〇七五 | 二、二六一、二二〇 | △二一七、一四五 |
| 五 | 四、三三〇、六三四 | 一、四〇三、七〇八 | 三三・四一 | 一、〇九三、二〇〇 | 一一四、四一二 | 六二六、〇九五 | 六〇五、四八一 | 二〇、六一四 | 一、七一四、二一七 | 一、八七〇、五八六 | △一五六、三六九 |
| 一〇年平均 | **四、三六二、〇六四** | **一、四六三、九八六** | **三三・五六** | | | | | | | | |

| | | | | | | | | | | | |
|---|---|---|---|---|---|---|---|---|---|---|---|
| 天明六 | 四、三四一、二一三 | 一、〇八一、四八五 | 二四・九一 | 八五一、四九三 | 八三、九四五 | 六三四、九一二 | 六二七、三一〇 | 七、六〇二 | 二、二〇二、六六〇 | 二、一九九、六六一 | 四三、〇四九 |
| 七 | 四、三六一、五四四 | 一、四四四、九三三 | 三三・一三 | 一、一六四、二〇五 | 一一二、二九一 | 四九二、三二〇 | 四四八、四三七 | 四三、八八三 | 二、四五二、九三五 | 二、四〇一、八九一 | 五一、〇四四 |
| 八 | 四、三八四、三三四 | 一、四三三、三七七 | 三三・六九 | 一、一六二、三八九 | 一〇八、三九五 | 六三四、七五五 | 五一〇、八四六 | 一二三、九〇九 | 一、九一二、二三九 | 一、五八八、一四五 | 三二四、〇九四 |
| 寛政元 | 四、三八四、二七九 | 一、四一〇、四一四 | 三二・一七 | 一、一一八、〇八八 | 一〇七、六一二 | 六五四、四三一 | 四七五、五二九 | 一七八、九〇二 | 一、九〇三、五六六 | 一、六三三、一六六 | 二七〇、四〇〇 |
| 二 | 四、三八〇、五二四 | 一、四四二、九九五 | 三二・九四 | 一、一五九、二三〇 | 一〇五、七三一 | 七〇五、六七六 | 四八二、二四一 | 二二三、四三五 | 一、九一四、三七五 | 一、四三八、二〇三 | 四七六、一七二 |
| 三 | 四、三八二、八一三 | 一、三五六、二八九 | 三〇・九五 | 一、〇八八、六六九 | 九九、五五〇 | 五〇六、二八七 | 五六三、二六八 | △五六、九八一 | 一、二四二、四八五 | 一、二二七、七二一 | 一四、七六四 |
| 一〇年平均 | | | | | | **六一三、〇三五** | **五七五、〇八三** | **三七、九五二** | **一、九三三、〇四五** | **一、八九三、七六九** | **三九、二七六** |
| 寛政四 | 四、三九三、五七二 | 一、四七〇、三九九 | 三三・四八 | 一、一八七、九七八 | 一〇五、一九六 | 六五四、九一三 | 六四三、五九三 | 一一、三二〇 | 一、三八六、二七七 | 一、三九六、二一八 | △九、九四一 |
| 五 | 四、三九三、〇〇〇 | 一、四七六、二七八 | 三三・六一 | 一、一九九、七二〇 | 一〇三、四八一 | 四九七、一六二 | 四七六、〇三五 | 二一、一二七 | 一、一八二、一八一 | 一、一二四、一五七 | 五八、〇二四 |
| 六 | 四、四〇三、六二二 | 一、四七一、三〇一 | 三三・四一 | 一、一九〇、〇九一 | 一〇五、三三〇 | 六三七、三九六 | 四八五、一五九 | 一五二、二三七 | 一、〇八一、六五〇 | 一、一七三、〇六〇 | △九一、四一〇 |
| 七 | 四、五〇四、五一六 | 一、五四五、七六七 | 三四・三二 | 一、二五七、三一六 | 一〇七、九六三 | 四八六、七一三 | 五二四、七七九 | △三八、〇六六 | 九七七、二八四 | 九五九、六八二 | 一七、六〇二 |
| 一〇年平均 | **四、三九二、九四一** | **一、四一三、三二三** | **三二・一七** | | | | | | | | |
| 寛政八 | 四、五〇七、二二六 | 一、五五九、〇二三 | 三四・五九 | 一、二六九、五七三 | 一〇八、一六四 | 六八三、四九三 | 六三二、九六〇 | 五〇、五三三 | 一、二六二、四四三 | 一、〇二五、六六二 | 二三六、七八一 |
| 九 | 四、五〇一、一九三 | 一、五六一、八二八 | 三四・七〇 | 一、二七四、五三二 | 一〇七、二七三 | 六四六、九六〇 | 六三六、三七〇 | 一〇、五九〇 | 一、三一九、七七〇 | 一、三四七、一五三 | △二七、三八三 |
| 一〇 | 四、五〇四、五六五 | 一、五四四、八二一 | 三四・二九 | 一、二五六、九七七 | 一〇七、六〇九 | 六三五、五五一 | 六二五、九三九 | 九、六一二 | 一、二二五、二四三 | 一、二三八、六二八 | △一三、三八五 |
| 一一 | 四、四九九、〇二〇 | 一、五〇一、一〇八 | 三三・三七 | 一、二一二、一〇七 | 一〇七、八〇一 | 六四八、八〇一 | 六一九、〇五四 | 二九、七四七 | 一、〇八五、四八五 | 一、三三一、二七三 | △二四五、七八八 |
| 一二 | 四、四九三、三九五 | 一、五五二、七四〇 | 三四・五六 | 一、二六五、七二七 | 一〇七、一〇三 | 六三四、二四五 | 六八六、八二八 | △五二、五八三 | 一、二四七、一一八 | 一、四二八、二四八 | △一八一、一三〇 |
| 享和元 | 四、四七四、九七七 | 一、五五八、三五一 | 三四・八二 | 一、二七三、四六六 | 一〇六、六五八 | 六四四、七七四 | 六七五、六三二 | △三〇、八五八 | 一、五八四、六三三 | 一、四四〇、八四七 | △一四三、七八六 |
| 一〇年平均 | | | | | | **六一七、〇〇〇** | **六〇〇、六三四** | **一六、三六六** | **一、二三五、二〇八** | **一、二四六、四九二** | **△一一、二八四** |
| 享和二 | 四、四八八、六三六 | 一、四四三、六六六 | 三二・一六 | 一、一七〇、四五六 | 一〇二、三一一 | 六五八、〇二〇 | 六二四、五二九 | 三三、四九一 | 一、三三五、八三五 | 一、三九五、五〇三 | △五九、六六八 |
| 三 | 四、四八五、七一一 | 一、五六二、八七二 | 三四・八四 | 一、二七二、一二〇 | 一〇七、六二七 | 五七六、七一九 | 六四二、〇一五 | △六五、二九六 | 一、三四四、七四四 | 一、二一五、六三四 | 一二九、一一〇 |
| 文化元 | 四、四八七、七八〇 | 一、五三六、二〇三 | 三四・二三 | 一、二六六、二二八 | 一〇七、九九〇 | 七四三、四一八 | 六〇三、三八六 | 一四〇、〇三二 | 一、一〇三、六四三 | 一、二六五、六五六 | △一六二、〇一三 |
| 二 | 四、四八七、八八五 | 一、五四六、九一五 | 三四・四七 | 一、二七七、四八五 | 一〇七、七七一 | 五六二、〇八二 | 六五四、五九七 | △九二、五一五 | 一、二四三、六七二 | 一、二七〇、八二七 | △二七、一五五 |
| 一〇年平均 | **四、四九三、〇三八** | **一、五三六、七五二** | **三四・二〇** | | | | | | | | |
| 文化三 | 四、四八二、七四〇 | 一、五一九、〇七五 | 三三・八九 | 一、二五〇、四五六 | 一〇七、四四七 | 五六七、六二三 | 五八三、一六一 | △一五、五三八 | 一、三八四、三二〇 | 一、四四二、一〇六 | △五七、七八六 |
| 四 | 四、四五三、八七〇 | 一、四二五、一〇二 | 三二・〇〇 | 一、一六三、五二二 | 一〇七、二一一 | 五九三、〇四五 | 五四八、八七七 | 四四、一六八 | 一、五〇六、五二〇 | 一、四九一、九九三 | 一四、五二七 |
| 五 | 四、四五九、〇七九 | 一、三九一、八八一 | 三一・二一 | 一、一五一、二二六 | 九六、二六一 | 五二六、七八五 | 五九八、六七九 | △七一、八九四 | 一、四五〇、〇六九 | 一、六七七、五九四 | △二二七、五二五 |
| 六 | 四、四五七、〇八〇 | 一、五〇一、九八九 | 三三・七〇 | 一、二三〇、八九七 | 一〇八、四三六 | 五六六、六五八 | 六三〇、二五八 | △六三、六〇〇 | 一、五三八、〇八八 | 一、五一八、九六七 | 一九、一二一 |
| 七 | 四、四五五、三九四 | 一、五二七、〇三一 | 三四・二七 | 一、二五六、七七七 | 九九、九九四 | 七七三、九三〇 | 五二六、八一〇 | 二四七、一二〇 | 一、六三三、二二六 | 一、六九八、七一二 | △六五、四八六 |
| 八 | 四、四七八、八七三 | 一、五三二、九一〇 | 三四・二三 | 一、二四一、四八三 | 一〇八、四七六 | 六〇八、八二五 | 六三八、三三四 | △二九、五〇九 | 一、四九九、六五三 | 一、四六九、三三六 | 三〇、三一七 |
| 一〇年平均 | | | | | | **六一七、七一〇** | **六〇五、〇六四** | **一二、六四六** | **一、四〇三、九七七** | **一、四四四、六三二** | **△四〇、六五五** |

| | | | | | | | | | | | |
|---|---|---|---|---|---|---|---|---|---|---|---|
| 文化九 | 四、四三四、五五六 | 一、五二〇、九六九 | 三四・三〇 | 一、二四〇、四八六 | 一〇二、七三三 | 五三六、〇三六 | 五九九、四九五 | △六三、四五九 | 一、三三二、五八五 | 一、二四九、五五三 | 八三、〇三二 |
| 一〇 | 四、四三七、四五八 | 一、五〇一、八七七 | 三三・八五 | 一、二二一、七六三 | 一〇三、四五九 | 六二六、七一九 | 五七五、一三七 | 五一、五八二 | 二、二六五、八二一 | 一、九八一、八〇一 | 二八四、〇二〇 |
| 一一 | 四、四四二、六六九 | 一、五三五、七九九 | 三四・五七 | 一、二四九、九一七 | 一〇五、〇五三 | 五〇八、九八四 | 五五二、二六九 | △四三、二八五 | 一、三九一、二八一 | 一、二五四、一五三 | 一三七、一二八 |
| 一二 | 四、四二三、九二九 | 一、五〇一、〇二三 | 三三・九三 | 一、二二四、七九一 | 一〇五、二四〇 | 五二六、四八〇 | 五三九、六八六 | △一三、二〇六 | 一、三六四、五七三 | 一、六八八、四八三 | △三三、九一〇 |
| 一〇年平均 | **四、四五二、五六四** | **一、四九五、七六五** | **三三・五九** | | | | | | | | |
| 文化一三 | 四、四二三、二七四 | 一、四八三、〇六七 | 三三・五三 | 一、一九六、五〇五 | 一〇五、二二二 | 五四三、八〇五 | 五四九、六二五 | △五、八二〇 | 一、三八二、二六二 | 一、五七九、五三〇 | △一九七、二六八 |
| 一四 | 四、四一二、四五二 | 一、五一八、九九一 | 三四・四三 | 一、二三一、二八三 | 一〇五、六二九 | 五八八、四二九 | 五七〇、一六三 | 一八、二六六 | 一、四八九、二三八 | 一、五七七、四九五 | △八八、二五七 |
| 文政元 | 四、三三四、五七〇 | 一、五一九、三七四 | 三五・〇五 | 一、二三三、三七四 | 一〇四、九八二 | 六一三、六三〇 | 五四五、一二七 | 六八、五〇三 | 一、九一六、〇八二 | 二、一三七、三四三 | △三二一、二六一 |
| 二 | 四、三五二、五四八 | 一、五三七、二〇七 | 三五・三二 | 一、二五〇、五六八 | 一〇五、一三三 | 五六三、〇七一 | 五八九、二〇五 | △二六、一三四 | 二、二四四、七三九 | 二、四二八、二五四 | △一八三、五一五 |
| 三 | 四、三三三、六三四 | 一、四九〇、七五二 | 三四・四〇 | 一、二〇五、二九七 | 一〇四、六七二 | 五七七、〇九一 | 五九三、四〇一 | △一六、三一〇 | 三、四一六、一九四 | 三、五〇五、九五八 | △八九、七六四 |
| 四 | 四、三三六、四八九 | 一、四三三、六九四 | 三三・一四 | 一、一四八、六七八 | 一〇四、九六八 | 五七六、〇八七 | 六二二、六六九 | △四六、五八二 | 四、七二九、一五六 | 四、八七三、五一三 | △一四四、三五七 |
| 一〇年平均 | | | | | | **五六六、〇三三** | **五七三、六七七** | **△七、六四四** | **二、一五三、一九三** | **二、二二七、六〇八** | **△七四・四一五** |
| 文政五 | 四、三三〇、四八二 | 一、四九六、二四〇 | 三四・六三 | 一、二〇八、三四二 | 一〇五、二四四 | 五三二、四五五 | 五五九、一七五 | △二六、七二〇 | 一、九七三、一〇七 | 一、九三三、八七八 | 三九、二二九 |
| 六 | 四、三三三、八八六 | 一、四〇三、三八四 | 三二・三八 | 一、一一七、六六〇 | 一〇五、五九二 | 五五五、〇八七 | 五三〇、六五六 | 二四、四三一 | 二、〇七〇、三八六 | 二、一八七、八三七 | △一一七、四五一 |
| 七 | 四、二二三、九二三 | 一、四二七、六一九 | 三三・八〇 | 一、一五八、六七七 | 九八、八八九 | 五二七、二七六 | 五六七、三一九 | △四〇、〇四三 | 四、七〇四、八五八 | 四、七六一、四四六 | △五六、五八八 |
| 八 | 四、二二三、〇六八 | 一、三一七、八四〇 | 三一・二一 | 一、〇六五、七四五 | 九四、一九四 | 五一七、三〇二 | 五二三、二七六 | △五、九七四 | 四、六三五、四九三 | 四、二六五、〇四〇 | 三七〇、四五三 |
| 一〇年平均 | **四、三二八、四三二** | **一、四六二、八一六** | **三三・八〇** | | | | | | | | |
| 文政九 | 四、二二九、三八九 | 一、四二八、五三七 | 三三・七八 | 一、一六三、五〇二 | 九七、四〇六 | 四八六、八八一 | 五二九、六四八 | △四二、七六七 | 三、七七一、八三〇 | 三、四三九、四一九 | 三三二、四一一 |
| 一〇 | 四、二二八、〇八九 | 一、四三四、四九八 | 三四・〇一 | 一、一六六、六六九 | 九八、五二三 | 五三三、六〇二 | 五四九、三二〇 | △五八、四七五 | 三、二九六、〇二一 | 三、二八八、七四一 | 七、二八〇 |
| 一一 | 四、一九四、五五四 | 一、三三九、五七八 | 三一・九四 | 一、〇七七、七八七 | 九六、二二三 | 五二一、〇六四 | 五二七、〇二四 | △五、九六〇 | 二、三五一、二一八 | 二、五六一、二〇六 | △二〇九、九八八 |
| 一二 | 四、二〇一、〇三三 | 一、三九九、二八九 | 三三・三二 | 一、一三三、二〇一 | 九七、七九七 | 四七九、九五七 | 五四四、五〇六 | △六四、五四九 | 三、二四七、七〇三 | 三、二〇〇、六七二 | 四七、〇三一 |
| 天保元 | 四、一八二、六九一 | 一、三七八、五七八 | 三二・九六 | 一、一一三、二〇四 | 九七、七一五 | 五五四、六〇九 | 五三三、〇四四 | 二一、五六五 | 二、五五二、六八五 | 二、五一五、二二八 | 三七、四五七 |
| 二 | 四、二〇一、三〇一 | 一、四二九、三二八 | 三四・〇二 | 一、一六二、四四八 | 九七、九八〇 | 五〇四、七三五 | 五二一、四一四 | △一六、六七九 | 一、九六九、〇七三 | 二、一三九、五四四 | △一七〇、四七一 |
| 一〇年平均 | | | | | | **五二一、二九六** | **五三八、五三七** | **△一七、二四一** | **三、〇五七、二三七** | **三、〇二九、三〇一** | **二七、九三六** |
| 天保三 | 四、二〇四、〇三八 | 一、三九六、三九〇 | 三三・二三 | 一、一二〇、五〇四 | 一〇一、二九二 | 五五〇、八九九 | 五六八、二九一 | △一七、三九二 | 二、二八八、一九〇 | 二、二六九、一八四 | 一九、〇〇六 |
| 四 | 四、二〇五、九一〇 | 一、二五八、二三〇 | 二九・九二 | 一、〇〇五、三六七 | 九六、〇二三 | 五五四、一三三 | 五四〇、二七四 | 一三、八五八 | 二、二九六、九三八 | 二、三五四、三三八 | △五七、四〇〇 |
| 五 | 四、二〇二、八〇六 | 一、四二七、一九三 | 三三・九六 | 一、一五〇、七〇九 | 一〇一、六四八 | 五六九、四〇三 | 五六〇、五二八 | 八、八七五 | 二、二六二、一六一 | 二、二三七、二五七 | 二四、九〇四 |
| 六 | 四、二〇五、五七〇 | 一、三〇四、三一三 | 三一・〇一 | 一、〇三六、六五三 | 九八、〇五四 | 六四六、五七一 | 五八三、七九〇 | 六二、七八一 | 三、〇五四、〇一八 | 三、二四〇、七八三 | △一八六、七六五 |
| 一〇年平均 | **四、二〇四、五三八** | **一、三七九、五九三** | **三二・八一** | | | | | | | | |
| 天保七 | 四、二〇二、四九三 | 一、〇三九、九七〇 | 二四・七五 | 八〇七、〇六八 | 九三、一六一 | 五三二、六九二 | 五六六、七五四 | △三四、〇六二 | 三、一九二、四九四 | 二、九六一、七四九 | 二三〇、七四五 |
| 八 | 四、二三九、五八一 | 一、三九二、九一五 | 三二・九三 | 一、一二三、二三四 | 一〇〇、〇二三 | | | | | | |

| | | | | | |
|---|---|---|---|---|---|
| 天保　九 | 四、一九四、二二〇 | 一、三〇五、七四六 | 三一・一三 | 一、〇四六、一〇四 | 九七、四一二 |
| 一〇 | 四、一九二、八三七 | 一、四〇七、二一八 | 三三・五六 | 一、一四〇、四九九 | 九九、三二一 |
| 一一 | 四、一六六、四七五 | 一、三八二、六九八 | 三三・一九 | 一、一三八、三五九 | 九七、七三五 |
| 一二 | 四、一六七、六一三 | 一、四三四、三四二 | 三四・四二 | 一、一六八、四一二 | 九七、七三七 |

異同　大河内家記録　御取箇辻書付　米　享保七年　一、一二五、五一四　同八年　一、〇五〇、九一二　此取　天明七年　一、四六八、七七〇
大河内家記録　年々御取箇辻書付　高　天明四年　四、三六〇、五二〇　此取　天明元年　一、五六五、八三六　寛政元年　一、三八七、一三〇　同二年　一、四二三、六八七

# あとがき

一九六七年の十月、東京都新宿区若葉町の大河内信定氏宅を訪ねた。当時筆者は埼玉県川越市史の編纂委員を務めていたので、大河内氏の先祖で老中でかつ川越藩主でもあった松平伊豆守信綱関係の史料を探していたのである。実はその夏岐阜県郡上郡八幡町で近世史サマーセミナーが開かれ、これに参加のため当時の越美南線の急行に乗って郡上八幡に向かっていたが、たまたま当時早稲田大学におられたU氏と同席した。氏が前年度に見られた卒論に島原の乱を扱ったものがあり、その学生は理工学部の友人の家にある古文書を史料としたとのこと。帰ってからの大河内家訪問を約したのであった。なお理工学部の友人こそ現当主の信冬氏である。

出された長持のなかには、信綱のものを含む新出の川越時代およびそれ以降の藩政史料があったのであるが、「万松院様勤役中記録」一袋があり、これが松平信祝老中勤役中に写された享保改革期の幕府勘定所史料大河内家記録との出会いであった。

以後、暇をみては大河内家に通って写真を撮り、原稿化して『史学雑誌』に投稿したのであった。これが掲載されたのは一九七一年で、大河内家記録との出会いから三年余が過ぎていた。そしてその反響として、都立大学付属図書館のS氏から「同様な史料が水野家文書にある」との教示を得、これも村上直氏と連名で『史学雑誌』に掲載したのである。

この後、史料の分析を進めていると、Y氏が「財政史研究は泥沼のようで抜けられなくなる」と語られたのを印象深く覚えている。実際その後の私の研究は泥沼に足を取られ、今に至るまで足を抜けないのである。ただ幾つかの財政史料の発見・紹介に関わることができ、少しでも学界にお役に立てたことは幸いと思っている。

さて、牛歩のごとき足どりで、史料調査と論文執筆を進めているうち、あまりにも対象が巨大で、まとまらないうちに何時の間にか三〇年近くの年月を費やしてしまった。本書の出版計画は、恩師寶月圭吾先生のお勧めもあり、また吉川弘文館がかなり前からお引き受けくださっていたので準備をしていたが、あれもこれも入れて総合的な江戸幕府財政史をと欲張っていたので、一向に完成の見通しが立たなかった。しかしそれを待っていては埒が明かず、既発表のものだけでも一書に纏めて置くべきとの声も強く、吉川弘文館のご好意に応えるためにも、出版を決意したのである。

なお筆者の研究はまだ中途に過ぎず、とくに後期・幕末期の研究はほとんど手を付けていない。従って、本書をなすに当たって「総説　江戸幕府財政史」の稿を設け、大口勇次郎・飯島千秋・大山敷太郎ら諸氏の論稿を頼りに、寛政～文化期、天保期・幕末期の幕府財政の状況を跡付けてみた。利用させて戴いた各氏に感謝申し上げたい。

長らくお待たせした上に、昨年度から大学で役職に就いたため多忙が重なり、入稿や校正が大幅に遅延したが、辛抱強く待って戴いた吉川弘文館には感謝の言葉もない。とりわけ本書の完成には編集部の諸氏の尽力が預かって力があり、また大変なお世話をお掛けした。記して謝意を表する。

以下、本書に収載した論稿の初出を一覧として掲出しておく。

序説一　江戸幕府財政史研究の現状と課題　書き下ろし新稿

序説二　江戸幕府財政史料論

『日本古文書学講座』近世編一所収「江戸幕府文書・財政」（雄山閣出版、一九七九年）に大幅に加筆

総　説　江戸幕府財政史　書き下ろし新稿
第一章　江戸幕府財政の成立
　北島正元編『幕藩制国家成立過程の研究』吉川弘文館　一九七八年一月
第二章　江戸幕府勘定頭制の成立
　東洋大学文学部紀要四四史学科篇XVI　一九九一年二月
第三章　年貢勘定目録からみた江戸幕府勘定所―勘定頭・勘定所役人の成立過程の再検討―
　東洋大学大学院紀要三〇集　一九九四年二月
第四章　江戸幕府直轄領の性格
　田中健夫編『前近代の日本と東アジア』吉川弘文館　一九九五年一月
第五章　元禄期における幕府財政　東洋大学大学院紀要二二集　一九八六年三月
第六章　元禄末期における幕府財政の一端―「大坂御金蔵金銀納方御勘定帳」の紹介を兼ねて―
　史料館研究紀要四号　一九七一年三月
　史料紹介「大坂御金蔵金銀納方御勘定帳」は削除
第七章　享保以降の幕府勘定所機構改革　日本歴史四二〇号　一九八三年五月
第八章　江戸幕府貯蓄金銀について―安永期大坂金蔵史料の紹介を兼ねて―
　東洋大学文学部紀要三七史学科篇IX　一九八三年十二月
　史料紹介・牧野家文書「両御金蔵御金銀有高」「新御金蔵内仕切御除金銀覚」「元御金蔵仮納銀覚」は
削除

第九章　大坂城米について―その政治・財政上の意義―
　　森杉夫先生退官記念論文集『政治経済の史的研究』巌南堂　一九八三年四月
補論一　幕藩制的市場構造論
　　歴史学研究会・日本史研究会編『講座日本歴史』5・近世1　東京大学出版会　一九八五年二月
補論二　幕藩財政
　　中世史講座6・中世の政治と戦争［幕藩財政］学生社　一九九二年三月

収載に当たっては、誤植や明らかな誤りは訂正し、史料紹介を削除したために意味の通じなくなった箇所を改めたが、修正は最小限にとどめた。その理由は、大河内家記録の紹介からすればはや四半世紀、本書収録の最初の論文発表からも一八年余の歳月が過ぎ、これらの論文がささやかではあるものの研究史上での意義を持っていると思われるからである。たとえば、第一章「江戸幕府財政の成立」では、寛永末年の幕政改革の帰結を慶安二年と考えたが、その政策の一つである「御成箇郷帳」の成立については再検討を迫られている（山本英二「『御成箇郷帳』管見―慶安二年成立説の再検討―」『信濃』四三巻二号、一九九一年）。また慶安御触書・慶安軍役令・慶安検地条令などの存否についても議論のあるところであるが、いずれ稿を改めて関説したい。また本書収載の諸論稿の執筆の動機とか条件が異なるので、どうしても既述や論旨の重複を避けられなかった。さらに江戸幕府財政史料を発見・紹介に努めたが、本書には紙数の関係で全く収載できなかった。後日を期して読者のご寛恕を請いたいと思う。

一九九六年八月

著　者

著者略歴

一九三一年　茨城県水戸市生まれ
一九五四年　東京大学文学部国史学科卒業
一九五八年　東京大学大学院人文科学研究科修士課程修了
一九六一年　文部省史料館研究員
以後　国文学研究資料館史料館講師・助教授・教授を経て
一九八三年　東洋大学文学部教授

江戸幕府財政史論

平成八年十二月二十日　第一刷発行

著者　大《おお》野《の》瑞《みず》男《お》

発行者　吉川圭三

発行所　株式会社　吉川弘文館
郵便番号一一三
東京都文京区本郷七丁目二番八号
電話〇三―三八一三―九一五一〈代〉
振替口座〇〇一〇〇―五―二四四

印刷＝ディグ・製本＝石毛製本

江戸幕府財政史論（オンデマンド版）

Digital Publishing

2019年9月1日　発行

著　者　大野瑞男《おおのみずお》

発行者　吉川道郎

発行所　株式会社 吉川弘文館
〒113-0033　東京都文京区本郷7丁目2番8号
TEL　03(3813)9151(代表)
URL　http://www.yoshikawa-k.co.jp/

印刷・製本　株式会社 デジタルパブリッシングサービス
URL　http://www.d-pub.co.jp/

大野瑞男（1931～）
ISBN978-4-642-73332-8